# UM CAMINHO
COM O
CORAÇÃO

Jack Kornfield

UM CAMINHO COM O CORAÇÃO

Tradução
MERLE SCOSS
MELANIA SCOSS

Editora
Cultrix
SÃO PAULO

Título original: *A Path With Heart – A Guide Through the Perils and Promisses of Spiritual Life.*

Copyright © 1993 Jack Kornfield.

Copyright da edição brasileira © 1995 Editora Pensamento-Cultrix Ltda.

1ª edição 1995 – 7ª reimpressão 2014.

Publicado mediante acordo com a Bantam Books, uma divisão da Bantam Doubleday Dell Publishing Group, Inc.

Todos os direitos reservados. Nenhuma parte deste livro pode ser reproduzida ou usada de qualquer forma ou por qualquer meio, eletrônico ou mecânico, inclusive fotocópias, gravações ou sistema de armazenamento em banco de dados, sem permissão por escrito, exceto nos casos de trechos curtos citados em resenhas críticas ou artigos de revistas.

A Editora Cultrix não se responsabiliza por eventuais mudanças ocorridas nos endereços convencionais ou eletrônicos citados neste livro.

Direitos de tradução para a língua portuguesa
adquiridos com exclusividade pela
EDITORA PENSAMENTO-CULTRIX LTDA.
Rua Dr. Mário Vicente, 368 – 04270-000 – São Paulo, SP
Fone: (11) 2066-9000 – Fax: (11) 2066-9008
E-mail: atendimento@editoracultrix.com.br
http://www.editoracultrix.com.br
que se reserva a propriedade literária desta tradução.
Foi feito o depósito legal.

À minha mulher, Liana, que tanto me ensinou, por seu amor, sabedoria, profundo questionamento e apoio sincero e pelas muitas bênçãos do nosso casamento.

A Hamed Ali, A. H. Almaas, pelos seus ensinamentos que tão profundamente integram a vida, o amor e o sagrado.

Ao espírito de inovação e de renovação de Achaan Chah, do Dalai Lama, de Mahasi Sayadaw, de Buddhadasa Bhikkhu, de Chögyam Trungpa, de Maha Ghosananda, de U Ba Khin e de tantos outros corajosos mestres modernos.

SUMÁRIO

Agradecimentos 11

PARTE I
UM CAMINHO COM O CORAÇÃO:
PRINCÍPIOS FUNDAMENTAIS

O início 15

Capítulo 1 — Eu amei plenamente? 23
  Meditação: A bondade 30

Capítulo 2 — Como parar a guerra 32
  Meditação: Parar a guerra interior 38

Capítulo 3 — Tome um único assento 40
  Meditação: Sobre tomar um único assento 46

Capítulo 4 — A cura necessária 48
  A cura do corpo 50
  A cura do coração 53
  A cura da mente 55
  A cura através do vazio 57
  Como desenvolver a atenção que cura 59
  Uma visita em meditação ao templo da cura 60

Capítulo 5 — Adestrando o cãozinho: Atenção plena à respiração ... 62
  Estabelecendo uma meditação diária 69
  Meditação andando 71

PARTE II
PROMESSAS E PERIGOS

Capítulo 6 — Como transformar a palha em ouro 75
  Meditação: Reflexão sobre a dificuldade 83
  Meditação: Vendo todos os seres como iluminados 84

Capítulo 7 — Dar nome aos demônios 85
  Como começar a dar nomes 86

Meditação: Sobre como transformar os demônios em parte do caminho 101
Meditação: Sobre os impulsos que movem a nossa vida 101

Capítulo 8 — Problemas difíceis e visitantes insistentes 103
    A expansão do campo da atenção 106
    A plena percepção consciente dos sentimentos 107
    A descoberta do que está pedindo aceitação 108
    A abertura através do centro 109
    Os cinco meios mais hábeis 112

Capítulo 9 — A montanha-russa espiritual: A kundalini e
    outros efeitos colaterais 118
    As atitudes em relação aos estados alterados 118
    Alguns estados alterados comuns 120
        Êxtases 121
        Chakras 124
    Meios hábeis de trabalhar com as aberturas energéticas e emocionais 126
        Todas as experiências são efeitos colaterais 127
        Como encontrar o freio 128
        A percepção consciente da dança 130
    Meditação: Reflexão sobre a sua atitude em relação aos estados alterados 131

Capítulo 10 — Expansão e dissolução do eu: a "noite escura" e o renascimento 132
    Mapas budistas de absorção e estágios de introvisão 133
    A entrada para a consciência expandida: concentração de acesso 134
    Estados de absorção 135
    Os domínios da existência 137
    A dissolução do eu 139
    A noite escura 143
    O domínio do despertar 146
    Meditação sobre a morte e o renascimento 149

Capítulo 11 — Em busca de Buda: Um luzeiro para nós mesmos 151
    Meditação: Como tornar-se simples e transparente 160

PARTE III
A AMPLIAÇÃO DO NOSSO CÍRCULO

Capítulo 12 — Como aceitar os ciclos da vida espiritual 163
    Ao deixar o retiro: a prática com a transição 170
    Meditação: Uma reflexão sobre os ciclos da nossa vida espiritual 173

Capítulo 13 — Sem fronteiras para o sagrado 174
    Os inimigos próximos 179
    Meditação sobre os compartimentos e a totalidade 184

Capítulo 14 — Não-eu ou eu verdadeiro? 186
    A natureza da ausência do eu 187
    Equívocos sobre a "ausência do eu" 190
    Do não-eu ao eu verdadeiro 192
    A expressão única do eu verdadeiro 197
    Meditação: Quem sou eu? 199

Capítulo 15 — Generosidade, co-dependência e corajosa compaixão............. 200
Meditação: *Sobre como transformar o sofrimento em compaixão* 209

Capítulo 16 — Você não consegue fazer sozinho: Procure um
mestre e trabalhe com ele.. 211

Capítulo 17 — Psicoterapia e meditação 225

Capítulo 18 — A roupa nova do imperador: Problemas com os mestres............. 234
Dando nome às dificuldades 235
Por que os problemas ocorrem 237
Transferência e projeção.. 239
Como trabalhar com os problemas mestre-comunidade 241
    Questionamento honesto 241
    Faça uso do que é bom.. 243
    Reconheça o efeito halo 243
    Saiba que poder não é sabedoria 244
    Estabeleça normas éticas claras 244
O lugar do perdão.. 245
A mudança de uma comunidade para outra................................. 246
Meditação: *Reflexão sobre a sombra do seu tipo de prática* 247

Capítulo 19 — Karma: O coração é o nosso jardim............................. 249
Meditação *sobre o perdão*... 259

Capítulo 20 — A expansão do nosso círculo: Um coração indiviso................ 262
A vida cotidiana como meditação.. 265
Agir no mundo 267
Conduta consciente: Os cinco preceitos 270
Reverência pela vida... 272
Meditação *sobre o serviço*.. 275
*O compromisso com os cinco preceitos: Não causar
dano é a nossa dádiva ao mundo*.. 276

PARTE IV
A MATURIDADE ESPIRITUAL

Capítulo 21 — A maturidade espiritual 281

Capítulo 22 — A grande canção... 292
Nossa canção individual dentro da grande canção 294
Cem mil formas de despertar.. 296
Meditação *sobre a equanimidade* 299

Capítulo 23 — Iluminação é a intimidade com todas as coisas 300
Apêndice: O código de ética dos instrutores da Insight Meditation 307
Leituras recomendadas 311
Glossário... 314

AGRADECIMENTOS

Sem Evelyn Sweeney este livro não existiria. Discípula evoluída, editora, amiga e colaboradora, Evelyn foi de imensa ajuda em todos os aspectos da criação deste manuscrito. Trabalhadora infatigável, aos 73 anos de idade é um pilar da nossa comunidade e uma fonte de energia para este livro e também para os de outros instrutores da *vipassana*.* Obrigado, Evelyn. Que o *dharma* oferecido por você lhe traga constantes bênçãos e felicidades.

Eu gostaria de expressar minha gratidão a Jane Hirshfield por sua clareza cristalina e profunda sabedoria no *dharma*. Poetisa, escritora e sábia estudante do *dharma*, sua ajuda foi de inestimável valor. A estrutura e o conteúdo deste livro beneficiaram-se, capítulo a capítulo, de sua orientação como editora e conselheira.

Barbara Gates, escritora, editora e amiga no *dharma*, também colaborou nesta obra "podando" muitos dos capítulos iniciais para criar um jardim claro e ordenado a partir do matagal das minhas palestras sobre o *dharma*. Muito obrigado, Barbara.

Este livro começou na forma de palestras feitas no Spiritual Emergency Network, em 1986. O Spiritual Emergency Network é formado por um grupo de psicólogos e conselheiros espirituais que oferece apoio às pessoas que estão atravessando as poderosas transições espirituais tão pouco compreendidas na nossa cultura e que, muitas vezes, são confundidas com doenças mentais. Expresso meu mais profundo respeito pelo trabalho desse grupo.

É importante reconhecer que, ao longo dos anos, grande parte do meu *dharma* foi aprendido junto aos meus colegas de ensinamento. Em particular, devo muito aos meus bons amigos Joseph Goldstein, Sharon Salzberg e Stephen Levine, bem como a Stan e Christina Grof. Respeito-os como a fonte de alguns temas importantes tratados neste livro.

Além disso, recebi as bênçãos de muitos grandes mestres da Ásia, da Europa e da América do Norte. Sou imensamente grato a todos eles.

Agradeço aos muitos discípulos e colegas com quem tive o privilégio de aprender ao longo desses anos. As histórias narradas neste livro são verídicas, mas os nomes e detalhes foram alterados em respeito à privacidade das pessoas.

---

* Ver Glossário, no final do livro.

Finalmente, eu gostaria de mencionar Leslie Meredith, da Bantam Books, e agradecer-lhe pelo seu excelente trabalho de editoria, por sua atenta leitura e por seu apoio encorajador ao longo de todo o desenvolvimento deste livro.

Jack Kornfield
Spirit Rock Center
Woodacre, Califórnia, 1992

PARTE I

UM CAMINHO COM O CORAÇÃO: PRINCÍPIOS FUNDAMENTAIS

Tomei o elevador para o quarto andar e, ao sair, deparei com a recepcionista da sala de espera que também me perguntou, num tom ligeiramente incrédulo:

— Em que posso servi-lo, senhor?

Disse-lhe que estava esperando a minha cunhada e fui convidado a me sentar. Sentei-me em um sofá confortável e após alguns minutos, resolvi cruzar as pernas na posição de lótus, fechar os olhos e meditar. Afinal de contas, eu era um monge e o que mais havia ali para se fazer? Depois de dez minutos, talvez, comecei a ouvir risadas. Continuei a meditar, mas finalmente ouvi o som de muitas vozes femininas e um gritinho vindo do salão, que me fez abrir os olhos:

— Mas... ele é de verdade?

Vi oito ou dez mulheres vestidas com as "túnicas" de Elizabeth Arden (os trajes que as clientes vestem para os tratamentos de beleza), todas com o olhar fixo em mim. A maioria estava com rolos ou mil formas de redes nos cabelos. Diversas delas tinham o rosto coberto por algo que parecia creme de abacate. Outras estavam cobertas de lama. Olhei para elas e me perguntei em que mundo eu tinha vindo parar e ouvi a minha própria voz dizer:

— Mas... elas são de verdade?

A partir desse momento, ficou claro que eu precisaria encontrar um meio de conciliar os antigos e maravilhosos ensinamentos que recebera no mosteiro budista com os aspectos do nosso mundo moderno. No decorrer dos anos, essa conciliação iria tornar-se uma das mais interessantes e motivadoras indagações para mim e para muitos outros que buscam viver uma vida espiritual genuína à medida que avançamos rumo ao século XXI. A maioria dos americanos não quer viver como sacerdotes, monges ou freiras tradicionais mas, ainda assim, há muitos dentre nós que querem trazer uma prática espiritual genuína para a vida no nosso próprio mundo. Este livro irá discutir essa possibilidade.

Meu próprio caminho espiritual foi despertado aos 14 anos, quando me presentearam com o livro de T. Lobsang Rampa, *The Third Eye*, um relato semificcional de aventuras místicas no Tibete. Um livro empolgante: abriu-me a mente e me ofereceu um mundo de fuga que me parecia bem melhor do que aquele que eu habitava. Cresci na costa leste, numa família dedicada à ciência e ao intelecto. Meu pai era um biofísico que desenvolvia corações e pulmões artificiais, trabalhava em medicina espacial para o programa espacial e lecionava em faculdades de medicina. Tive uma "boa educação" e me formei em uma universidade da Ivy League.* Eu estava rodeado de pessoas brilhantes e criativas. No entanto, apesar do seu sucesso e das suas conquistas intelectuais, muitas delas eram infelizes. Ficou claro para mim que inteligência e posição social tinham pouca relação com a felicidade ou com relacionamentos humanos saudáveis. Isso era dolorosamente evidente na minha própria família. Mesmo na minha solidão e confusão, eu sabia que precisaria buscar a felicidade em outro lugar. Assim, voltei-me para o Oriente.

Em 1963, no Dartmouth College, tive a bênção de poder contar com um velho e sábio professor, o dr. Wing Tsit Chan, que, sentado na posição de lótus sobre sua

---

* O conjunto das tradicionais universidades da costa leste dos Estados Unidos, de imenso prestígio acadêmico e social. (N. T.)

mesa, ensinava Buda e os clássicos chineses. Inspirado por ele, formei-me em estudos orientais e, depois da formatura, parti imediatamente para a Ásia (com a ajuda do Corpo da Paz) em busca de ensinamentos e ordenação em um mosteiro budista. Comecei as práticas e quando por fim me ordenei e parti para um retiro no mosteiro (liderado pelo jovem, porém depois bastante famoso, mestre Achaan Chah) de Wat Ba Pong, nas florestas tailandesas, fiquei surpreso. Embora eu não estivesse realmente esperando que os monges levitassem como faziam nas histórias de Lobsang Rampa, eu havia esperado alguns "efeitos especiais" da meditação: felicidade, estados especiais de transe, experiências extraordinárias. Mas não era exatamente isso o que o meu mestre oferecia. Ele oferecia um modo de vida, um caminho de despertar para toda a vida, atenção, entrega e compromisso. Oferecia uma felicidade que não dependia de nenhuma das condições instáveis do mundo, mas sim que vinha da própria dificuldade e da transformação interior consciente de cada um. Ao ingressar no mosteiro, eu esperava deixar para trás a dor da minha vida familiar e as dificuldades do mundo, mas, é claro, elas me seguiram. Levei muitos anos para perceber que essas dificuldades eram parte da minha prática.

Tive a imensa sorte de encontrar uma orientação sábia e de passar pelos antigos treinamentos tradicionais que ainda são oferecidos nos melhores mosteiros. Isso me obrigava a viver com grande simplicidade, e possuir pouco mais que uma túnica e uma tigela, e a caminhar oito quilômetros todos os dias para buscar alimento para a refeição única ao meio do dia. Passei longos períodos de meditação em práticas tradicionais, tais como sentar na floresta a noite toda observando corpos queimarem nos cemitérios; e passei por um retiro de silêncio de um ano, em uma cela, sentado ou caminhando durante 20 horas por dia. Ofereceram-me excelentes ensinamentos em grandes mosteiros liderados por Mahasi Sayadaw, Asabha Sayadaw e Achaan Buddhadasa. Aprendi coisas maravilhosas nesses períodos de prática e sou para sempre grato a esses mestres. No entanto, a meditação intensiva nesses ambientes exóticos mostrou ser apenas o início da minha prática. Desde então, tive meditações tão motivadoras quanto essas, em lugares bastante comuns — meditações que surgiram simplesmente como resultado do meu compromisso com o treinamento sistemático. Eu não sabia o que estava à minha espera na época do meu primeiro treinamento e deixei a Ásia ainda muito idealista, esperando que minhas experiências especiais de meditação iriam resolver todos os meus problemas.

No decorrer dos anos que se seguiram, voltei para outros treinamentos em mosteiros da Tailândia, da Índia, e do Sri Lanka, e estudei com renomados lamas tibetanos, mestres zen e gurus hindus. Em 19 anos de ensinamento, tive o privilégio de colaborar com muitos outros instrutores budistas ocidentais para estabelecermos, nos Estados Unidos, a Insight Meditation: Vipassana, a prática budista da atenção plena. Conduzi retiros com duração que variava de um dia a três meses e trabalhei em conjunto com muitos outros centros (cristãos, budistas, transpessoais, etc.). Em 1976, completei meu doutorado em psicologia clínica e, desde então, tenho trabalhado tanto como psicoterapeuta quanto como instrutor de budismo. E, o mais importante, com o passar dos anos tenho tentado responder a uma pergunta: "Como posso viver a minha prática espiritual, como posso fazê-la florescer em cada dia da minha vida?"

Desde que comecei a ensinar, tenho observado como muitos discípulos compreendem mal a prática espiritual, como esperam usá-la para fugir de suas próprias vidas, como empregam os ideais e a linguagem da prática espiritual para evitar o sofrimento e dificuldades da existência humana — do mesmo modo que eu próprio tentei fazer; observei quantos deles procuram os templos, igrejas e mosteiros em busca dos "efeitos especiais".

Minha própria prática tem sido uma jornada descendente, em contraste com o caminho que geralmente imaginamos para nossas experiências espirituais. Ao longo desses anos, encontrei-me a trabalhar meu caminho *descendo* os "chakras" (os centros de energia espiritual do corpo) em vez de subi-los. Meus dez primeiros anos de prática espiritual sistemática foram basicamente conduzidos pela minha mente. Estudei, li, meditei e vivi como um monge, sempre usando o poder da mente para alcançar a compreensão. Desenvolvi concentração e *samadhi* (os níveis profundos de percepção mental), e muitos tipos de *insights* surgiram. Tive visões, revelações e uma imensa variedade de despertar profundo. A maneira como eu conhecia a mim mesmo no mundo virou de cabeça para baixo à medida que minha prática se desenvolvia e eu via as coisas de um modo novo e mais sábio. Eu pensava que essa descoberta era o propósito da prática e sentia-me satisfeito com minhas novas compreensões.

Mas, ah, quando voltei para os Estados Unidos como monge, tudo isso se esfacelou. Nas semanas após o incidente no instituto de beleza Elizabeth Arden, tirei a túnica, matriculei-me numa universidade, arrumei um emprego de motorista de táxi e trabalhei no plantão noturno de um hospital psiquiátrico de Boston. Também comecei a namorar. Embora tivesse voltado límpido, aberto e elevado do mosteiro na Ásia, logo descobri — tanto através do namoro quanto na residência comunitária onde vivia e nas atividades universitárias — que minha meditação de pouco me valera para os meus relacionamentos humanos. Eu ainda era emocionalmente imaturo, ainda manifestava os mesmos dolorosos padrões de censura e medo, de aceitação e rejeição que possuía antes do meu treinamento budista; só que o horror agora era que eu estava começando a ver esses padrões com maior clareza. Eu era capaz de meditar com bondade sobre milhares de seres em qualquer parte do mundo, mas tinha problemas terríveis em me relacionar intimamente com uma pessoa aqui e agora. Eu havia usado a força da minha mente na meditação para suprimir sentimentos dolorosos; e, durante muito tempo, recusei-me a reconhecer que estava com raiva, triste, magoado ou frustrado. As raízes da minha infelicidade nos relacionamentos não haviam sido examinadas. Eu tinha pouca habilidade para lidar com os meus sentimentos, quer para envolver-me no nível emocional quer para viver sabiamente com meus amigos e com aqueles que eu amava.

Fui forçado a mudar toda a minha prática e descer do *chakra* da mente para o *chakra* do coração. Comecei um longo e difícil processo de retomada das minhas emoções, de levar percepção consciente e compreensão aos meus padrões de relacionamento, de aprender a lidar com os meus sentimentos e com as poderosas forças dos relacionamentos humanos. Esse trabalho foi realizado através da terapia de grupo, da terapia individual, das meditações centradas no coração, da psicologia transpessoal e de uma série de relacionamentos bem-sucedidos ou desastrosos. Isso foi realizado através de um exame da minha vida familiar e dos meus primeiros anos, trazendo essa compreensão aos meus relacionamentos do presente. E isso acabou por levar-me de um relacionamento inicialmente difícil ao que hoje é um casamento feliz com minha mulher, Liana, e uma linda filha, Caroline. Aos poucos passei a compreender o trabalho do coração como uma parte plenamente integrada da minha prática espiritual.

Após dez anos de enfoque no trabalho emocional e no desenvolvimento do coração, percebi que havia negligenciado o meu corpo. Assim como as minhas emoções, o meu corpo fora incluído nas minhas primeiras práticas espirituais apenas de maneira superficial. Aprendi a ter bastante consciência da minha respiração e a trabalhar com as dores e sensações do meu corpo, mas, em grande parte, usei meu corpo como o faria um atleta. Eu havia sido abençoado com saúde e força suficientes para poder escalar montanhas ou sentar-me como um iogue nas barrancas do rio Ganges e suportar a dor por dez ou vinte horas sem me mover. Eu podia comer uma única refeição por dia como um monge e caminhar longas distâncias com os pés descalços, mas descobri que *usara* meu corpo em vez de habitá-lo. Ele havia sido um veículo a alimentar, mover e preencher minha vida mental, emocional e espiritual.

À medida que voltei a habitar minhas emoções de uma maneira mais plena, observei que meu corpo também exigia atenção amorosa e que não bastava ver e compreender ou até mesmo sentir com amor e compaixão — era preciso mover-me mais para baixo nos *chakras*. Aprendi que, para poder viver uma vida espiritual, eu precisava ser capaz de incorporar meu corpo a todas as minhas ações: na maneira como me mantenho de pé e caminho, na maneira como respiro, no cuidado com que tomo meus alimentos. Todas as minhas atividades precisavam ser incluídas. Viver nesse precioso corpo animal sobre a face desta Terra é um aspecto tão grande da vida espiritual como qualquer outro. Ao começar a reabitar o meu corpo, descobri novas áreas de medo e dor que me mantinham afastado do meu eu verdadeiro, assim como havia descoberto novas áreas de medo e dor quando abri a minha mente e quando abri o meu coração.

Ao descer pelos *chakras*, minha prática tornou-se mais íntima e mais pessoal. Passou a exigir, a cada passo do caminho, mais honestidade e cuidado. E também se tornou mais integrada. A maneira como trato o meu corpo não está dissociada da maneira como trato a minha família ou de meu compromisso com a paz na Terra. E assim, à medida que eu trabalhava meu caminho descendente, a visão da minha prática expandiu-se para incluir não apenas o meu próprio corpo ou coração, mas a totalidade da vida, os relacionamentos que mantemos e o meio ambiente que nos sustém.

Nesse processo de aprofundar e expandir meu compromisso com a vida espiritual, vi uma enorme mudança ocorrer tanto nos meus esforços quanto na minha motivação. De início, pratiquei e ensinei a partir de uma posição de grande luta e esforço. Fiz uso de um imenso esforço mental para manter meu corpo imóvel, para concentrar e direcionar o poder mental na meditação, para superar a dor, as emoções e a distração. Usei a prática espiritual para lutar por estados de clareza e luz, por compreensão e visão; e, de início, era desse modo que eu ensinava. No entanto, aos poucos tornou-se claro que para a maioria de nós essa luta, por si mesma, aumentava os nossos problemas. Quando tendemos a fazer julgamentos, tornamo-nos mais críticos de nós mesmos na nossa prática espiritual. Quando nos seccionamos de nós mesmos e negamos as nossas emoções, o nosso corpo e a nossa natureza humana, a luta pela iluminação ou por algum propósito espiritual apenas aumenta essa separação. Sempre que uma sensação de demérito ou de ódio a nós mesmos se estabelece — por medo de nossos sentimentos ou pelo julgamento dos nossos pensamentos — ela é fortalecida pela luta espiritual. Mas eu sabia que a prática espiritual é impossível sem grande dedicação, energia e compromisso. Se não da luta e do idealismo, de onde viriam essas qualidades?

O que descobri foi uma maravilhosa novidade para mim. Para a abertura profunda que a vida espiritual genuína exige, precisamos de extraordinária coragem e força, uma espécie de espírito guerreiro. Mas o lugar para essa força guerreira é no coração. Precisamos de energia, compromisso e coragem para não fugir da vida ou encobri-la com alguma filosofia — material ou espiritual. Precisamos de um coração guerreiro que nos deixe enfrentar diretamente a vida, nossas dores e limitações, nossas alegrias e possibilidades. Essa coragem permite-nos incluir todos os aspectos da vida na nossa prática espiritual: nosso corpo, nossa família, a sociedade, a política, a ecologia, a arte, a educação. Só então a espiritualidade poderá ser verdadeiramente integrada à nossa vida.

Quando comecei a trabalhar num hospital psiquiátrico estadual, enquanto estudava para o meu doutorado, ingenuamente pensei que poderia ensinar meditação a alguns dos pacientes. Logo tornou-se evidente que não era de meditação que eles precisavam. Aquelas pessoas tinham pouca capacidade de dedicar uma atenção equilibrada às suas vidas e a maioria delas já estava perdida nos meandros de suas mentes. Se alguma meditação lhes pudesse ser útil, seria uma que fosse terrena e enraizada: ioga, jardinagem, tai chi, práticas ativas que pudessem conectá-las aos seus corpos.

Mas então descobri uma grande população desse hospital que precisava desesperadamente de meditação: os psiquiatras, os psicólogos, os assistentes sociais, as enfermeiras psiquiátricas, os auxiliares e outros. Esse grupo cuidava e freqüentemente controlava os pacientes através de drogas antipsicóticas e a partir de um estado de medo: medo das energias dos pacientes e medo dessas energias dentro de si mesmos. Poucos desses profissionais da saúde pareciam conhecer de primeira mão, na própria psique, as forças poderosas que os pacientes estavam enfrentando; contudo, essa é uma lição básica na meditação: enfrentar nossa própria avidez, demérito, raiva, paranóia e mania de grandeza... e a abertura da sabedoria e do destemor além dessas forças. Todo esse grupo de profissionais poderia ter extraído enormes benefícios da meditação como uma maneira de enfrentar, dentro de si mesmos, as forças psíquicas que eram desencadeadas em seus pacientes. Dali teriam trazido nova compreensão e compaixão para o seu trabalho e para os seus pacientes.

A necessidade de incluir a vida espiritual no tratamento e na terapia está começando a ser reconhecida pelos profissionais da área da saúde mental. Uma certa consciência da necessidade de integrar a visão espiritual também se estendeu para campos como a política, a economia e a ecologia. Mas, para ser benéfica, essa espiritualidade precisa estar enraizada na experiência pessoal. Para o leitor que quer aprender de primeira mão, os capítulos deste livro oferecem uma série de práticas tradicionais e de meditações contemporâneas. Esses exercícios lhe permitem trabalhar diretamente os ensinamentos aqui apresentados e penetrar mais profundamente no seu próprio corpo e coração como um veículo para a prática espiritual. O cerne das meditações aqui apresentadas vem da tradição do *budismo theravada* do Sudeste Asiático. São as práticas da atenção plena da Insight Meditation (vipassana), também chamada "coração da meditação budista", que oferece um treinamento e despertar sistemáticos do corpo, do coração e da mente, de modo integrado ao mundo à nossa volta. Foi essa tradição que segui e ensinei por muitos anos, e é esse ensinamento central que forma a base de quase toda a prática budista no mundo todo.

Embora este livro se baseie na minha experiência com as tradições budistas, acredito que os princípios da prática espiritual que ele aborda são universais. A primeira metade introduz a base de uma vida espiritual integrada: caminhos de prática, perigos comuns, técnicas para lidar com nossas mágoas e dificuldades, e alguns mapas budistas de estados espirituais da consciência humana, e como essa extraordinária experiência pode ser enraizada no senso comum. A segunda metade do livro falará mais diretamente da integração dessa prática na nossa vida contemporânea, tratando de temas como co-dependência e compaixão, compartimentação, psicoterapia e meditação, e os benefícios e dificuldades que encontramos com os mestres espirituais. Concluiremos examinando a maturidade espiritual: o amadurecimento da sabedoria e da compaixão e a facilidade e a alegria que isso traz às nossas vidas.

Iniciei este livro enfatizando a minha jornada pessoal, pois a maior lição que aprendi é que o universal precisa unir-se ao pessoal a fim de se entrelaçarem em nossa vida espiritual. Somos seres humanos e o portal humano para o sagrado é o nosso próprio corpo, coração e mente, a nossa história pessoal, os relacionamentos íntimos e as circunstâncias da nossa vida. Se não aqui, onde mais poderíamos fazer nascer a compaixão, a justiça e a liberação?

Um senso integrado de espiritualidade reconhece que, se quisermos trazer luz, sabedoria ou compaixão a este mundo, precisamos primeiro começar com nós mesmos. As verdades universais da vida espiritual só podem nascer em cada circunstância particular e pessoal. Essa abordagem pessoal com relação à prática honra tanto a singularidade quanto a universalidade da nossa vida, respeitando a qualidade temporal da grande dança entre o nascimento e a morte, embora honrando especificamente também o nosso corpo, a nossa família e comunidade, a história pessoal de cada um e as alegrias e tristezas que nos foram concedidas. Desse modo, nosso despertar é um assunto bastante pessoal que também afeta todas as outras criaturas sobre a face da Terra.

1

EU AMEI PLENAMENTE?

Mesmo os estados mais exaltados e as mais excepcionais conquistas espirituais não têm a menor importância se não conseguimos ser felizes nos caminhos mais básicos e comuns e se não conseguimos tocar, com o coração, nossos semelhantes e a vida que nos foi concedida.

Ao nos dedicarmos à vida espiritual, o que importa é simples: *precisamos ter certeza de que nosso caminho está conectado ao nosso coração*. Muitos outros pontos de vista nos são oferecidos no mercado espiritual do mundo moderno. As grandes tradições espirituais oferecem histórias de iluminação, bem-aventurança, conhecimento, êxtase divino e as mais elevadas possibilidades do espírito humano. Dentre a vasta gama de ensinamentos disponíveis no Ocidente, de início, muitas vezes, somos atraídos por esses aspectos glamourosos e extraordinários. Embora a promessa de atingir tais estados possa tornar-se realidade e embora esses estados realmente representem os ensinamentos, num certo sentido eles são também técnicas promocionais do comércio espiritual. Não são o objetivo da vida espiritual. Afinal de contas, a vida espiritual não é um processo de busca ou ganho de alguma condição extraordinária ou poderes especiais. Na verdade, essa busca pode afastar-nos de nós mesmos. Se não formos cuidadosos, poderemos facilmente encontrar as grandes falhas da sociedade moderna — sua ambição, materialismo e isolamento individual — repetidos em nossa vida espiritual.

Ao iniciar uma jornada espiritual genuína, precisamos permanecer muito próximos de nós mesmos, focalizar diretamente aquilo que está diante de nós nesse exato instante, ter certeza de que nosso caminho está conectado ao nosso amor mais profundo. Don Juan, em seus ensinamentos a Carlos Castañeda, assim o expressou:

profundo. É um reflexo de como somos implacáveis com nós mesmos. Julgamos a nós mesmos com tanta severidade que só um Idi Amin Dada ou um Stalin iriam nos escolher para presidir seus tribunais. É difícil admitir que a bondade e o amor genuínos podem brilhar livremente a partir de nossos corações. No entanto, isso acontece.

Viver um caminho com o coração significa viver do modo que nos é mostrado nessa meditação, significa permitir que o sabor da bondade impregne a nossa vida. Quando damos plena atenção aos nossos atos, quando expressamos nosso amor e vemos a preciosidade da vida, a bondade cresce em nós. Uma simples presença cuidadosa pode começar a permear mais momentos da nossa vida. Temos de perguntar continuamente ao nosso coração: O que significaria viver assim? O caminho, o modo que escolhemos para viver a nossa vida, está levando a isso?

Em meio à tensão e à complexidade das nossas vidas, talvez esqueçamos nossas intenções mais profundas. Porém, quando as pessoas chegam ao fim da vida e olham para trás, as perguntas que elas geralmente fazem não são, "Quanto tenho na minha conta corrente?", "Quantos livros escrevi?", "O que construí?" ou coisas semelhantes. Se você tiver o privilégio de estar ao lado de uma pessoa que está consciente do momento da sua morte, verá que as perguntas que ela faz são muito simples: "Eu amei plenamente?", "Vivi plenamente?", "Aprendi a me desapegar?"

Essas simples perguntas atingem o próprio âmago da vida espiritual. Quando consideramos o ato de amar bem e de viver plenamente, podemos ver o modo como nossos apegos e medos nos limitaram e podemos ver abrirem-se as muitas oportunidades para os nossos corações. Permitimos a nós mesmos amar as pessoas à nossa volta, nossa família, nossa comunidade, a Terra sobre a qual vivemos? E teríamos também aprendido o desapego? Teríamos aprendido a viver através das mudanças da vida com graça, sabedoria e compaixão? Teríamos aprendido a perdoar e a viver a partir da influência do coração, e não a partir da influência do julgamento?

O desapego é um tema central na prática espiritual, à medida que vemos a preciosidade e a brevidade da vida. Quando o desapego é exigido, se não tivermos aprendido a nos desapegar, sofreremos imensamente e, ao chegar ao fim da vida, talvez tenhamos aquilo que é chamado de "rota de colisão". Mais cedo ou mais tarde, precisamos aprender a nos desapegar e permitir que o mistério passageiro da vida se mova através de nós sem que o temamos, sem nos prender e sem manter-nos apegados.

Conheci uma moça que ficou ao lado da mãe durante o longo tempo em que ela esteve doente de um câncer. Parte desse tempo a mãe esteve em um hospital, ligada a um grande número de tubos e aparelhos. Ambas concordaram que seria terrível morrer daquela maneira e, quando a doença se agravou, a mãe foi finalmente desligada de toda a parafernália médica e lhe permitiram que fosse para casa. Seu câncer progrediu mais ainda. No entanto, a mãe tinha dificuldade em aceitar sua doença. Ela tentava dirigir a casa do seu leito, pagar as contas e supervisionar todos os assuntos rotineiros da vida. Ela lutava contra a dor física, porém lutava ainda mais contra sua incapacidade de se desapegar. Um dia, em meio a essa luta, muito mais doente e um tanto confusa, ela chamou a filha e disse: "Filha querida, por favor, agora desligue os tubos". E a filha delicadamente mostrou: "Mãe, você não está ligada aos tubos". Alguns de nós temos muito a aprender a respeito do desapego.

Desapegar-se e mover-se através da vida, de uma mudança para outra, traz amadurecimento ao nosso ser espiritual. No final, descobrimos que amor e desapego podem ser a mesma coisa. Em ambos os casos, não buscamos possuir. Ambos nos permitem tocar cada momento dessa vida passageira e nos permitem estar plenamente presentes em tudo o que vier acontecer.

Existe uma antiga história sobre um famoso rabino que vivia na Europa e um dia foi visitado por um homem que viajou de navio desde Nova York para vê-lo. O homem chegou à casa do grande rabino, uma casa espaçosa numa cidade européia, e foi levado aos aposentos do rabino, que ficavam no sótão. Ele entrou e descobriu que o mestre vivia em um quarto com uma cama, uma cadeira e alguns livros. O homem esperava muito mais. Depois dos cumprimentos, perguntou: "Rabino, onde estão suas coisas?" O rabino replicou: "Bem, onde estão as suas?" O visitante surpreendeu-se: "Mas, rabino, eu estou só de passagem!" E o mestre respondeu: "Eu também, eu também".

Amar plenamente e viver bem exige de nós o reconhecimento final de que não temos nem possuímos coisa alguma — nem a casa, nem o carro, nem as pessoas que amamos, nem sequer o nosso próprio corpo. A alegria e a sabedoria espirituais não vêm através da posse mas, sim, através da nossa capacidade de abertura, de amor mais pleno, de mudança e liberdade na vida.

Essa não é uma lição a ser adiada. Um grande mestre assim o explicou: "Seu problema é que você pensa que tem tempo". Não sabemos quanto tempo temos. O que seria viver com o conhecimento de que este talvez seja o nosso último ano, a nossa última semana, o nosso último dia? À luz dessa pergunta, podemos escolher um caminho com o coração.

Às vezes é necessário um choque para nos despertar, para nos conectar com o nosso caminho. Há muitos anos, uma mulher me pediu para visitar seu irmão em um hospital de San Francisco. Ele ainda não chegara aos quarenta anos e já estava rico. Era dono de uma empresa construtora, de um barco, de uma fazenda, de uma casa na cidade, de mil coisas. Certo dia, dirigindo sua BMW, ele ficou temporariamente cego. Os testes mostraram que ele tinha um tumor no cérebro, um melanoma, um tipo de câncer de crescimento rápido. O médico lhe disse: "Queremos operá-lo, mas tenho de lhe avisar que o tumor está localizado no centro da fala e da compreensão. Se removermos o tumor, você poderá perder toda a capacidade de ler, de escrever, de falar, de compreender qualquer língua. Se não o operarmos, você talvez tenha seis semanas de vida. Pense bem nisso. Queremos operá-lo amanhã de manhã. Comunique-nos sua decisão até lá".

Visitei esse homem naquela noite. Ele estava muito quieto e pensativo. Como se pode imaginar, estava em um extraordinário estado de consciência. Esse tipo de despertar, por vezes, vem da prática espiritual, mas, para ele, veio através daquelas circunstâncias excepcionais. Quando conversamos, esse homem não falou da sua fazenda, nem do seu barco, nem do seu dinheiro. No lugar para onde ele ia, não aceitam a moeda bancária ou BMWs. Tudo o que tem valor nos momentos de grande mudança é a moeda corrente do nosso coração: a capacidade e a compreensão do coração que cresceram em nós.

Vinte anos antes, no final dos anos sessenta, esse homem havia feito um pouco de meditação zen, havia lido um pouco de Alan Watts e agora, ao enfrentar aquele momento, foi isso que ele trouxe à tona e era disso que ele queria falar: da sua vida espiritual e da compreensão a respeito do nascimento e da morte. Depois de uma conversa que brotou do fundo do coração, ele calou-se para ficar em silêncio por um instante e refletir. Então virou-se para mim e disse: "Já falei demais. Talvez eu tenha dito palavras demais. Esta noite, o que me parece precioso é tomar um gole d'água ou ver os pombos levantar vôo do parapeito da janela. Eles me parecem lindos. É encantador ver um pássaro cruzar os ares. Esta minha vida ainda não terminou. Talvez eu apenas a viva mais em silêncio". E assim ele concordou em ser operado. Depois de 14 horas de cirurgia feita por um cirurgião extraordinário, sua irmã o visitou na sala de recuperação. Ele olhou para ela e disse: "Bom-dia". Os médicos foram capazes de remover o tumor sem que ele perdesse a fala.

Quando deixou o hospital e se recuperou do câncer, toda a sua vida mudou. Continuou a cumprir responsavelmente suas obrigações profissionais, mas deixou de ser viciado no trabalho. Dedicou-se mais à família e tornou-se conselheiro para outras pessoas com diagnóstico de câncer e doenças graves. Passava grande parte de seu tempo junto à natureza e também tocando, com amor, as pessoas à sua volta.

Se eu o tivesse conhecido antes daquela noite, talvez o tivesse considerado um fracasso espiritual por ele ter feito um pouco de prática espiritual e tê-la abandonado por completo para tornar-se um homem de negócios. Ele parecia ter esquecido todos esses valores espirituais. Mas quando chegou a hora, quando parou para refletir nesses momentos entre a vida e a morte, mesmo a pouca prática espiritual que havia experimentado, tornou-se muito importante para ele. Nunca sabemos o que os outros estão aprendendo e não podemos julgar de imediato ou com leviandade a prática espiritual de ninguém. Tudo o que podemos fazer é olhar dentro do nosso coração e perguntar o que é importante no caminho que estamos vivendo. O que poderia levar-me a maior abertura, a maior honestidade e a uma capacidade mais profunda de amar?

Um caminho com o coração também incluirá nossos dons únicos e nossa criatividade. A expressão exterior do nosso coração talvez seja escrever livros, construir edifícios, abrir caminhos para as pessoas servirem umas às outras. Talvez seja ensinar, cuidar do jardim, servir alimentos ou tocar música. O que quer que escolhamos, as criações da nossa vida precisam estar enraizadas no nosso coração. Nosso amor é a fonte de toda a energia para criar e para nos ligar às pessoas. Se agirmos sem uma conexão com o coração, até mesmo as maiores coisas da nossa vida se tornarão ressequidas, sem sentido ou estéreis.

Você talvez recorde que há alguns anos os jornais publicaram uma série de artigos sobre planos para criar um banco de esperma de ganhadores do Prêmio Nobel. Naquela época, uma feminista envolvida no assunto escreveu para o *Boston Globe* e salientou que, se houvesse bancos de esperma, também deveria haver bancos de óvulos. O *Boston Globe* publicou a resposta de George Wald, biólogo da Universidade de Harvard e ele próprio ganhador do Prêmio Nobel, um cavalheiro e um homem de sabedoria. George Wald escreveu a essa mulher:

Você está absolutamente certa. É necessário um óvulo, bem como um espermatozóide, para dar início a um ganhador do Prêmio Nobel. Cada um dos laureados teve uma mãe, bem como um pai. Pode-se dizer o que se quiser dos pais, mas sua contribuição à concepção é, na verdade, muito pequena.

Mas espero que você não esteja propondo a sério um banco de óvulos. À parte o Prêmio Nobel, em termos técnicos, não há muito problema para se criar um banco de óvulos. Existem alguns problemas, mas nada tão complexo quanto o que está envolvido nos outros tipos de reatores reprodutivos...

Imagine um homem, qualquer homem, tão vaidoso que insiste em obter um óvulo de qualidade superior em um banco de óvulos. Primeiro, ele deve fecundá-lo. Depois de fecundado, o que esse homem vai fazer com o óvulo? Leva-o para a sua esposa? "Olhe, querida", podemos ouvi-lo dizendo, "acabei de pegar este óvulo de qualidade superior em um banco de óvulos e fecundei-o eu mesmo. Você cuida dele para mim?" "Tenho meus próprios óvulos para cuidar", responde ela. "Sabe o que você pode fazer com seu óvulo de qualidade superior? Alugue um útero. E falando nisso, alugue também um quarto e desapareça, está bem?" Pois é, a coisa simplesmente não funciona. A verdade é que o de que realmente precisamos não é de ganhadores do Nobel, mas de amor. Como é que você acha que alguém chega a ganhar o Nobel? Querendo amor, é isso. Querendo tanto, tanto, que trabalha o tempo todo e termina ganhando o Nobel. É um prêmio de consolação.

O que importa é o amor. Esqueça o banco de esperma e o banco de óvulos. Bancos e amor são incompatíveis. Se você não sabe disso, é porque faz tempo que não vai ao seu banco.

Assim, apenas pratique o amor. Ame um russo. Você ficaria surpresa de ver como é fácil e como isso vai iluminar as suas manhãs. Ame um iraniano, um vietnamita, pessoas que não estão apenas aqui mas em toda parte. E então, quando tiver se tornado perita nisso, tente alguma coisa difícil, como amar os políticos na capital do nosso país.

O anseio por amor e o movimento do amor estão por trás de todas as nossas atividades. A felicidade que descobrimos na vida não está relacionada com o ter ou o possuir ou mesmo o compreender. Pelo contrário, ela é a descoberta dessa capacidade de amar, de ter um relacionamento amoroso, livre e sábio com toda a vida. Esse tipo de amor não é possessivo; ele surge do senso de nosso próprio bem-estar e conexão com todas as coisas. Portanto, ele é generoso e desperto, e ama a liberdade de todas as coisas. A partir do amor, nosso caminho pode levar-nos a aprender a usar os nossos dons para curar e servir, para criar a paz à nossa volta, para honrar o sagrado da vida, para abençoar tudo aquilo que encontramos e para desejar o bem de todos os seres.

A vida espiritual pode parecer complexa, mas, em essência, não tem complexidade alguma. Podemos encontrar clareza e simplicidade mesmo em meio a esse mundo complexo, quando descobrimos que a qualidade que fazemos nascer do coração é o que mais importa. O amado poeta zen Ryokan sintetizou tudo isso ao dizer:

A chuva cessou, as nuvens se afastaram
e o céu voltou a ser límpido.
Se o teu coração é puro, então tudo no teu mundo é puro...
E a lua e as flores te guiarão ao longo do Caminho.

Todos os outros ensinamentos espirituais são inúteis se não conseguimos amar. Mesmo os estados mais exaltados e as mais excepcionais conquistas espirituais não têm a menor importância se não conseguimos ser felizes nos caminhos mais básicos e comuns e se não conseguimos tocar, com o coração, nossos semelhantes e a vida que nos foi concedida. O que importa é como vivemos. É por isso que é tão difícil e tão importante perguntarmos a nós mesmos: "Estou vivendo o meu caminho plenamente, estou vivendo sem remorsos?" — para que, quando se aproximar o fim da nossa vida, possamos afirmar: "Sim, eu vivi o meu caminho com o coração".

MEDITAÇÃO: A BONDADE

A qualidade da *bondade* é o solo fértil no qual pode crescer uma vida espiritual integrada. Com um coração amoroso como pano de fundo, tudo que tentamos, tudo o que encontramos se abrirá e fluirá com mais facilidade. Embora, em muitas circunstâncias, a bondade possa emergir naturalmente em nós, ela também pode ser cultivada.

Esta meditação é uma prática de 2.500 anos de idade que usa a repetição de frases, imagens e sensações para evocar a bondade e a generosidade em relação a nós mesmos e aos outros. Você pode experimentar esta prática para ver se ela lhe é útil. É melhor começar pela repetição contínua por 15 ou 20 minutos, uma ou duas vezes por dia, em um local calmo, durante vários meses. De início, esta meditação poderá parecer mecânica ou ineficaz, ou até mesmo fazer surgir o seu oposto: a sensação de irritação e raiva. Se isso acontecer, é importante que você seja paciente e gentil consigo mesmo e deixe que qualquer coisa que aflore seja recebida dentro de um espírito de generosidade e bondosa afeição. Em seu tempo, mesmo diante de dificuldades interiores, a bondade se desenvolverá.

Sente-se numa posição confortável. Deixe seu corpo relaxar e ficar em repouso. Na medida do possível, deixe sua mente aquietar-se e desapegue-se de projetos e preocupações. Então, comece a recitar para si mesmo estas frases dirigidas a você. Comece com você mesmo, pois, sem amar a si mesmo, é praticamente impossível amar os outros.

Que eu possa ser envolvido pela bondade.
Que eu possa me sentir bem.
Que eu possa estar em paz e tranqüilidade.
Que eu possa estar feliz.

Ao pronunciar essas frases, talvez você também queira usar a imagem contida nas instruções de Buda: imagine-se como uma criancinha muito amada (ou sinta-se como é agora) envolvida por um coração de bondade. Deixe as sensações aflorarem com as palavras. Ajuste as palavras e as imagens para encontrar as frases exatas que melhor irão abrir a bondade do seu coração. Repita muitas vezes as frases, deixando que os sentimentos impregnem seu corpo e sua mente.

Pratique esta meditação repetidamente durante várias semanas, até que cresça o sentimento de bondade por você mesmo.

Quando se sentir pronto, na mesma meditação você poderá gradualmente expandir o foco da sua bondade para incluir os outros. Depois de si mesmo, escolha um benfeitor, alguém na sua vida que realmente cuidou de você. Visualize essa pessoa e cuidadosamente recite as mesmas frases, *Que ele (ela) possa ser envolvido(a) pela bondade* e assim por diante. Quando a bondade pelo seu benfeitor se desenvolver, comece a incluir na meditação outras pessoas que você ama, visualizando-as e recitando as mesmas frases, evocando um sentimento de bondade por elas.

Depois disso, você pode gradualmente começar a incluir outros amigos, membros da sua comunidade, vizinhos, pessoas de toda parte, animais, toda a Terra e todos os seres. Então você poderá experimentar incluir as pessoas mais difíceis da sua vida, desejando que também elas sejam envolvidas pela bondade e pela paz. Com alguma prática, um firme sentimento de bondade poderá se desenvolver e, no decorrer de 15 ou 20 minutos, você será capaz de incluir muitos seres na sua meditação, partindo de você para um benfeitor, para as pessoas amadas e para todos os seres em toda a parte.

Então você poderá aprender a praticar a bondade em qualquer lugar. Você pode usar esta meditação em engarrafamentos de trânsito, em ônibus e aviões, na sala de espera do médico e em mil outras circunstâncias. Ao praticar silenciosamente esta meditação da bondade entre as pessoas, você irá sentir de imediato uma maravilhosa conexão com elas — o poder da bondade. Ela trará calma à sua vida e o manterá ligado com o seu coração.

2

COMO PARAR A GUERRA

> *Quando saímos das batalhas, vemos tudo sob um novo olhar; como diz o Tao Te King, "com os olhos livres das nuvens do desejo".*

    A mente não-desperta tende a fazer guerra contra a maneira como as coisas são. Para seguir um caminho com o coração, precisamos compreender todo o processo de fazer guerra, dentro e fora de nós mesmos, como esse processo se inicia e como ele se encerra. As raízes da guerra estão na ignorância. Sem essa compreensão, podemos facilmente nos deixar assustar pelas rápidas mudanças da vida, pelas perdas inevitáveis, pelos desapontamentos, e pela insegurança do envelhecimento e da morte. Essa falta de compreensão leva-nos a lutar contra a vida, fugindo da dor ou nos apegando à segurança e aos prazeres que, pela sua própria natureza, nunca serão verdadeiramente satisfatórios.
    Nossa guerra contra a vida se expressa em todas as dimensões da nossa experiência, interior e exterior. Nossos filhos vêem, em média, dezoito mil assassinatos e atos violentos na TV antes de concluir o primeiro grau. A principal causa de ferimentos sofridos pela mulher americana são os espancamentos praticados pelo homem com quem ela vive. Fazemos guerra dentro de nós mesmos, na nossa família, na nossa comunidade, entre as raças e nações do mundo todo. As guerras entre os povos são um reflexo do nosso próprio conflito e medo interiores.
    Meu mestre Achaan Chah assim descreveu essa batalha contínua:

> Nós, seres humanos, estamos constantemente em combate, numa guerra para escapar ao fato de sermos tão limitados — limitados por tantas circunstâncias que não conseguimos controlar. Mas, em vez de escapar, continuamos a criar sofrimento, travando guerras contra o bem, travando guerras contra o mal, travando guerras contra o pequeno demais, travando guerras contra o grande demais, travando guerras contra o curto ou longo demais, contra o certo ou o errado, corajosamente continuando a batalha.

A sociedade contemporânea estimula a tendência da nossa mente a negar ou subjugar a percepção consciente da realidade. Vivemos numa sociedade de negação que nos condiciona a buscar proteção contra quaisquer dificuldades e inquietações diretas. Despendemos uma enorme energia negando a nossa insegurança, lutando contra a dor, a morte e a perda, e ocultando as verdades básicas do mundo natural e da nossa própria natureza.

Para nos isolar do mundo natural, temos ar-condicionado, carros com aquecimento e roupas que nos protegem em todas as estações do ano. Para nos afastar do fantasma do envelhecimento e da enfermidade, colocamos jovens sorridentes nos nossos comerciais e relegamos os idosos a casas de saúde e asilos de velhos. Escondemos nossos doentes mentais em hospitais psiquiátricos. Relegamos nossos pobres aos guetos. E construímos auto-estradas em volta desses guetos para que as pessoas suficientemente afortunadas para não precisar morar neles não vejam o sofrimento que eles contêm.

Negamos a morte até o ponto em que mesmo uma mulher de 96 anos de idade, recém-internada em um asilo, queixa-se ao diretor: "Por que eu?" Quase chegamos a fingir que nossos mortos não estão mortos, pois vestimos os cadáveres em roupas da moda e os maquiamos para os funerais como se eles estivessem indo a uma festa. No nosso jogo de enganos, fingimos que a nossa guerra não é realmente guerra. Mudamos o nome do Ministério da Guerra para Ministério de Defesa e chamamos toda uma categoria de mísseis nucleares de "defensores da paz"!

Como conseguimos com tanta consistência fechar-nos às verdades da nossa existência? Usamos a negação para fugir das dores e dificuldades da vida. Usamos os vícios para apoiar nossa negação. Os Estados Unidos têm sido chamados de "sociedade viciada", com mais de vinte milhões de alcoólicos e dez milhões de drogados, além de milhões de viciados em jogo, trabalho, comida, sexualidade, relacionamentos doentios. Nossos vícios são os apegos compulsivamente repetitivos que usamos para evitar sentir as dificuldades da vida e para negá-las. A propaganda nos impele a seguir o ritmo, a continuar consumindo, fumando, bebendo, ansiando por comida, dinheiro e sexo. Nossos vícios servem para nos entorpecer diante da realidade e ajudar a evitar a nossa própria experiência; e, com grande estardalhaço, nossa sociedade encoraja esses vícios.

Anne Wilson Schaef, autora de *When Society Becomes an Addict*, assim descreveu essa situação:

> O elemento mais bem-ajustado da nossa sociedade é a pessoa que não está morta nem viva, apenas entorpecida, enfim, um morto-vivo, um zumbi. Quando morta, ela não é capaz de fazer o trabalho da sociedade. Quando plenamente viva, está sempre dizendo "Não" a muitos dos processos da sociedade, ao racismo, à poluição ambiental, à ameaça nuclear, à corrida armamentista, recusando-se a beber água contaminada e a comer alimentos cancerígenos. Por isso, a sociedade tem o maior interesse em estimular aquelas coisas que tiram o nosso vigor, que nos mantêm ocupados com nossos dilemas e nos conservam ligeiramente entorpecidos e semelhantes a zumbis. Desse modo, nossa moderna sociedade de consumo funciona, ela própria, como um viciado.

Um dos nossos vícios mais difundidos é a velocidade. A sociedade tecnológica obriga-nos a aumentar o ritmo da nossa produtividade e o ritmo das nossas vidas. A Panasonic recentemente lançou um novo videocassete capaz de reproduzir a voz em velocidade duas vezes maior, porém mantendo o tom normal. "Com este video-cassete", dizia a propaganda da Panasonic, "você pode ouvir um dos grandes discursos de Winston Churchill ou do presidente Kennedy ou um dos clássicos da literatura mundial na metade do tempo!" Fico me perguntando se eles também recomendariam fitas em velocidade duas vezes maior para Mozart e Beethoven. O cineasta Woody Allen comentou essa obsessão com a velocidade dizendo que fez um curso de leitura dinâmica e conseguiu ler *Guerra e Paz* em vinte minutos. "É sobre a Rússia", con-cluiu.

Em uma sociedade que quase exige que vivamos o tempo duas vezes mais rápido, a velocidade e os vícios nos entorpecem diante de nossas próprias experiências. Numa sociedade desse tipo, é quase impossível fixar-nos no nosso corpo ou ficar ligados ao nosso coração; menos possível ainda é nos ligarmos uns aos outros ou à Terra onde vivemos. Ao contrário, encontramo-nos cada vez mais isolados e solitários, afas-tados uns dos outros e da teia natural da vida. Uma única pessoa dentro de um carro, casas enormes, telefones celulares, *walkman* preso aos ouvidos... e uma profunda solidão, uma sensação de pobreza interior. Esse é o mais difundido sofrimento da nossa sociedade moderna.

Não só as pessoas perderam o senso de sua interconexão como também esse isolamento é o sofrimento das nações. As forças da separação e da negação alimentam as desavenças internacionais, os desastres ecológicos e uma série infindável de con-flitos entre os países.

Na Terra, neste momento em que escrevo, mais de 40 guerras e revoluções vio-lentas estão matando milhares de homens, mulheres e crianças. Tivemos 115 guerras desde a Segunda Guerra Mundial (1939-1945) e existem apenas 165 países em todo o mundo. Não é um bom prontuário para a espécie humana. Mas, o que podemos fazer?

A prática espiritual genuína exige que aprendamos *a parar a guerra*. Esse é o primeiro passo mas, na realidade, ele deve ser praticado repetidas vezes, até que se torne um modo de ser. A quietude interior de uma pessoa que verdadeiramente "tem paz" traz a paz a toda a rede interligada da vida, tanto interior quanto exterior. Para parar a guerra, precisamos começar com nós mesmos. Mahatma Gandhi compreendeu isso muito bem quando disse:

> Tenho apenas três inimigos. Meu inimigo favorito, o que é mais facilmente influen-ciado para melhor, é o Império Britânico. Meu segundo inimigo, o povo da Índia, é bem mais difícil. Mas o meu oponente mais formidável é um homem chamado Mo-handas K. Gandhi. Sobre ele parece que exerço pouca influência.

Assim como Gandhi, não conseguimos facilmente mudar a nós mesmos para melhor através de um ato da vontade. Isso equivale a querer que a mente se livre de si mesma ou a nos pôr de pé puxando os cordões dos nossos sapatos para cima. Você lembra como tem vida breve a maioria dos nossos propósitos de Ano Novo? Quando lutamos para mudar a nós mesmos, na realidade apenas continuamos os padrões de autojulgamento e agressão. Mantemos viva a guerra contra nós mesmos. Esses atos da vontade geralmente saem pela culatra e acabam por fortalecer o vício ou a negação que pretendíamos mudar.

Um rapaz começou a praticar meditação com uma profunda desconfiança pela autoridade. Rebelara-se em casa, compreensivelmente, pois tinha uma mãe de gênio difícil. Rebelara-se na escola e abandonara tudo para ligar-se à contracultura. Lutara contra uma namorada que, dizia ele, tentava controlá-lo. Então foi para a Índia e a Tailândia a fim de encontrar a liberdade. Depois de uma experiência inicial positiva na meditação, apresentou-se para um período de prática em um mosteiro. Decidiu praticar rigorosamente e tornar-se límpido, puro e pacífico. Mas em pouco tempo voltou a encontrar-se em conflito. Os afazeres diários não lhe deixavam tempo suficiente para meditar ininterruptamente. O ruído dos visitantes e de algum carro ocasional perturbava a sua meditação. Ele achava que seu mestre não lhe dava orientação suficiente e, por isso, sua meditação era fraca e sua mente não parava de pensar. Ele lutava para aquietar-se e resolveu fazê-lo a seu próprio modo, mas acabou lutando contra si mesmo.

Por fim, o mestre chamou-o para repreendê-lo ao término de uma meditação em grupo: "Estás lutando contra tudo. Como é possível que o alimento te incomode, os sons te incomodem, os afazeres te incomodem e mesmo a tua própria mente te incomode? O que quero saber é, quando um carro se aproxima, ele realmente chega e te incomoda ou és tu que sais e o incomodas? Quem está incomodando quem?" Até o rapaz teve vontade de rir, e aquele momento foi o início do seu aprendizado para parar a guerra.

O propósito de uma disciplina espiritual é indicar-nos um caminho para parar a guerra, não através da nossa força de vontade, mas organicamente, através da compreensão e do treinamento gradual. A prática espiritual contínua pode ajudar-nos a cultivar uma nova maneira de nos relacionarmos com a vida, na qual nos desapegamos de nossas batalhas.

Quando saímos das batalhas vemos tudo sob um novo olhar; como diz o Tao Te King, "com os olhos livres das nuvens do desejo". Vemos como cada um de nós cria o conflito. Vemos nossas constantes preferências e aversões, a luta para resistir a tudo o que nos assusta. Vemos nossos próprios preconceitos, avidez e apego ao território. Tudo isso é difícil de ser enfrentado mas, na verdade, está presente. Então, sob essas batalhas contínuas, enxergamos os sentimentos penetrantes do medo e do fato de não sermos completos. Enxergamos a que ponto a luta contra a vida manteve fechado o nosso coração.

Quando nos desapegamos de nossas batalhas e abrimos o coração às coisas como elas são, chegamos ao repouso no momento presente. Esse é o início e o fim da prática espiritual. Apenas nesse momento podemos descobrir aquilo que é atemporal. Apenas aqui podemos encontrar o amor que buscamos. Amor no passado é simples lembrança; amor no futuro é fantasia. Apenas na realidade do presente podemos amar, podemos despertar, podemos encontrar paz, compreensão e intimidade com nós mesmos e com o mundo.

Um anúncio em um cassino de Las Vegas diz, com muita sagacidade: "Para Ganhar, Você Precisa Estar Presente". Parar a guerra e estar presente são os dois lados da mesma atividade. Vir para o presente é parar a guerra. Vir para o presente significa experimentar o que quer que esteja aqui e agora. A maioria de nós passa a vida presa a projetos, expectativas e ambições tendo em vista o futuro; e presa a remorsos, culpa ou vergonha pelo passado. Quando regressamos ao presente, começamos a sentir novamente a vida à nossa volta, mas também encontramos tudo aquilo que estávamos evitando. Precisamos ter a coragem de enfrentar o que quer que esteja presente — nossa dor, nossos desejos, nosso sofrimento, nossas perdas, nossas esperanças secretas, nosso amor —, tudo aquilo que nos toca com mais profundidade. À medida que pararmos a guerra, cada um de nós encontrará algo do qual estava fugindo — solidão, desmerecimento, tédio, a vergonha, os desejos insatisfeitos. Precisamos também enfrentar essas partes de nós mesmos.

Você talvez já tenha ouvido falar das "experiências fora do corpo", cheias de luzes e visões. Um verdadeiro caminho espiritual exige algo mais desafiador, o que se poderia chamar de uma "experiência dentro do corpo". Se quisermos despertar, precisamos nos ligar ao nosso corpo, aos nossos sentimentos, à nossa vida neste exato momento.

Viver no presente exige um compromisso contínuo e resoluto. À medida que seguimos um caminho espiritual, exige-se de nós que paremos a guerra, não uma única vez, mas muitas vezes. Com bastante freqüência sentimos o puxão, já familiar, de pensamentos e reações que nos afastam do momento presente. Quando paramos e ouvimos, conseguimos sentir como cada coisa que tememos ou desejamos (na realidade, os dois lados da mesma insatisfação) nos induz a sair do nosso coração e a adotar a falsa idéia de como gostaríamos que a vida fosse. Se ouvirmos ainda mais atentamente, poderemos sentir como aprendemos a perceber a nós mesmos como seres limitados por aquele medo ou identificados com aquele desejo. A partir dessa percepção *pequena* de nós mesmos, muitas vezes acreditamos que nossa própria felicidade só pode chegar através da posse de alguma coisa ou só pode ocorrer à custa de outra pessoa.

Parar a guerra e vir para o presente é descobrir a grandeza do nosso próprio coração, que pode incluir a felicidade de todos os seres enquanto inseparáveis do nosso próprio ser. Quando nos permitimos sentir o medo, o descontentamento e as dificuldades que sempre havíamos evitado, nosso coração se abranda. Enfrentar todas as dificuldades das quais sempre fugimos é um ato de coragem, mas também um ato de compaixão. De acordo com as escrituras budistas, a compaixão é o "estremecer do coração puro" quando nos deixamos tocar pela dor da vida. O conhecimento de que podemos fazer isso e sobreviver ajuda-nos a despertar a grandeza do nosso coração. Com grandeza de coração, podemos sustentar uma presença em meio ao sofrimento da vida, em meio à fugaz impermanência da vida. Podemos abrir-nos ao mundo — às suas mil alegrias, às suas mil tristezas.

À medida que deixamos que o mundo nos toque profundamente, reconhecemos que, assim como existe dor na nossa vida, também existe dor na vida de todos os outros. Esse é o nascer da sábia compreensão. A sábia compreensão vê que o sofrimento é inevitável, que tudo o que nasce morre. A sábia compreensão vê e aceita a vida como um todo. Com uma sábia compreensão, permitimo-nos acolher todas as coisas, tanto as trevas quanto a luz, e chegamos a um sentimento de paz. Essa não é a paz da negação ou da fuga, mas a paz que encontramos no coração que nada rejeitou, que toca todas as coisas com compaixão.

Com o fim da guerra, podemos abraçar os nossos próprios sofrimentos e infortúnios, as nossas próprias alegrias e triunfos pessoais. Com grandeza de coração, podemos nos abrir para as pessoas à nossa volta, para a nossa família, para a nossa comunidade, para os problemas sociais do mundo, para a nossa história coletiva. Com uma sábia compreensão podemos viver em harmonia com a nossa vida, com a lei universal chamada *Tao** ou *dharma**, a verdade da vida.

Um discípulo budista, veterano da Guerra do Vietnã, conta uma história sobre um retiro de meditação onde pela primeira vez enfrentou abertamente as terríveis atrocidades que havia testemunhado como soldado. Durante muitos anos, carregara a Guerra do Vietnã dentro de si, pois não sabia como enfrentar as lembranças daquilo por que passara. Finalmente, ele parou.

Servi na unidade médica dos Fuzileiros Navais no início da guerra, nas províncias montanhosas da fronteira entre o Vietnã do Norte e o Vietnã do Sul. Nossas baixas eram pesadas, assim como as dos aldeões que tratávamos quando as circunstâncias o permitiam.

Já fazia oito anos que eu havia voltado quando fui ao meu primeiro retiro de meditação. Pelo menos duas vezes por semana, durante todos aqueles anos, eu tinha os mesmos pesadelos que são tão comuns a muitos veteranos de guerra: eu sonhava que estava de volta, enfrentando os mesmos perigos, testemunhando o mesmo sofrimento incalculável, acordando de súbito no meio da noite, alerta, coberto de suor, aterrorizado. No retiro, esses pesadelos não me ocorriam durante o sono, mas enchiam os olhos da minha mente durante o dia, quando eu sentava para meditar, quando eu meditava andando, ou na hora das refeições. Horríveis *flashbacks* da guerra se sobrepunham a um tranqüilo bosque de sequóias no centro do retiro. Os discípulos adormecidos no dormitório do retiro transformavam-se em visões de corpos estraçalhados num necrotério improvisado no campo de batalha. O que gradualmente vim a perceber foi que, à medida que revivia essas lembranças como um buscador espiritual de 37 anos de idade, eu também sofria pela primeira vez o pleno impacto emocional de experiências que, quando jovem estudante de medicina, simplesmente não estava preparado para suportar.

Comecei a perceber que minha mente, aos poucos, chegara a ponto de entregar-se a lembranças tão aterradoras, tão negadoras da vida e espiritualmente tão corrosivas, que eu deixara de perceber conscientemente que ainda as carregava comigo. Em suma, eu estava começando a passar por uma profunda catarse ao enfrentar abertamente aquilo que eu mais temia e que, portanto, reprimia com todas as minhas forças.

No roteiro, também fui atormentado por um medo mais atual: o medo de que, ao liberar os demônios interiores da guerra, eu fosse incapaz de controlá-los; e medo de que eles fossem dominar os meus dias assim como dominavam as minhas noites. Mas, pelo contrário, o que experimentei foi exatamente o oposto. As visões de amigos assassinados e crianças mutiladas gradualmente deram lugar a outras cenas meio esquecidas daquela época e daquele lugar: a beleza extasiante e intensa da floresta tro-

---

* Ver Glossário, no final do livro.

pical, os mil diferentes matizes do verde, a brisa perfumada a soprar sobre praias tão brancas e ofuscantes que pareciam acarpetadas de diamantes.

O que também emergiu no retiro, pela primeira vez, foi um profundo senso de compaixão pelo meu eu passado e presente: compaixão pelo jovem e idealista estudante de medicina, forçado a testemunhar as indescritíveis obscenidades de que a humanidade é capaz; e compaixão pelo atormentado veterano que não conseguia libertar-se das lembranças que não admitia trazer consigo.

Desde o primeiro retiro, a compaixão ficou comigo. Através da prática e do contínuo relaxamento interior, ela cresceu. Às vezes, quando consigo me esquecer de mim mesmo, ela envolve também as pessoas à minha volta. Embora as lembranças tenham permanecido comigo, os pesadelos se foram. A última vez que gritei cheio de medo foi há mais de dez anos, plenamente desperto, em silêncio, em algum lugar no norte da Califórnia.

Lloyd Burton, hoje pai e professor, parou a guerra dentro de si mesmo através de uma inflexível coragem de estar presente. E, ao fazê-lo, uma compaixão curadora emergiu para ele mesmo e para as pessoas à sua volta.

Essa é uma tarefa para todos nós. Tanto em termos individuais quanto em termos sociais, precisamos nos afastar da dor da nossa velocidade, dos nossos vícios e da nossa negação, a fim de parar a guerra. A maior de todas as transformações pode vir desse simples ato. Até mesmo Napoleão Bonaparte compreendeu isso ao dizer, no fim de sua vida: "Sabem o que mais me espantou neste mundo? A incapacidade de a força criar alguma coisa. No fim, a espada é sempre derrotada pelo espírito".

Compaixão e grandeza de coração surgem sempre que paramos a guerra. O desejo mais profundo do nosso coração humano é descobrir como fazer isso. Todos nós compartilhamos um anseio para ultrapassar os limites do nosso próprio medo, raiva ou vício, para nos ligar com alguma coisa maior que o "eu" e o "meu", algo maior que a nossa pequena história, que o nosso pequeno ego. É possível parar a guerra e vir para o presente atemporal — tocar a vastidão do ser que contém todas as coisas. Esse é o propósito de uma disciplina espiritual e do ato de escolher um caminho com o coração — descobrir a paz e a unidade em nós mesmos e parar a guerra em nós e à nossa volta.

——— MEDITAÇÃO: PARAR A GUERRA INTERIOR ———

Sente-se confortavelmente por alguns minutos, deixando o corpo em repouso. Respire com facilidade e naturalidade. Traga sua atenção para o presente, sente-se calmamente e observe todas as sensações que estejam presentes no seu corpo. Em especial, procure sentir todas as sensações, tensões ou dores contra as quais você talvez esteja lutando. Não tente mudá-las, simplesmente observe-as com uma atenção consciente e gentil. Em cada área de luta que descobrir, deixe o corpo relaxar e o coração se abrandar. Abra-se para quaisquer experiências sem lutar. Abandone a batalha. Respire calmamente e deixe acontecer.

Depois de um certo tempo, transfira a atenção para o seu coração, para a sua mente. Agora observe quais sentimentos e pensamentos estão presentes. Em especial, procure perceber todos os sentimentos ou pensamentos contra os quais você talvez esteja lutando, resistindo, negando ou evitando. Observe-os com uma atenção consciente e gentil. Deixe seu coração abrandar-se. Abra-se para quaisquer experiências sem lutar. Abandone a batalha. Respire calmamente e deixe acontecer.

Continue calmamente sentado. Agora, lance sua atenção sobre todas as batalhas que ainda existem na sua vida. Sinta-as dentro de você. Se estiver mantendo uma luta contínua contra o seu corpo, procure percebê-la conscientemente. Se você trava lutas interiores contra seus sentimentos, se está em conflito com a sua própria solidão, o seu medo, a sua confusão, o seu infortúnio, a sua raiva ou vício, sinta a luta que você vem travando. Observe também as lutas em seus pensamentos. Conscientize-se do modo como você conduziu as batalhas interiores. Observe os exércitos interiores, as muralhas interiores. Conscientize-se de todas as coisas contra as quais você lutou dentro de si mesmo, do tempo ao longo do qual você vem perpetuando o conflito.

Suavemente, com abertura, permita que cada uma dessas experiências esteja presente. Simplesmente observe cada uma delas, uma a uma, com interesse e atenção gentil. Em cada área de luta, deixe o seu corpo, o seu coração e a sua mente se manifestarem suavemente. Abra-se a toda sorte de experiências sem lutar. Deixe que cada experiência esteja presente do jeito que é. Abandone a batalha. Respire calmamente e permita-se repousar. Convide todas as partes de si mesmo para um acordo de paz no seu coração.

3
TOME UM ÚNICO ASSENTO

Quando tomamos um único assento na nossa almofada de meditação, passamos a ser o nosso próprio mosteiro. Criamos o espaço compassivo que possibilita o emergir de todas as coisas: a mágoa, a solidão, a vergonha, o desejo, o remorso, a frustração, a felicidade.

A transformação espiritual é um processo profundo que não ocorre por acaso. Precisamos de uma disciplina repetida, de um treinamento genuíno, para podermos abandonar nossos velhos hábitos mentais e encontrar e manter um novo modo de ver. Para amadurecer num caminho espiritual, precisamos nos comprometer de uma maneira sistemática. Meu mestre Achaan Chah descreveu esse compromisso como "tomar um único assento". Ele dizia: "Apenas entra na sala e põe uma cadeira no centro. Toma esse único assento no centro da sala, abre as portas e janelas e vê quem vem te visitar. Testemunharás todos os tipos de cenas e atores, todos os tipos de tentações e histórias, tudo o que possas imaginar. Teu único trabalho é permanecer no teu assento. Verás todas as coisas emergirem e passarem e, a partir disso, surgirá a sabedoria e a compreensão".

A descrição de Achaan Chah é tanto literal quanto metafórica, e sua imagem de tomar um único assento descreve dois aspectos inter-relacionados do trabalho espiritual. Exteriormente, significa selecionar uma prática e um mestre dentre todas as possibilidades; interiormente, significa ter a determinação de manter-se nessa prática através de quaisquer dificuldades e dúvidas que possam surgir, até alcançar a verdadeira clareza e compreensão.

As grandes tradições espirituais de todas as épocas oferecem muitos veículos para o despertar. Incluem as disciplinas do corpo, a prece, a meditação, o serviço altruísta, práticas rituais e devocionais, e até mesmo certas formas de terapia moderna. Todos esses veículos são usados como meios para nos fazer amadurecer, para nos colocar face a face com a nossa vida e para nos ajudar a ver de um novo modo o desenvolvimento da quietude da mente e do vigor do coração. Dedicar-se a qualquer uma dessas práticas exige o profundo compromisso de parar a guerra, de parar de fugir da vida. Cada prática nos traz para o presente com um estado de consciência mais claro, mais receptivo e mais honesto; porém, precisamos fazer a escolha.

Ao escolher entre as práticas, com freqüência encontraremos pessoas que tentarão nos converter para seus caminhos. Existe proselitismo entre budistas, cristãos e sufis.* Existem missionários de todas as confissões que insistem em ter encontrado o único veículo verdadeiro para Deus, para o despertar, para o amor. Mas é vital compreendermos que existem muitos caminhos para subir a montanha — que não existe apenas um único caminho verdadeiro.

Dois discípulos de um mestre discutiam sobre o modo correto de vivenciar a prática. Como não conseguiram resolver o conflito, foram ao mestre, que estava sentado entre um grupo de outros discípulos. Cada um dos dois apresentou o seu ponto de vista. O primeiro falou sobre o caminho do esforço.

— Mestre — disse ele —, não é verdade que precisamos fazer muito esforço para abandonar nossos velhos hábitos e modos inconscientes de ser? Precisamos fazer um grande esforço para falar com honestidade, para estar atentos e presentes. A vida espiritual não acontece por acaso, mas apenas quando a ela dedicamos um esforço de todo o coração.

O mestre respondeu:

— Tens razão.

O segundo discípulo perturbou-se e disse:

— Mas, mestre, então o verdadeiro caminho espiritual não é o do desapego, da entrega, de deixar que o Tao, o divino, se mostre por si mesmo? Acho que não é através do esforço que progredimos, pois nosso esforço está baseado nos nossos apegos e no nosso ego. A essência do verdadeiro caminho espiritual é viver segundo a frase: "Não se faça a minha vontade, mas a vossa". Não é esse o caminho?

E mais uma vez o mestre respondeu:

— Tens razão.

Um terceiro discípulo, ouvindo a conversa, interveio:

— Mas, mestre, não é possível que ambos tenham razão.

O mestre sorriu e lhe respondeu:

— Também tu tens razão.

Existem muitos caminhos para subir a montanha, e cada um de nós deve escolher a prática que sentirmos verdadeira para o nosso coração. Não é necessário que você avalie as práticas escolhidas pelos outros. Lembre-se de que as práticas, em si, são simples veículos para que você desenvolva a percepção consciente, a bondade e a compaixão no caminho da liberdade. E isso é o bastante.

Como disse Buda: "Um homem não precisa carregar a balsa sobre a cabeça depois de cruzar o rio". Devemos aprender a honrar e a usar uma prática enquanto ela nos servir — o que, na maioria dos casos, é um tempo bastante longo — mas também a vê-la como aquilo que ela é: um veículo, uma balsa que nos ajuda a cruzar as

---

* Ver Glossário, no final do livro.

águas da dúvida, da confusão, do desejo e do medo. Podemos ser gratos à balsa que auxilia nossa jornada e, ainda assim, perceber que, embora dela nos beneficiemos, nem todos tomarão a mesma balsa.

O poeta Rumi descreve os muitos veículos para o despertar:

Alguns trabalham e enriquecem;
outros trabalham e continuam pobres.
A uns, o casamento enche de energia;
a outros, drena-os.
Não confies nos caminhos: eles mudam.
Os métodos vão para lá e para cá como o rabo do jumento.
Acrescenta sempre, a qualquer sentença,
a cláusula de gratidão: "Se Deus quiser"
e vai em frente, vai em frente...

Podemos descobrir o poder das grandes tradições de prática sem perder a nossa perspectiva de que cada uma delas é uma balsa, um meio para o despertar. E então, guardando essa perspectiva, precisamos fazer uma escolha definida — selecionar uma meditação ou prática devocional, uma prece ou mantra — e nos comprometer com ela no nosso coração, entrar plenamente nela como um caminho de prática.

Muitos discípulos experientes vieram para os meus retiros da Insight Meditation sem ter firmado nenhum compromisso com qualquer prática. Ao contrário, eles haviam colhido amostras das numerosas tradições que hoje estão disponíveis no Ocidente. Haviam sido iniciados por lamas, feito a dança sufi nas montanhas, meditado em um ou dois retiros zen, participado de rituais xamânicos; e, contudo, perguntavam: "Por que ainda estou infeliz? Por que ainda estou preso às mesmas velhas lutas? Por que os meus anos de prática não mudaram coisa alguma? Por que a minha prática espiritual não progride?" E então eu lhes pergunto: "Qual é a sua prática espiritual? Você tem um relacionamento de confiança e compromisso com o seu mestre e com uma forma específica de prática?" Com muita freqüência, eles me respondem que praticam de muitos modos ou que ainda não fizeram uma escolha. Enquanto a pessoa não escolher uma disciplina e se comprometer com ela, como poderá ser-lhe revelada uma compreensão profunda de si mesma e do mundo? O trabalho espiritual exige a manutenção de uma prática e o compromisso de olhar muito profundamente dentro de nós mesmos e do mundo à nossa volta para descobrir o que vem criando o sofrimento humano e o que nos libertará de todos os tipos de conflito. Precisamos olhar para nós mesmos repetidas vezes para podermos aprender a amar, para descobrir o que mantinha o nosso coração fechado e o que significa permitir que o nosso coração se abra.

Se fazemos um pouco de um tipo de prática e um pouco de outro, o trabalho feito em um geralmente não continua quando mudamos para o outro. É como se cavássemos vários poços rasos em vez de cavar um único poço profundo. Ao nos movermos continuamente de uma abordagem para outra, nunca somos levados a encarar o nosso próprio tédio, a impaciência e os nossos medos. Nunca nos encontramos face a face com nós mesmos. Por isso, precisamos escolher um caminho de prática que seja profundo, antigo e ligado ao nosso coração e, então, nos comprometermos a segui-lo durante o tempo que for necessário para a nossa transformação. Esse é o aspecto exterior da tomada de um único assento.

Uma vez que tenhamos feito a escolha exterior entre os muitos caminhos disponíveis e iniciado uma prática sistemática, muitas vezes nos vemos tomados por dúvidas e medos interiores, por todos os sentimentos que nunca ousamos experimentar. No fim, toda a dor represada de uma existência irá emergir. Uma vez que tenhamos escolhido uma prática, precisamos ter a coragem e a determinação de permanecer fiéis a ela e usá-la em face de todas as nossas dificuldades. Esse é o aspecto interior da tomada de um único assento.

Contam-se histórias de como Buda praticava quando era assaltado por dúvidas e tentações. O ensinamento sobre o seu compromisso em face de seus desafios é chamado de "o rugido do leão". Na noite de sua iluminação, Buda fizera o voto de sentar em seu único assento e não levantar-se até haver despertado, até haver encontrado a liberdade e a alegria em meio a todas as coisas do mundo. Ele foi então atacado por Mara, o deus que personifica todas as forças da agressão, da ilusão e das tentações da mente. Depois de arremessar inutilmente sobre Buda todas as forças da tentação e das dificuldades, Mara desafiou o direito de Buda de sentar-se naquele local. Buda respondeu com um rugido de leão e invocou a Deusa da Terra para testemunhar seu direito de sentar-se ali, com base em milhares de vidas de paciência, dedicação, compaixão, virtude e disciplina que ele havia cultivado. Diante disso, os exércitos de Mara foram varridos para longe.

Mais tarde, como ensinou Buda, ele foi desafiado por outros iogues e ascetas por ter abandonado a austeridade: "Comes o belo alimento que teus seguidores depõem na tua tigela a cada manhã e vestes uma túnica que te abriga do frio, enquanto nós comemos poucos grãos de arroz por dia e deitamos nus em leitos de pregos. Que tipo de mestre és, que tipo de iogue és? És suave, fraco e indulgente". Buda também respondeu a esses desafios com um rugido de leão: "Também eu dormi sobre pregos; postei-me com os olhos abertos ao sol nas quentes areias do Ganges; comi tão pouco que se cobriria uma unha com a quantidade de alimento que a cada dia eu tomava. Quaisquer práticas ascéticas sob o sol que os seres humanos tenham feito, eu também as fiz! Por elas todas aprendi que lutar contra si mesmo através dessas práticas não é o caminho".

Ao contrário, Buda descobriu aquilo que chamou de "Caminho do Meio", um caminho não baseado na aversão ao mundo nem no apego ao mundo, mas um caminho baseado na inclusão e na compaixão. O Caminho do Meio repousa no centro de todas as coisas, o único grande assento no centro do mundo. Nesse assento, Buda abriu os olhos para ver claramente e abriu o coração para tudo envolver. Através disso, completou o processo de sua iluminação. Ele declarou: "Vi o que há para ser visto e conheci o que há para ser conhecido, para poder libertar-me por completo de toda ilusão e sofrimento". Esse, também, foi seu rugido do leão.

Cada um de nós precisa dar o seu rugido do leão — perseverar com coragem inabalável quando diante de todos os tipos de dúvidas, sofrimentos e medos — para proclamar o nosso direito ao despertar. Precisamos tomar um único assento, como fez Buda, e encarar aquilo que é verdadeiro sobre esta vida. Não se iluda: isso não é fácil. É preciso a coragem de um leão ou de uma leoa, especialmente quando somos chamados a nos sentar com a profundidade da nossa dor ou do nosso medo.

Em um retiro de meditação, conheci um homem cuja filha única, uma garotinha de quatro anos, morrera em um acidente poucos meses antes. Como ela morrera no carro que ele dirigia, aquele homem estava tão cheio de culpa quanto de pesar. Deixara o trabalho e se voltara para a prática espiritual em tempo integral buscando conforto. Quando veio para esse retiro, ele já havia estado em outros retiros, havia sido abençoado por um grande *swami* e feito os votos com uma monja sagrada do sul da Índia. No retiro, sua almofada de meditação parecia um ninho: estava cercada por cristais, penas de pássaros, rosários e retratos de alguns grandes gurus. Cada vez que sentava, rezava a cada um dos gurus e recitava mantras sagrados. Tudo isso para curar a si mesmo, dizia ele. Mas, talvez, tudo isso fosse para evitar o próprio pesar. Depois de alguns dias, perguntei-lhe se não gostaria de simplesmente sentar, sem todos os seus objetos sagrados, sem preces, cânticos ou quaisquer outras práticas. Na ocasião seguinte, ele apenas sentou. Em cinco minutos, estava chorando. Em dez minutos, soluçava e gemia. Ele havia, finalmente, concordado em tomar assento em meio à sua tristeza; ele havia, finalmente, começado a sentir pesar de verdade. Todos nós usamos essa coragem quando tomamos um único assento.

Na prática budista, o aspecto exterior e o aspecto interior de tomar um único assento se encontram sobre a nossa almofada de meditação. Ao sentar sobre a almofada de meditação e assumir a postura apropriada, conectamo-nos com o momento presente neste corpo e nesta Terra. Sentamos neste corpo físico a meio caminho entre os céus e a Terra, e sentamos alinhados. Possuímos, nesse ato, dignidade e uma régia fortaleza. Ao mesmo tempo, precisamos também possuir um sentido de descontração, uma abertura, uma graciosa receptividade à vida. O corpo está presente, o coração apresenta-se suave e aberto, a mente está atenta. Sentar nessa postura é ser como Buda. Podemos sentir a universal capacidade humana para abrir-se, para despertar.

Quando tomamos um único assento na nossa almofada de meditação, tornamo-nos o nosso próprio mosteiro. Criamos o espaço compassivo que possibilita o emergir de todas as coisas: a mágoa, a solidão, a vergonha, o desejo, o remorso, a frustração, a felicidade. Em um mosteiro, monges e monjas usam túnicas e raspam a cabeça como parte do processo de desapego. No mosteiro do nosso próprio sentar e meditar, cada um de nós experimenta tudo o que vai aflorando à medida que nos desapegamos, dizendo: "Ah, também isso!" A simples frase, "Também isso, e isso aqui também!", era a principal instrução de meditação de uma grande mestra iogue com quem estudei. Com essas poucas palavras, éramos encorajados a nos acalmar e abrir para ver tudo aquilo que encontrávamos, aceitando a verdade com um coração sábio e compreensivo.

No mesmo espírito, um jovem e zeloso discípulo foi praticar com um dos abades dos *Christian Desert Fathers*. Depois de alguns dias, perguntou: "Diga-nos, mestre, quando vemos nossos irmãos sonolentos durante os serviços sagrados, devemos beliscá-los para que fiquem acordados?" O velho mestre respondeu com grande bondade: "Quando vejo um irmão sonolento, ponho sua cabeça no meu colo e deixo-o repousar". Depois de repousar, o coração irá naturalmente praticar com energias renovadas.

Tomar um único assento exige confiança. Aprendemos a confiar em que aquilo dentro de nós que precisa abrir-se se abrirá exatamente da maneira correta. Na verdade, o nosso corpo, o nosso coração e o nosso espírito sabem como fazer nascer, como abrir-se tão naturalmente quanto as pétalas de uma flor. Não devemos rasgar as pétalas nem forçar a flor. Precisamos simplesmente ficar "plantados" e presentes.

Qualquer que seja a prática escolhida, é assim que devemos usá-la. Ao tomar um único assento, descobrimos a nossa capacidade de ser destemidos e despertos em meio à vida como um todo. Talvez receemos que nosso coração não seja capaz de se expor às tempestades de raiva, de infortúnio ou de terror que foram armazenadas por tanto tempo. Talvez tenhamos medo de aceitar a vida como um todo — aquilo que Zorba, o grego, chamou de "a Grande Catástrofe". Mas, tomar um único assento significa descobrir que somos inabaláveis. Descobrimos que podemos encarar a vida plenamente, com todos os seus sofrimentos e alegrias, que nosso coração é grande o suficiente para envolvê-la toda.

Martin Luther King compreendeu esse espírito e relembrou-o no período mais sombrio das marchas pelos direitos civis. Sua igreja havia sido bombardeada e diversas pessoas mortas. Ele invocou o poder do coração para fazer face a esse sofrimento e, através dele, chegou à liberdade. Ele proclamou ao homem branco:

> Iremos equiparar a sua capacidade de infligir sofrimento com a nossa capacidade de suportar o sofrimento. Enfrentaremos a sua força física com a Força da Alma. Nós não os odiamos mas não podemos, em sã consciência, obedecer às suas leis injustas. Mas, logo os venceremos com a nossa capacidade de sofrer. E, ao conquistar a nossa liberdade, de tal modo falaremos aos seus corações e consciências que também conquistaremos a liberdade de vocês.

Martin Luther King compreendeu que, sob todas as lutas e sofrimentos, existe a energia vital que não pode ser detida. Ao tomar um único assento, cada um de nós desperta essa energia, a força da vida. É através da nossa fortaleza, da nossa integridade e da descoberta da nossa grandeza de coração que trazemos liberdade à nossa vida e também à vida das pessoas ao nosso redor. Eu vi isso acontecer milhares de vezes ao trabalhar com discípulos na meditação. Uma grande dificuldade ou uma perda insuperável do passado irá emergir e parecerá impossível de ser enfrentada, impossível de ser resolvida. Ainda assim, com tempo e coragem suficientes, a dificuldade ou a perda se esclarece e das trevas surge inevitavelmente uma vitalidade renovada, um novo espírito da própria vida.

Quando tomamos um único assento na Terra, essa poderosa energia vital começa a circular em nós. Há alguns anos, eu a vi em meio à imensa desolação da terra ressequida e árida dos campos de refugiados do Camboja que visitei para prestar ajuda. Depois do holocausto cambojano, apenas partes de famílias sobreviveram — por exemplo, a mãe e três filhos, o velho tio e dois sobrinhos — e cada "família" recebia uma pequena cabana de bambu com cerca de um metro de largura, dois metros de comprimento e um metro e meio de altura. Em frente a cada cabana havia uma pequena faixa de terra medindo pouco menos que um metro quadrado. Depois de alguns meses vivendo nesse campo, os refugiados construíram hortas nesses diminutos quintais. Cultivavam pés de abóbora, de feijão ou algum outro vegetal. As plantas eram tratadas com o maior cuidado e eles colocavam varetas de bambu para sustentar-lhes o peso. As gavinhas dos pés de feijão se enrolavam nas varetas e subiam até o topo das cabanas.

Todos os dias, cada família refugiada caminhava mais de um quilômetro e meio e ficava por meia hora numa longa fila ao lado do poço na extremidade do campo e carregava um balde de água para suas plantas. Era lindo e comovente ver aqueles quintais no meio do campo em plena estação da seca, quando mal se podia acreditar que qualquer coisa pudesse crescer numa terra tão quente e árida.

Ao plantar e regar suas minúsculas hortas, aquelas famílias destroçadas pela guerra despertaram a energia vital que não pode ser detida. Nós podemos fazer o mesmo! Não importa quais as dificuldades interiores ou sofrimentos que estejamos experimentando, ao tomar um único assento e cuidar de tudo o que emerge com uma percepção compassiva, descobrimos essa mesma força poderosa da vida.

Comprometer-se com uma prática espiritual é despertar essa energia e aprender que podemos confiar plenamente nela. Descobrimos que podemos fazer face, não apenas às dificuldades pessoais mas mesmo ao "céu e ao inferno", como diz Buda, e sobreviver. Descobrimos a capacidade do nosso coração para abrir-se e tudo envolver. Descobrimos o nosso direito inato como seres humanos.

Ao tomar um único assento, um extraordinário senso de totalidade e abundância surge dentro de nós. Isso ocorre porque estamos abertos a todas as coisas e nada rejeitamos. Thomas Merton descreveu o poder dessa abertura nos seus *Asian Journals*. Ele visitou o antigo mosteiro de Polonarua, onde enormes estátuas de Buda foram entalhadas na face de um penhasco de mármore. Ele as descreveu como algo vivo, as mais maravilhosas obras de arte que já havia visto. Olhando aqueles Budas, em paz e vazios, ele viu "o silêncio das faces extraordinárias, os grandes sorrisos, abertos, porém sutis, plenos de todas as possibilidades, nada questionando, nada rejeitando. Os grandes sorrisos de paz, não de resignação emocional, mas de uma paz que havia visto através de todas as perguntas sem tentar desmerecer pessoa alguma ou coisa alguma — sem refutação". Para Buda, a totalidade do mundo emerge no vazio e tudo nele está interligado na compaixão. Nesse estado de consciência desperta e compassiva, a totalidade do mundo torna-se o nosso assento.

MEDITAÇÃO: SOBRE TOMAR UM ÚNICO ASSENTO

Deixe seu corpo sentar-se confortavelmente na cadeira ou almofada. Adote uma postura estável, ereta e conectada à terra. Sente-se como Buda na sua noite de iluminação, centrado e com grande dignidade, sentindo sua capacidade de enfrentar tudo o que emergir. Deixe que seus olhos se fechem e sua atenção se volte para a respiração. Deixe que sua respiração circule livremente pelo corpo. Deixe cada respiração trazer calma e bem-estar. Ao respirar, sinta a sua capacidade de se abrir no corpo, no coração e na mente.

Abra os sentidos, os sentimentos, os pensamentos. Tome consciência daquilo que parece estar fechado no seu corpo, fechado no seu coração, fechado na sua mente. Respire e crie um espaço. Deixe esse espaço abrir-se para que tudo possa emergir. Deixe as janelas de seus sentidos se abrirem. Esteja consciente de quaisquer sentimentos, imagens, sons e histórias que se manifestarem. Observe com interesse e naturalidade tudo que se apresentar.

Continue a sentir estabilidade e conexão com a terra, como se você tivesse tomado um único assento no centro da vida, abrindo-se à percepção consciente da dança da vida. Ao permanecer sentado, reflita sobre o benefício do equilíbrio e da paz na sua vida. Sinta a sua capacidade de repousar imperturbavelmente enquanto mudam as estações da vida. Tudo o que surge passará. Reflita sobre o modo como surgem e passam as alegrias e tristezas, os eventos agradáveis e os desagradáveis, as pessoas, as nações e mesmo as civilizações. Tome um único assento, como Buda, e repouse com um coração equânime e compassivo no centro de todas as coisas.

Sente-se desse modo, digno e presente, pelo tempo que desejar. Depois de algum tempo, ainda se sentindo centrado e estável, abra os olhos. Levante-se e dê alguns passos, caminhando com a mesma centralidade e dignidade. Pratique esse sentar e andar sentindo a sua capacidade de estar aberto, vivo e presente com tudo o que emerge da terra.

4

A CURA NECESSÁRIA

O verdadeiro amadurecimento no caminho espiritual exige que descubramos a profundidade das nossas feridas. Como disse Achaan Chah, "Se não choraste inúmeras vezes, tua meditação realmente ainda não começou".

Quase todas as pessoas que se dedicam a um verdadeiro caminho espiritual irão descobrir que uma profunda cura* pessoal é parte necessária do seu processo espiritual. Quando reconhecemos essa necessidade, a prática espiritual pode ser direcionada para levar a cura ao corpo, ao coração e à mente. Essa idéia não é nova. Desde a antiguidade, a prática espiritual tem sido descrita como um processo de cura. Buda e Jesus eram conhecidos como curadores do corpo e também como grandes médicos do espírito.

Encontrei no Vietnã, durante os anos da guerra, uma poderosa imagem da conexão que existe entre esses dois mestres. Apesar dos acesos combates na área, senti-me atraído a visitar um templo construído por um mestre famoso, conhecido como *Coconut Monk* (o "monge dos cocos"), em uma ilha no delta do Mekong. Quando nosso barco atracou, os monges nos saudaram e levaram-nos a visitar o local. Explicaram-nos seus ensinamentos de paz e não-violência. A seguir, nos levaram até uma extremidade da ilha onde, no alto de uma colina, havia uma enorme estátua, com 18 metros de altura, de Buda em pé. Bem ao lado de Buda, havia uma estátua, igualmente alta, de Jesus. Eles tinham os braços passados sobre o ombro um do outro, e sorriam.

---

* A palavra inglesa *heal* (cura) tem a mesma raiz semântica que *whole* (todo, íntegro, completo, são, intacto) e *holy* (sagrado, divino). Traz, portanto, a conotação do dinamismo entre o "todo" e suas "partes", a unidade-na-diversidade. Dela deriva o neologismo "curador" (*healer*), a pessoa que trabalha a cura dentro dessa acepção globalizante do ser. (N.T.)

Enquanto as metralhadoras dos helicópteros disparavam e a guerra rugia à sua volta, Buda e Jesus ali permaneciam como irmãos, expressando compaixão e cura para todos os que seguissem o caminho indicado por eles.

A sábia prática espiritual exige que tratemos ativamente a dor e o conflito da nossa vida para podermos alcançar a integração e a harmonia interiores. Através da orientação de um mestre hábil, a meditação pode ajudar a promover essa cura. Sem incluir o passo essencial da cura, os discípulos irão descobrir que não têm acesso aos níveis mais profundos da meditação ou que são incapazes de integrá-los às suas vidas.

Muitas pessoas chegam pela primeira vez à prática espiritual esperando passar por cima de suas mágoas e feridas, as áreas difíceis de suas vidas. Esperam elevar-se acima dessas áreas e entrar num domínio espiritual cheio de graça divina, livre de todos os conflitos. Algumas práticas espirituais realmente encorajam essa atitude e ensinam meios de alcançar esse estado através da intensa concentração e fervor que produzem estados de arrebatamento e paz. Algumas poderosas práticas da ioga podem transformar a mente. Embora tais práticas tenham seu valor, é inevitável que um desapontamento ocorra quando elas cessam, pois, tão logo o praticante relaxa em sua disciplina, volta a encontrar todos os assuntos não-concluídos do corpo e do coração, que esperava ter deixado para trás.

Conheci um homem que praticou ioga na Índia durante dez anos. Foi para a Índia depois do divórcio e, quando deixou sua casa na Inglaterra, estava deprimido e também infeliz com seu trabalho. Como iogue, fez anos de rigorosas práticas de respiração profunda que produziram longos períodos de paz e luz em sua mente. Era, de certo modo, uma cura. Porém, mais tarde, sua solidão retornou e ele tentou voltar para casa; só para descobrir que todos aqueles assuntos inconclusos que haviam arruinado seu casamento, que haviam feito com que fosse infeliz no trabalho e, pior que tudo, que haviam contribuído para a sua depressão, afloraram novamente com tanta força como antes de sua partida. Depois de algum tempo, ele viu que uma cura profunda em seu coração era necessária. Percebeu que não poderia fugir de si mesmo e começou a buscar uma cura em meio à sua vida. Encontrou um mestre que sabiamente o aconselhou a incluir a depressão e a solidão em suas meditações. Ele buscou a reconciliação (embora não um novo casamento) com sua ex-esposa. Uniu-se a grupos de apoio que poderiam ajudá-lo a compreender sua infância; encontrou trabalho comunitário com pessoas de quem gostava. Cada uma dessas coisas tornou-se parte do longo processo de cura do seu coração, um processo que havia apenas começado na Índia.

No caminho espiritual, o verdadeiro amadurecimento exige que descubramos a profundidade das nossas feridas: nossa dor pelo passado, nossos desejos insatisfeitos, a mágoa que armazenamos no decorrer da vida. Como disse Achaan Chah: "Se não choraste inúmeras vezes, tua meditação realmente ainda não começou".

Essa cura é necessária se quisermos concretizar a vida espiritual com amor e sabedoria. A dor e a raiva não-curadas, os traumas não-curados de abuso ou abandono na infância tornam-se poderosas forças inconscientes na nossa vida. Até sermos capazes de ter percepção consciente e compreensão das nossas velhas feridas, continuaremos repetindo vezes sem conta seus padrões de desejo insatisfeito, raiva e confusão. Embora muitos tipos de cura possam vir através da vida espiritual sob a forma de graça, renovação carismática, prece ou ritual, dois dos tipos mais significativos de cura se desenvolvem naturalmente através da prática espiritual sistemática.

A primeira área de cura surge quando desenvolvemos um relacionamento de confiança com um mestre. A imagem das estátuas de Jesus e Buda em meio à Guerra do Vietnã faz-nos lembrar que a cura é possível até mesmo nas maiores dificuldades. E também nos lembra que a cura não pode vir apenas de nós mesmos. O processo de cura interior exige, inevitavelmente, o desenvolvimento de uma relação de compromisso com o mestre ou orientador. Como muitas das nossas maiores dores vêm de relacionamentos passados, é através da vivência de um relacionamento sábio e consciente que essas dores são curadas. Esse relacionamento em si torna-se a base para nos abrirmos à compaixão e à liberdade do espírito. Se a dor e a frustração do passado nos deixaram isolados e fechados, com um sábio mestre podemos aprender a confiar novamente. Quando consentimos que nossos medos mais sombrios e nossas piores dimensões sejam testemunhados e compassivamente aceitos por outra pessoa, aprendemos a aceitar a nós mesmos.

Um relacionamento saudável com um mestre serve como modelo para confiarmos nas outras pessoas, em nós mesmos, no nosso corpo, nas nossas intuições, na nossa própria experiência direta. Ele nos dá confiança na própria vida. Os ensinamentos e o mestre tornam-se um receptáculo sagrado que apóia o nosso despertar. (Mais adiante, analisaremos com mais detalhes os relacionamentos com os mestres.)

Um outro tipo de cura ocorre quando, com a prática sistemática da atenção plena, começamos a dedicar o poder da percepção consciente e da atenção amorosa a cada uma das áreas da nossa vida. Buda falou sobre o cultivo da percepção consciente em quatro aspectos fundamentais da vida, os chamados "Quatro Fundamentos da Atenção Plena". Essas áreas de atenção plena são: percepção consciente do corpo e dos sentidos, percepção consciente do coração e dos sentimentos, percepção consciente da mente e dos pensamentos e percepção consciente dos princípios que governam a vida. (Em sânscrito, esses princípios são chamados de *o dharma* — as "leis universais".)

O desenvolvimento da percepção consciente nessas quatro áreas é a base de todas as práticas budistas de introvisão e despertar. Manter o poder da percepção consciente sempre tem um efeito de cura e abertura, e os caminhos para expandi-la a todas as áreas da vida são ensinados ao longo deste livro. Eis como a cura é produzida pelo direcionamento da atenção meditativa a cada um dos quatro aspectos da vida:

A CURA DO CORPO

A prática da meditação geralmente começa com técnicas para nos conduzir a uma percepção consciente do nosso corpo. Isso é especialmente importante numa cultura como a nossa, que negligenciou a vida física e instintiva. James Joyce escreveu sobre um de seus personagens: "Mr. Duffy vivia a curta distância do seu corpo". Assim fazemos muitos de nós. Na meditação, podemos desacelerar e sentar calmamente, permanecendo verdadeiramente com tudo aquilo que emerge. Com a percepção consciente, podemos cultivar uma predisposição para a receptividade às experiências físicas, sem lutar contra elas, para realmente viver em nosso corpo. À medida que o fazemos, sentimos com mais clareza os seus prazeres e as suas dores. Já que nossos processos culturais nos ensinam a evitar e a fugir da dor, pouco sabemos sobre ela. Para curar o corpo precisamos estudar a dor. Quando concentramos a atenção sobre as nossas dores físicas, observamos diversos tipos de dor. Vemos que, às vezes, a dor surge quando nos ajustamos a uma postura sentada à qual não estamos habituados. Outras vezes, a dor surge como um sinal de que estamos doentes ou temos um problema físico real. Essas dores nos pedem uma resposta e uma ação curadora diretas.

No entanto, é muito freqüente que os tipos de dor que encontramos na atenção meditativa não sejam sinais de problemas físicos. Essas dores são as manifestações físicas dos nossos bloqueios e contrações emocionais, psicológicos e espirituais.

Wilhelm Reich chamou essas dores de "couraça muscular", as áreas do nosso corpo que enrijecemos repetidas vezes em situações dolorosas como modo de nos proteger das inevitáveis dificuldades da vida. Até mesmo uma pessoa saudável que se senta com bastante conforto para meditar irá, provavelmente, perceber dores em seu corpo. Quando nos sentamos imóveis, os ombros, as costas, a mandíbula ou o pescoço podem doer. Diversos bloqueios ou nós acumulados no tecido do nosso corpo, antes não percebidos, começam a revelar-se à medida que vamos nos abrindo. Ao nos conscientizarmos da dor contida nesses nós, também observaremos sentimentos, lembranças ou imagens relacionados especificamente com cada área de tensão.

À medida que incluímos gradualmente na nossa percepção consciente tudo aquilo que antes tínhamos fechado e negligenciado, nosso corpo se cura. Aprender a trabalhar com essa abertura é parte da arte da meditação. Podemos dedicar uma atenção aberta e respeitosa às sensações que constituem a nossa experiência corporal. Nesse processo, devemos trabalhar para desenvolver uma percepção consciente sensível àquilo que realmente está acontecendo no nosso corpo. Podemos dirigir a atenção para notar os padrões da nossa respiração, postura, o modo como mantemos as costas, o peito, a barriga e a pelve. Em todas essas áreas, podemos sentir cuidadosamente o livre movimento da energia ou a contração e o bloqueio que impedem esse movimento.

Quando meditar, tente deixar que qualquer coisa que aflore possa mover-se através de você à vontade. Deixe que a sua atenção seja muito suave. Camadas de tensão irão gradualmente liberar-se e a energia irá começar a circular. Locais do corpo nos quais você armazenou os padrões de antigas doenças e traumas irão abrir-se. E então uma profunda purificação física e abertura dos canais de energia irá ocorrer à medida que os nós (ou bloqueios) se liberam e dissolvem. Às vezes, experimentamos com essa abertura um poderoso movimento da respiração; ou então uma vibração espontânea e outras sensações físicas.

Deixe sua atenção aprofundar-se além do nível superficial que percebe apenas o "prazer", a "tensão" ou a "dor". Examine a dor e as sensações desagradáveis que você geralmente bloqueia. Com cuidadosa atenção, você permitirá que a "dor" mostre suas muitas camadas. Como primeiro passo, você pode aprender a se conscientizar da dor sem criar mais tensão; poderá experimentar e observar a dor fisicamente sob a forma de pressão, de tensão, de formigamento, de agulhadas, de tremor ou ardência. Depois você poderá notar todas as camadas em volta da "dor". Dentro dela, estão os fortes elementos do fogo, da vibração e da pressão. Fora, geralmente existe uma camada de enrijecimento e contração física. E além dela talvez exista uma camada emocional de aversão, raiva ou medo, e uma camada de pensamentos e atitudes como, "Espero que isso passe logo", "Se sinto dor, é porque estou fazendo alguma coisa errada" ou "A vida é sempre dolorida". Para nos curar, precisamos conscientizar-nos de todas essas camadas.

Todos nós lidamos com a dor física em algum momento da prática espiritual. Para alguns, esse é um tema sempre presente. Na minha prática, tive períodos de profunda liberação física que foram orgânicos e pacíficos, e, outras vezes, pareceram dolorosas e intensas purificações nas quais o meu corpo tremia, a respiração era difícil, sensações de calor e fogo percorriam-me o corpo e fortes sentimentos e imagens vinham à tona. Eu me sentia como se estivesse sendo espremido. Continuar com esse processo levou, inevitavelmente, a uma grande abertura, muitas vezes acompanhada por extraordinários sentimentos de arrebatamento e bem-estar. Essas aberturas físicas, brandas porém intensas, são uma parte comum da meditação prolongada. Ao aprofundar sua prática do corpo, honre tudo aquilo que aflorar, esteja presente com uma percepção consciente aberta e amorosa, para que o corpo possa revelar-se a seu próprio modo.

Outras atitudes em relação ao corpo podem ser encontradas na meditação: práticas ascéticas, treinamento do guerreiro e iogas interiores para dominar o corpo. Às vezes os curadores recomendam uma meditação conscientemente agressiva para curar certas doenças. Por exemplo, numa dessas práticas, o paciente com câncer visualiza suas células brancas como pequenos cavaleiros brancos que atacam e destroem o câncer com suas lanças. Para algumas pessoas, isso pode ser útil, mas eu próprio e outros como Stephen Levine, que trabalhou tão extensamente com a meditação curadora, descobrimos que um tipo mais profundo de cura ocorre quando, em vez de enviar aversão e agressão contra as feridas e doenças, levamos até elas a bondade. Com demasiada freqüência enfrentamos a dor e a doença — seja uma simples dor nas costas ou uma moléstia grave — com o ódio, odiando toda a área afetada do nosso corpo. Na cura da atenção plena, dirigimos uma atenção compassiva e amorosa para tocar a parte mais íntima das nossas feridas, e a cura ocorre. Como disse Oscar Wilde: "Não é o perfeito, mas o imperfeito que precisa do nosso amor".

Uma discípula veio ao seu primeiro retiro de meditação com câncer generalizado. Embora lhe tivesse sido dito que morreria em poucas semanas, ela estava determinada a curar-se usando a meditação como um instrumento. Dedicou-se a um regime de excelente medicina chinesa, acupuntura e meditações diárias. Embora seu abdome continuasse sempre quente e distendido pelo câncer, ela de tal modo alimentou seu sistema imunológico que viveu bem por mais dez anos. Ela considerava sua atenção curadora como a chave para manter o câncer sob controle.

Dedicar ao corpo uma atenção sistemática pode mudar todo o nosso relacionamento com a vida física. Podemos notar mais claramente os ritmos e as necessidades do nosso corpo. Sem cuidar dele com atenção plena, talvez nos tornemos tão ocupados na vida diária que percamos contato com um senso apropriado de dieta, de movimento e de prazer físico. A meditação pode ajudar-nos a descobrir como estamos negligenciando os aspectos físicos da nossa vida e o que o nosso corpo pede de nós.

A desatenção equivocada pelo corpo é ilustrada por uma história do mulá Nasrudin, o sábio sufi e tolo santo. Nasrudin comprou um jumento mas, como estava saindo muito caro alimentá-lo, arquitetou um plano. Com o passar das semanas, ele gradualmente dava menos e menos comida ao jumento. Ao final, dava-lhe apenas um pequeno punhado de capim por dia. O plano parecia estar dando certo e Nasrudin estava economizando bastante dinheiro. Então, por infelicidade, o jumento morreu. Nasrudin procurou seus amigos na casa de chá e contou-lhes seu experimento. "Foi uma desgraça. Se o jumento tivesse vivido um pouco mais, talvez eu conseguisse fazer com que ele não comesse nada."

Ignorar o corpo ou abusar dele é uma atitude de espiritualidade equivocada. Quando honramos o corpo com a nossa atenção, começamos a recuperar os sentimentos, os instintos, a vida. A partir dessa atenção que se desenvolve, podemos então experimentar uma cura dos sentidos. Os olhos, a língua, os ouvidos e o sentido do tato são rejuvenescidos. Muitas pessoas experimentam esse estado depois de algum período de meditação. As cores são puras, os sabores frescos; podemos sentir os pés sobre a terra como se tivéssemos voltado a ser crianças. Essa limpeza dos sentidos permite-nos experimentar a alegria de estar vivos e uma intimidade crescente com a vida aqui e agora.

A CURA DO CORAÇÃO

Assim como abrimos e curamos o corpo ao sentir seus ritmos e tocá-lo com uma atenção profunda e suave, assim também podemos abrir e curar outras dimensões do nosso ser. O coração e os sentimentos passam por um processo semelhante de cura, através da dedicação da nossa atenção aos seus ritmos, à sua natureza e às suas necessidades. Com muita freqüência, o ato de abrir o coração começa pela receptividade ao sofrimento que acumulamos ao longo da vida e que nunca admitimos — tanto os nossos sofrimentos pessoais quanto os sofrimentos universais da guerra, da fome, da velhice, da doença e da morte. Às vezes, podemos experimentar esse sofrimento fisicamente, sob a forma de contrações e barreiras em volta do coração; mas, em geral, sentimos a profundidade das nossas feridas, do nosso abandono e da nossa dor sob a forma de lágrimas não-derramadas. Os budistas descrevem isso como um oceano de lágrimas humanas, maior que os quatro grandes oceanos.

À medida que tomamos um único assento e desenvolvemos uma atenção meditativa, o coração apresenta-se naturalmente para a cura. A mágoa que por tanto tempo carregamos, de dores e de expectativas e esperanças malogradas, vem à tona. Choramos pelos nossos traumas passados e pelos nossos medos atuais, por todos os sentimentos que nunca ousamos experimentar conscientemente. Qualquer vergonha ou demérito que tenhamos dentro de nós vem à tona — grande parte da dor da nossa primeira infância, da nossa vida em família, as feridas maternas e paternas que conservamos, o isolamento, qualquer abuso físico ou sexual sofrido no passado, tudo isso está armazenado no coração. Jack Engler, instrutor budista e psicólogo da Universidade de Harvard, descreveu a prática da meditação como sendo, em essência, uma prática de chorar e esquecer. Na maioria dos retiros espirituais de que participei, metade dos discípulos está às voltas com algum nível de mágoa: negação, raiva, perda ou sofrimento. A partir desse trabalho com a mágoa, ocorre uma renovação profunda.

Muitos de nós aprendemos que não devemos nos deixar afetar pela mágoa e pela perda, mas ninguém está isento delas. Um dos mais experientes diretores de hospitais dos Estados Unidos ficou surpreso quando chegou a um retiro e chorou por sua mãe que havia morrido fazia um ano. "Esse pesar", disse ele, "é diferente de todos os outros com que trabalho. Trata-se da *minha mãe.*"

Oscar Wilde escreveu: "O coração foi feito para ser partido". À medida que nos curamos por meio da meditação, nosso coração se parte e se abre para sentir com plenitude. Vêm à tona fortes sentimentos e profundas partes não-expressas de nós mesmos, e nossa tarefa na meditação é, primeiro, deixar que eles circulem através de nós e, depois, reconhecê-los e permitir que cantem suas canções. Um poema de Wendell Berry oferece uma bela ilustração:

Entro no bosque e me sento em silêncio.
Minha agitação se desvanece,
como os círculos de uma pedra n'água.
Meus fardos estão onde eu os deixei,
adormecidos como o gado no curral...

Aquilo que temo, surge, então,
e vivo, por um instante, no seu olhar.
O que temo nele o abandona
e o medo dele me abandona.
Ele canta, e eu ouço o seu cantar

Aquilo que encontramos quando ouvimos as canções da nossa raiva ou medo, da nossa solidão ou desejo, é que eles não permanecem para sempre. A raiva transforma-se em sofrimento; o sofrimento transforma-se em lágrimas; as lágrimas podem rolar por um longo tempo, mas um dia o Sol irá nascer. A lembrança de uma antiga perda canta para nós; nosso corpo estremece e revive o momento da perda; então a couraça em volta dessa perda se abranda gradualmente; e em meio à canção da imensa mágoa, a dor daquela perda finalmente encontra a liberação.

Ao ouvir verdadeiramente as nossas mais dolorosas canções, podemos aprender a divina arte do perdão. Embora exista toda uma prática sistemática do perdão — que pode ser cultivada (ver capítulo 19) —, tanto o perdão quanto a compaixão afloram espontaneamente com a abertura do coração. De algum modo, ao sentir a nossa dor e sofrimento, nosso próprio oceano de lágrimas, chegamos a conhecer que nossa dor é algo compartilhado e que o mistério, a beleza e a dor da vida não podem ser separados. Essa dor universal é também parte da nossa conexão uns com os outros e, diante dela, não podemos continuar a recusar nosso amor.

Podemos aprender a perdoar os outros, a perdoar a nós mesmos, a perdoar a vida pela sua dor física. Podemos aprender a abrir nosso coração a todas as coisas, à dor, aos prazeres que havíamos receado. Assim fazendo, descobrimos uma verdade admirável: grande parte, talvez a totalidade, da vida espiritual consiste na aceitação de nós mesmos. Na verdade, ao aceitar as canções da nossa vida, podemos começar a criar para nós mesmos uma identidade muito maior e muito mais profunda, na qual o nosso coração contém tudo dentro de um espaço de ilimitada compaixão.

Com muita freqüência, esse trabalho de cura é tão difícil que precisamos de uma outra pessoa como aliada, de um guia para segurar a nossa mão e inspirar-nos coragem à medida que avançamos. E então os milagres acontecem.

Naomi Remen, uma médica que usa a arte, a meditação e outras práticas espirituais na cura de pacientes cancerosos, contou-me uma comovente história que ilustra o processo de cura do coração que acompanha a cura do corpo. Era sobre um rapaz que, aos 24 anos de idade, procurou-a depois de ter uma das pernas amputada na altura do quadril a fim de se salvar de um câncer ósseo. Quando começou a trabalhar com esse rapaz, ele tinha um grande sentimento de injustiça e ódio por todas as pessoas "saudáveis". Parecia-lhe amargamente injusto ter sofrido essa terrível perda tão cedo em sua vida. Sua mágoa e raiva eram tão grandes que foram necessários muitos anos de trabalho contínuo para que ele começasse a sair de dentro de si mesmo e a curar-se. Ele precisava curar não apenas o corpo, mas também o coração partido e o espírito ferido.

O rapaz trabalhou com afinco e profundidade, contando sua história, desenhando-a, dedicando uma percepção consciente a toda a sua vida. À medida que vagarosamente se curava, desenvolveu uma profunda compaixão por outras pessoas em situação semelhante. Começou a ir aos hospitais visitar pessoas que também haviam sofrido sérias perdas físicas. Em certa ocasião, contou ele à sua médica, visitou uma jovem cantora que estava tão deprimida pela perda dos seios que nem sequer tinha coragem de olhá-lo nos olhos. As enfermeiras ligaram o rádio, talvez com a esperança de animá-la. O dia estava quente e o rapaz vestia *shorts*. Finalmente, desesperado para conquistar a atenção da moça, ele desatarraxou a perna artificial e começou a dançar pela sala numa perna só, estalando os dedos para acompanhar a música. Ela o olhou assombrada, depois caiu na gargalhada e exclamou: "Cara, se você consegue dançar, eu consigo cantar!"

Quando esse rapaz começou pela primeira vez a trabalhar com desenho, fez um esboço a lápis de seu próprio corpo na forma de um vaso atravessado de alto a baixo por uma profunda rachadura negra. Desenhou essa rachadura mil vezes, rangendo os dentes de raiva. Muitos anos depois, para encorajá-lo a completar seu processo, minha amiga mostrou-lhe esses primeiros desenhos. Ele viu o vaso e disse: "Ah, este aqui não está terminado". Quando ela sugeriu que ele o terminasse, ele correu o dedo ao longo da rachadura e disse: "Olhe, é por aqui que a luz passa". Com um lápis amarelo, desenhou a luz fluindo através da rachadura para dentro do vaso e disse: "O nosso coração pode se fortalecer nos lugares partidos".

A história desse rapaz ilustra profundamente o modo pelo qual o sofrimento ou uma ferida podem ser curados, permitindo-nos crescer até a nossa identidade mais plena e compassiva, a nossa grandeza de coração. Quando verdadeiramente chegamos a um acordo com o sofrimento, uma grande e inabalável alegria nasce no nosso coração.

A CURA DA MENTE

Assim como curamos o corpo e o coração através da percepção consciente, assim também podemos curar a mente. Assim como aprendemos sobre a natureza e o ritmo das sensações e dos sentimentos, também podemos aprender sobre a natureza dos pensamentos. À medida que observamos nossos pensamentos na meditação, descobrimos que eles não estão sob o nosso controle — nós navegamos num constante e indesejado fluxo de lembranças, projetos, expectativas, julgamentos, remorsos. A mente começa a mostrar que contém todas as possibilidades, geralmente em conflito umas com as outras — as belas qualidades de um santo e as forças sombrias de um ditador e assassino. A partir delas, a mente planeja e imagina, criando infinitas batalhas e cenários para mudar o mundo.

No entanto, a verdadeira raiz desses movimentos da mente é a insatisfação. Parecemos querer tanto a infinita excitação quanto a mais perfeita paz. Em vez de sermos servidos pelos nossos pensamentos, somos levados por eles de muitas maneiras inconscientes e irrefletidas. Embora os pensamentos possam ser imensamente úteis e criativos, é muito freqüente que eles dominem a nossa experiência com idéias de preferências ou de aversões, de alto ou de baixo, de eu ou de outro. Eles contam histórias sobre os nossos sucessos e fracassos, planejam a nossa segurança e, geralmente, nos fazem lembrar quem e o que pensamos que somos.

Essa natureza dualista do pensamento é a raiz de todos os nossos sofrimentos. Sempre que nos vemos como seres apartados da totalidade, surgem o medo e o apego e nos tornamos mais contraídos, mais defensivos, mais ambiciosos e mais agarrados ao nosso território. Para proteger o nosso eu apartado, afastamos algumas coisas; e, para ampará-lo, apegamo-nos a outras coisas e nos identificamos com elas.

Um psiquiatra da Escola de Medicina da Universidade de Stanford descobriu essas verdades quando fez seu primeiro retiro intensivo de dez dias. Embora tivesse estudado psicanálise e feito terapia, na realidade ele nunca tinha ido ao encontro de sua própria mente por 15 horas diárias ininterruptas de meditação sentado ou andando. Mais tarde, ele escreveu um artigo sobre essa experiência, descrevendo como um professor de psiquiatria se sentiu ao sentar-se e observar-se a si mesmo, chegando à loucura. O dilúvio contínuo de pensamentos assombrou-o, assim como a desenfreada variedade de histórias que lhe contavam. Especialmente repetitivos eram os pensamentos de auto-engrandecimento, de tornar-se um grande professor ou escritor famoso, ou mesmo o salvador do mundo. Seus conhecimentos lhe tornavam possível olhar para a fonte desses pensamentos, e assim descobriu que todos eles estavam enraizados no medo: durante o retiro ele estava se sentindo inseguro a respeito de si mesmo e de tudo que sabia. Esses pensamentos de grandeza eram a compensação de sua mente, para que ele não precisasse sentir o medo do não-conhecimento. No decorrer dos muitos anos que se passaram desde então, esse professor tornou-se um meditador bastante capaz; porém, primeiro, precisou fazer as pazes com os padrões atarefados e medrosos da mente destreinada. Ele também aprendeu, desde então, a não levar seus próprios pensamentos demasiado a sério.

A cura da mente ocorre de duas maneiras: na primeira, conduzimos a atenção ao conteúdo dos nossos pensamentos e aprendemos a redirecioná-los mais habilmente através de práticas de sábia reflexão. Através da atenção plena, podemos vir a conhecer e a reduzir os padrões da preocupação e obsessão inúteis, a esclarecer nossa confusão e a liberar as visões e opiniões destrutivas. Podemos usar o pensamento consciente para refletir mais profundamente naquilo a que damos valor. Fazer a pergunta do primeiro capítulo "Eu amo plenamente?" é um exemplo disso, e podemos também dirigir o nosso pensamento para os caminhos hábeis da bondade, do respeito e do bem-estar mental. Muitas práticas budistas usam a repetição de certas frases para romper antigos e destrutivos padrões repetitivos de pensamento, a fim de efetuar a mudança.

No entanto, mesmo que trabalhemos para reeducar a mente, nunca seremos completamente bem-sucedidos. A mente parece ter vontade própria, por mais que queiramos dirigi-la. Desse modo, para uma cura mais profunda dos conflitos mentais, precisamos nos desapegar da nossa identificação com esses conflitos. Para encontrar a cura, precisamos aprender a nos afastar de todas as histórias da mente, pois os conflitos e opiniões dos nossos pensamentos nunca cessam. Como disse Buda, "As pessoas com opiniões apenas andam em círculos, incomodando umas às outras". Quando vemos que a própria natureza da mente é pensar, dividir e planejar, podemos nos libertar das garras de ferro do seu separatismo e vir a repousar no corpo e no coração. Desse modo, saímos da nossa identificação, saímos das nossas expectativas, opiniões e julgamentos e dos conflitos a que eles dão origem. A mente pensa o "eu" como coisa separada... o coração sabe mais. Como disse um grande mestre hindu, Sri Nisargadatta: "A mente cria o abismo, o coração o transpõe".

Muitos dos grandes sofrimentos do mundo surgem quando a mente está desligada do coração. Na meditação, podemos nos religar com o nosso coração e descobrir um sentimento interior de amplidão, de unidade e de compaixão, subjacente a todos os conflitos do pensamento. O coração permite que as histórias, idéias, fantasias e medos da mente venham à tona, sem acreditar neles, sem precisar segui-los ou ter de satisfazê-los. Quando atingimos em profundidade toda a atividade do pensamento, descobrimos um doce silêncio de cura, uma paz inerente a cada um de nós, uma bondade de coração, uma força e uma totalidade que são nossos direitos inatos. Essa bondade básica é às vezes chamada de "nossa natureza original" ou "natureza búdica". Quando retornamos à nossa natureza original, quando vemos todos os caminhos da mente e, ainda assim, repousamos na paz e na bondade, descobrimos a cura da mente.

A CURA ATRAVÉS DO VAZIO

O último aspecto da cura pela atenção plena é a percepção consciente das leis universais que governam a vida. Um ponto essencial é a compreensão do vazio. Trata-se de algo extremamente difícil de ser descrito em palavras. Na verdade, embora eu tente aqui descrevê-lo, a compreensão da abertura e do vazio precisará vir diretamente através da experiência da própria prática espiritual.

No ensinamento budista, o "vazio" refere-se à abertura e à união básicas que vivenciamos quando todas as noções pequenas e estabelecidas do nosso "eu" tornam-se transparentes ou se dissolvem. Nós o experimentamos quando vemos que a nossa existência é transitória, que o nosso corpo, o nosso coração e a nossa mente surgem da instável teia da vida, em que nada está desconectado ou separado. As experiências mais profundas na meditação levam-nos a uma íntima percepção consciente da abertura e do vazio essenciais da vida, da sua natureza instável e que não se pode possuir, da sua natureza como um processo que não pode ser detido.

Buda descreveu a vida humana compreendendo uma série de processos sempre mutáveis: um processo físico, um processo de sentimento, um processo de lembrança e reconhecimento, um processo de pensamento e reação, e um processo de consciência. Esses processos são dinâmicos e contínuos, sem um único elemento que pudéssemos chamar de "eu imutável". Nós mesmos somos um processo, entretecidos junto com a vida, sem separação. Surgimos como uma onda no oceano da vida, uma forma transitória, que forma uma coisa só com o oceano. Algumas tradições chamam esse oceano de Tao, o divino, o vazio fértil, o não-nascido. Dele, nossa vida surge como um reflexo do divino, como um movimento ou uma dança da consciência. E a cura mais profunda surge quando sentimos esse processo, esse vazio que gera a vida.

À medida que a nossa prática de meditação se aprofunda, somos capazes de ver o transcorrer da nossa experiência. Notamos os sentimentos e descobrimos que duram poucos segundos apenas. Prestamos atenção aos pensamentos e descobrimos que são efêmeros, que surgem e desaparecem, sem ser convidados, como as nuvens no céu. Levamos nossa percepção consciente para o corpo e descobrimos que suas fronteiras são porosas. Nessa prática, nosso senso da solidez de um corpo separado ou de uma mente separada começa a se dissolver e, de súbito, inesperadamente, descobrimos como estamos tão mais confortáveis. À medida que nossa meditação se aprofunda ainda mais, experimentamos a expansão, a alegria e a liberdade da nossa interconexão com todas as coisas, com o grande mistério da vida.

O diretor de um asilo teve provas concretas dessa interconexão quando ficou junto dos filhos de um homem de 65 anos, que estava à morte no quarto ao lado. Eles haviam acabado de receber a notícia de que o irmão mais moço de seu pai acabara de morrer num acidente de carro e discutiam se deviam ou não contar-lhe. O pai estava à morte e, temendo que isso o perturbasse, decidiram calar-se. Quando entraram no quarto, o pai os olhou e perguntou, "Vocês não têm nada para me contar?" Os filhos ficaram imaginando o que ele estaria querendo dizer com isso. "Por que não me disseram que o meu irmão morreu?" Espantados, os filhos perguntaram ao pai como ele ficara sabendo. "Estive conversando com meu irmão durante esta última meia hora", respondeu o pai, que, então, chamou os filhos para a cabeceira da cama, disse suas últimas palavras para cada um deles e, em dez minutos, reclinou a cabeça e morreu.

O mestre tibetano Kalu Rinpoche assim se exprime a este respeito:

> Vives na ilusão e na aparência das coisas. Existe uma realidade, mas não a conheces. Quando compreenderes isso, verás que nada és e, nada sendo, és todas as coisas. Isso é tudo.

A cura vem ao atingirmos esse domínio de não-separação. Descobrimos que nossos medos e desejos, as tentativas de nos realçar e defender são baseados na ilusão e num senso de separação fundamentalmente falso.

Ao descobrir a energia curadora do vazio, sentimos que todas as coisas estão entretecidas num movimento contínuo, surgindo em certas formas que chamamos corpos, pensamentos ou sentimentos, e dissolvendo-se ou transformando-se em novas formas. Com essa sabedoria, podemos nos abrir a um momento após o outro e viver no mutável Tao. Descobrimos que podemos nos desapegar e confiar, deixar a respiração respirar por si mesma e o movimento natural da vida conduzir-nos com bem-estar.

Cada dimensão do nosso ser — o corpo, o coração e a mente — é curada através da mesma atenção e do mesmo cuidado amoroso. Nossa atenção pode honrar o corpo e descobrir as bênçãos da vida física que nos foi concedida. A atenção pode transpor-nos plenamente para o coração, a fim de honrar toda a gama dos nossos sentimentos humanos. Ela pode curar a mente e ajudar-nos a honrar o pensamento sem cair nas suas armadilhas. E abrir-nos ao grande mistério da vida, à descoberta do vazio e da totalidade que somos e abrir-nos à nossa unidade fundamental com todas as coisas.

COMO DESENVOLVER A ATENÇÃO QUE CURA

Sente-se confortável e tranqüilamente. Deixe o seu corpo repousar comodamente. Respire com suavidade. Desapegue-se de seus pensamentos do passado e do futuro, das lembranças e projetos. Esteja apenas presente. Comece a deixar que seu corpo precioso revele os lugares que mais precisam de cura. Deixe que as dores físicas, as tensões, as doenças ou as feridas se mostrem. Dedique uma atenção cuidadosa e bondosa a esses lugares doloridos. Com vagar e cuidado, sinta a energia física desses lugares. Note o que está encerrado dentro deles, as pulsações, o tremor, a tensão, as agulhadas, o calor, a contração, a aflição, que formam aquilo que chamamos "dor". Deixe que tudo isso seja sentido plenamente, seja envolvido em uma atenção receptiva e bondosa. Então conscientize-se da área que circunda o seu corpo. Se houver contração e contenção, observe-as com ternura. Respire suavemente e deixe que elas se abram. Em seguida, do mesmo modo, conscientize-se de quaisquer aversões ou resistências que existam na sua mente. Observe-as também, com uma atenção suave, sem resistir, deixando que elas sejam como são, deixando que se abram a seu próprio tempo. Agora observe os pensamentos e medos que acompanham a dor que você está pesquisando: "Isso nunca passará", "Não posso suportar isso", "Não mereço isso", "É difícil (problemático, profundo) demais", etc.

Deixe que esses pensamentos repousem nessa atenção bondosa por algum tempo. E, suavemente, faça-os retornar ao seu corpo físico. Agora deixe que a sua percepção consciente se aprofunde e torne possíveis mais coisas. Novamente sinta as camadas do local da dor e deixe que cada camada que vai se abrindo circule, para se intensificar ou se dissolver a seu tempo. Transponha sua atenção para a dor, como se você estivesse ninando gentilmente uma criança, envolvendo-a numa atenção amorosa e calmante. Respire suavemente dentro dela, aceitando tudo o que está presente com uma bondade curadora. Continue essa meditação até se sentir intimamente religado com qualquer parte do seu corpo que o chame, até se sentir em paz.

À medida que a sua atenção curadora se desenvolve, você pode dirigi-la regularmente a áreas significativas de doença ou dor no seu corpo. Você poderá então examinar atentamente o seu corpo em busca de áreas adicionais que requeiram sua atenção cuidadosa. Do mesmo modo, você poderá dirigir uma atenção curadora às profundas feridas emocionais que está carregando. A mágoa, a ansiedade, a raiva, a solidão e o sofrimento podem ser sentidos, em primeiro lugar, no seu corpo.

Com uma atenção cuidadosa e bondosa, você poderá alimentar um sentimento profundo dentro dessas feridas. Permaneça ao lado delas. Depois de algum tempo, respire suavemente e abra sua atenção para cada uma das camadas de contração, emoções e pensamentos que vêm carregados com elas. Finalmente, deixe que também esses repousem, como se estivesse suavemente confortando uma criança, aceitando tudo o que está presente, até se sentir em paz. Você pode trabalhar com o coração, desse modo, com a freqüência que desejar. Lembre-se de que a cura do nosso corpo e do nosso coração está sempre presente. Ela apenas espera a nossa atenção compassiva.

UMA VISITA EM MEDITAÇÃO AO TEMPLO DA CURA

Sente-se confortavelmente, deixe os olhos fechados. Leve a atenção para a sua respiração. Sinta a sua respiração e o seu corpo enquanto está sentado, sem tentar mudá-los. Note o que é confortável e o que é desconfortável. Observe se você está sonolento ou bem acordado. Note se existe muito tumulto na sua mente ou se ela está quieta. Apenas conscientize-se do que ocorre. Note o estado do seu coração. Você o sente contraído? Ou o sente suave e aberto? Ou em algum estado intermediário? Ele está cansado ou alegre? Observe e receba o que estiver presente.

Em seguida, imagine que você é magicamente transportado para um belo templo de cura ou lugar de energia, um local de grande sabedoria e amor. Leve todo o tempo que precisar para percebê-lo, senti-lo, visualizá-lo, da maneira que lhe pareça boa. Visualize-se sentado nesse templo, em repouso e meditando atentamente. Sentado nesse templo, nesse lugar de grande sabedoria, comece a refletir mais profundamente sobre a sua própria jornada espiritual. Gradualmente, deixe-se conscientizar das feridas que você carrega, que precisam de cura no decorrer da sua viagem. Respire suavemente e, com gentileza, sinta tudo aquilo que vier à tona.

Enquanto está ali sentado, um ser sábio e maravilhoso desse templo de cura irá aproximar-se suavemente de você. Quando esse ser estiver bem próximo, você poderá visualizar, imaginar ou sentir como ele é. Ele se curvará delicadamente e, então, se aproximará e deporá a mais suave mão sobre uma parte do seu corpo onde você está profundamente ferido. Deixe-o tocar, com o mais amoroso cuidado, a parte do seu corpo que contém uma de suas mágoas. Deixe-o ensinar-lhe o seu toque de cura. Se não conseguir sentir o toque desse ser, tome a sua própria mão, enquanto está sentado no templo, e imagine que você a traz para o local da sua ferida mais profunda, o local do sofrimento ou da dificuldade, tocando-o com a mão como se você mesmo fosse aquele belíssimo ser. Saiba que não importa quantas vezes você tenha enterrado seu sofrimento ou resistido a ele, não importa quantas vezes o tenha envolvido no seu ódio, você pode finalmente abrir-se a ele.

Deixe que a sua própria atenção torne-se a mão desse maravilhoso ser sábio. Toque esse local de sofrimento com suavidade e ternura. Ao tocá-lo, explore o que existe ali. Existe calor ou frio? Ele é rígido, tenso ou macio? Está vibrando ou se movendo, ou está imóvel? Deixe que sua percepção consciente seja como o toque amoroso de Buda ou da Deusa da Compaixão, da Virgem Maria ou de Jesus. Qual é a temperatura e a textura desse sofrimento? Qual a cor que pode ser sentida? Quais sentimentos existem ali para serem sentidos? Deixe-se conscientizar de todos os seus sentimentos com um coração muito amoroso e receptivo. Deixe que eles sejam tudo aquilo que precisam ser. Então, com muita suavidade e gentileza, como se você fosse a própria Deusa da Compaixão, toque esse lugar com a mais pura doçura. Abra-se para a dor. Qual é o âmago desse lugar que foi encerrado e conservado dentro de você por tanto tempo? Ao olhá-lo, perceba o quanto você se fechou a ele, o quanto você o reprimiu ou rejeitou, desejou que ele se fosse, desejou não precisar senti-lo, e tratou-o com medo e aversão. Deixe-se ficar sentado em paz, abrindo finalmente seu coração a essa dor.

Repouse nesse templo, permitindo que sua atenção curadora e compassiva se difunda em cada parte dele. Permaneça o tempo que quiser. Quando estiver pronto para partir, imagine a si mesmo curvando-se em gratidão. Ao partir, lembre-se de que esse templo está dentro de você. Você pode visitá-lo sempre.

5

ADESTRANDO O CÃOZINHO: ATENÇÃO PLENA À RESPIRAÇÃO

Concentrar-se nunca é uma questão de força ou de coerção. Simplesmente voltamos a pegar o cãozinho e a nos reconectar com o aqui e agora.

Conta-se que Buda vagueava pela Índia logo depois de sua iluminação. Encontrou-se com alguns homens que reconheceram algo extraordinário naquele belo príncipe que agora trajava a túnica de um monge.

"És um deus?", perguntaram-lhe.
"Não", respondeu-lhes.
"És então um deva ou um anjo?"
"Não", disse ele.
"Bem, és algum tipo de feiticeiro ou mágico?"
"Não."
"És um homem?"
"Não."
Ficaram perplexos. E finalmente lhe perguntaram:
"Que és então?"
E Buda respondeu simplesmente: "Eu sou o desperto". A palavra *Buddha* significa "despertar". Como despertar: foi tudo o que ele ensinou.

Pode-se considerar a meditação como a arte do despertar. Através do domínio dessa arte, podemos aprender novos caminhos para abordar nossas dificuldades e fazer surgir sabedoria e alegria na nossa vida. Através do desenvolvimento dos recursos e práticas da meditação, podemos despertar o melhor das nossas capacidades espirituais e humanas. A chave para essa arte é a firmeza da atenção. Quando a plenitude da nossa atenção é cultivada em conjunto com um coração agradecido e terno, nossa vida espiritual crescerá naturalmente.

Como vimos, alguma cura da mente e do corpo precisa ocorrer para muitos de nós antes de podermos sentar quietos e nos concentrar. Mas, mesmo para começar a nossa cura, para começar a compreender a nós mesmos, precisamos ter algum nível básico de atenção. Para aprofundar ainda mais a nossa prática, precisamos escolher um caminho para desenvolver a atenção de uma maneira sistemática e entregar-nos plenamente a ela. Caso contrário, ficaremos à deriva, como um barco sem leme. Para aprender a nos concentrar, precisamos escolher uma prece ou meditação e seguir esse caminho com compromisso e firmeza, com uma disposição de trabalhar com essa prática dia após dia, não importando o que possa aflorar. Para a maioria das pessoas, isso não é fácil. Elas prefeririam que sua vida espiritual mostrasse resultados imediatos e cósmicos. Mas, qual a grande arte que se aprende depressa? Qualquer treinamento profundo se revela na proporção direta da nossa dedicação a ele.

Consideremos as outras artes. A música, por exemplo. Quanto tempo é necessário para aprender a tocar bem piano? Vamos supor que tomamos aulas semanais por meses ou anos, praticando diligentemente todos os dias. De início, quase todos lutam para aprender qual dedo deve bater qual tecla e como se lê uma partitura básica. Depois de algumas semanas ou meses, podemos tocar melodias simples e, talvez depois de um ano ou dois, nosso tipo favorito de música. No entanto, para dominar essa arte de modo a poder tocar bem música, como solistas ou em grupo, ou para sermos aceitos por um conjunto ou orquestra, precisaríamos dedicar-nos totalmente a essa disciplina. Se quisermos aprender programação de computadores, pintura a óleo, tênis, arquitetura, qualquer das mil artes que existem, precisamos dedicar-nos a ela plenamente, de todo coração, por um longo período de tempo — um treinamento, um aprendizado, um cultivo.

As artes espirituais não exigem menos. Talvez até exijam mais. Porém, é através do domínio dessa arte que dominamos a nós mesmos e à nossa vida. Aprendemos a mais humana das artes: como nos relacionar com o nosso eu mais verdadeiro.

Trungpa Rinpoche chamava a prática espiritual de "trabalho manual". É um trabalho de amor no qual, em todos os momentos, dedicamos uma atenção sincera à nossa situação. Em qualquer circunstância, firmamos e aprofundamos a nossa prece, a nossa meditação e disciplina, aprendendo a ver com honestidade e compaixão, aprendendo a nos desapegar, aprendendo a amar mais profundamente.

No entanto, em geral, não é assim que começamos. Vamos supor que começamos criando um período de solidão em meio ao nosso cotidiano. O que acontece quando realmente tentamos meditar? A primeira experiência mais freqüente — seja na prece, no cântico, na meditação ou na visualização — é defrontar com a mente desconectada e dispersa. A psicologia budista compara a mente não-treinada a um macaco enlouquecido que pula incessantemente de um pensamento para uma lembrança, de uma visão para um som, de um projeto para um remorso. Se fôssemos capazes de sentar calmamente por uma hora e observar a fundo todos os lugares por onde a nossa mente vagueia, que *script* não nos seria revelado!

Quando começamos a nos dedicar à arte da meditação, ela, na verdade, é frustrante. É inevitável que, à medida que a nossa mente vagueia e o nosso corpo sente a tensão acumulada e a velocidade a que se habituou, percebamos como temos pouca disciplina interior, pouca paciência ou compaixão. Não demora muito, em uma tarefa espiritual, para vermos como a nossa atenção permanece dispersa e instável mesmo quando tentamos direcioná-la e focalizá-la. Embora usualmente pensemos nela como a "nossa mente", se olharmos com honestidade veremos que a mente segue a sua própria natureza, as suas próprias leis e condições. Ao perceber essa verdade, também iremos ver que precisamos descobrir gradualmente um relacionamento sábio com a mente — um relacionamento que a conecte com o corpo e o coração, fortalecendo e aquietando a nossa vida interior.

A essência dessa conexão é trazer de volta a nossa atenção, repetidas vezes, para a prática que escolhemos. A prece, a meditação, a repetição de frases sagradas ou a visualização nos oferecem um caminho sistemático para focalizar e estabilizar a concentração. Todos os tradicionais domínios e estados de consciência, descritos na literatura mística e espiritual do mundo inteiro, são alcançados através da arte da concentração. Essas artes da concentração, do retorno à tarefa que temos em mãos, também trazem a clareza, a fortaleza mental, a paz e a conexão profunda que buscamos. Essa firmeza e conexão, por sua vez, fazem surgir os níveis mais profundos de compreensão e descoberta.

Quer peça a visualização, o questionamento, a prece, palavras sagradas ou uma simples meditação sobre os sentimentos e a respiração, uma prática sempre envolve a firmeza e o retorno consciente, repetidas vezes, a algum foco. Aprender a fazer isso com uma atenção mais profunda e mais plena é o mesmo que aprender a estabilizar uma canoa em águas tumultuadas. Ao repetir a meditação, relaxamos e penetramos no momento atual e nos ligamos profundamente com aquilo que está presente. Permitimo-nos assentar em solo espiritual; treinamo-nos para voltar a esse momento. Esse é um processo paciente. São Francisco de Sales disse: "O que precisamos é uma taça de compreensão, um tonel de amor e um oceano de paciência".

Para algumas pessoas, essa tarefa de voltar mil ou dez mil vezes à meditação talvez pareça aborrecida ou mesmo de importância questionável. Mas, quantas vezes não nos afastamos da realidade da nossa vida? — talvez um milhão ou dez milhões de vezes! Se quisermos despertar, precisamos encontrar o caminho de volta para o aqui, com todo o nosso ser, com a nossa total atenção.

São Francisco de Sales prosseguiu, dizendo:

> Traz a ti mesmo de volta ao ponto, com a maior suavidade. E mesmo que durante toda uma hora nada faças a não ser trazer teu coração de volta mil vezes, embora ele se afaste cada vez que o trazes de volta, essa hora terá sido bem-empregada.

Desse modo, a meditação é muito semelhante ao processo de adestrar um cãozinho. Você põe o cãozinho no chão e diz: "Fique quietinho aí". Mas será que o cãozinho obedece? Não, ele se levanta e corre. Você o faz sentar novamente e diz: "Fique quietinho aí". E o cãozinho continua, mil vezes, a sair correndo. Às vezes o cãozinho pula, corre, urina pelos cantos ou arma alguma outra confusão. Nossa mente é bastante semelhante ao cãozinho, só que armamos uma confusão muito maior. Ao treinar a mente — ou o cãozinho — precisamos começar repetidas vezes.

Quando nos dedicamos a uma disciplina espiritual, a frustração acompanha a conquista. Nada, na nossa cultura ou educação escolar, nos ensinou a firmar e acalmar a atenção. Um psicólogo disse que somos uma "sociedade de atenção espasmódica". Por achar difícil concentrar-se, muitas pessoas reagem forçando a atenção sobre a respiração, o mantra ou a prece com irritação tensa e autojulgamento, ou algo ainda pior. Você treinaria assim o seu cãozinho? Ajudaria bater nele? Concentrar-se nunca é uma questão de força ou de coerção. Simplesmente voltamos a pegar o cãozinho e a nos reconectar com o aqui e agora.

O desenvolvimento de uma qualidade profunda de interesse na nossa prática espiritual é uma das chaves para toda a arte da concentração. A firmeza é alimentada pelo grau de interesse com que focalizamos a nossa meditação. Contudo, para o discípulo iniciante, muitos temas de meditação parecem comuns e desinteressantes. Existe uma história tradicional sobre um discípulo zen que reclamou ao mestre que era enfadonho acompanhar a respiração. O mestre zen agarrou o discípulo e manteve sua cabeça sob a água durante algum tempo, enquanto o discípulo lutava para vir à tona. Quando finalmente o soltou, o mestre zen lhe perguntou se, naqueles momentos debaixo d'água, havia achado que a respiração era enfadonha.

A concentração combina o pleno interesse com a delicadeza da atenção. Essa atenção não deve ser confundida com afastamento ou desligamento. A percepção consciente não significa apartar-se da experiência; significa, isso sim, permitir e sentir plenamente a experiência. A percepção consciente pode variar como uma lente *zoom*. Às vezes, estamos no centro da nossa experiência. Às vezes, é como se estivéssemos sentados sobre nossos próprios ombros e notássemos o que está presente; e, outras vezes, podemos estar conscientes através de uma grande distância espacial. Todos esses são aspectos úteis da percepção consciente. Cada um deles pode nos ajudar a sentir, a tocar e a ver a nossa vida com maior clareza, de momento a momento. À medida que aprendemos a firmar a qualidade da nossa atenção, ela é acompanhada por uma sensação cada vez mais profunda de quietude — imperturbável, apurada e sutil.

A arte da atenção sutil foi aprendida por uma adepta da meditação quando ela e o marido viviam em uma remota comunidade nas montanhas da Colúmbia Britânica. Ela estudara ioga na Índia e alguns anos mais tarde deu à luz um garotinho, sozinha, sem médico nem parteira, só com a ajuda do marido. Infelizmente, foi um longo e complicado parto normal, com o bebê saindo primeiro com os pés e tendo o cordão umbilical enrolado em volta do pescoço. O bebê nasceu bastante azulado e não conseguia começar a respirar por si mesmo. Os pais lhe fizeram, do melhor modo possível, respiração artificial infantil. Faziam uma pausa entre os sopros dentro dos pulmões do bebê para ver se ele começava a respirar por si mesmo. Durante esses momentos dolorosos, observaram os mínimos movimentos da respiração do bebê, ansiosos por saber se ele iria viver ou morrer. Finalmente o bebê começou a respirar por si mesmo. A mãe sorriu ao me contar esse episódio e disse: "Foi naquele momento que aprendi o que significa estar realmente consciente da respiração. E nem era *a minha* respiração!"

Focalizar a atenção na respiração talvez seja o mais universal dentre as centenas de temas de meditação usados no mundo todo. Firmar a atenção no movimento da respiração vital é um tema central da ioga, das práticas budistas e hindus e das tradições sufis, cristãs e judaicas. Embora outros temas de meditação também sejam benéficas e cada um deles tenha suas qualidades únicas, continuaremos a trabalhar com a prática de meditar respirando, como um exemplo para o desenvolvimento de todas essas práticas. Meditar respirando pode aquietar a mente, abrir o corpo e desenvolver um grande poder de concentração. A respiração está disponível para nós a qualquer momento do dia e em todas as circunstâncias. Quando aprendemos a usá-la, a respiração torna-se um apoio para a percepção consciente ao longo de toda a nossa vida.

Mas a percepção consciente da respiração não chega de imediato. De início, precisamos sentar quietos, deixando o nosso corpo relaxar e estar alerta, e simplesmente exercitar a prática de encontrar a respiração no corpo. Onde é que realmente a sentimos — como uma sensação de frio no nariz, um formigamento no fundo da garganta, um movimento no peito, um subir e descer da barriga? Onde a sentirmos com mais força será o primeiro lugar onde devemos assentar a nossa atenção. Se a respiração é evidente em diversos lugares, podemos sentir todo o seu movimento no corpo. Se a respiração é demasiado suave e difícil de ser encontrada, podemos colocar a palma da mão sobre a barriga e sentir a expansão e contração na nossa mão. Devemos aprender a focalizar a atenção cuidadosamente. À medida que sentimos cada respiração, podemos perceber como ela se move no nosso corpo. Não tente controlar a respiração; apenas observe o seu movimento natural — assim como o porteiro observa aquilo que passa pela porta. Quais são os seus ritmos? Ela é superficial ou longa e profunda? Ela se acelera ou se desacelera? Existe uma temperatura na respiração? A respiração pode tornar-se um grande mestre, pois está sempre em movimento e em mutação. Nesse simples respirar, podemos aprender sobre a contração e a resistência, sobre a abertura e o desapego. Aqui podemos sentir o que significa viver com graça, sentir a verdade do rio de energia e de mudança que somos.

No entanto, mesmo com interesse e um forte desejo de firmar a nossa atenção, as distrações irão surgir. As distrações são o movimento natural da mente. Elas surgem porque a mente e o coração, inicialmente, não se apresentam claros ou puros. A mente se parece mais com a água turva ou turbulenta. Cada vez que uma imagem tentadora ou uma lembrança interessante passa pela mente, nosso hábito é reagir a ela, envolver-nos com ela e perder-nos nela. Quando surgem imagens ou sentimentos dolorosos, nosso hábito é evitá-los e, involuntariamente, deixar-nos distrair. Sentimos o poder desses hábitos de desejo, de distração, de medo e reação. Em muitos de nós, essas forças são tão poderosas que, após alguns momentos de calma aos quais não estamos acostumados, nossa mente se rebela. Repetidas vezes, a inquietação, a atividade, os projetos e os sentimentos impiedosos interrompem a nossa atenção. Trabalhar com essas distrações, estabilizar a canoa, deixar que as ondas passem, e voltar repetidas vezes, de um modo calmo e recolhido, é o cerne da meditação.

Depois de uma tentativa inicial, você começará a reconhecer que certas condições externas são particularmente úteis para o desenvolvimento da concentração. É necessário encontrar ou criar um lugar quieto e que não o distraia na sua prática. Escolha horas regulares e adequadas que melhor se ajustem ao seu temperamento e aos seus afazeres. Tente descobrir o que melhor apóia os aspectos silenciosos da sua vida interior, se as meditações matinais ou as vespertinas. Talvez você queira começar com um curto período de leitura inspiradora antes de sentar-se; talvez queira, primeiro, fazer alongamento ou ioga. Alguns acham extremamente útil sentar-se em grupo, regularmente, ou sair para retiros periódicos. Experimente esses fatores externos até descobrir quais deles são os mais úteis para a sua paz interior. E então faça deles uma parte regular da sua vida. Criar condições adequadas significa viver sabiamente, proporcionando o melhor solo para que o nosso coração espiritual seja alimentado e possa crescer.

À medida que nos entregamos à arte da concentração por semanas e meses, descobrimos que ela, aos poucos, começa a assentar-se por si mesma. De início, talvez tenhamos lutado para encontrar o foco, tentando nos agarrar ao tema da nossa meditação. Em seguida, de maneira gradual, a mente e o coração se livram das distrações e periodicamente nós os sentimos mais puros, mais dóceis e maleáveis. Sentimos a respiração com mais freqüência e com maior clareza, ou recitamos nossas preces ou mantras com um maior senso de totalidade. É como começar a ler um livro. Quando começamos, somos freqüentemente interrompidos por muitas distrações à nossa volta. Mas, se é um bom livro, talvez um romance policial, na altura do último capítulo estaremos tão absorvidos na trama que as pessoas podem passar ao nosso lado e não as notamos. Na meditação, de início, os pensamentos nos levam embora e permanecemos com eles por longo tempo. Mas, à medida que a concentração aumenta, lembramo-nos da nossa respiração em meio a um pensamento. Mais tarde, podemos notar os pensamentos exatamente quando eles surgem ou deixar que eles passem ao fundo, pois estamos tão atentos à respiração que não nos perturbamos com o movimento deles.

À medida que continuamos a nossa prática, o desenvolvimento da concentração nos aproxima da vida, como o ato de focalizar uma lente. Quando olhamos a água do lago em um copo, ela nos parece clara e parada. Mas, sob o mais simples microscópio, essa água mostra que está viva, cheia de criaturas e de movimento. Do mesmo modo, quanto mais profundamente prestamos atenção, menos sólidos tornam-se o nosso corpo e a nossa respiração. Cada lugar do corpo onde sentimos a respiração torna-se vivo, com sutis vibrações, movimentos, formigamentos, fluxos. O poder firme da concentração mostra que cada parte da nossa vida está mudando e fluindo, como um rio, no momento exato em que a sentimos.

À medida que aprendemos a entrar em sintonia com o presente, a respiração respira por si mesma, permitindo que o fluxo de sensações no corpo se mova e se abra. Surge, então, a abertura e o bem-estar. Como a hábil bailarina, deixamos que a respiração e o corpo flutuem e se movam sem obstáculos e, no entanto, o tempo todo estamos presentes para desfrutar a abertura.

Quando nos tornamos mais hábeis, também descobrimos que a concentração tem suas próprias estações. Às vezes, sentamos e nos ancoramos facilmente. Outras vezes, as condições da mente e do corpo são turbulentas ou tensas. Podemos aprender a navegar por todas essas águas. Quando as condições mostram que a mente está tensa, aprendemos a suavizar e a relaxar, a abrir a atenção. Quando a mente está sonolenta ou lânguida, aprendemos a sentar eretos e a focalizar com mais energia. Buda comparava esses estados à afinação de um alaúde: sentimos quando estamos desafinados e suavemente apertamos ou soltamos a nossa energia para alcançar o equilíbrio.

Ao aprender a concentração, sentimos que estamos sempre recomeçando, sempre perdendo o nosso foco. Mas, para onde realmente fomos? O que aconteceu foi apenas que um humor, um pensamento ou uma dúvida nos passou pela mente. No instante em que reconhecemos que foi isso que aconteceu, podemos nos desapegar e voltar a assentar-nos no momento seguinte. Sempre podemos começar de novo. Gradualmente, à medida que o nosso interesse cresce e a nossa capacidade de sentir se aprofunda, abrem-se novas camadas da meditação. Vamos encontrar-nos em alternâncias, descobrindo períodos de profunda paz, como uma criança despreocupada, ou de fortaleza, como um grande navio em seu curso correto, apenas para nos distrairmos ou perdermos logo depois. A concentração cresce numa espiral que se aprofunda, à medida que retornamos ao nosso tema de meditação repetidas vezes, cada vez aprendendo mais sobre a arte da escuta interior. Quando estamos escutando cuidadosamente, podemos perceber, todo o tempo, novos aspectos da nossa respiração. Um mestre de meditação, birmanês, exige que seus discípulos lhe contem, todos os dias, algo novo sobre a respiração, mesmo que já estejam meditando há anos.

Agora, veja se você consegue notar se existem pausas entre suas respirações. O que você sente quando sua respiração se inicia? Com que se parece o final da respiração? O que significa aquele espaço de tempo em que a respiração pára? Como você sente o impulso para respirar antes mesmo que a respiração comece? Como a respiração reflete os seus humores?

De início, quando sentimos a respiração, ela parece apenas um único pequeno movimento; mas, ao desenvolver a arte da concentração, podemos sentir uma centena de coisas na respiração: as sensações mais sutis, as variações na sua extensão, a temperatura, o redemoinho, a expansão, a contração, os formigamentos que a acompanham, seus ecos nas diferentes partes do nosso corpo, e muito mais.

Permanecer com um treinamento espiritual exige um oceano de paciência, pois o nosso hábito de querer estar em outra parte é demasiado forte. Distraímo-nos com relação ao presente em tantos e tantos momentos, por tantos anos, até mesmo por muitas vidas. Apresento a seguir um relato do *The Guinness Book of World Records* que gosto de mencionar nos retiros de meditação quando as pessoas estão se sentindo frustradas. O *Guinness* indica que o recorde de persistência em prestar e fracassar no exame prático para motorista pertence à sra. Miriam Hargrave, de Wakefield, na Inglaterra. Em abril de 1970, a sra. Hargrave foi reprovada em seu 39º exame prático quando colidiu ao avançar o sinal vermelho. Em agosto do ano seguinte, em seu 40º exame, ela finalmente conseguiu sua carteira de motorista. Mas, infelizmente, não tinha mais condições de comprar um carro: gastara tudo em aulas na auto-escola. Da mesma forma, a sra. Fanny Turner, de Little Rock, no Arkansas, só foi aprovada no exame teórico para motorista em sua 104ª tentativa, em outubro de 1978. Se conseguimos mostrar tal persistência para passar num exame de motorista, para dominar a arte do *skate* ou centenas de outros esforços, certamente também conseguiremos dominar a arte de nos conectar com nós mesmos. Como seres humanos, temos condições de dedicar-nos a praticamente tudo, e essa perseverança e dedicação sinceras trazem vida à prática espiritual.

Lembre-se sempre de que, ao adestrar um cãozinho, queremos que o cãozinho acabe sendo nosso amigo. Do mesmo modo, precisamos desenvolver a prática de ver a nossa mente e o nosso corpo como "amigos". Mesmo nossos devaneios podem ser incluídos na nossa meditação com interesse e curiosidade amigáveis. De imediato, podemos ver como a mente se move. A mente produz ondas. Nossa respiração é uma onda, as sensações do nosso corpo são uma onda. Não precisamos lutar contra as ondas. Basta reconhecê-las, "começar a surfar". "Eis as lembranças de três anos atrás." "Esta é a onda do planejamento." Então é hora de nos reconectarmos com a onda da respiração. É necessário uma suavidade e uma compreensão compassiva para aprofundar a arte da concentração. Não conseguimos estar presentes por um longo período sem realmente nos suavizar, mergulhando no nosso corpo, chegando ao repouso. Qualquer outro tipo de concentração, alcançado pela força e pela tensão, terá vida breve. Nossa tarefa é adestrar o cãozinho a fim de que ele se torne um amigo para toda a vida.

A atitude ou o espírito com o qual fazemos a nossa meditação talvez nos ajude mais do que qualquer outro aspecto. O que se exige é perseverança e dedicação combinadas a uma base amigável. Precisamos de uma disposição para nos relacionar diretamente, repetidas vezes, com leveza de coração e senso de humor. Não queremos que o adestramento do nosso cãozinho se transforme num assunto sério demais.

Os *Christian Desert Fathers* contam a história de um novo discípulo que recebeu ordem de seu mestre para, durante três anos, dar dinheiro a qualquer pessoa que o insultasse. Quando esse período de experiência terminou, o mestre lhe disse: "Agora vai para Alexandria e aprende realmente a sabedoria". Quando o discípulo chegou em Alexandria, encontrou um sábio cujo método de ensino consistia em sentar-se nos portões da cidade insultando todos aqueles que por ali passavam. O sábio, é claro, também insultou aquele discípulo que, de imediato, caiu na gargalhada.

— Por que ris quando te insulto? — perguntou o sábio.

— Porque — respondeu o discípulo — durante três anos eu paguei para ser insultado e agora tu me insultas de graça!

— Entra na cidade — disse o sábio —, ela é tua.

A meditação é uma prática que pode nos ensinar a entrar em cada momento com sabedoria, leveza e senso de humor. É uma arte de abertura e desapego e não uma acumulação ou uma batalha. Assim, até mesmo dentro de nossas frustrações e dificuldades poderá crescer um admirável senso interior de apoio e perspectiva. Ao inspirar o ar: "Puxa, essa experiência é interessante, não é? Deixe-me inspirar de novo. Ah, essa é difícil, até assustadora, não é?" Ao expirar o ar: "Ah". Trata-se de um processo extraordinário no qual entramos quando conseguimos treinar o nosso coração e a nossa mente para a abertura, a firmeza e o despertar.

ESTABELECENDO UMA MEDITAÇÃO DIÁRIA

Em primeiro lugar, escolha um espaço adequado para sua meditação regular. Pode ser em qualquer lugar onde você possa se sentar confortavelmente, com um mínimo de perturbações: um canto do seu quarto ou qualquer outro local calmo da sua casa. Coloque ali uma almofada ou cadeira de meditação para seu uso. Arranje as coisas ao seu redor para que o façam recordar o seu propósito, para que pareça um espaço sagrado e tranquilo. Você talvez queira fazer um simples altar com uma flor ou imagem sagrada, ou colocar nele seus livros favoritos para um breve momento de leitura inspiradora. Desfrute a criação desse espaço para si mesmo.

Então escolha para a prática uma hora regular que seja adequada aos seus afazeres e ao seu temperamento. Se você é uma pessoa matinal, experimente sentar-se antes do café da manhã. Se a tarde é mais adequada ao seu temperamento ou afazeres, tente-a em primeiro lugar. Comece sentando por dez ou vinte minutos de cada vez. Mais tarde, você poderá sentar por tempo mais longo ou com mais freqüência. A meditação diária pode tornar-se algo como o banho ou a escovação dos dentes. Você pode levar limpeza e calma regulares à sua mente e ao seu coração.

Encontre uma posição na cadeira ou almofada na qual você possa facilmente sentar ereto sem ficar rígido. Deixe seu corpo estar firmemente plantado na terra, as mãos repousando confortavelmente, o coração tranqüilo, os olhos suavemente fechados. De início, sinta seu corpo e, conscientemente, suavize qualquer tensão que estiver sentindo. Desapegue-se de todos os pensamentos ou projetos habituais. Concentre a atenção para sentir as sensações da respiração. Tome algumas inspirações profundas para perceber onde você pode sentir a respiração com mais facilidade, como o frio ou formigamento nas narinas ou na garganta, o movimento do peito ou o sobe e desce da barriga. Então passe a respirar o mais naturalmente possível. Sinta as sensações da sua respiração natural com muito cuidado, relaxando em cada respiração à medida que a sente, notando como as suaves sensações do respirar surgem e desaparecem com o fluir sempre diferente da respiração.

Depois de algumas respirações, é provável que sua mente comece a vaguear. Quando o perceber, não importa por quanto tempo você tenha estado longe, simplesmente volte para a próxima respiração. Antes de voltar, você pode admitir atentamente que havia partido, usando alguma palavra suave no fundo da mente, tal como "estive pensando", "estive devaneando", "estive ouvindo", "estive me coçando". Depois de ter nomeado para si mesmo, com suavidade e em silêncio, onde sua atenção esteve, retorne diretamente e com calma para sentir a próxima respiração. Mais tarde, durante a meditação, você será capaz de trabalhar com os lugares por onde sua mente vagueia; mas, para o treinamento inicial, o melhor é uma palavra de reconhecimento e um simples retorno à respiração.

À medida que senta, deixe a respiração mudar de ritmos naturalmente, permitindo que sejam curtos, longos, rápidos, vagarosos, difíceis ou fáceis. Acalme-se, relaxando na respiração. Quando sua respiração ficar suave, deixe sua atenção tornar-se gentil e cuidadosa, tão suave quanto a própria respiração.

Assim como o adestramento de um cãozinho, gentilmente traga você mesmo de volta por milhares de vezes. Ao longo de semanas e meses dessa prática, você irá gradualmente aprender a acalmar-se e se concentrar usando a respiração. Haverá muitos ciclos no processo, dias tempestuosos alternando-se com dias límpidos. Apenas continue no processo. Ao fazê-lo, ouvindo profundamente, você descobrirá que a respiração o ajuda a conectar-se com todo seu corpo e sua mente e a aquietá-los.

Trabalhar com a respiração é uma base excelente para as outras meditações apresentadas neste livro. Depois de desenvolver alguma calma e habilidade e de se conectar com sua respiração, você poderá ampliar sua gama de meditação para incluir a cura e a percepção consciente de todos os níveis do seu corpo e da sua mente. Você descobrirá como a percepção consciente da sua respiração pode servir como base firme para tudo o que você faz.

MEDITAÇÃO ANDANDO

Como a meditação enquanto respira, a meditação enquanto anda é uma prática simples e universal para desenvolver a calma, a conexão e a percepção consciente. Ela pode ser praticada com regularidade, antes ou depois da meditação sentada ou em qualquer momento, como depois de um dia de trabalho atarefado ou numa preguiçosa manhã de domingo. A arte da meditação andando tem por objetivo aprender a ter percepção consciente enquanto andamos, a usar o movimento natural do andar para cultivar a atenção plena e a presença desperta.

Escolha um lugar silencioso onde você possa andar confortavelmente de dez a trinta passos nos dois sentidos, dentro de casa ou ao ar livre. Comece permanecendo de pé em uma das extremidades desse "caminho", com os pés firmemente plantados no chão. Deixe as mãos em repouso, onde quer que elas fiquem mais à vontade. Feche os olhos por um instante, centre-se e sinta o seu corpo em pé sobre o chão. Sinta a pressão da sola dos pés e as outras sensações naturais de ficar em pé. Então abra os olhos e deixe-se estar presente e alerta.

Comece a andar lentamente. Ande com um senso de bem-estar e dignidade. Preste atenção ao seu corpo. Sinta, a cada passo, as sensações de levantar o pé e a perna do chão. Conscientize-se ao colocar cada pé sobre o chão. Relaxe e procure andar de um modo fácil e natural. Sinta cada passo atentamente enquanto anda. Quando chegar ao fim do caminho, faça uma pequena pausa. Concentre-se, volte-se cuidadosamente, faça mais uma pausa para poder se conscientizar do primeiro passo da volta. Você pode experimentar fazer isso depressa, andando em qualquer ritmo que o mantenha mais presente.

Continue a andar para um lado e outro por dez ou vinte minutos, ou até mais. Assim como ocorre com a respiração quando sentado, assim sua mente irá vaguear muitas vezes. Tão logo o perceba, reconheça com suavidade onde ela esteve: "vagueando", "pensando", "ouvindo", "planejando". Então retorne para sentir o próximo passo. Como o adestramento do cãozinho, você precisará voltar milhares de vezes. Quer você tenha estado longe por um segundo ou por dez minutos, simplesmente admita onde esteve e então volte para estar vivo aqui e agora com o próximo passo que der.

Depois de alguma prática com a meditação andando, você aprenderá a usá-la com calma, a recolher-se e a viver mais desperto no seu corpo. Você poderá então ampliar sua prática de andar, de uma maneira informal, quando estiver fazendo compras, sempre que caminhar pela rua ou se aproximar ou se afastar do seu carro. Você pode aprender a desfrutar o simples ato de andar, em vez do habitual planejamento e pensamento, e assim começar a estar verdadeiramente presente, a unir seu corpo, seu coração e sua mente enquanto caminha por este mundo.

PARTE II

PROMESSAS E PERIGOS

6

COMO TRANSFORMAR A PALHA EM OURO

Empreender um caminho espiritual genuíno não significa evitar as dificuldades ou equívocos, mas, sim, aprender a arte de cometer equívocos de modo atento e conduzi-los ao poder transformador do coração.

A vida espiritual acarreta uma sucessão de dificuldades porque a vida comum também envolve uma sucessão de dificuldades, aquilo que Buda descreveu como os sofrimentos inevitáveis da existência. Em uma vida espiritualmente informada, contudo, essas dificuldades inevitáveis podem ser a fonte do despertar, do aprofundamento da sabedoria, paciência, equilíbrio e compaixão. Sem essa perspectiva, apenas suportamos o nosso sofrimento, como um boi ou um soldado da infantaria sob carga pesada.

Como a jovem donzela da fábula "Rumpelstiltskin" — encerrada em uma sala cheia de palha — deixamos, com muita freqüência, de perceber que toda a palha à nossa volta é ouro disfarçado. O princípio básico da vida espiritual é que os nossos problemas se tornam o local apropriado para descobrir a sabedoria e o amor.

Mesmo com pouca prática espiritual, já podemos descobrir a necessidade de curar, de parar a guerra, de nos treinar para estar presentes. Ao nos tornarmos mais conscientes, podemos ver com mais clareza as contradições inevitáveis da vida, a dor e as lutas, as alegrias e a beleza, o sofrimento inevitável, o anseio, o cambiante jogo de alegrias e tristezas que compõem a experiência humana.

Ao seguir um caminho genuíno de prática, talvez nossos sofrimentos pareçam aumentar, pois deixamos de fugir deles ou de nós mesmos. Quando deixamos de seguir os velhos hábitos de fantasia e fuga, ficamos presentes para enfrentar os verdadeiros problemas e contradições da nossa vida.

Trilhar por um caminho espiritual genuíno não significa evitar as dificuldades ou equívocos, mas, sim, aprender a arte de cometer equívocos de modo atento e conduzi-los ao poder transformador do coração. Quando nos pomos a caminho para amar, para despertar, para nos tornar livres, somos inevitavelmente confrontados com as nossas limitações. Ao olhar para dentro de nós mesmos, vemos com mais clareza os nossos conflitos e medos insondados, nossa fragilidade e confusão. Testemunhar esse processo pode ser bastante difícil. O lama Trungpa Rinpoche descreveu o progresso espiritual realizado a partir do ponto de vista do ego, como "um insulto atrás do outro".

Desse modo, nossa vida talvez pareça uma série de equívocos. Podemos dar-lhes o nome de "problemas" ou "desafios", mas às vezes "equívocos" é melhor. Na verdade, um famoso mestre zen descreveu a prática espiritual como "um equívoco atrás do outro" — o que equivale a dizer, uma oportunidade de aprendizado atrás da outra. É através de "dificuldades, erros e equívocos" que realmente aprendemos. Viver é cometer uma sucessão de erros. Compreender essa verdade pode nos trazer grande bem-estar e perdão para nós mesmos e para os outros — estamos à vontade diante das dificuldades da vida.

Mas, qual é a nossa resposta usual? Quando as dificuldades surgem na nossa vida, nós as enfrentamos com censuras, frustração ou com um sentimento de fracasso, e então tentamos superar esses sentimentos, livrar-nos deles o mais rápido possível e voltar a algo mais agradável.

À medida que nos aquietamos na meditação, nosso processo de reagir às dificuldades se tornará ainda mais evidente. Mas, em vez de responder com censuras automáticas, temos agora a oportunidade de perceber nossas dificuldades e o modo como elas surgem. Existem dois tipos de dificuldades. Algumas delas são, claramente, problemas a serem resolvidos, situações que pedem uma ação compassiva e uma resposta direta. Muitas outras são problemas que criamos para nós mesmos quando nos esforçamos para tornar a vida diferente do que ela é ou quando nos deixamos aprisionar de tal maneira pelas nossas próprias opiniões que perdemos de vista uma perspectiva mais ampla e mais sábia.

Em geral, pensamos que nossas dificuldades são causadas pelas coisas exteriores a nós. Benjamin Franklin conhecia essa verdade quando afirmou:

> Nossa perspectiva limitada, nossas esperanças e medos tornam-se a nossa medida da vida, e quando as circunstâncias não estão adequadas às nossas idéias, elas se tornam as nossas dificuldades.

Um escritor budista, conhecido meu, começou sua prática com um famoso mestre tibetano há muitos anos. Esse escritor pouco conhecia sobre meditação mas, depois de alguma instrução preliminar, decidiu buscar a iluminação. Partiu para uma cabana nas montanhas do Estado de Vermont, levando seus poucos livros sobre meditação e suprimentos para seis meses. Ele imaginava que seis meses lhe permitiriam sentir o sabor da iluminação. Ao começar o retiro, apreciou a floresta e a solidão. Porém, dentro de poucos dias, começou a se sentir irritado, pois sentava-se o dia todo para meditar mas sua mente não parava. Ele não apenas pensava, planejava e lembrava constantemente; pior ainda, sua mente estava sempre cantando e tocando música.

Esse homem havia escolhido um belo local para sua "iluminação". A cabana ficava às margens de um regato murmurante, cujo som, de início, era bastante agradável. Mas, depois de algum tempo, tudo mudou. Sempre que ele sentava e fechava os olhos, ouvia o som do regato e, de imediato, sua mente sintonizava com o som do regato e começava a tocar marchas como "Stars and Stripes Forever" e "The Star-Spangled Banner". Num certo momento, os sons do regato se tornaram tão irritantes que ele parou de meditar, caminhou até a beira d'água e começou a revolver os seixos para ver se conseguia que eles tocassem outras melodias.

Em geral, o que fazemos na nossa vida não é muito diferente disso. Quando as dificuldades surgem, projetamos nossa frustração sobre elas como se a fonte do nosso mal-estar fosse a chuva, as crianças, o mundo exterior. Achamos que somos capazes de mudar o mundo e aí, então, ser felizes. Mas não é revolvendo os seixos que encontraremos a felicidade e o despertar, e sim, transformando nosso relacionamento com eles.

A tradição budista tibetana ensina a todos os discípulos iniciantes uma prática chamada "Criar dificuldades no caminho". Essa prática envolve a conscientização dos sofrimentos indesejados, das tristezas da vida, das batalhas interiores e do mundo exterior, e o seu uso serve como base para alimentar nossa paciência e compaixão, um local para desenvolver maior liberdade e nossa verdadeira natureza búdica. As dificuldades são consideradas algo de tão grande valor que uma prece tibetana, recitada antes de cada etapa da prática, na verdade chama por elas:

> Faze com que eu receba as dificuldades e sofrimentos apropriados a esta jornada para que o meu coração seja verdadeiramente despertado e minha prática de libertação e compaixão universal verdadeiramente cumprida.

Nesse mesmo espírito, o poeta persa Rumi escreveu sobre um sacerdote que rezava pelos ladrões e assaltantes das ruas. Por quê?

> *Porque eles me prestam um imenso favor.*
> *Quando busco as coisas que eles querem,*
> *Defronto com eles. Eles me maltratam e me abandonam*
> *na estrada... e volto a compreender que as coisas que*
> *eles querem, não são as que eu quero.*
> *Agradece, pois, ao homem que, qualquer*
> *que seja a razão, te faz retornar ao espírito.*
> *E preocupa-te, isso sim, com aqueles que te oferecem*
> *bem-estar e, assim, te afastam da prece.*

Com bastante freqüência, aquilo que alimenta o nosso espírito é o que nos coloca face a face com as nossas maiores limitações e dificuldades. Milarepa foi um famoso iogue tibetano que, quando jovem, prejudicou muitas pessoas através do uso de seus poderes psíquicos. Porém, mais tarde, quando encontrou um autêntico mestre, este o fez trabalhar durante muitos anos sem usar seus poderes, construindo e demolindo com as mãos nuas três grandes casas de pedra, uma pedra de cada vez. Nessa luta, Milarepa aprendeu a ser paciente, humilde e agradecido. Foram exatamente essas dificuldades que o prepararam para receber e compreender os ensinamentos mais elevados.

Meu mestre Achaan Chah chamava a isso de "praticar contra a natureza" ou "enfrentar as próprias dificuldades". Quando sentia que estavam preparados, ele mandava os monges medrosos passar a noite meditando no cemitério, enquanto os monges dorminhocos eram inevitavelmente destacados para tocar o sino às 3 horas da madrugada para acordar todo o mosteiro.

No entanto, mesmo sem buscá-las ou mesmo que não recebamos atribuições especiais, há sempre dificuldades suficientes no nosso caminho. Praticar com elas exige uma grande coragem de espírito e de coração. Don Juan chama a isso "tornar-se um guerreiro espiritual" e afirma que:

> Apenas como um guerreiro [espiritual] poderá alguém enfrentar o caminho do conhecimento. Um guerreiro não pode queixar-se ou arrepender-se de coisa alguma. Sua vida é um desafio sem fim, e é impossível afirmar que um desafio seja bom ou mau. Desafios são apenas desafios. A diferença fundamental entre um homem comum e um guerreiro é que o guerreiro considera tudo como um desafio, enquanto o homem comum considera tudo como uma bênção ou uma maldição.

A vida de qualquer um de nós tem períodos e situações de grandes dificuldades que apelam para o nosso espírito. Às vezes defrontamos com a dor ou com a doença de um filho, de um pai ou mãe a quem amamos carinhosamente. Às vezes, trata-se de uma perda que enfrentamos na carreira profissional, nos negócios, na família. Outras, é apenas a nossa solidão, confusão, vício ou medo. Ou então somos forçados a viver em circunstâncias dolorosas ou com pessoas de trato difícil.

Uma universitária, que praticava meditação há cinco anos, estava sempre lutando contra tudo: contra sua prática, seus relacionamentos e também contra seu trabalho. Na meditação, alcançava alguns momentos de equilíbrio e certas revelações surgiam, mas jamais encontrava uma quietude profunda. Ela reagia fortemente contra qualquer forma de meditação cujo tema fosse a bondade, achando-a frustrante e artificial. Certo dia, seu irmão caçula feriu-se num acidente de automóvel. Ela voltou para casa a fim de ajudar a família e viu-se envolvida em uma séria batalha entre os pais divorciados que, até esse acidente, mal haviam trocado uma palavra em oito anos. O irmão estava quase à morte e a situação não havia melhorado entre seus pais. Todo dia, depois de visitá-lo no hospital, ela voltava para seu antigo quarto na casa paterna e tentava meditar, chorando pelo irmão, pelos pais e pela sua própria dor. Certa noite, saiu do quarto com os olhos vermelhos de tanto chorar e os pais lhe perguntaram o que estava acontecendo. Ela teve um acesso de choro e, entre lágrimas, disse-lhes como era inacreditavelmente imensa a dor que havia na família e como isso era doloroso para todos eles. Sua explosão não ajudou muito, mas seus pais, envergonhados, reduziram um pouco as brigas. O irmão recuperou-se, pouco a pouco. Aliviada, ela voltou para a faculdade, para o trabalho, para o namorado e para a prática da meditação em casa. No primeiro dia que sentou para meditar, começou a chorar; dessa vez, chorava pelo seu próprio isolamento e pelo modo como havia se endurecido. Tentou uma prática de bondade e perdão. Seu coração encheu-se de compaixão por todas as pessoas da sua vida. Depois dessa abertura, sua meditação, seu trabalho e seu relacionamento afetivo mudaram para melhor.

É nas dificuldades que podemos aprender a verdadeira força da nossa prática. E, nesses momentos, a sabedoria que cultivamos e a profundidade do nosso amor e perdão são os principais recursos de que dispomos. Meditar, rezar e praticar nesses momentos equivale a verter um bálsamo calmante sobre as dores do nosso coração. As grandes forças da avidez, do ódio, do medo e da ignorância com que defrontamos podem ser enfrentadas com a coragem, igualmente grande, do nosso coração.

Essa força do coração surge do conhecimento de que a dor que cada um de nós precisa suportar é parte da dor maior compartilhada por todas as coisas vivas. Ela não é apenas a "nossa" dor, mas "a" dor; perceber essa verdade desperta a nossa compaixão universal. Desse modo, nosso sofrimento abre o nosso coração. Madre Teresa chama a isso "encontrar Cristo no seu perturbador disfarce". Nas piores dificuldades, ela vê o jogo do divino e, ao servir os agonizantes pobres, descobre a misericórdia de Jesus. Um velho lama tibetano, atirado numa prisão chinesa por 18 longos anos, disse que via os carcereiros e torturadores como seus maiores mestres. Na prisão, afirmou, ele aprendeu a compaixão de Buda. E é esse espírito que permite ao Dalai Lama referir-se aos comunistas chineses que ocuparam e destruíram o Tibete como "meus amigos, o inimigo".

Quanta liberdade é mostrada por essa atitude! É o poder do coração para enfrentar qualquer circunstância difícil e transformá-la em uma oportunidade de ouro. Esse é o fruto da verdadeira prática. Essa liberdade e esse amor são a realização da vida espiritual, seu verdadeiro objetivo. Buda disse:

> Assim como os grandes oceanos têm um único sabor, o sabor do sal, assim também existe um único sabor fundamental em todos os verdadeiros ensinamentos do Caminho, e esse é o sabor da liberdade.

Essa liberdade nasce da nossa capacidade de trabalhar com qualquer energia ou dificuldade que venha a surgir. É a liberdade de entrar sabiamente em todos os domínios deste mundo, domínios belos e dolorosos, reinos de guerra e reinos de paz. Podemos encontrar essa liberdade, não em algum outro lugar ou em algum outro tempo, mas aqui e agora, nesta vida. E tampouco precisamos esperar por momentos de extrema dificuldade para experimentar a liberdade. Com efeito, a liberdade é mais bem-cultivada dia após dia, à medida que vivemos.

Podemos começar a encontrar essa liberdade nas circunstâncias cotidianas da nossa vida, se as virmos como um local para a nossa prática. Quando defrontamos com essas dificuldades diárias, devemos perguntar a nós mesmos: Eu as vejo como uma maldição, como uma obra infeliz do destino? E as maldições? Eu fujo delas? Sou dominado pelo medo ou pela dúvida? Como posso começar a trabalhar com as reações que encontro dentro de mim mesmo?

Com muita freqüência, vemos apenas duas opções para lidar com nossos problemas. Uma é reprimi-los e negá-los, tentando preencher a vida somente com luz, beleza e sentimentos ideais. A longo prazo, descobrimos que essa opção não funciona, pois aquilo que reprimimos com uma mão ou com uma parte do corpo gritará alto em outra parte do corpo. Se reprimimos pensamentos na mente, ganhamos uma úlcera;

se retemos problemas no corpo, mais tarde nossa mente ficará agitada ou rígida, cheia dos medos que não enfrentamos. A segunda estratégia é o oposto: deixar sair todas as nossas reações, ventilando livremente os sentimentos a respeito de cada situação. Mas isso também torna-se um problema, pois, se manifestarmos cada sentimento que aflora, todas as nossas aversões, opiniões, agitações e reações habituais irão crescer até se tornarem cansativas, dolorosas, confusas, contraditórias, difíceis e, finalmente, dominantes.

O que nos resta? A terceira alternativa é o poder do coração desperto e atento. Podemos enfrentar essas forças e dificuldades e incluí-las na meditação para desenvolver a nossa vida espiritual.

Uma professora de psicologia procurou a meditação em busca de paz e compreensão. Ela conhecia as teorias estudadas pela psicologia, estudara a filosofia oriental e pretendia pesquisar o funcionamento da mente e compreender o jogo da consciência, mas seu corpo não se dispunha a cooperar. Durante toda a sua vida, travara uma batalha contra uma doença degenerativa que lhe causava períodos de grande dor e fraqueza física. Nas profundezas da sua mente, esperava que a meditação lhe aliviasse a dor, possibilitando-lhe seguir em frente e descobrir os aspectos mais profundos da psicologia budista. Mas, cada vez que meditava, sentada ou andando, dores diversas a dominavam. Ela não conseguia superar a dor e, depois de diversos retiros, à medida que sua frustração crescia, a dor piorava. Ela queria experiências, e não a mesma velha dor crônica.

Perguntavam-lhe, muitas vezes, qual era o seu relacionamento com a dor. "Ah, estou começando a tomar consciência da dor", respondia ela, mas intimamente esperava que a dor passasse. Um dia, após permanecer sentada por muitas horas, impedida de meditar por causa da dor, essa mulher deixou de lado sua resistência e com uma atenção realmente receptiva, viu tudo de uma maneira diferente. Percebeu que passara toda a vida tentando desligar-se por completo do seu corpo. Ela odiava a dor e odiava o seu corpo; a meditação era apenas mais um meio através do qual ela pretendia sair de si mesma. Chorou profundamente ao perceber essa verdade. Como era pequeno o amor que havia mostrado pelo seu corpo. Esse foi o ponto de mutação na sua prática espiritual. Ao perceber que sua missão era suportar a dor física, decidiu dar ao corpo toda a ternura e misericórdia possíveis. À medida que honrava seu corpo e meditava sobre a dor, seu corpo começou a abrandar-se. Mais que isso, toda a sua vida começou a mudar. Um grande amor, uma grande compaixão cresceu dentro dela. Essa mulher tornou-se uma mestra dos valores espirituais que uma vez buscara.

O poeta Rumi assim se expressa a esse respeito:

O espírito e o corpo carregam cargas diferentes e exigem atenções diferentes. Com muita freqüência, colocamos o alforje em Jesus e deixamos o jumento correr solto pelo pasto.

Nossas dificuldades exigem a mais compassiva atenção. Assim como na alquimia o chumbo pode ser transformado em ouro, quando colocamos nossas pesadas dificuldades — seja do corpo, do coração ou da mente — no centro da nossa prática, elas podem tornar-se mais leves para nós, iluminadas. Em geral, essa tarefa não é a que nós gostaríamos de fazer, mas a que temos de fazer. Nenhuma quantidade de meditação, ioga, dieta e reflexão irá fazer desaparecer todos os nossos problemas; mas podemos ir transformando as dificuldades dentro da nossa prática até que, pouco a pouco, elas nos guiem no nosso caminho.

A maturidade que podemos desenvolver ao abordar nossas dificuldades é ilustrada pela história tradicional da árvore venenosa. Ao descobrir uma árvore venenosa, algumas pessoas vêem apenas o seu perigo. Sua reação imediata é dizer "Vamos derrubá-la antes que nos machuquemos. Vamos derrubá-la antes que alguém coma do fruto venenoso". Isso se parece com a nossa reação inicial às dificuldades que surgem na vida, quando encontramos a agressão, a compulsão, a avidez ou o medo, quando defrontamos com a tensão extrema, com a perda, o conflito, a depressão ou a tristeza, em nós mesmos e nos outros. Nossa reação inicial é evitá-los, dizendo, "Esses venenos nos afligem. Vamos arrancá-los. Vamos nos livrar deles. Vamos derrubá-los".

Outras pessoas, que já se aprofundaram mais no caminho espiritual, descobrem essa árvore venenosa e não a vêem com aversão. Percebem que a abertura à vida exige uma compaixão profunda e sincera por tudo o que está à nossa volta. Conhecer a árvore venenosa é, de algum modo, parte de nós. Essas pessoas dizem: "Não vamos derrubá-la. Ao contrário, vamos sentir compaixão também pela árvore". E assim, por bondade, elas constroem uma cerca em volta da árvore para que os outros não sejam envenenados e também para que a árvore possa ter a sua própria vida. Essa segunda abordagem mostra a profunda transição do relacionamento: do julgamento e do medo para a compaixão.

Um terceiro tipo de pessoa, que viajou ainda mais profundamente na vida espiritual, vê a mesma árvore. Essa pessoa, que adquiriu muita visão, olha e diz: "Ah, uma árvore venenosa! Perfeito! Exatamente o que eu estava procurando". Colhe o fruto venenoso, estuda suas propriedades, mistura-o a outros ingredientes e usa o veneno como um remédio poderoso para curar os doentes e transformar os males do mundo. Através do respeito e da compreensão, essa pessoa vê as coisas de uma maneira oposta à dos outros e encontra valor nas mais difíceis circunstâncias.

Como reagimos aos desapontamentos e obstáculos na vida? Qual a estratégia que usamos para lidar com nossas dificuldades e perdas? Qual espírito de liberdade, compaixão ou compreensão ainda está para ser encontrado em meio a essas dificuldades?

Em todos os aspectos da vida, a chance de transformar em ouro a palha que encontramos está no nosso coração. Tudo o que se pede de nós é uma atenção respeitosa e disposição para aprender com as dificuldades. Quando, em vez de lutar, as vemos com os olhos da sabedoria, as dificuldades podem se transformar na nossa oportunidade de ouro.

Quando o corpo está doente, em vez de lutar contra a doença podemos ouvir as informações que ele tem a nos dar e usá-las para curá-lo. Quando nossos filhos choram ou se queixam, em vez de afastá-los, podemos atender às suas necessidades mais profundas. Quando temos dificuldade em lidar com algum aspecto da pessoa amada ou do parceiro, podemos nos perguntar como tratamos esse aspecto em nós mesmos. Em geral, as dificuldades ou fraquezas nos levam à verdadeira lição que precisamos aprender.

Na meditação, esse espírito é essencial. Um discípulo era atormentado por freqüente sonolência em suas meditações. Ele levava uma vida muito ativa e, por temperamento, estava sempre ocupado, criando, agindo. Quando começou a meditar, sentava-se ereto como um cabo de vassoura a fim de lutar contra a sonolência e afastá-la. Depois de muitos meses dessa batalha, percebeu que estava lutando contra si mesmo e, por isso, deixou que a sonolência viesse à tona. Mas então descobriu que se sentia sonolento sempre que praticava a meditação. Finalmente, começou a se questionar e a olhar esse estado de sonolência com sabedoria e compaixão. Isso deu início a todo um longo processo. Esse homem descobriu que sentia sono porque seu corpo estava cansado. Ele sempre se mantinha tão ocupado que nunca repousava o suficiente. Ao ver essa realidade, também percebeu que tinha medo de repousar. A quietude o assustava; ele não sabia o que fazer se não estivesse atarefado. Então ouviu uma voz (primeiro, a voz de seu pai; depois, a sua própria) dizendo-lhe que era preguiçoso. Percebeu que essa voz estava sempre presente e que acreditava nela e, por isso, nunca conseguia repousar. Viu a exaustão em sua atividade constante e sentiu uma profunda necessidade de parar.

A simples investigação de sua sonolência na meditação levou esse homem a uma nova visão da vida. No decorrer de um ano, ele começou a diminuir o ritmo. Toda a sua vida e suas atividades mudaram. Aprendeu que inatividade não era preguiça. Descobriu a paz e a satisfação de ouvir música, de dar uma caminhada, de conversar com os amigos. Em sua constante e infindável atividade, ele havia procurado realização e bem-estar fora de si mesmo. Mas o bem-estar que buscava estava dentro dele o tempo todo, brilhando como ouro e apenas esperando pela sua transformação, por um coração sábio e acolhedor que o fizesse surgir em sua vida.

Com bastante freqüência, podemos aprender um novo caminho a partir das nossas aparentes fraquezas. Aquelas coisas que fazemos bem e nas quais desenvolvemos nossa maior autoconfiança podem tornar-se habituais e nos trazer uma sensação de falsa segurança. Não é através delas que a nossa vida espiritual pode desabrochar da melhor maneira. Se nossa força está em pensar as coisas cuidadosamente, então os pensamentos não serão o nosso melhor mestre espiritual. Se já escolhemos como caminho seguir nossos fortes sentimentos, então não será com os sentimentos que iremos aprender melhor. O lugar onde podemos nos abrir mais diretamente ao mistério da vida é nas coisas que não fazemos bem, nos nossos pontos de luta e vulnerabilidade. Esses lugares sempre exigem entrega e abandono: quando nos permitimos ser vulneráveis, coisas novas podem nascer em nós. Ao arriscar o desconhecido, ganhamos uma percepção da própria vida. E o mais admirável é que, em geral, aquilo que buscávamos está bem aqui, enterrado sob um problema ou sob uma fraqueza.

Por exemplo, a meditação pode colocar-nos face a face com o desejo ardente que mantém muitas vidas humanas em movimento. De início, o desejo ardente parece ser um veneno do qual, se possível, devemos nos livrar. Mas quando o investigamos, descobrimos embutido no nosso desejo uma aspiração pelo seu oposto: a busca de totalidade e conexão. De algum modo, agora precisamos ser capazes de sentir essa integridade dentro de nós. Nosso desejo é um reflexo dessa possibilidade. Quando nos abrimos e aceitamos nossos desejos, então o desejo e o próprio vazio podem ser incluídos em uma totalidade maior e amorosa.

De modo semelhante, podemos encontrar ouro no julgamento e na raiva, pois neles está contida a valorização da justiça e da integridade. Quando trabalhamos com a raiva, ela pode ser transformada em um remédio valioso. Uma vez transformados, o julgamento e a raiva nos dão clareza para ver o que é adequado, o que precisa ser feito, quais os limites que devem ser estabelecidos. O julgamento e a raiva são a semente da sabedoria judiciosa e de um conhecimento da ordem e da harmonia.

Do mesmo modo, a negação e a confusão são estratégias equivocadas que usamos para evitar o conflito e buscar a paz. Quando as reconhecemos conscientemente, elas se transformam. Podem levar a uma ampla aceitação, uma resolução que harmoniza todas as vozes conflitantes. Através do trabalho direto para transformar as energias da negação e da confusão, podemos encontrar a verdadeira paz.

As sementes da sabedoria, da paz e da totalidade estão contidas em cada uma das nossas dificuldades. O despertar é possível em qualquer atividade. De início, podemos sentir essa verdade apenas de uma maneira tateante; com a prática, ela se transforma em uma realidade viva. Nossa vida espiritual poderá abrir uma dimensão do nosso ser, na qual cada pessoa que encontramos nos ensinará como Buda e tudo aquilo que tocarmos se transformará em ouro. Para realizar isso, precisamos fazer das nossas dificuldades o lugar da nossa prática. Então a vida deixará de ser uma batalha entre o sucesso e o fracasso e se transformará em uma dança do coração. Cabe a nós decidir.

Certa vez, um jovem e ambicioso rabino mudou-se para a cidade onde vivia um famoso mestre. Como não encontrava discípulos interessados, ele decidiu desafiar o velho mestre em público e tentar conquistar alguns seguidores. Apanhou um pássaro, escondeu-o na mão e foi até o velho mestre, que estava rodeado por seus discípulos.

— Se és tão sábio — desafiou —, diz se o pássaro está vivo ou se está morto.

Seu plano era simples: se o velho mestre dissesse que o pássaro estava morto, ele abriria a mão e o deixaria voar; se dissesse que estava vivo, ele rapidamente o esmagaria e, então, abriria a mão mostrando o pássaro morto. De qualquer maneira, o mestre ficaria numa situação difícil e perderia discípulos.

E assim ele lançou seu desafio ao velho mestre, diante de todos os discípulos atentos.

— Este pássaro aqui na minha mão está vivo ou morto? — perguntou mais uma vez.

O mestre, calmamente sentado, respondeu:

— Na realidade, meu amigo, isso depende apenas de ti.

MEDITAÇÃO:
REFLEXÃO SOBRE A DIFICULDADE

Sente-se quieto, sentindo o ritmo da respiração e dando lugar à calma e à receptividade. Pense em uma dificuldade que você enfrenta na prática espiritual ou em qualquer outro aspecto da sua vida. À medida que sentir essa dificuldade, observe como ela afeta o seu corpo, o seu coração e a sua mente. Sentindo-a cuidadosamente, comece a fazer a si mesmo algumas perguntas e ouça, dentro de si, as respostas:

Como costumo tratar essa dificuldade?

Como tenho sofrido com a minha resposta e reação a ela?

Quais as coisas que esse problema me pede para abandonar?

Qual sofrimento é inevitável, qual é a minha medida de aceitação?

Qual é a grande lição que essa dificuldade poderia me ensinar?

Qual é o ouro — o valor — oculto nesta situação?

Quando usamos esta reflexão para analisar nossas dificuldades, é possível que a compreensão e a abertura surjam pouco a pouco. Leve todo o tempo que for necessário. Assim como ocorre com todas as meditações, poderá ser necessário repetir esta reflexão inúmeras vezes, ouvindo, a cada vez, as respostas mais profundas do corpo, do coração e do espírito.

MEDITAÇÃO: VENDO TODOS OS SERES COMO ILUMINADOS

Uma reflexão prática e tradicional (e, às vezes, bem-humorada) poderá ser utilizada para mudar o nosso relacionamento com as dificuldades. A imagem desta meditação pode ser facilmente desenvolvida e trazida à nossa vida cotidiana. Visualize ou imagine que a Terra está cheia de Budas, que cada pessoa que você encontra é iluminada, exceto uma — você! Imagine que todas essas pessoas estão aqui para ensinar-lhe alguma coisa. Todas agem apenas em seu benefício, para lhe proporcionar exatamente os ensinamentos e as dificuldades de que você precisa para poder despertar.

Sinta quais as lições que essas pessoas lhe oferecem. Agradeça-lhes, interiormente, por isso. Durante um dia todo ou uma semana, continue a desenvolver a imagem dos mestres iluminados à sua volta. Observe como isso muda toda a sua perspectiva de vida.

7

DAR NOME AOS DEMÔNIOS

O demônio meridiano da preguiça e do sono surge todos os dias após o almoço. O demônio do orgulho só irá se manifestar, de modo furtivo, depois que tivermos vencido os outros demônios.

Nas culturas da antigüidade, os xamãs aprendiam que dar um nome à coisa que temiam era uma maneira bastante prática de começar a ter poder sobre ela.

Temos palavras e rituais para muitos dos nossos grandes eventos exteriores: nascimento e morte, guerra e paz, casamento, aventura, doença. Mas, com freqüência, ignoramos os nomes das forças interiores que se movem de maneira tão poderosa através do nosso coração e da nossa vida.

No capítulo anterior, falamos sobre o princípio geral de transformar as dificuldades em prática. Reconhecer essas forças e dar-lhes um nome é um caminho correto e específico para trabalharmos com elas e desenvolver a compreensão. De início, podemos reconhecer e dar nomes a muitos belos estados que dão graça à nossa vida: alegria, bem-estar, paz, amor, entusiasmo, bondade. Esse é um caminho para honrar e alimentar esses estados. Do mesmo modo, dar nome às dificuldades que encontramos na vida proporciona-nos clareza e compreensão e pode desvendar e liberar a valiosa energia ligada a elas.

Cada caminho espiritual tem uma linguagem específica para as dificuldades comuns que encontramos na vida. Os sufis as chamam de *nafs*. Os anacoretas cristãos (que praticavam há cerca de dois mil anos nos desertos do Egito e da Síria) chamavam-nos de "demônios". Um de seus mestres, Evágrio, deixou um texto em latim contendo instruções para as pessoas que meditam nas regiões selvagens: "Presta sempre a maior atenção à gula e ao desejo", alertou ele, "bem como aos demônios da irritação e do medo. O demônio meridiano da preguiça e do sono surge todos os dias após o almoço. O demônio do orgulho só irá se manifestar, de modo furtivo, depois que tivermos vencido os outros demônios".

Na meditação budista, essas forças são tradicionalmente personificadas por Mara (o Deus das Trevas) e, nos retiros, em geral, são chamadas "obstáculos à clareza". Os discípulos iniciantes encontram inevitavelmente as forças da ganância, do medo, da dúvida, do julgamento e da confusão. Os discípulos experientes continuam a lutar contra esses mesmos demônios, embora de uma maneira mais clara e mais hábil.

Quer se trate de dificuldades ou de prazeres, dar um nome à nossa experiência é o primeiro passo para conduzi-la ao plano da atenção consciente desperta. Reconhecer nossa experiência e dar-lhe um nome com atenção plena dá-nos a possibilidade de investigar a nossa vida e de questionar qualquer aspecto ou problemas da vida que se nos apresente. Dê um nome a cada problema ou experiência, como fez Buda quando as dificuldades surgiram à sua frente. Buda teria dito: "Eu te conheço, Mara". Em suas instruções sobre a atenção plena, ele orientou os praticantes de meditação a observar que "Esta é uma mente cheia de alegria" ou "Esta é uma mente cheia de raiva", reconhecendo cada estado que ia emergindo e desaparecendo. Ao abrigo dessa percepção consciente, a compreensão cresce de maneira natural. Então, à medida que sentimos claramente e que damos um nome à nossa experiência, conseguimos perceber o que ela traz consigo e como podemos responder a ela com mais plenitude e habilidade.

COMO COMEÇAR A DAR NOMES

Comece sentando-se confortavelmente e focalizando a percepção consciente sobre a sua respiração. Ao sentir cada ato de respirar, identifique-o cuidadosamente, mediante um simples nome: "inspiração", "expiração", pronunciando as palavras em silêncio e com suavidade no fundo da sua mente. Isso o ajudará a manter o controle da respiração, proporcionando à mente racional uma maneira de *apoiar* a percepção consciente em vez de vaguear em qualquer outra direção. E então, à medida que você se aquieta e que sua habilidade vai crescendo, você poderá observar e dar nomes com mais precisão: "respiração longa", "respiração breve", "respiração tensa" ou "respiração relaxada". Deixe que todos os tipos de respiração se apresentem a você.

Ao continuar a desenvolver a meditação, o processo de dar um nome pode estender-se a outras experiências, à medida que elas vão emergindo na sua percepção consciente. Você pode dar um nome às energias e sensações do corpo que surgem, tais como: "formigamento", "coceira", "quente" ou "frio". Você pode dar nomes aos sentimentos, tais como "medo" ou "prazer". Em seguida, você pode ampliar essa prática e dar nomes aos sons, às visões e pensamentos, tais como "planejamento" ou "lembrança".

Ao desenvolver a prática de dar nomes, mantenha o pensamento fixo na sua respiração até que uma experiência mais forte surja para interromper a sua atenção. Então inclua essa experiência mais forte na meditação, sentindo-a plenamente e chamando-a pelo nome, tranqüilamente, enquanto ela persistir — "ouvir, ouvir, ouvir" ou "triste, triste, triste". Quando ela desaparecer, volte a dar nome à respiração até que apareça uma outra experiência forte. Continue a dar nomes a tudo o que se destacar a cada momento, mantendo plena consciência do fluxo mutável e contínuo da vida.

De início, sentar-se quieto e dar nome às coisas pode parecer estranho ou embaraçoso, como se isso interferisse com a sua percepção consciente. Você precisa realizar com muita tranqüilidade essa prática de dar nomes, dedicando 95% da sua energia para sentir cada experiência e 5% para encontrar-lhe um nome preciso. Se você usar mal esse processo de dar nomes, ele se parecerá a uma pancada, uma maneira de julgar e descartar uma experiência indesejável, como gritar ao "pensamento" ou à "dor" para fazê-los desaparecer. No começo, é possível que você também se sinta confuso quanto ao nome que deve usar e fique procurando palavras no seu "dicionário" interior, em vez de se conscientizar com relação ao que realmente está presente. Lembre-se de que a prática de dar nomes é a essência da simplicidade; é apenas o simples reconhecimento daquilo que está presente.

Logo você estará pronto para executar a prática de dar nomes e de dirigir perguntas diretamente às dificuldades e obstáculos que surgem na sua vida. As cinco dificuldades mais comuns que Buda descreveu como os principais obstáculos à percepção consciente e à clareza são: avidez, raiva, sonolência, inquietação e dúvida. É inevitável que você venha a encontrar muitos outros obstáculos e demônios e até mesmo venha a criar alguns novos para si mesmo. Às vezes, eles o cercarão em grupo, aquilo que um discípulo chamou de "um ataque de múltiplos obstáculos". Aconteça o que acontecer, você precisará começar para poder ver claramente essas dificuldades básicas à medida que elas vão aparecendo.

AVIDEZ E CARÊNCIA

"Avidez" e "carência" são dois nomes para os aspectos mais dolorosos do desejo. Como o nosso idioma usa a palavra "desejo" de tantas maneiras diversas, seria útil classificá-las. Existem desejos benéficos, tais como o desejo pelo bem-estar dos outros, o desejo do despertar espiritual e os desejos criativos que expressam os aspectos positivos da paixão e do belo. E existem os aspectos dolorosos do desejo: os desejos do vício, a ganância, a ambição cega ou a fome interior infindável. Através da percepção consciente da meditação, é possível obter uma atenção capaz de classificar e conhecer as minhas formas de desejo. Como disse William Blake:

> Quem atravessa as portas dos céus não são os seres desprovidos de paixão ou os que controlaram as paixões, mas, sim, aqueles que cultivaram uma compreensão das paixões.

Ao começar a dar nome aos demônios, podemos lançar um olhar especial aos aspectos difíceis do desejo: a mente ávida e carente. Quando a mente ávida surge pela primeira vez, é possível que não a reconheçamos como um demônio, pois nos deixamos envolver pelo seu feitiço. A carência é caracterizada como um Fantasma Faminto: um fantasma com um estômago imenso e uma boca minúscula, que jamais consegue comer o suficiente para satisfazer seu apetite infindável. Quando esse demônio ou dificuldade surgir, simplesmente dê-lhe o nome de "carência" ou "avidez", e comece a estudar o poder que ele exerce na sua vida. Quando olhamos para a carência, experimentamos a parte de nós mesmos que nunca está satisfeita, aquela parte que sempre comenta: "Ah, se ao menos eu tivesse algo mais, *isso* me faria feliz!" — seja um outro relacionamento, um outro emprego, uma almofada mais confortável, menos barulho, temperatura mais fresca, temperatura mais quente, mais dinheiro, um pouco mais de horas de sono — "e então eu me sentiria realizado". Na meditação, a voz da carência nos chama e diz: "Se ao menos eu tivesse algo para comer agora, eu comeria e ficaria satisfeito, e então alcançaria a iluminação". O desejo da carência é aquela voz inconsciente que vê uma pessoa atraente meditando ao nosso lado e já imagina todo um romance, um relacionamento, casamento e divórcio e só então, meia hora mais tarde, lembra que estamos meditando. Para a voz da carência, o que existe aqui e agora nunca é suficiente.

Dar Nome à Mente Ávida

À medida que trabalhamos observando a carência e a avidez sem condená-las, podemos aprender a ter consciência desse aspecto da nossa natureza sem deixar-nos aprisionar por ele. Quando ele surgir, seremos capazes de senti-lo plenamente e de chamar a nossa experiência de "fome", "carência", "anseio" ou dar-lhe outro nome qualquer. Chame essa experiência pelo nome durante todo o tempo em que ela estiver presente, repetindo o nome a cada poucos segundos, cinco, dez, vinte vezes, até que ela termine. Ao observar essa experiência, tenha plena consciência do que está acontecendo: Quanto tempo dura esse tipo de desejo? Ele primeiro se intensifica e depois se dilui? Como você o sente no seu corpo? Quais as partes do corpo que são afetadas por ele — as entranhas, a respiração, os olhos? Como você o sente no coração, na mente? Quando ele está presente, você se sente feliz ou agitado, aberto ou fechado? Ao chamá-lo pelo nome, veja como ele se move e se transforma. Se a carência surgir como o demônio faminto, dê-lhe esse nome. Onde você percebe a fome — na barriga, na língua, na garganta?

Ao olhá-la, vemos que a carência cria tensão, vemos que ela é realmente dolorosa. Observamos que ela se manifesta a partir dos nossos anseios e do sentido de imperfeição; a partir do sentimento de que somos seres separados do todo, e não uma totalidade. Ao observar mais de perto, percebemos que a carência também é fugaz, sem essência. Na realidade, esse aspecto do desejo é uma forma imaginária e emocional que entra e sai do nosso corpo, da nossa mente. É claro que, em outros momentos, ele parece ser bastante real. Oscar Wilde afirmou: "Consigo resistir a tudo, menos à tentação". Quando nos deixamos aprisionar pela carência, ela atua como um agente tóxico que nos torna incapazes de ver com clareza. Na Índia, diz-se que "ao encontrar um homem santo, o batedor de carteiras vê apenas a sua bolsa". A carência e a avidez podem tornar-se poderosas vendas para os olhos que impedem a nossa visão.

Não confunda desejo com prazer. Não há nada de errado em desfrutar experiências agradáveis. Diante das muitas dificuldades que enfrentamos na vida, é maravilhoso podermos sentir prazer. Contudo, a mente ávida se "agarra" ao prazer. Nossa cultura nos ensina que, se pudermos "agarrar" suficientes experiências agradáveis em rápida sucessão, nossa vida será feliz. Assistir a uma boa partida de tênis seguida por um jantar delicioso, um bom filme, uma excelente relação sexual, uma tranqüila noite de sono, uma saudável corrida matinal, uma hora perfeita de meditação, um ótimo café da manhã e depois uma excitante manhã de trabalho... garante felicidade duradoura. Nossa sociedade é perita em perpetuar essa farsa. Mas, isso satisfaz o coração?

O que acontece quando satisfazemos uma carência? Em geral, isso acarreta ainda mais carência. Todo o processo pode tornar-se bastante cansativo e vazio. "O que vou fazer em seguida? Bem, vou conseguir algo mais." George Bernard Shaw disse: "Sofremos dois grandes desapontamentos na vida: um, não conseguir o que queremos; dois, consegui-lo". O processo desse desejo equivocado é infindável, pois a paz não surge da realização daquilo que queremos, mas, sim, do momento em que a insatisfação termina. Quando uma carência é preenchida, surge um momento de satisfação; mas esse momento não se deve ao prazer, mas ao fim daquela avidez.

Ao dar um nome à mente ávida e senti-la com muito cuidado, observe o que acontece logo depois que a experiência termina e note quais os estados que se seguem. A questão da carência e da avidez é bastante profunda. Você verá quão freqüentemente nossos desejos estão deslocados. Um exemplo óbvio disso é quando usamos a comida para substituir o amor pelo qual ansiamos. Para explicar esse processo, Geneen Roth, mestre budista que trabalha com desequilíbrios alimentares, escreveu um livro chamado *Feeding the Hungry Heart*. Através da prática de dar nomes, é possível perceber quanto do nosso desejo superficial surge de alguma carência mais profunda do nosso ser, de uma solidão, de um medo ou vazio subjacentes.

Muitas vezes, quando as pessoas iniciam a prática espiritual, a mente ávida torna-se mais intensa. À medida que retiramos algumas camadas de desatenção, descobrimos que sob a mente ávida existem poderosos impulsos por comida, por sexo, por contato com os outros ou uma forte ambição. Quando isso acontece, algumas pessoas talvez sintam que sua vida espiritual se desvirtuou; mas esse processo é necessário para desmascarar a mente ávida. Devemos enfrentá-la e vê-la em todos os seus disfarces, para podermos desenvolver um hábil relacionamento com ela. O desejo equivocado provoca guerras e domina grande parte da sociedade moderna; nós, como seguidores inconscientes, estamos à sua mercê. Mas poucas pessoas se detêm para examinar o desejo, senti-lo de uma maneira direta e descobrir um relacionamento sábio com ele.

Estudando a psicologia budista, descobrimos que o desejo se divide em várias categorias. Num nível mais fundamental, fazemos distinção entre o desejo doloroso e o desejo inequívoco, sendo que ambos são aspectos derivados de uma energia neutra chamada "Vontade de Fazer". O desejo doloroso compreende a ganância, a avidez, a inadequação e o anseio. O desejo inequívoco nasce da mesma "Vontade de Fazer", porém é orientado pelo amor, pela vitalidade, pela compaixão, pela criatividade e pela sabedoria. Com o desenvolvimento da percepção consciente, começamos a distinguir o desejo doentio da motivação inequívoca. Podemos sentir quais estados não dependem de um desejo equivocado e desfrutar um modo de ser mais espontâneo e natural, sem luta nem ambição. Quando deixamos de ser prisioneiros de desejos equivocados, nossa compreensão cresce e nossa vida passa a ser dirigida, de uma maneira mais natural, pela paixão saudável e pela compaixão.

Compreensão, liberdade e alegria são os tesouros com que nos beneficiamos pelo processo de dar nomes aos demônios do desejo. Descobrimos que existe, sob o desejo equivocado, um profundo anseio espiritual pela beleza, pela abundância e pela perfeição. Dar nome ao desejo pode levar-nos a descobrir o que há de mais verdadeiro nesse desejo. Um velho mestre disse-me certa vez: "Teu problema com o desejo é que não desejas com profundidade suficiente! Por que não desejas tudo, de uma vez? Não gostas daquilo que tens e queres aquilo que não tens. Reverte esse quadro. Passa a querer aquilo que tens e a não querer aquilo que não tens. Assim encontrarás a verdadeira realização". Ao estudar o desejo, começamos a incluir todas as suas possibilidades na nossa vida espiritual.

A RAIVA

O segundo demônio comum que iremos encontrar é muito mais doloroso que o desejo. Enquanto o desejo e a mente ávida têm um grande poder de sedução, seu oposto, a energia da raiva e da aversão, é algo bastante desagradável. Em certos momentos e por curto espaço de tempo, é possível encontrar nela algum prazer. Mas, mesmo nesses momentos, ela fecha o nosso coração. A raiva tem um lado tenso e corrosivo do qual não conseguimos escapar. Enquanto oposto da carência, a raiva é uma força que afasta, condena, julga ou odeia algumas experiências da nossa vida. O demônio da raiva e da aversão tem muitas faces e disfarces; ele pode ser encontrado sob formas tais como o medo, o tédio, a má vontade, o julgamento e a censura.

Assim como o desejo, a raiva é uma força extremamente poderosa. Com a maior facilidade deixamo-nos aprisionar por ela ou, então, sentimos tanto medo dela que, de mil maneiras inconscientes, manifestamos a sua capacidade de destruição. Uma triste verdade é que pouquíssimos de nós aprendemos a lidar com a raiva de um modo direto. Sua força pode crescer, passando da simples contrariedade ao medo profundo, ao ódio e à fúria. Ela pode ser experimentada em relação a alguém ou algo que esteja presente, junto a nós, agora, ou que esteja distante no tempo ou no espaço. Às vezes sentimos profunda raiva por fatos passados que há muito se concluíram e a respeito dos quais nada podemos fazer. Também é possível que fiquemos furiosos com alguma coisa que não aconteceu, mas que apenas imaginamos que talvez possa acontecer. Quando sua presença é forte na nossa mente, a raiva matiza toda a nossa experiência de vida. Quando nosso mau humor independe de quem entra na sala ou do lugar aonde precisamos ir, então, algo está errado conosco. A raiva pode ser uma fonte de imenso sofrimento, tanto na nossa mente quanto no nosso relacionamento com os outros, e no mundo em geral.

Dar Nome à Raiva

Tudo isso pode ser compreendido quando começamos a dar nome aos aspectos da raiva, à medida que ela aflora. Podemos sentir, por experiência própria, como o medo, o julgamento e o tédio são formas de aversão. Examinando-os, vemos que são baseados na nossa aversão a algum aspecto de uma experiência. Dar um nome às formas da raiva oferece-nos uma oportunidade de encontrar a liberdade em meio a essas formas.

De início, chame-a com suavidade dizendo "raiva, raiva" ou "ódio, ódio", enquanto esse estado persistir. Ao dar nome a ele, observe quanto tempo esse estado permanece, em que se transforma e como volta a aflorar. Chame a raiva pelo nome e observe como você a sente. Em que lugar do corpo você a percebe? Seu corpo se enrijece ou se enternece com a raiva? Você nota diferentes tipos de raiva? Quando a raiva surge, qual é a sua temperatura, o seu efeito sobre a respiração, o seu grau de dor? Como ela afeta a mente? Sua mente fica menor, mais rígida, mais contida? Você sente tensão ou contração? Ouça as vozes que acompanham a raiva. O que elas dizem? "Tenho medo disso." "Odeio isso." "Não quero experimentar aquilo." Será que temos condições de dar nome ao demônio e tornar o nosso coração suficientemente grande para permitir que tanto a raiva quanto o sujeito da raiva nos mostrem a sua dança?

Assim descrito numa página impressa, o processo de dar nome a uma experiência e senti-la com uma atenção equilibrada pode parecer bastante fácil — mas, é claro que nem sempre é assim. Em um retiro que dirigi na Califórnia há muitos anos, havia alguns terapeutas treinados na tradição do "grito primal".* Sua metodologia envolvia um processo de liberação e catarse: gritar e liberar os sentimentos. Depois de meditar por alguns dias, esses terapeutas disseram: "Esta prática não está funcionando". Perguntei-lhes por que e me responderam: "Ela está represando nossa energia e raiva interiores. Precisamos de um lugar para liberá-las. Poderíamos usar a sala de meditação, numa certa hora do dia, para gritar e liberar? Caso contrário, se as mantivermos represadas, elas se tornarão tóxicas".

Nossa sugestão foi que eles recomeçassem, dessem nome àquela energia interior e simplesmente tomassem consciência dela... isso não iria matá-los! Já que tinham vindo ao retiro para aprender algo novo, nós lhes pedimos que continuassem a meditar para ver o que poderia acontecer. Eles assim o fizeram. Depois de alguns dias, afirmaram: "Surpreendente!" Perguntei-lhes: "O que é surpreendente?" Responderam-me: "Depois de tratá-la pelo nome por algum tempo, ela mudou". Raiva, medo, desejo — podemos estudar o processo de todas essas forças. Elas emergem dentro de certas condições e, quando estão presentes, de algum modo afetam o corpo e a mente. Se não nos deixarmos aprisionar por elas, poderemos observá-las como se fossem uma tempestade e ver que, depois de estarem presentes por algum tempo, elas passam, como a própria tempestade.

Quando prestamos atenção à raiva, também podemos sentir suas origens. Existem dois estados difíceis que precedem o aparecimento da raiva; as raízes da raiva quase sempre estão em um deles. Deixamo-nos dominar pela raiva quando somos feridos e sofremos, ou, então, quando sentimos medo. Preste atenção à sua vida e veja se isso é verdade. A próxima vez que a raiva e a irritação surgirem dentro de você, observe se sentiu medo ou dor um instante antes de elas aflorarem. Se você, em primeiro lugar, prestar atenção ao medo e à dor, será que a raiva chegará a aparecer?

---

* O "grito primal" é um elemento básico da Terapia Primal de Arthur Janov. (N.T.)

A raiva mostra-se exatamente no local onde estamos paralisados, no local onde se fixam os nossos limites, no local onde nos apegamos aos nossos medos e às nossas crenças. A aversão é semelhante a um sinal de alerta; ela acende uma luz vermelha e avisa: "Apegado, apegado!" A força da nossa raiva revela a intensidade do nosso apego. Contudo, sabemos que esse apego é opcional. Podemos manter um relacionamento mais sábio. Nossa raiva, condicionada pelo ponto de vista do momento, não é permanente; é um sentimento que associou as sensações e os pensamentos que aparecem e desaparecem. Não é necessário que nos liguemos a ela nem que sejamos por ela conduzidos. Em geral, a raiva baseia-se na limitação das nossas idéias sobre o que deveria acontecer. Pensamos saber como Deus deveria ter criado o mundo, como alguém nos deveria ter tratado, qual é exatamente o nosso dever. Mas, na verdade, o que sabemos? Será que estamos em contato assim tão íntimo com o plano divino a ponto de conhecer as mágoas e dificuldades, a beleza e os milagres que nos são concedidos? Em vez de envolver-nos com o modo segundo o qual desejaríamos que a história fosse escrita, podemos começar a enfrentar e compreender as forças que fazem a raiva aflorar. Assim como ocorre com o desejo, assim também temos a possibilidade de estudar a raiva e de aprender a usá-la de maneira adequada. Teria ela algum valor? Teria ela valor como proteção ou fonte de energia? Seria ela necessária para alcançarmos a força, para estabelecermos limites ou para crescermos? Existem outras fontes, além da raiva, para a força que buscamos?

Muitos de nós fomos condicionados a odiar a nossa própria raiva. Quando tentamos observá-la, encontramos a tendência a julgá-la e a reprimi-la, a nos livrar dela, pois ela é "má" e dolorosa, é vergonhosa e "não espiritual". Precisamos ser muito cuidadosos ao abrir a mente e o coração à nossa prática, deixando-nos sentir a nós mesmos plenamente, ainda que isso signifique atingir o poço mais profundo da mágoa, da tristeza e da raiva dentro de nós. Essas forças movem a nossa vida e precisamos senti-las para poder chegar a um acordo com elas. A meditação não é um processo de livrar-se de alguma coisa; é um processo de abertura e de compreensão.

Quando trabalhamos com ela na meditação, a raiva pode tornar-se bastante forte. De início, talvez sintamos apenas um pouco de raiva; mas, naqueles que aprenderam a reprimi-la e a mantê-la oculta, a raiva se transformará em fúria. Toda a raiva que foi conservada no corpo se mostrará sob a forma de tensão e calor nos braços, nas costas ou no pescoço. Todas as palavras que foram engolidas poderão vir à tona, fazendo tomar plena consciência de imagens poderosas, de fúrias vulcânicas e censuras abusivas. É possível que esse processo de abertura dure muitos dias, semanas ou meses. Esses sentimentos são excelentes — necessários, até — mas é importante ter em mente como lidar com eles. Quando os demônios tiram a máscara, você talvez sinta que está enlouquecendo ou fazendo algo errado, mas, na verdade, você finalmente começou a enfrentar as forças que o impediam de viver de um modo amoroso e plenamente consciente. Enfrentamos essas forças repetidas vezes. Talvez precisemos trabalhar com a raiva um milhar de vezes na nossa prática, antes de chegarmos a um modo de vida equilibrado e atento. Isso é natural.

O MEDO

A disposição para descobrir e dar nomes também pode ser utilizada para a compreensão do medo, uma outra forma de aversão. Os norte-americanos gastam 50 bilhões de dólares por ano em guardas e sistemas de segurança. É muito freqüente estarmos perdidos e aprisionados pelo medo na nossa vida; é muito raro examinarmos e lidarmos com o próprio demônio da mente amedrontada. Claro está que, quando começamos a trabalhar a mente amedrontada, nos sentimos cheios de medo. Iremos reencontrar esse demônio muitas e muitas vezes. No entanto, se em algum ponto abrirmos os olhos e o coração à mente amedrontada e gentilmente a chamarmos pelo nome, "medo, medo, medo", experimentando sua energia à medida que ela circula através de nós, todo o sentimento de medo se transformará e, mais tarde, virá o simples reconhecimento: "Ah, medo, aí está você de novo! Que interessante!"

Dar Nome ao Medo

Quando o medo aflorar, chame-o com suavidade e experimente o que ele faz à respiração e ao corpo, como ele afeta o coração. Observe quanto tempo ele dura. Conscientize-se de suas imagens. Note as sensações e idéias que o acompanham, o tremor, a sensação de frio, as histórias assustadoras que ele conta. O medo é sempre uma antecipação do futuro, um produto da imaginação. Observe o que acontece ao seu sentimento de confiança e bem-estar, às suas crenças a respeito do mundo.

Quando eu era um jovem monge, viajei com meu mestre Achaan Chah até um mosteiro afiliado na fronteira do Camboja, a treze quilômetros de distância do nosso templo principal. Ofereceram-nos carona em um velho Toyota caindo aos pedaços, cujas portas já não fechavam direito. O motorista, um camponês, naquele dia estava realmente com vontade de correr e temerariamente ultrapassava búfalos, ônibus, bicicletas e automóveis nas curvas cegas da empoeirada estradinha de montanha. Ao longo dessa viagem louca, tive a plena certeza de que chegara o dia da minha morte. Passei o tempo todo agarrado ao assento do Toyota, calado, me preparando para morrer. Num certo momento, percebi que as mãos do meu mestre estavam brancas de tanto se agarrar ao assento. De algum modo isso me tranqüilizou, embora eu acreditasse que ele não tinha medo de morrer. Quando finalmente chegamos sãos e salvos ao destino, meu mestre deu uma risada e exclamou: "Assustador, não foi?" Nesse momento, ele deu nome ao demônio e me ajudou a fazer do medo um amigo.

O TÉDIO

Uma outra forma de aversão a que podemos aprender a dedicar atenção plena é o tédio. Em geral, temos receio do tédio e tudo fazemos para evitá-lo: assaltamos a geladeira, passamos a mão no telefone, assistimos à televisão, lemos um romance; nos mantemos constantemente ocupados, numa tentativa de escapar à nossa solidão, ao nosso vazio, ao nosso tédio. Quando não temos uma percepção consciente do tédio, ele exerce um grande poder sobre nós e nunca conseguimos repousar. No entanto, não podemos deixar que o tédio domine a nossa vida dessa maneira. O que é o tédio, quando experimentado em si mesmo? Algum dia já paramos para observá-lo? O tédio vem da falta de atenção. Junto com ele, encontramos também a inquietação, o desânimo e o julgamento. Sentimos tédio porque não gostamos do que está acontecendo ou porque nos sentimos vazios ou perdidos. Ao dar nome ao tédio, podemos reconhecê-lo e transformá-lo em uma situação a ser explorada.

Dar Nome ao Tédio

Quando o tédio aparecer, sinta-o no seu corpo. Permaneça com ele. Deixe-se ficar realmente entediado. Chame-o suavemente pelo nome, enquanto ele durar. Veja o que é esse demônio. Observe-o, sinta-lhe a textura, a energia, as dores e tensões nele contidas, as resistências que você levanta contra ele. Olhe diretamente a ação desse sentimento no seu corpo e na sua mente. Fique atento à história que o tédio conta e o que vai-se abrindo à medida que você o escuta. Quando, por fim, paramos de fugir ou de resistir ao tédio, então, o que quer que sejamos torna-se realmente interessante! Quando a percepção consciente é clara e focalizada, até mesmo o movimento repetitivo da inspiração e expiração pode transformar-se na mais maravilhosa das experiências.

O JULGAMENTO

A mesma disposição para dar nomes pode ser utilizada para a aversão a que chamamos "julgamento". Tantos seres humanos julgam implacavelmente a si mesmos e aos outros e, no entanto, como é pequena a nossa compreensão de todo o processo de julgar. Com a atenção da meditação, podemos observar como o julgamento aflora sob a forma de um pensamento, de uma sucessão de palavras na mente. Quando não nos deixamos aprisionar por esse enredo mental, muito poderemos aprender a respeito do sofrimento e da liberdade na nossa vida. Para muitas pessoas, o julgamento é o principal tema na vida... e um tema doloroso. A resposta dessas pessoas à maioria das situações é ver o que elas têm de errado e assim, na sua prática espiritual, o demônio do julgamento permanece forte.

Dar Nome ao Julgamento

Como podemos trabalhar com a dor de julgar? Se tentamos nos livrar do julgamento dizendo: "Ah, eu não deveria estar julgando" —, o que isso significa? Nada mais nada menos que um outro julgamento. Em vez disso, reconheça o julgamento no momento em que ele vem à tona. Deixe-o vir e ir-se embora. Às vezes é útil chamá-lo pelo nome. Se o seu julgamento faz você se lembrar de alguém no seu passado, experimente dizer: "Obrigado, papai". "Aprecio sua opinião sobre esse assunto, Carolina." "Obrigado por seu ponto de vista, João." Os julgamentos nada mais são que "fitas gravadas" a tocar repetidas vezes na nossa mente. Esforce-se por ter um certo senso de humor a respeito de seus julgamentos — isso os manterá dentro de uma correta perspectiva em relação aos outros assuntos da vida.

Para compreender a mente que julga, precisamos abordá-la com um coração pronto a perdoar. Se for realmente difícil tocá-la com esse coração, experimente o exercício que apresento a seguir. Fique silenciosamente sentado durante uma hora e veja quantos julgamentos afloram. Conte-os. Alguém entra pela porta. "Não gosto desse sujeito... Julgamento 22. Também não gosto da roupa que ele está usando... Julgamento 23. Puxa, estou ficando perito em encontrar julgamentos... ah, julgamento 24. Este exercício é muito bom mesmo; preciso comentar com os amigos. Opa, agora já estou pensando demais... ah, julgamento 25." E então, de súbito, seu joelho começa a doer. "Ai! Eu queria que essa dor no joelho sumisse... Julgamento 26. Não, eu não deveria estar julgando... Julgamento 27", e assim por diante. Podemos passar uma hora bastante proveitosa nessa meditação, apenas procurando compreender a mente que julga.

Para tornar-nos conscientes, devemos fazer com que cada estado difícil que rejeitamos — a mente que julga, a mente que deseja, a mente amedrontada — se manifeste na sua plenitude e nos conte a sua história, até conhecermos todas as histórias e podermos mandá-las de volta ao nosso coração. Nesse processo de lidar com os demônios, precisamos de um receptáculo de sabedoria, de percepção consciente e de compaixão, um ponto imóvel em meio ao movimento da mente. Quando aceitamos a natureza impessoal e habitual dos demônios, podemos ver o ouro que eles encerram. É possível observar diretamente como a aversão e o julgamento podem aflorar a partir de um profundo anseio por justiça ou força, ou de uma clareza e sabedoria judiciosa que rompem as ilusões do mundo. Quando conhecemos a verdadeira natureza dos demônios, eles liberam seus outros poderes e, assim, encontramos clareza sem julgamento e justiça sem ódio. Através de uma atenção sincera, a dor da raiva e do ódio podem levar-nos a um profundo despertar da compaixão e do perdão. Quando sentimos raiva de alguém, podemos considerar que essa pessoa é um ser exatamente igual a nós, alguém que também enfrentou muito sofrimento na vida. Se tivéssemos passado pelas mesmas circunstâncias e sofrimentos dessa pessoa, será que não agiríamos do mesmo modo que ela? E assim nos permitimos sentir compaixão, sentir o sofrimento do outro. Não se trata de "maquiar" a raiva: trata-se de um movimento profundo do coração, uma disposição para ir além das condições impostas por um ponto de vista específico. Desse modo, nossa raiva e julgamento podem levar-nos aos verdadeiros poderes de clareza e amor que buscamos.

A SONOLÊNCIA

O próximo demônio que devemos aprender a chamar pelo nome é um demônio sutil: o estado de sonolência e embotamento chamado "indolência" ou "torpor". Ela surge sob a forma de preguiça, de cansaço, de falta de vitalidade e de confusão. Quando a mente está dominada pelo sono, a clareza e o estado de alerta enfraquecem; a meditação, ou a própria vida, torna-se inepta e nebulosa. Sentimos cansaço por causa da velocidade temerária que nos é imposta pela nossa cultura; sentimos cansaço por ter perdido o contato com o corpo. Sentimos preguiça ou relutância diante de tarefas difíceis.

De modo geral, a sonolência vai se apoderando de nós pouco a pouco. Quando sentamos para meditar, podemos perceber a sonolência envolvendo-nos como um tênue véu de neblina e murmurando ao nosso ouvido: "Vem cá, vamos tirar uma soneca". E então a mente torna-se dispersa e exaurida. Perdemos o ânimo para fazer aquilo a que nos propúnhamos. Isso ocorre muitas e muitas vezes na meditação. Grande parte da nossa vida se passa enquanto estamos apenas semidespertos. Muitos anos da nossa vida foram gastos no sono e nesse estado de "sonambulismo". Meditar significa acordar. Por isso, um primeiro passo pode ser levar a atenção plena à sonolência.

Dar Nome à Sonolência

Tome plena consciência do modo como o seu corpo se sente quando está cansado: a sensação de peso, a postura desleixada, as pálpebras pesadas como chumbo. Não há dúvida de que é difícil prestar atenção às coisas quando estamos cabeceando de sono, mas, ainda assim, observe o máximo possível. Preste atenção aos estágios inicial, intermediário e final da sonolência, bem como aos vários componentes dessa experiência. Veja as condições impessoais que a causam. Seria realmente cansaço ou nada mais que resistência? Às vezes, o simples fato de focalizar a percepção consciente sobre a sonolência irá dissipá-la e trazer clareza e compreensão. Outras vezes, a sonolência irá ocorrer ainda mais fortemente.

À medida que encontramos e damos nome a esse demônio, descobrimos que a sonolência tem três causas. Uma delas é o cansaço, que indica a necessidade legítima de sono. Em geral, ela ocorre depois de um longo dia de trabalho, quando sentamos para meditar depois de um período de grande atividade ou tensão, ou nos primeiros dias de um retiro. Isso é um sinal de que precisamos respeitar as necessidades do nosso corpo. Talvez a nossa vida esteja fora de equilíbrio; talvez fosse hora de trabalhar menos e passar mais tempo junto à natureza. Esse tipo de sonolência desaparece depois que desfrutamos de repouso. O segundo tipo de sonolência surge como resistência a algum estado desagradável ou temível do corpo ou da mente. Muitas vezes sentimos sono quando encontramos dificuldade em perceber alguma coisa ou quando não queremos lembrá-la ou experimentá-la. Um terceiro tipo de sonolência é o resultado de nos termos acalmado e aquietado, mas sem dispormos de energia suficiente para uma clara concentração.

A sonolência que aparece como resistência não deve ser confundida com a preguiça. A preguiça é um estado raro — em geral, apenas temos medo. O demônio da indolência e do torpor segue a estratégia do avestruz ao pensar: "Aquilo que eu não vejo, não me fere". Quando a sonolência surge e nosso corpo não está realmente cansado, ela é, em geral, um sinal de resistência. Podemos perguntar a nós mesmos: "O que está acontecendo comigo? O que estou tentando evitar através do sono?" Muitas vezes iremos descobrir um grande medo ou uma dificuldade que se esconde sob a sonolência. Em geral, dormimos para evitar os estados de solidão, de tristeza, de vazio e de perda de controle sobre alguns aspectos da nossa vida. Se reconhecermos essa verdade, toda a nossa prática atingirá um novo nível.

Uma certa sonolência também pode ser causada pelo desenvolvimento de grande calma e quietude na mente. Nossa cultura, bastante ativa e altamente estimulante, não nos acostumou a lidar com os momentos de calma e quietude. Ao encontrar esses momentos, talvez nossa mente imagine apenas que é hora de dormir! Assim, quando começamos a ficar concentrados mas não conseguimos equilibrar a mente, fazendo vir à tona uma quantidade igual de energia, podemos ficar imóveis num estado calmo, porém entorpecido. Se isso ocorrer, será preciso que chamemos pelo nome esse entorpecimento e façamos surgir a energia. Quando defrontar com essa forma de sonolência, chame-a pelo nome, sente-se ereto e respire profundamente algumas vezes. Se se sentir sonolento, medite com os olhos bem abertos. Fique parado, em pé, por alguns minutos, ou pratique a meditação andando. Se a situação for realmente séria, caminhe decididamente ou ande de costas, ou refresque o rosto com água. Sempre é possível dar uma resposta criativa à sonolência.

Numa época em que eu atravessava um longo período de entorpecimento na minha prática, o meu mestre, Achaan Chah, fazia-me sentar à beira de um poço bem fundo para meditar. Acredite, o medo de cair me mantinha bem acordado! A sonolência é algo que pode ser trabalhado. Um exercício que confere precisão à nossa vigilância é afirmar "Esta respiração" ou "Este passo" para firmar a atenção. Se formos capazes de observar "esta respiração", de momento a momento, nossa mente se tornará expansiva e revigorada e o entorpecimento desaparecerá. Existe, sob a sonolência, a possibilidade da verdadeira paz e repouso. Contudo, se nesse meio tempo nada mais funcionar, então é hora de tirar uma boa soneca.

A INQUIETAÇÃO

A inquietação — o oposto do sono — manifesta-se como o quarto poderoso demônio, chamado de "o tigre enjaulado". Ela nos faz sentir agitação, nervosismo, ansiedade e preocupação. Nossa mente gira em círculos ou se debate em vão, como um peixe fora d'água. Nosso corpo torna-se vibrante, nervoso, impaciente, repleto de energia e agitação. Quando estamos inquietos, sentimo-nos compelidos a levantar e caminhar de um lado para o outro, ligar a televisão, comer, fazer qualquer coisa... menos permanecer no nosso corpo. Tal qual o sono, a inquietação pode surgir como resposta à dor e à tristeza que não queremos sentir. Ela também pode manifestar-se sob a forma do demônio chamado "preocupação". Quando sentamos para meditar, nossa mente se deixa aprisionar por medos e remorsos, e entretecemos longas histórias. Em todas as formas de inquietação, nossa meditação se dispersa e é difícil nos sentirmos presentes.

Dar Nome à Inquietação

Quando esse estado aparecer, dê-lhe um nome sem julgamento nem condenação. Diga suavemente: "Inquietação, inquietação" — e deixe que seu corpo e seu coração se abram para vivenciar com sabedoria esse aspecto da vida humana. Sinta-o plenamente no seu corpo. O que é essa energia? Com que força ela vibra? É quente ou fria? Ela expande ou contrai o corpo e a mente? O que ela faz quando você se abre para ela e quando a chama pelo nome? Quanto tempo ela dura? Qual é a história que ela conta?

Vivencie a inquietação sem se prender ao conteúdo da história que ela conta. Isso pode ser extremamente desagradável; o corpo cheio de energia nervosa e a mente se revolvendo, preocupada. Não se trata da "minha inquietação", mas da "inquietação", um estado impermanente nascido de situações que estão fadadas a mudar. Se ela se tornar muito forte, diga a si mesmo: "OK, estou pronto. Serei o primeiro praticante de meditação a morrer de inquietação". Entregue-se a ela e veja o que acontece. Como tudo o mais, a inquietação é um processo composto, uma série de pensamentos, de sentimentos e sensações; mas, por acreditarmos que é algo sólido, ela exerce um grande poder sobre nós. Quando paramos de resistir e com atenção plena permitimos que ela circule através de nós, podemos ver como esse estado é transitório e sem substância.

Quando a inquietação é muito resistente, além de dar-lhe um nome, experimente a prática de contar as respirações — de um a dez, depois recomece, e assim por diante — até que a mente volte ao equilíbrio. Se sentir que isso é útil, respire mais profundamente que de hábito para unificar e acalmar o corpo e a mente. Procure compreender que a inquietação é um dos ciclos normais da prática. Aceitando-a, você obterá discernimento, compreensão e um sentimento interior de bem-estar e conforto. Quando fizer as pazes com a inquietação, sua energia mais profunda se tornará disponível para você. A inquietação é apenas o nível superficial de uma bela fonte de energia dentro de nós, um fluxo ilimitado de criatividade. Essa criatividade pode circular através de nós de mil maneiras maravilhosas, se nos tornarmos um canal límpido e aprendermos a abrir espaço para todas as coisas.

A DÚVIDA

O último dos cinco demônios comuns que põem à prova a nossa prática é a "dúvida". O demônio da dúvida talvez seja o mais difícil para ser trabalhado, pois, quando nos tornamos vítimas dele, nossa prática simplesmente estaciona e ficamos paralisados. Todos os tipos de dúvida podem nos assaltar: dúvidas sobre nós mesmos e sobre nossas capacidades; dúvidas a respeito dos nossos mestres; dúvidas a respeito da própria meditação ("Mas, será que funciona de verdade? Eu medito e medito e tudo o que me acontece é sentir uma dor no joelho e essa inquietação. Será que Buda sabia mesmo o que estava dizendo?"). Talvez duvidemos que o caminho que escolhemos seja a prática certa para nós. "É duro demais, é sério demais. Talvez eu devesse tentar a dança sufi." Ou então pensamos que é a prática certa, mas no momento errado. Ou a prática certa no momento certo, porém o nosso corpo ainda não está na boa forma desejada. Não importa qual seja o objeto. O certo é que, quando nos deixamos apanhar pela mente cética e incrédula, ficamos estagnados.

Dar Nome à Dúvida

Quando a dúvida surgir, chame-a pelo nome e olhe-a com cuidado e objetividade. Você alguma vez já prestou atenção àquela voz que diz: "Não consigo fazer isto. É difícil demais. É o momento errado. Em todo caso, para onde isto está me levando? Talvez fosse melhor eu largar". O que você percebe nessa voz? A dúvida é um encadeamento de palavras associadas a um sentimento de medo e resistência. Podemos tomar consciência da dúvida como um processo mental e chamá-lo de "dúvida, dúvida". Quando não nos deixamos envolver na história que ela conta, ocorre uma transformação maravilhosa e a própria dúvida se transforma numa fonte de percepção consciente. A dúvida pode ensinar-nos muito a respeito da natureza da mente: uma natureza mutável, sem freios. Também podemos aprender o que significa identificarnos com nossos humores e estados mentais e deixar-nos aprisionar por eles. Quando ficamos presos à dúvida, sentimos um imenso sofrimento; mas no momento em que pudermos sentir a dúvida sem nos prender a ela, nossa mente se tornará mais livre e mais leve.

O que acontece quando, cuidadosamente, damos nome à dúvida? Quanto tempo ela dura? Durante quanto tempo ela afeta o nosso corpo, a nossa energia? Conseguimos ouvir sua história com tanta facilidade como se ela estivesse dizendo: "o céu é azul"? Para trabalhar com a dúvida, precisamos nos centrar e voltar plenamente ao momento presente, com perseverança, firmeza e estabilidade mental. Com isso, a confusão pouco a pouco irá se dissipando.

Juntamente com o processo de dar um nome, a dúvida também pode ser desfeita pelo desenvolvimento da fé. Podemos fazer perguntas ou ler grandes livros. Refletir sobre a inspiração de centenas de milhares de pessoas antes de nós, pessoas que seguiram o caminho interior da percepção consciente e da prática. Todas as grandes culturas sempre valorizaram a prática espiritual. Viver com grande sabedoria e compaixão é possível para qualquer pessoa que se dedique genuinamente a treinar o coração e a mente. Há algo melhor que possamos fazer com a nossa vida? Embora seja natural que a mente duvide, a dúvida pode levar-nos a uma atenção mais profunda e a uma busca mais completa da verdade.

De início, as dúvidas talvez surjam como demônios e resistência ("É, hoje não está funcionando." "Não estou preparado." "É difícil demais para mim."). Essas podem ser chamadas de *pequenas dúvidas*. Com alguma prática, podemos aprender a trabalhar habilmente com elas. Além dessas, surge um outro nível de dúvida — um nível que, realmente, é útil para nós. Nesse nível, ela é chamada de *a grande dúvida*, o desejo profundo de conhecer a nossa verdadeira natureza ou o significado do amor ou da liberdade. A grande dúvida pergunta: "Quem sou eu?" "O que é a liberdade?" ou "Qual é o propósito do sofrimento?" Esse poderoso questionamento é uma fonte de energia e inspiração. Um espírito de verdadeira indagação é essencial para estimular e aprofundar a nossa prática espiritual, para evitar que ela seja imitativa. Trabalhando com esse espírito, descobrimos que, enterrado sob a dúvida, existe um tesouro oculto. O demônio das pequenas dúvidas poderá levar-nos à descoberta da nossa grande dúvida e a uma clareza que irá despertar toda a nossa vida.

No processo de chamar os demônios pelo nome, talvez cheguemos a descobrir que há certas ocasiões em que eles se mostram mais plenamente a nós. Em algumas fases da prática, tudo o que veremos é desejo ou raiva. Talvez duvidemos de nós mesmos, pensando: "Ah, meu Deus, eu simplesmente estou cheio de desejo e de raiva", "Tenho tantas dúvidas", "Estou tão inquieto" ou "O medo está por trás de tudo o que eu faço". Durante um ano ou dois, na minha meditação, tudo o que vi foi a minha raiva, o meu julgamento e a minha fúria. Quando os toquei realmente, eles explodiram através de mim. Houve uma época em que passei quase uma semana sem dormir, quatro ou cinco dias atirando pedras na floresta e avisando os amigos para ficarem longe de mim. No entanto, eles foram diminuindo e, pouco a pouco, perderam sua força.

* * *

À medida que nos aprofundamos na vida espiritual, descobrimos a capacidade de reconhecer e de tocar os pontos mais desagradáveis em nós mesmos. Encontramos à nossa volta as forças da ganância, do medo, do preconceito, do ódio e da ignorância. Quando buscamos a libertação e a sabedoria, somos compelidos a descobrir a natureza dessas forças no nosso próprio coração e na nossa mente; percebemos como estamos presos a elas, mas finalmente vamos descobrir como nos libertar dessas energias básicas e primárias.

Às vezes, quando os demônios são mais difíceis, podemos usar uma variedade de práticas temporárias que funcionam para dissipá-los, agindo como antídotos. Para o desejo, um antídoto tradicional é refletir sobre a brevidade da vida, sobre a natureza transitória da satisfação exterior e sobre a morte. Para a raiva, um antídoto é cultivar pensamentos de bondade e um grau inicial de perdão. Para a sonolência, um antídoto é fazer a energia surgir através de uma postura firme, da visualização, da inspiração, da respiração. Para a inquietação, um antídoto é concentrar-se através de técnicas interiores para alcançar serenidade e relaxamento. E, para a dúvida, um antídoto é a fé e a inspiração adquiridas através da leitura e da discussão com uma pessoa sábia. No entanto, a prática mais importante é dar nome e reconhecer esses demônios, expandindo a nossa capacidade de sermos livres em meio a eles. Aplicar antídotos é como usar um *band-aid*, enquanto a percepção consciente abre e cura a ferida.

Quando nos tornamos hábeis no processo de dar nome à nossa experiência, descobrimos uma verdade extraordinária. Descobrimos que nenhum estado mental, nenhuma emoção, nenhum sentimento dura realmente mais do que 15 ou 30 segundos até ser substituído por outro. Isso é verdadeiro tanto para os estados de alegria quanto para os estados de dor. Em geral, imaginamos que os humores duram um longo tempo: um dia de raiva ou uma semana de tristeza. No entanto, quando olhamos realmente de perto e chamamos pelo nome um estado tal como "raiva, raiva", descobrimos ou percebemos, subitamente, que esse estado deixou de ser raiva, que ele se desvaneceu depois de o termos chamado pelo nome com suavidade umas 10 ou 20 vezes. Talvez ele se torne um estado associado à raiva, como o ressentimento. E, ao dar nome ao ressentimento, nós o observamos por um instante e então ele se transforma em autopiedade e depois em depressão. Observamos a depressão por um instante e ela se transforma em pensamento, o qual volta a se transformar em raiva ou alívio, ou até mesmo numa gargalhada. Chamar as dificuldades pelo nome ajuda-nos também a dar nome aos estados de alegria. Clareza, bem-estar, tranqüilidade, êxtase, calma — todos esses estados podem ser nomeados como parte do *show* em andamento. Quanto mais nos abrirmos, mais seremos capazes de sentir a natureza incessante desse fluxo de sentimentos e descobrir uma liberdade além de todas as condições mutáveis.

O propósito da vida espiritual não é criar algum estado especial da mente. Um estado mental é sempre temporário. O propósito é trabalhar diretamente com os elementos mais primários do corpo e da mente para descobrir como caímos na armadilha do medo, do desejo e da raiva e para aprender, de modo direto, a capacidade de nos libertar. Ao trabalhar com eles, os demônios irão enriquecer a nossa vida. Eles já foram chamados de "ervas daninhas da mente" ou de "adubo da iluminação" — aquilo que extirpamos do jardim ou que enterramos perto da planta para alimentá-la.

Praticar significa usar tudo aquilo que vier à tona do nosso interior para fazer crescer a compreensão, a compaixão e a liberdade. Thomas Merton escreveu: "O amor e a prece verdadeiros são aprendidos na hora em que o amor se torna impossível e o coração se transformou em pedra". Quando nos lembramos desse pensamento, as dificuldades que encontramos na prática podem tornar-se parte da plenitude da meditação, uma oportunidade para aprender e para abrir o nosso coração.

MEDITAÇÃO: SOBRE COMO TRANSFORMAR OS DEMÔNIOS EM PARTE DO CAMINHO

Escolha um dos demônios mais freqüentes e difíceis que afloram na sua prática, tal como a irritação, o medo, o tédio, a luxúria, a dúvida ou a inquietação. Durante uma semana, na meditação diária, tome consciência especial desse estado cada vez que ele surgir. Chame-o cuidadosamente pelo nome. Observe como ele começa; observe o que é que o precede. Note se existe algum pensamento ou imagem particular que o aciona. Note quanto tempo ele dura e quando termina. Observe qual o estado que geralmente o segue. Observe se ele se manifesta com leveza ou suavidade. Você consegue ouvi-lo como um simples sussurro na mente? Ouça como ele vai se tornando mais ruidoso e forte. Note quais os padrões de energia ou de tensão que refletem esse estado no seu corpo. Acalme-se e aceite até mesmo a própria resistência. Finalmente, sente-se e tome consciência da sua respiração, observando e esperando por esse demônio, deixando-o aparecer e desaparecer, saudando-o como a um velho amigo.

MEDITAÇÃO: SOBRE OS IMPULSOS QUE MOVEM A NOSSA VIDA

As forças interiores da sua vida, as forças da reação e da sabedoria, circulam através de você como a fonte de todas as suas ações. Anterior a qualquer ação ou movimento voluntário do nosso corpo, existe um pensamento, um impulso ou direção que vem da nossa mente. Muitas vezes esse impulso é subconsciente, situando-se abaixo do nível da percepção consciente. Você pode aprender sobre o modo de dar resposta a essas forças e impulsos, observando a ação delas dentro de você. Ao observar esse processo, a inter-relação do corpo e da mente torna-se clara. Nisso você descobrirá toda uma nova capacidade de ser livre e tranqüilo diante das dificuldades.

Um método simples de aprender como os impulsos operam é o de focalizar justamente aqueles que o impelem a deixar a meditação. Na sua prática diária de meditação, tome uma resolução: durante uma semana você não irá parar a meditação até que um forte impulso para fazê-lo surja por três vezes. Sente-se da maneira habitual, prestando atenção plena à respiração, ao corpo e à mente. Mas não estabeleça uma hora fixa para o fim da meditação. Em vez disso, fique sentado até que um forte impulso lhe diga para se levantar. Observe a sua qualidade. Ele talvez surja da inquietação, da fome, da dor no joelho, do pensamento em todas as coisas que você precisa fazer ou da necessidade de ir ao banheiro. Suavemente dê um nome a essa energia que aflorou e, junto com ela, sinta o impulso para se mover. Sinta-o cuidadosamente no seu corpo, nomeando-o: "vontade de levantar, vontade de levantar", e permaneça com esse impulso enquanto ele durar. (Isso raramente ultrapassa um minuto.) Então, depois que esse impulso passar, note como você o sente agora e observe se a sua meditação se aprofundou ao permanecer sentado durante todo o processo desse impulso. Continue sentado até que um segundo impulso de se levantar o atinja fortemente. Acompanhe todo o processo, da mesma maneira que antes. Por fim, depois de vivenciar cuidadosamente uma terceira vez todo o processo desse impulso, levante-se. Aos poucos, a profundidade da sua atenção e centralização irá crescer através dessa prática.

Se assim o desejar, estenda sua observação a outros impulsos fortes, acompanhando todo o processo de querer se coçar, de querer se mover enquanto está sentado ou de querer fazer outras coisas. Aos poucos, esse modo de estar consciente lhe ensinará a permanecer centrado, a ter capacidade de respirar e a sentir as respostas variáveis às situações da sua vida, em vez de reagir a elas de forma automática. Você começará a descobrir um centro de equilíbrio e compreensão diante das forças da sua vida.

8

PROBLEMAS DIFÍCEIS E VISITANTES INSISTENTES

Quando qualquer experiência do corpo, do coração ou da mente continua a se repetir na consciência, é sinal de que esse "visitante" está exigindo uma atenção mais plena e profunda.

No decorrer da nossa prática de dar nome aos demônios e obstáculos comuns, talvez cheguemos a encontrar as forças subjacentes que os fazem retornar repetidas vezes. O medo, a confusão, a raiva e a ambição surgem, com freqüência, como visitantes insistentes na nossa meditação. Mesmo depois de sentirmos que já os conhecemos razoavelmente bem, eles continuarão a reaparecer. Neste capítulo, vamos examinar com mais profundidade o modo de trabalhar com as dificuldades que se manifestam na nossa vida espiritual repetidas vezes.

Há alguns anos, no final de um retiro de dez dias, pediram-me que conduzisse a meditação de encerramento, cujo tema seria a bondade — uma longa meditação dirigida, evocando estados de perdão e compaixão em benefício de nós mesmos e dos outros. Quinze minutos antes do início dessa meditação, recebi um raivoso telefonema da moça que eu namorava na época. Ela estava profundamente irritada com as exigências que dizia que eu lhe impunha. E eu, do mesmo modo, estava irritado com algumas coisas que ela tinha feito. Discutimos até que soou o sino anunciando o início da meditação.

Ao me sentar na frente do numeroso grupo de discípulos, eu ainda sentia os fortes efeitos daquela troca de acusações. Mesmo assim, com o maior cuidado, comecei a conduzir a meditação, dando o tom mais gentil e bondoso possível à minha voz. Depois de transmitir frases como: "Possa o meu coração encher-se de bondade" ou "Possa eu estar em paz", eu fazia uma pequena pausa para que os discípulos fossem capazes de sentir essas qualidades dentro deles. Porém, durante essas pausas, aquela discussão ao telefone voltava a me dominar e eu me via pensando: "Quando esta meditação acabar, vou ligar para ela e dizer-lhe algumas verdades". E então eu dizia em voz alta: "Pense em alguma pessoa que você ama e estenda a sua bondade até ela". Na pausa seguinte, vinha-me à mente: "Aquela garota imatura e neurótica! Quando falar com ela, vou..." E eu começava a lembrar todas as injustiças passadas que ela havia cometido. E então eu dizia: "Estenda ainda mais seu coração compassivo..." E assim a coisa continuou, como uma absurda partida de tênis mental. Ah, se aqueles discípulos soubessem o que estava se passando!

Embora fosse penoso para mim sentir a raiva e a dor, isso era tudo o que eu podia fazer para não cair na gargalhada. Nossa mente agarra-se às suas dores e medos, mesmo quando alguma outra parte de nós sabe como enfrentar o problema. A mente é capaz de fazer praticamente tudo... e não tem nenhum orgulho. Minha sorte foi ter suficiente prática em lidar com a raiva, pois isso deu-me a possibilidade de observar com amplitude e bondade todo esse processo de alternância das duas vozes. Ao final dessa meditação, eu havia alcançado pelo menos um pouco de paz e perdão em relação à minha namorada, em relação a mim mesmo e à natureza contraditória da própria mente. E foi com esse espírito que telefonei para ela.

O grande poeta místico Kabir pergunta:

Amigo, dize-me o que fazer com este mundo
ao qual me prendo, prisioneiro do seu giro!

Renunciei às vestes e cubro meu corpo com uma túnica,
mas certo dia notei a perfeição da sua trama.

Troquei-a por um simples saco de aniagem, mas ainda
o atiro, com elegância, sobre o ombro esquerdo.

Refreei meu apetite sexual, mas agora
descubro o quanto estou faminto.

Renunciei à raiva, mas agora
percebo a avidez que me acompanha o dia todo.

Lutei muito para dissipar minha avidez
e agora sinto orgulho de mim mesmo.

Quando resolve romper seus laços com o mundo,
a mente continua a se prender a alguma coisa.

Como poderemos compreender aquilo que perpetua as dificuldades que encontramos? Uma vez capaz de dar nomes aos demônios à medida que surgem e desaparecem, nosso coração passa a se prender a eles de um modo mais sutil. Sem julgamento, tornamo-nos aquilo que Ram Dass chama de "um conhecedor das próprias neuroses". E então estamos prontos para uma abertura mais profunda, para compreender o que está na raiz das nossas neuroses.

Com uma atenção mais cuidadosa, vamos perceber que cada demônio, cada obstáculo, é uma contração emocional ou espiritual e que todos eles são gerados pelo medo. Buda descreveu essa contração e sofreguidão como a fonte de todo o sofrimento humano. Nos primeiros anos da minha prática e ensinamento, como qualquer discípulo normal, lutei contra a inquietação, a luxúria, a dúvida e a raiva. Eu acreditava que, de algum modo, essas eram as forças que estavam na raiz do meu sofrimento. No entanto, à medida que me punha a ouvir mais cuidadosamente, descobri em mim mesmo — e, mais tarde, em meus discípulos — que, por trás de todas essas lutas, estava o medo.

O medo cria um sentimento falso e contraído do "eu". Esse eu falso ou "pequeno" apodera-se do nosso corpo limitado, dos nossos sentimentos e pensamentos limitados e tenta segurá-los e protegê-los. A partir desse sentimento limitado do eu, surgem a deficiência e a necessidade, a raiva defensiva e as barreiras que construímos para nossa proteção. Temos medo de abrir, de mudar, de viver plenamente, de sentir a totalidade da vida; adquirimos o hábito de nos identificar, de maneira distorcida, com esse "corpo de medo". A partir desse medo, surgem a ganância, o ódio e a ilusão. Porém, sob esse medo encontra-se uma abertura e uma totalidade que podemos chamar de nossa *verdadeira natureza* ou estado original, a nossa natureza búdica. Mas, para chegar à nossa verdadeira natureza, precisamos examinar e desvendar, de uma maneira muito pessoal, as ações desse "corpo de medo".

Uma das situações de maior transparência para observar o processo de contração na nossa vida é a meditação. Freqüentemente sentimos essa contração, essa reação diante de uma dificuldade específica, que, como um visitante insistente, surge repetidas vezes na nossa meditação. Esse padrão repetitivo de pensamentos, humores e sensações pode ser sentido como algo estagnado ou inconcluso. Não estou me referindo aos problemas gerais de sonolência, julgamento ou irritação de que falamos ao dar nome aos demônios; e, sim, às sensações, histórias, pensamentos e sentimentos bastante específicos e, em geral, dolorosos que afloram repetidamente na nossa consciência. Em sânscrito, eles são chamados de *sankaras*.* Quando defrontamos com dificuldades recorrentes, nossa primeira abordagem espiritual foi a de reconhecer o que está presente, chamá-lo pelo nome dizendo com suavidade, "tristeza, tristeza" ou "lembrança, lembrança", ou algum outro nome. É claro que certos padrões repetitivos requerem uma resposta, uma ação sábia da nossa parte. Precisamos reconhecer essas situações e, como disse um mestre zen, "Não apenas sentar em algum lugar como um idiota". No entanto, muitos visitantes insistentes, mesmo quando os chamamos pelo nome ou respondemos a eles, continuarão a se repetir, tornando a aparecer vezes sem conta.

Quando qualquer experiência do corpo, do coração ou da mente continua a repetir-se na consciência, é sinal de que esse "visitante" está pedindo uma atenção mais profunda e mais plena. Embora a regra geral, na meditação, seja permanecer aberto ao fluxo de tudo aquilo que aflora, ao encontrar um visitante insistente precisamos reconhecer que esse é o seu modo de nos pedir mais atenção, de nos pedir

---

* Ver Glossário, no final do livro.

105

uma compreensão mais clara. Esse processo envolve indagação, aceitação, compreensão e perdão.

A EXPANSÃO DO CAMPO DA ATENÇÃO

Existem alguns princípios básicos que nos ensinam a abrir as áreas estagnadas e liberar as contradições do "corpo de medo". O primeiro desses princípios é chamado de "expansão do campo da atenção". Uma dificuldade repetitiva será sentida de maneira predominante em uma das quatro áreas básicas da atenção plena. Ela irá surgir no domínio do corpo, ou no domínio dos sentimentos, ou no domínio da mente (pensamentos e imagens), ou no domínio das nossas atitudes básicas (avidez, medo, aversão, etc.). Expandir o campo da atenção implica tomar consciência de uma outra dimensão desse visitante insistente — não apenas perceber sua face predominante. Isso porque, invariavelmente, estamos estagnados em um nível diferente desse nível óbvio no qual observamos e damos nomes. A liberação só irá ocorrer quando formos capazes de passar desse nível óbvio para os outros níveis da percepção consciente.

Nos retiros, esses visitantes insistentes, ou padrões de pensamento difíceis e repetitivos, são chamados de "as dez mais". Em geral, quando um pensamento surge, nós simplesmente lhe damos um nome, "pensamento, pensamento", e, à luz da percepção consciente, ele se desvanece como uma nuvem. No entanto, "as dez mais" — seja sob a forma de palavras, de imagens ou de histórias — persistem e retornam independentemente da maneira como e por quantas vezes são observadas. Elas tocam como discos, repetindo o mesmo tema vezes sem conta. De início, para ganhar perspectiva, podemos numerá-las de um a dez. "Ah, aqui está a terceira da parada de sucessos desta semana." Desse modo, quando notamos a sua presença, não precisaremos tocar o disco inteiro a cada vez e poderemos mais facilmente deixá-la ir embora. Ou, senão, podemos usar uma variação dessa técnica e dar um nome ou um título humorístico "às dez mais". A muitos aspectos de mim mesmo, hoje bem familiares, fui dando nomes como, por exemplo: "O Sobrevivente Faminto", "O Sr. Empreendedor", "Átila, o Huno", "A Querida Jaqueline", "Medo do Escuro" e "O Amante Impaciente". Desse modo, os padrões repetitivos do medo, da tristeza, da impaciência ou da solidão tornaram-se mais familiares e agora ouço suas histórias com uma postura mais amigável e franca. "Olá, que bom vê-lo de novo! O que você me conta hoje?"

Isso, entretanto, não é suficiente. Vamos supor que encontramos uma história repetitiva sobre o divórcio dos nossos pais. Ela conta, repetidas vezes, quais os filhos que ficarão com quais bens e quem disse o que para quem. O "disco" dessa história pode tocar muitas vezes. À medida que toca precisamos expandir o nosso campo de atenção: como sinto esse pensamento no meu corpo? Ah, existe uma tensão no diafragma e no peito. Dou nome a ela, "tensão, tensão", e permaneço meticulosamente atento por alguns minutos. Assim fazendo, essa tensão talvez se abra para outras sensações, liberando muitas imagens e sentimentos novos. Desse modo, podemos começar liberando as contrações físicas e o medo corporal que estávamos guardando dentro de nós. Em seguida, podemos expandir ainda mais a atenção, observando novos sentimentos. Quais sentimentos se manifestam junto com esse padrão de pensamento e com essa tensão? De início, talvez os sentimentos estejam semi-ocultos ou inconscientes; porém, se os sentirmos cuidadosamente, começarão a revelar-se. A tensão no peito se transformará em tristeza; a tristeza talvez se transforme em mágoa. E, quando finalmente começarmos a sofrer essa mágoa, o padrão será liberado.

De modo semelhante, quando encontramos a repetição de uma dor física (ou um humor difícil), podemos expandir nossa percepção consciente até o nível dos pensamentos, das histórias ou crenças que acompanham essa dor. Com uma atenção cuidadosa, é possível descobrirmos uma crença sutil a respeito de nós mesmos, a qual está perpetuando aquela dor ou o tipo de humor; talvez uma história sobre o nosso próprio demérito, tal como, "Eu sempre fui assim". Quando tomamos consciência da história ou da crença, vendo-as exatamente como são, em geral o padrão é liberado.

Na maioria das vezes, as histórias e pensamentos repetitivos são alimentados por emoções ou sentimentos subjacentes e não-reconhecidos. Esses sentimentos são parte daquilo que, repetidas vezes, traz de volta o pensamento. O planejamento do futuro é, em geral, alimentado pela ansiedade. A lembrança do passado é, em geral, alimentada pelo remorso, pela culpa ou pela mágoa. Muitas fantasias surgem como resposta à dor ou ao vazio. Na meditação, nossa tarefa é descer abaixo do nível da mensagem repetitiva que está gravada dentro de nós, para compreender e sentir a energia que a faz vir à superfície. Quando o fazemos, e verdadeiramente chegamos a um acordo com o sentimento, o pensamento deixa de ter necessidade de emergir e o padrão se dissolverá de modo natural.

A PLENA PERCEPÇÃO CONSCIENTE DOS SENTIMENTOS

Este é o segundo princípio para a liberação dos padrões repetitivos: abrir-se para uma plena percepção consciente dos sentimentos. É o nível do sentimento que controla a maior parte da nossa vida interior mas, mesmo assim, em geral não temos uma real consciência dos nossos sentimentos. Nossa cultura ensinou-nos o retraimento e a supressão — "demonstrar as emoções" não é adequado para um homem e apenas certas emoções são permitidas às mulheres. Um *cartoon* que representa a nossa ambivalência mostrava uma mulher consultando a cartomante: a mulher queria saber por que seu marido se recusava a falar sobre os sentimentos dele. A cartomante consulta a bola de cristal e declara que "Em janeiro próximo, os homens americanos começarão a falar sobre seus sentimentos e, poucos minutos depois, as mulheres em todo o país irão lamentar isso amargamente". Esse é o conflito com que defrontamos.

Quando não aprendemos a falar sobre os nossos sentimentos ou mesmo a tomar consciência deles, nossa vida continua enredada. Para muitos praticantes da meditação, recuperar a percepção consciente dos sentimentos é um processo longo e difícil. Contudo, na psicologia budista, levar a consciência aos sentimentos é um fator decisivo para o despertar. Num ensinamento conhecido como: "O ciclo de surgimento das condições", Buda explica como o ser humano fica enredado. É o sentimento que nos retém ou que nos liberta. Quando surgem sentimentos agradáveis e os retemos de modo automático, ou quando surgem sentimentos desagradáveis e tentamos evitá-los, estabelecemos uma reação em cadeia de perplexidade e dor. Esse processo perpetua o "corpo de medo". Mas, se aprendermos a ter consciência dos sentimentos sem avidez ou aversão, então eles poderão mover-se através de nós como as estações do ano e seremos livres para senti-los e mudar como o vento. Um exercício de meditação muito interessante consiste em focalizar especificamente os nossos sentimentos durante vários dias; damos nome a cada um deles e vemos quais os que tememos, quais os que nos enredam e quais geram histórias, e como tornar-nos livres. "Livre" não quer dizer livre dos sentimentos, mas, sim, livre para sentir cada um deles e deixá-lo mover-se, sem temer o movimento da vida. Podemos aplicar esse exercício aos padrões difíceis que se nos apresentam. Sentir qual o sentimento que está no centro de cada experiência e tornar-nos plenamente abertos para ele. Esse é um movimento em direção à liberdade.

A DESCOBERTA DO QUE ESTÁ PEDINDO ACEITAÇÃO

Talvez este pareça um método muito complicado e confuso de meditar, mas, na prática, é muito simples. A regra geral é simplesmente sentar-se e tomar consciência do que for aparecendo. Se ocorrerem padrões repetitivos, expanda o campo da percepção consciente e então sinta o que está pedindo aceitação. Este é o terceiro princípio. Os padrões repetitivos subsistem devido a algum grau de resistência: uma aversão, um medo ou um julgamento os mantêm presos. Esse retraimento se forma a partir do medo. Para liberá-lo, precisamos reconhecer o que está presente e perguntar ao nosso coração: "Como estou recebendo isso?" Trata-se de algo que queremos mudar? Existe algum sentimento (ou crença ou sensação) difícil que contraímos em torno daquilo que queremos superar ou fazer desaparecer? Existe algum apego, algum medo?

O Dalai Lama chamou a atenção para o fato de que o comunismo não funciona em parte alguma do mundo porque não está baseado na compaixão e no amor; está baseado na luta de classes e no controle ditatorial, o que, em última análise, simplesmente não funciona. Luta e ditadura tampouco funcionam na nossa vida interior. Por isso, precisamos verificar qual aspecto desse padrão repetitivo está pedindo aceitação e compaixão, e perguntar a nós mesmos: "Poderei tocar com o amor tudo aquilo para o que fechei o meu coração?" Isto não significa resolver esse padrão ou visualizá-lo — trata-se de uma simples pergunta: "O que está pedindo aceitação?" No que se refere aos padrões difíceis de pensamento, emoção ou sensação, precisamos abrir-nos para sentir toda a sua energia no nosso corpo, no nosso coração e na nossa mente, por mais fortes que eles se mostrem. Isso inclui também a abertura às nossas reações a essa experiência, observando o medo, a aversão ou o retraimento que surgem e, então, aceitá-los por completo. Só então esse padrão pode ser liberado.

Nas minhas práticas iniciais como monge celibatário, tive longas batalhas de luxúria e imagens de fantasias sexuais. Meu mestre disse-me para dar-lhes um nome e eu assim o fiz. Mas elas se repetiam com freqüência. "Aceitar isso?", pensei. "Mas aí elas nunca mais irão parar." Mas continuei tentando. No decorrer dos dias e semanas, esses pensamentos tornaram-se ainda mais fortes. Finalmente, decidi expandir minha percepção consciente para ver quais os outros sentimentos que estavam presentes. Descobri, para minha surpresa, um profundo poço de solidão quase sempre que as fantasias afloravam. Não havia só luxúria, havia também solidão; e as imagens sexuais eram meios de buscar conforto e intimidade. Mas elas continuavam aflorando. E então notei como me era difícil concordar em sentir a solidão. Eu a odiava: eu resistia a ela. Só quando aceitei essa resistência e gentilmente a envolvi em mais compaixão, só então foi que ela começou a se desvanecer. Ao expandir a minha atenção, aprendi que grande parte da minha sexualidade pouco tinha a ver com luxúria e, à medida que passei a aceitar o sentimento de solidão, o caráter compulsivo das minhas fantasias diminuiu gradativamente.

A ABERTURA ATRAVÉS DO CENTRO

Basicamente, a aceitação que descrevi deveria ser suficiente. A cura, a compaixão e a liberdade surgem de uma percepção consciente livre e aberta. No entanto, às vezes é necessário uma atenção ainda mais cuidadosa e direcionada para abrir nossos padrões repetitivos e desatar os nós (os bloqueios) mais profundos. Este é o quarto princípio para trabalhar com os visitantes insistentes, chamado de "abertura através do centro". Os padrões fixadores no nosso corpo e mente são como bloqueios de energia que possuem contração corporal, emoção, lembranças e imagens em um complexo entrelaçado. Nessa prática, dirigimos cuidadosamente nossa percepção consciente para cada nível de um nó, sentindo o próprio centro do padrão. Ao fazê-lo, podemos libertar nossa identificação com ele e descobrir uma abertura e bem-estar fundamentais sob a contração.

Como isso é feito na nossa prática? A solidão que encontrei e que fazia surgir fantasias sexuais pode servir de exemplo. Ela voltou com freqüência e de modo doloroso, mesmo depois que a nomeei e que a senti com cuidado. Tanto quanto sou capaz de lembrar, a solidão tem sido uma das minhas mais profundas fontes de dor. Sou gêmeo e, às vezes, penso que fiz com que meu irmão me acompanhasse no útero materno para que eu tivesse companhia. Assim como ocorre com cada uma das práticas que descrevi, é melhor começar pela percepção consciente do corpo. À medida que a solidão continuava a vir à tona, eu levei uma atenção ainda mais cuidadosa ao ponto onde ela estava guardada. Na maioria das vezes, eu a sentia concentrada no meu estômago. E então tentei sentir o que chamamos de "elementos físicos". A terra (rigidez ou suavidade), o ar (imobilidade ou padrões de vibração), o fogo (temperatura) e a água (natureza coesiva ou fluidez), incluindo, às vezes, cor e textura. Minha solidão era uma esfera rígida que pulsava no seu centro, quente e de cor vermelho-fogo. A seguir, passei a sentir profundamente todos os sentimentos nela entremeados. Medo, dor, tristeza, anseio e fome estavam presentes, junto com uma aversão geral a sentir esses estados. Dei nome a cada um deles com suavidade. E enquanto sentia o centro do fogo, da dor e da fome, deixei que transitassem livremente todas as imagens que quisessem vir à tona. Surgiu uma série de lembranças e quadros de abandono e rejeição. Com muita freqüência, essas imagens irão se reportar à primeira infância ou mesmo às vidas passadas (se a pessoa o permitir). Ao sentir esse centro, perguntei a mim mesmo quais as crenças e atitudes que eu mantinha a respeito dele. A história que surgiu soou como a da criança que diz: "Tem algo insuficiente e errado comigo e serei sempre rejeitada". Era com essa crença, e com os sentimentos que a acompanham, que eu me identificava; era em volta dela que eu me contraía.

À medida que cada uma dessas camadas se abria na percepção consciente, a dor cedeu gradativamente, os sentimentos se suavizaram e o fogo foi se extinguindo. Continuei a me sentir no centro da solidão e pareceu-me perceber um buraco ou espaço na minha barriga, em volta do qual a dor havia se fechado. Dei nome a esse buraco central com muita suavidade e senti sua fome intensa, seu anseio e seu vazio. E então deixei que ele se abrisse tanto quanto quisesse, em vez de me fechar à sua volta, como havia feito por tantos e tantos anos. Ao fazer isso, ele ficou maior e mais suave e todas as vibrações à sua volta passaram a ser maravilhosas. O buraco transformou-se num espaço aberto; a sensação de fome se alterou. Embora fosse um buraco vazio, tornou-se um luminoso espaço vazio. Aos poucos, foi permeando outras partes do meu corpo e com ele veio uma sensação de luz e de realização. Inundou-me um sentimento de tranqüilidade, de profunda paz e de contentamento. Ao repousar nesse espaço aberto, todo conceito de rejeição e insuficiência era totalmente desnecessário. Eu conseguia ver que tudo — a solidão, a dor, a tristeza, os pensamentos de rejeição — era uma contração do meu corpo e da minha mente, baseada no conceito aterrorizado e limitado sobre mim mesmo que eu carregara por longo tempo. Eu conseguia até mesmo ver com compaixão as cenas e situações que a geraram. Mas aqui, repousando na amplidão e na totalidade, eu sabia que isso não era verdadeiro. E, embora a dor da solidão certamente tenha retornado a minha vida, agora eu sei, com toda a certeza, que eu não sou ela. Aprendi que suas crenças e contrações são baseadas no medo e que, debaixo de tudo aquilo, existe uma totalidade e um bem-estar genuínos, que constituem a minha verdadeira natureza.

Um exemplo mais simples: um homem que freqüentou o nosso retiro anual de três meses na Insight Meditation, desenvolveu práticas serenas e poderosas durante as seis primeiras semanas. Então, de súbito, uma dor se manifestou no seu ombro e ele ficou desorientado, sonolento e incapaz de se concentrar. Meditou em meio a esse estado de coisas durante várias semanas, antes de me procurar. Depois que ele descreveu a repetição da dor e da sonolência, pedi-lhe que focalizasse a atenção no centro das sensações em seu corpo. Ele fechou os olhos e, com cuidadosa percepção consciente, começou a descrever os elementos físicos, os sentimentos e as imagens do centro da dor. De repente, seu rosto se transformou: ele teve uma vívida lembrança de si mesmo aos dezesseis anos, quebrando acidentalmente o braço de outro rapaz numa partida de futebol americano. Ele disse: "Eu me senti um jogador fantástico quando corri para bloquear o avanço daquele adversário e quebrei-lhe o braço. Logo depois, fui dominado pelo medo, pela tristeza e pelo remorso. Fiquei com medo da minha própria força". Perguntei-lhe: "E como isso está relacionado com a sua meditação?" Foi então que ele se sentiu tocado por um instante de reconhecimento. "No momento exato em que eu estava começando a sentir que tinha as mais poderosas meditações, meu ombro começou a doer, tudo ficou nebuloso e entorpecido, e eu me contraí. Acho que inconscientemente senti medo dessa minha nova força, medo de também vir a machucar alguém com ela."

No instante em que ele percebeu isso e sentiu a profundidade do medo, a dor no ombro cessou, a mente se aclarou e um sentimento profundo de confiança surgiu em lugar do medo, da confusão e da sonolência. Sua meditação voltou a se abrir, incluindo estados pacíficos e poderosamente concentrados; agora, porém, ele conseguia conviver com esse processo e sentir-se bem. À medida que compreendemos e liberamos os padrões difíceis, nossa consciência se aclara e nossa meditação segue um caminho mais desimpedido e natural. Ficamos ligados à nossa verdadeira natureza.

Quando a percepção consciente realmente investiga nossas restrições, nós nos abrimos. Por trás de cada área de contração, encontramos tranqüilidade e espaço. Esse espaço pode ser sentido de maneira física no corpo, como uma abertura progressiva das sensações, até que se desfaça o sentido de solidez corporal. Pode ser sentido no coração, como uma aceitação compassiva; e na mente, como um claro espaço de percepção consciente que contém todas as coisas. Nesse espaço, descobrimos a nossa verdadeira natureza.

Quando não estamos contraídos, o espaço do nosso corpo e mente é naturalmente preenchido por qualidades que refletem sua totalidade. Sentimos bem-estar, alegria, clareza, sabedoria e confiança — propriedades que são as jóias da consciência luminosa. Cada vez que nos abrirmos para além dos nossos estados contraídos e cheios de medo, chegaremos a esse tesouro. As qualidades que encontraremos são o complemento, o que irá completar aquilo que estava previamente guardado dentro de nós. Foi assim que o jogador de futebol encontrou a confiança emergindo do seu medo; assim, minha própria solidão libertou-se na totalidade e no contentamento que estive buscando o tempo todo. Carl G. Jung conhecia esse processo quando disse aos fundadores dos Alcoólicos Anônimos que, na verdade, o que realmente buscavam na garrafa era a cura do espírito que habita o nosso corpo.

Com a abertura, podemos ver como é freqüente confundir uma identidade "pequena" e crenças geradas pelo medo com a nossa verdadeira natureza. Também podemos ver como isso nos limita. Podemos tocar com grande compaixão a dor das identidades contraídas que nós e os outros criamos neste mundo. A partir da perspectiva universal e atemporal da abertura, podemos começar a ver toda a dança humana de nascimento e morte com os olhos compassivos e o coração compreensivo de um Buda. Podemos ver como o processo de identificação nos carrega através da vida, até que despertemos.

As coisas que a humanidade almeja não serão encontradas no domínio dos estados contraídos, da mente ansiosa e das lutas do nosso pequeno eu. Por outro lado, a prática espiritual nos oferece uma profunda transição de identidade. Com percepção consciente, podemos aprender a nos libertar de identidades indigentes, medrosas ou compulsivas e descobrir a totalidade e o bem-estar, o sentimento de liberdade e o curso natural do nosso ser.

Este nível de prática espiritual é um processo revolucionário de indagação e descoberta. Nossas dificuldades recorrentes podem levar-nos a essas novas aberturas. O próprio conflito e dor que carregamos pode conduzir-nos a novos níveis de liberdade. Cada circunstância difícil contém uma lição que pode levar-nos ao próprio despertar específico nela contido. O que se requer de nós é a disposição para irmos ao centro do nosso ser.

Convença-se de que enfrentar nossos padrões repetitivos e explorar nossa identidade é um trabalho muito difícil. Exige, com freqüência, a ajuda de um mestre ou orientador. Falaremos mais a esse respeito em outros capítulos, quando discorreremos sobre como encontrar um mestre e como beneficiar-nos de seus ensinamentos.

OS CINCO MEIOS MAIS HÁBEIS

Esta vida é um teste — um teste e nada mais.
Fosse ela uma vida de verdade, terias recebido
mais instruções sobre aonde ir e sobre o que fazer.
Lembra-te, esta vida nada mais é que um teste.

Nesse mesmo espírito de aventura e descoberta, consideremos cinco outros princípios para trabalhar com as experiências difíceis que são tradicionalmente ensinados na prática budista. Cada um deles é um meio para sentirmos os padrões das nossas dificuldades, repetindo-os de maneira mais consciente, explorando-os ou libertando o nosso envolvimento com eles. Esses cinco meios começam com o ato básico de desapegar-se e, à medida que seguimos em frente, tornam-se mais ativos e desafiadores.

DESAPEGAR-SE

Desapegar-se é o primeiro e mais fundamental desses princípios. Quando as dificuldades surgem e somos capazes de desapegar-nos, podemos simplesmente deixálas ir embora. Mas, cuidado! Não é tão fácil como parece. Com muita freqüência, estamos por demais apegados e envolvidos com a história para conseguir agir dessa maneira. Outras vezes, talvez tentemos "desapegar-nos" de alguma coisa porque não gostamos dela. Mas isso não é desapego... é aversão. Na fase inicial da prática espiritual, muitas das nossas tentativas de nos desapegarmos das dificuldades são equivocadas. Trata-se, na verdade, de gestos de julgamento e fuga.

Somente quando houver equilíbrio na mente e compaixão no coração é que poderá ocorrer o verdadeiro desapego. Ao desenvolver essa habilidade na meditação, será possível desapegar-nos de certos estados difíceis assim que eles surgem. Esse desapego não contém, em si, nenhuma aversão — trata-se de uma escolha orientada para abandonar um estado mental e calmamente focalizar a nossa concentração de maneira mais hábil no momento seguinte. Essa habilidade cresce com a prática. Ela surge à medida que a nossa serenidade vai crescendo. Ela pode ser cultivada, mas nunca forçada.

Quando o desapego não é possível, ele pode ser mudado para uma versão mais suave dessa prática, chamada: "Deixe que aconteça". Em vez de tentar desapegar-se dos estados que aparecem, seja dor, medo ou luta, tome consciência deles e deixe que apareçam e desapareçam. Deixe que aconteça. *"Let it be"*: lembre-se da canção dos Beatles: *"There will be an answer. Let it be, let it be"*. "Deixar acontecer" não significa livrar-se de algo ou evitá-lo, mas simplesmente libertá-lo. Deixe que aquilo que está presente venha à tona e passe como as ondas do oceano. Se o pranto aflorar, deixe que haja pranto. Se a mágoa ou a raiva aflorarem, deixe que haja mágoa ou raiva. Isso é Buda, em todas as formas. Buda solar, Buda lunar, Buda feliz, Buda triste. É o universo oferecendo todas as coisas para despertar e abrir o nosso coração. O espírito de *deixar que aconteça* foi expresso de maneira belíssima em um cartaz que vi há alguns anos, anunciando meditação e ioga. Um famoso guru indiano, com cabelo grisalho e uma longa barba ondeante, estava perfeitamente equilibrado sobre um só pé na postura da ioga conhecida como "a árvore". Vestia apenas uma pequena tanga. O mais surpreendente é que ele mantinha essa postura sobre uma prancha de surfe na crista de uma onda imensa. Na parte inferior do cartaz, grandes letras diziam: "Você não pode deter as ondas, mas pode aprender a surfar". Assim podemos saudar as contradições da nossa vida e desapegar-nos delas ou deixar que aconteçam.

TRANSFORMAR A ENERGIA

Às vezes, no entanto, desapegar-se ou deixar que aconteça é muito difícil. Talvez você tenha tentado aceitar uma determinada dificuldade; você a reconheceu; é possível que tenha tentado senti-la profundamente e, ainda assim, está em luta com ela. Existem outras alternativas para as dificuldades que emergem repetidas vezes. Uma delas é transformar a energia, fazer com que a energia da dificuldade se transforme em sentimentos úteis e em ação útil. Isso pode ser feito de um modo interior ou de um modo exterior. Por exemplo, quando trabalhamos com as forças da raiva e da agressão que estão profundamente armazenadas no nosso corpo e na nossa mente, elas às vezes se tornam muito poderosas. Um modo exterior de transmutá-las seria pegar essa raiva e ir cortar lenha. Liberamos a raiva e habilmente a redirecionamos, usando sua força para fazer algum trabalho útil no tempo de inverno; transformamos o poder dessa energia, através dos movimentos do nosso corpo, em um propósito criativo ou benéfico. Ao transformá-la, nós a liberamos e conseguimos vê-la com clareza. Também nos beneficiamos do fato de aprender a expressá-la de uma maneira direta. Essa expressão é particularmente necessária para muitas pessoas na nossa sociedade: treinadas para reprimir suas emoções, elas têm medo de expressá-las. Se sentimos medo da raiva durante toda a nossa vida, precisamos explorar e experimentar a raiva — não de uma maneira que venha a ferir ou a causar danos aos outros, mas para transformar a sua energia. O mesmo acontece com as outras dificuldades. Podemos começar a extravasá-las e encontrar uma maneira de dar-lhes um bom uso.

A transformação também pode ser interna. Como exemplo de transformação interior, consideremos o desejo sexual compulsivo, a luxúria repetitiva e poderosa que vem à tona com tanta força que somos incapazes de dar-lhe nossa plena atenção. No modo interior de transformação, sentimos essa energia no nível físico e a fazemos subir dos órgãos genitais até o coração. Podemos direcionar essa energia através da atenção interior, até sentir que ela está conectada ao nosso coração e não apenas aos nossos órgãos sexuais. Assim como podemos usar a raiva para rachar lenha, também podemos tomar a força desse desejo — que, na realidade, é o desejo de conexão — e transferir sua energia do apego para o amor. E então, quando a nossa sexualidade se expressar, ela estará conectada com o amor e não com o medo, a compulsão ou a necessidade.

PÔR DE LADO

Uma terceira prática tradicional para trabalhar com as dificuldades é chamada de "pôr de lado". Quer dizer, subjugá-las, reprimi-las temporariamente. De fato, a repressão consciente tem seu valor. Existem bons momentos para trabalhar com as nossas dificuldades... e maus momentos. Existem ocasiões adequadas e ocasiões inadequadas. Por exemplo, uma cirurgiã está em casa durante o fim de semana e entra em uma séria discussão com o marido. O telefone toca, ela é chamada com urgência ao hospital. Entra no carro, dirige até o hospital e logo está esterilizada e vestida para a cirurgia. Esse não era um bom momento, no nível mental, para ela continuar a discussão com o marido. Era um bom momento para pôr de lado a discussão e dar atenção plena à cirurgia.

Embora esse seja um caso extremo, muitas vezes nos encontramos em circunstâncias (com a família, os filhos, as pessoas que amamos ou com os colegas de trabalho) que não são as mais adequadas ou seguras para confrontar nossas dificuldades. Encontrar a hora e o local adequados para o trabalho interior é importante. Compreender que podemos pôr de lado as dificuldades é extraordinariamente útil. Não precisamos enfrentar nossos problemas de imediato, e não precisamos fazê-lo em todas as circunstâncias. Assim como ocorre com todos os aspectos da natureza, assim existe também um lugar adequado para o crescimento do nosso coração e da nossa mente.

É inevitável que na nossa jornada espiritual ocorram momentos em que o nosso processo interior fica submerso e não conseguimos lidar facilmente com as nossas dificuldades. Talvez passemos por uma crise; talvez estejamos rodeados por pessoas insensíveis; talvez não tenhamos um sistema de apoio adequado; ou talvez estejamos apenas cansados. Esse é o momento de pôr as dificuldades em banho-maria, de esperar por uma hora mais adequada para lidar com elas. Nesta prática, conscientemente, pomos de lado as nossas dificuldades, reconhecendo que precisaremos voltar a elas mais tarde com toda a nossa atenção. É importante que respeitemos a nossa vulnerabilidade, reconhecendo que cada um precisa de uma situação confiável na qual possa trabalhar com os sentimentos mais profundos que vêm à tona. Como seres humanos, fomos feridos e, assim, criamos defesas ao redor de muitas das nossas dificuldades. A chave para a abertura é a confiança e o amor. Podemos dissolver nossas dificuldades com o amor. Não é possível resolvê-las a marteladas, mas, com o amor, podemos abri-las e dissolvê-las.

AGIR NA IMAGINAÇÃO COM ATENÇÃO PLENA

Agir com base em impulsos, assim que eles surgem, é o que fazemos na vida o tempo todo. Para transformar isso numa prática espiritual, precisamos aprender a agir usando a atenção plena como um meio verdadeiro e inequívoco. Sem a atenção plena, simplesmente fortalecemos nossos hábitos e desejos condicionados, conservando-nos presos a seus padrões e dando poder inconsciente às forças da avidez e da raiva. Com a atenção plena, nossas ações podem levar-nos à liberdade.

O quarto modo hábil de trabalhar com as dificuldades é uma prática chamada "agir na imaginação". Vamos supor que encontramos um medo, desejo, dúvida ou agressão em alto grau. Nesta prática, deixamos que esse medo se manifeste, exagerando-o na nossa imaginação. Para o desejo, talvez imaginemos que o realizamos ao máximo em todas as suas variações e matizes, repetidas vezes, cem, mil vezes. Nós o sentimos, o imaginamos, o visualizamos; porém, fazemo-lo com a atenção plena, para não torná-lo mais forte. Se fomos agredidos, talvez nos imaginemos mordendo ou chutando o agressor. Esta prática deixa-nos ver a energia que existe dentro de nós, como se estivéssemos dizendo: "Deixe-me ver qual a força desse desejo, qual o tamanho dessa mente enraivecida". Imagine esses problemas difíceis e sinta-os ao extremo. Quando decidimos ir até os extremos, descobrimos que somos capazes de conter essas forças e de nos relacionar com elas. Elas perdem seu poder sobre nós. Começamos a vê-las como coisas impessoais — "a dor", "o medo", "a ansiedade" —, coisas que todos nós compartilhamos enquanto seres humanos.

O poder dessa atenção interior é extraordinário. Através do ato de imaginar e fantasiar nossas dificuldades interiores, somos capazes de retrabalhar as mágoas, as lutas, os conflitos do passado. À medida que os envolvemos na consciência e os sentimos no corpo, podemos finalmente permitir-nos sentir todo o efeito de suas energias. Ao fazê-lo, nossa consciência se abre. Em vez de identificar-nos com uma simples parte do quadro, poderemos enxergar outros ângulos. Talvez os vejamos do ponto de vista de outras pessoas, do ponto de vista de outros estágios da nossa vida. Uma cura intensa e profunda ocorre através da imaginação ativa de conflitos, dificuldades e desejos dentro de nós. Quando os tivermos imaginado e aceitado plenamente, também veremos suas limitações e chegaremos a uma liberdade mais profunda de consciência.

Um homem que defrontava com um poderoso e insistente sentimento de raiva e frustração trabalhou com esta prática durante muitos anos. Quando nos sentávamos juntos, eu o encorajava a visualizar como era grande a sua raiva. Ele dizia que a sentia como uma bomba atômica, uma explosão nuclear. Instruí-o a deixar sua raiva abrir-se tanto quanto quisesse; ele disse que ela era capaz de destruir todo o universo pelo fogo. O universo interior tornava-se escuro e sem vida, cheio de cinzas. Um grande medo surgia dentro dele. Ele sentia que, por um longo tempo, grande parte de sua vida estivera morta; agora a morte se fazia sentir com mais força, como se a sua vida passasse a ser assim para sempre. Sugeri que ele deixasse a morte e as cinzas cobrirem o universo para sempre e visse o que viria a acontecer. Ele meditou sobre essa idéia por algum tempo, deixando sua imaginação contemplar esse universo sem vida por dez, quinze, cinqüenta, quinhentos milhões de anos.

E então, para seu assombro, apareceu uma luz verde ao longe, muito distante, e essa luz o encheu de terror; ele imaginava que era a morte, a morte que iria reinar por mais algumas centenas de milhões de anos. Finalmente, a luz verde ficou tão forte que ele não conseguiu mais ignorá-la. Era um novo planeta nascendo, um planeta com oceanos, plantas verdes e criancinhas. Ao ver esse novo cenário, esse homem percebeu que mesmo a imensidão da sua dor tinha um fim. A raiva e a frustração que haviam estado presentes por tão longo tempo começaram a perder seu poder sobre ele e uma inevitável renovação começou a ocorrer.

O poeta indiano Ghalib escreveu:

Para a gota de chuva, a alegria é juntar-se ao rio...
Mergulha no pesar e tuas lágrimas se tornarão suspiros.
Depois da chuva forte, as nuvens de tormenta se dissipam:
Teriam elas chorado, até a última gota, sua própria essência?

Assim como podemos explorar nossas dificuldades através da visualização, também podemos usar a visualização para evocar as grandes forças da sabedoria e compaixão universais que estão dentro do coração de cada um de nós. Muitas das práticas budistas avançadas de *samadhi e tantras** baseiam-se nesse princípio. Nelas, incorporamos interiormente os grandes símbolos do despertar, como Buda ou Jesus, ou visualizamos a compaixão do nosso coração estendendo-se a todos os seres vivos. Usando uma visualização hábil com o coração e a mente, podemos começar a transformar poderosamente o nosso mundo.

REPRESENTAR COM ATENÇÃO PLENA

O quinto meio hábil de trabalhar com as dificuldades é chamado de "representar com atenção plena". Sejamos francos: de todo modo, manifestamos a maior parte dos nossos desejos! Neste quinto meio, tomamos qualquer dificuldade que venha se repetindo e a "interpretamos", mantendo plena consciência daquilo que está acontecendo durante todo o processo. Existem duas restrições para que você adote essa prática. Primeiro, é preciso que ela não seja genuinamente prejudicial para você ou para qualquer outro ser. Segundo, é preciso fazê-lo com atenção plena. Assim, caso se trate de um desejo, agimos sobre ele prestando extrema atenção o tempo todo. Se é algo que precisa ser expresso, nós o expressamos e, ao fazê-lo, observamos a nossa atenção, o estado da mente, o sentimento no corpo, a constrição ou abertura do coração. Observamos todo o processo e deixamos que a experiência, os sentimentos no nosso corpo e as conseqüências tornem-se o nosso mestre. Essa é uma ocasião poderosa na qual podemos despertar. Lembre-se, no entanto, de que é importante não prejudicar a si mesmo ou a outro ser ao fazê-lo.

Como primeiro passo, podemos simplesmente exagerar a nossa dificuldade. Na Tailândia, Achaan Chah instruiu um discípulo que freqüentemente sentia raiva a começar esse processo encerrando-se numa diminuta cabana de folha-de-flandres num dia quente tropical. Ele o instruiu a envolver-se em suas vestes de inverno e a continuar enraivecido, permitindo-se de fato sentir plenamente a raiva.

Representar com atenção plena tem um outro aspecto. Um mestre com quem estudei na Índia adorava doces. Era fanático por *gulab jaman*, um doce tão doce que faz o mel parecer salgado. Depois de tentar inutilmente disciplina interior e meditação, ele decidiu trabalhar com esse desejo, manifestando-o. Certo dia, foi ao mercado e pediu 30 rupias de *gulab jaman*. Era uma montanha de doces flutuando em um oceano de xarope açucarado. Sentou-se ao lado de seus doces e, com atenção plena, pôs-se a comer o máximo que pôde, observando tudo o que lhe acontecia ao fazê-lo. Viu a paz que chegou no momento em que o desejo cessou (na primeira mordida). Sentiu

---

* Ver Glossário, no fim do livro.

a dor do desejo. Sentiu o prazer da doçura. Sentiu o prazer transformar-se em opressão à medida que continuava a comer o mesmo objeto desejado, aquela montanha de *gulab jaman*. A partir daí, ele nunca mais foi atormentado pelo desejo insaciável por *gulab jaman*.

Essa é uma forma de prática um tanto avançada. Não significa a repetição perpétua de manifestações da nossa compulsão. Significa fazê-lo uma única vez, no momento em que se está realmente presente e honestamente desperto para tudo o que acontece, aprendendo desde a primeira ação até a última conseqüência.

Como você pode ver, existem muitos modos de trabalhar com as nossas dificuldades. Cada uma delas é um movimento do inconsciente para abrir a nossa atenção. Podemos estudá-las ou, senão, apenas nos desapegar delas. Podemos transmutá-las e aprender a fazer dessas energias uma parte útil da nossa prática. Quando nos sentimos incapazes de fazê-lo, podemos pô-las de lado e, mais tarde, encontrar uma circunstância que nos ofereça apoio e segurança para trabalhar com elas. Além disso, podemos exagerá-las na nossa imaginação, para chegar a um acordo com elas. Podemos representá-las com atenção plena. Todos esses meios mantêm nossa prática em crescimento, sincera e viva.

Quando perguntaram ao santo hindu Ramakrishna por que existia o mal no mundo, ele respondeu: "Para complicar a vida". E são exatamente esses fatores que complicam a vida — em geral, os mais difíceis e insistentes — que podem levar-nos à abertura do corpo, do coração e da mente. Ao fazê-lo, descobrimos que eles nunca foram a nossa verdadeira identidade. Sob todas as lágrimas, sob toda a dor, sob todo o medo e toda a raiva em volta dos quais nos contraímos, podemos encontrar a liberdade, a alegria e a tranqüilidade.

9

A MONTANHA-RUSSA ESPIRITUAL: A KUNDALINI E OUTROS EFEITOS COLATERAIS

O efeito ofuscante de luzes e visões e as poderosas liberações de êxtase e energia são um maravilhoso sinal da quebra das velhas estruturas do nosso ser, corpo e mente. No entanto, elas, por si mesmas, não produzem a sabedoria.

Como poderemos compreender as exóticas e espetaculares experiências espirituais que permeiam a literatura das grandes tradições místicas? As pessoas ainda as têm nos tempos modernos? Qual o valor dessas experiências? Nos capítulos anteriores, lidamos com as energias físicas, emoções e padrões de pensamento dentro do nosso estado, relativamente ordinário, de consciência. À medida que essas energias, emoções e padrões são liberados, novos níveis de calma e clareza tomam seu lugar e, com a prática contínua, todo o nosso estado de consciência, de algum modo, se transforma. Com a prática espiritual sistemática, podem surgir poderosas experiências de estados alterados do corpo, do coração e da mente. Este capítulo tenta descrever essas experiências — fundamentalmente indescritíveis — e colocá-las em perspectiva como parte do nosso caminho espiritual.

AS ATITUDES EM RELAÇÃO AOS ESTADOS ALTERADOS

Antes de podermos compreender os estados não-ordinários, precisamos perceber que as tradições espirituais contêm duas perspectivas, bastante divergentes, sobre o valor desses estados no processo de transformar e liberar a nossa consciência. Certos caminhos espirituais insistem no fato de que precisamos alcançar estados profundamente alterados de consciência a fim de descobrir uma visão "transcendente" da vida, abrir-nos para além do nosso corpo e mente e sentir o sabor divino da liberação. Essas escolas falam da necessidade de ir até o topo da montanha, da necessidade de ter uma visão cósmica, de transcender o pequeno eu, de vivenciar a iluminação. Muitas tradições mantêm seu foco de interesse sobre essas experiências visionárias e transcendentes. No Zen, a escola Rinzai enfatiza poderosas práticas de *koan** e retiros rigorosos para romper a consciência ordinária e levar às experiências chamadas *satori** e *kensho** momentos de profundo despertar. A Insight Meditation (vipassana) engloba escolas que usam poderosas técnicas de concentração e longos retiros intensivos para levar os discípulos a um despertar além de sua consciência cotidiana. A raja ioga, a ioga kundalini, certas práticas xamanistas e a "noite escura da alma" da prece cristã intensiva também são escolas que seguem essa linha de prática. As técnicas por elas usadas incluem repetição, extrema sensibilidade, dor, respiração vigorosa, concentração minuciosamente focalizada, *koans*, privação do sono e visões para ajudar os discípulos a ir além da consciência normal.

Muitas outras escolas, no entanto, não buscam a escalada da montanha da transcendência; em vez disso, procuram fazer surgir o espírito do topo da montanha aqui e agora, em cada momento da vida. Seus ensinamentos dizem que a liberação e a transcendência precisam ser descobertas aqui e agora; pois, se não for aqui, no presente, onde mais elas poderiam ser encontradas? Em vez de buscar transcender, a perspectiva da escola "imanente" ensina que a realidade, a iluminação ou o divino precisam brilhar através de cada momento; caso contrário, não serão genuínos.

As escolas que focalizam o despertar "aqui e agora" ensinam que o divino e a iluminação estão sempre presentes. Apenas a nossa mente desejosa e aferrada, incluindo o nosso desejo de transcendência, impede-nos de vivenciar essa realidade. A escola zen Soto ensina isso através de uma meditação chamada "apenas sentar", uma profunda abertura àquilo que é verdadeiro exatamente agora. Nessa prática, abandona-se a própria noção de conseguir a iluminação, o *satori* ou de estar em qualquer outro lugar. Suzuki Roshi, um dos grandes mestres da escola americana zen Soto, nunca falou do *satori* em seus ensinamentos. Sua mulher costumava gracejar dizendo que isso acontecia porque ele nunca o alcançara. Todas as percepções alteradas e visões na tradição zen Soto são chamadas *makyo**, ou ilusão, e ignoradas. A Insight Meditation tem muitos mestres que defendem uma perspectiva semelhante. Para eles, os estados alterados são apenas mais uma experiência, um fenômeno impermanente, ou, como disse Achaan Chah, "Apenas mais uma coisa da qual teremos de nos desapegar". Os ensinamentos da Advaita Vedanta, de Krishnamurti, a karma ioga e o caminho do serviço ao divino seguem essa mesma linha.

O caminho imanente e o transcendente são, ambos, uma expressão do Grande Caminho. São, cada um deles, práticas que podem levar a uma profunda renúncia e a uma verdadeira liberação. A maioria das pessoas que se dedica à prática espiritual de um modo devotado experimenta, em algum momento, ambas as perspectivas. Cada caminho tem seu valor... e seus perigos.

---

* Ver Glossário, no final do livro.

O valor dos estados transcendentes é a grande inspiração e visão estimulante que eles podem trazer à nossa vida. Eles podem proporcionar uma poderosa visão da realidade além da nossa consciência cotidiana e guiar-nos para viver a partir dessa verdade superior. As experiências que deles temos podem, às vezes, ser profundamente curadoras e transformadoras. Mas seus perigos e usos equivocados também são grandes. Talvez nos sintamos seres especiais por termos tido essas experiências; talvez nos apeguemos facilmente a elas; e o drama, as sensações do corpo, o êxtase e as visões talvez nos viciem e, na realidade, aumentem o desejo insaciável e o sofrimento na nossa vida. O maior de todos os perigos é o mito de que essas experiências irão nos transformar profundamente; o mito de que, com um momento de "iluminação" ou transcendência, nossa vida será totalmente mudada para melhor. Isso raras vezes é verdade, e o apego a essas experiências pode facilmente levar à complacência, à arrogância e ao auto-engano.

O valor da prática de imanência é sua abordagem poderosamente integrada. Ela faz emergir o espírito, aqui e agora, e infunde toda a nossa vida com um senso do sagrado. Os perigos incluem a ilusão e a complacência. Podemos facilmente acreditar que estamos "vivendo no presente" e, ainda assim, estar semi-adormecidos, seguindo nossos velhos hábitos de conforto. Nossa percepção inicial de amor e luz pode tornar-se uma desculpa para dizermos que tudo já é divino ou está perfeito e levar-nos a encobrir qualquer conflito ou dificuldade. Alguns discípulos praticam dessa maneira durante um longo tempo, sem ganhar muita sabedoria verdadeira. Estagnados sem sabê-lo, eles talvez se sintam repletos de paz; mas suas vidas não foram transformadas e talvez nunca venham a realizar a jornada espiritual, nunca venham a encontrar a verdadeira libertação em meio ao mundo.

Guardando na mente ambas essas perspectivas sobre os estados alterados, olhemos para alguns desses estados que podem vir a aflorar e consideremos o melhor meio de trabalhar com eles. Mas, tendo em vista que a nossa consciência ordinária geralmente desconhece o território mental, emocional e espiritual tratado neste capítulo e no próximo, é importante lembrar que é essencial ter um mestre ou orientador e o apoio adequado para mantermos o equilíbrio enquanto navegamos por esse território. Esse é um ponto crítico. Ninguém faz uma viagem ao Himalaia sem um guia que conheça os antigos caminhos.

ALGUNS ESTADOS ALTERADOS COMUNS

Quando iniciamos uma prática espiritual, lutamos contra as dores do nosso corpo e a couraça que forjamos para ele ao longo dos anos, enfrentamos as tempestades emocionais e encontramos o cortejo dos cinco obstáculos comuns. Mas, à medida que continuamos a prática espiritual e ficamos mais familiarizados e compassivos com as nossas dificuldades mais profundas, até mesmo os mais arraigados padrões de medo e posse gradualmente perdem seu poder sobre nós. Desenvolvemos um espírito de calma e estabilidade, qualquer que seja o nosso meio de prática.

Essa calma não é o objetivo da prática; ela pode ser apenas um início. Esse recolhimento e a estabilidade do coração e da mente são um portal para outros domínios de experiência. Através da meditação ou da prece repetida, através da prática profunda e consistente da ioga e da concentração, através de exercícios especiais de respiração — ou, às vezes, em outras circunstâncias extremas, como um acidente físico ou o uso de drogas psicodélicas —, vemo-nos poderosamente presentes, livres de qualquer distração interior. Com essa atenção plena recém-descoberta, nossa consciência realmente se dirige para percepções diferentes e radicalmente novas.

ÊXTASES

Sempre que uma concentração e uma energia poderosas são evocadas na prática espiritual, uma grande variedade de novas e excitantes experiências sensoriais pode começar a emergir. Essas experiências não ocorrem para todas as pessoas, nem são necessárias para o desenvolvimento espiritual. Esses novos estados constituem efeitos colaterais de meditação e, quanto melhor os compreendermos, menos provável é que fiquemos estagnados neles ou os confundamos com o objetivo da vida espiritual.

Para muitas pessoas, a primeira coisa que aflora é toda uma série de percepções físicas alteradas. Muitas delas são descritas nos textos budistas como efeitos colaterais chamados "os cinco níveis de aprofundamento do êxtase". Nesse contexto, *êxtase* é um termo amplo usado para qualificar muitos tipos de tremores, movimentos, luzes, flutuação, vibrações, deleites e outros que se abrem com a concentração profunda, bem como o enorme prazer que eles trazem à meditação.

O êxtase geralmente surge durante períodos intensivos de meditação ou prática espiritual, mas também pode ser estimulado por uma cerimônia ou por um mestre competente. Às vezes o êxtase começa como um sutil frescor ou ondas de suaves e agradáveis vibrações por todo o corpo. Através da concentração ou de outras práticas, com freqüência experimentamos a formação de grande energia no corpo. Ao circular, essa energia produz sensações de prazer, mas, quando encontra áreas tensas ou bloqueadas, ela toma forma e então se libera como vibração e movimento. Assim, o êxtase talvez resulte em tremores ou em poderosas liberações espontâneas de energia física a que algumas tradições da ioga se referem como *kriyas*.* São movimentos espontâneos que surgem em muitos padrões diferentes. Às vezes eles vêm à tona como um único movimento involuntário, sentido em conjunto com a liberação de um nó ou de uma tensão no corpo. Outras vezes, tomam a forma de movimentos prolongados e dramáticos, podendo durar muitos dias.

No início de um retiro de treinamento com duração de um ano, experimentei um período de liberação muito forte. Nesse período, minha cabeça começou a sacudir para frente e para trás durante horas. Alguns dias mais tarde, meus braços começaram, involuntariamente, a bater como as asas de um pássaro. Se eu tentava parar esse movimento, percebia que era praticamente impossível. Se relaxava por completo, meus braços batiam sem cessar. E assim continuou por vários dias. Quando consultei meu mestre, ele perguntou se eu estava tendo plena consciência desse processo. Respondi: "Claro que sim". Mais tarde ele me disse: "Você, na verdade, não está plenamente consciente. Olhe com mais cuidado e verá que não gosta disso. Secretamente, você quer que isso acabe". Quando admiti que ele tinha razão, meu mestre disse:

---

* Ver o Glossário, no final do livro.

"Simplesmente recue e observe". Durante os dois dias seguintes, o movimento foi se reduzindo e, quando sentei para meditar, senti meus braços latejando, trazendo horas de profunda liberação física.

Essas liberações físicas espontâneas não são iluminadoras nem prejudiciais. Simplesmente ocorrem quando a energia gerada na nossa prática encontra bloqueios e tensões por onde não consegue fluir. É parte da abertura do corpo que tratamos no Capítulo 4: A Cura Necessária. Quando esses movimentos espontâneos aparecem, devemos começar a respeitar a profundidade que os nossos padrões físicos de possessividade podem atingir. Para muitos discípulos, as liberações e aberturas físicas ocorrem ao longo dos meses e anos da prática espiritual. É melhor ir de encontro a esses movimentos de maneira suave, em especial através do relaxamento das costas e da região na base da coluna vertebral. Se a liberação é apenas moderadamente forte, é melhor, em geral, tentar relaxar, mantendo o corpo imóvel, e permitir que a energia abra novos canais no corpo, do que liberar a energia no movimento. Para os casos de liberações mais fortes isso é impossível, embora existam maneiras de moderar e de suavizar a formação e o fluxo da energia. À medida que nos concentramos, a energia do nosso sistema físico irá seguir um processo natural de abertura e equilíbrio. Sentiremos como o calor, as pulsações e as vibrações se movem espontaneamente através da nossa coluna, abrindo os canais bloqueados de energia e, então, irradiando-se para todos os nervos e células do nosso corpo. Podemos vir a descobrir que algumas das mais profundas curas e trabalhos com o corpo acontecem quando sentamos quietos e meditamos. Lembre-se de que esse pode ser um longo processo e, por isso, seja paciente com o seu corpo.

Além dos *kriyas* e do movimento espontâneo, muitos outros tipos de êxtase podem surgir. Esses êxtases incluem tipos agradáveis de arrepios por todo o corpo, formigamentos, sensações de picadas e ondas e lampejos de prazer. Em certos níveis, talvez a pessoa sinta a pele vibrar, ou como se houvesse formigas ou pequenos insetos rastejando por toda a pele, ou como se a pele estivesse sendo picada por agulhas de acupuntura. Em outros níveis, ela talvez sinta calor, como se a coluna estivesse em fogo. Alguns iogues* tibetanos desenvolvem isso na "meditação do fogo" com tanta habilidade que seus corpos derretem a neve em um círculo à sua volta. Esse calor pode alternar-se com sensações de frio, começando com leves arrepios e transformando-se em forte êxtase, com frio profundo e intenso. Às vezes, essas experiências de mudança de temperatura são tão palpáveis e fortes que tiritamos de frio num dia quente de verão.

Junto com esse êxtase cinético, talvez a pessoa veja luzes coloridas: de início azuis, verdes e purpúreas; depois, à medida que a concentração fica mais forte, luzes douradas e brancas. Finalmente, muitos discípulos verão luzes brancas fortíssimas, como se estivessem olhando para os faróis de um trem que se aproxima ou como se todo o céu estivesse iluminado por um sol brilhante. Diferentes luzes coloridas surgem com freqüência em conjunção com estados específicos, tais como verde com a compaixão, vermelho com o amor, azul com a sabedoria. Diversos sistemas de ensinamentos discutem essas cores interiores e, embora suas explicações nem sempre

---

* Ver o Glossário, no final do livro.

sejam convincentes, eles concordam com o fato de que ver cores é, em geral, o efeito de uma profunda e pura abertura da consciência.

Em estados de consciência ainda mais profundos, talvez sintamos todo o nosso corpo dissolver-se na luz. Podemos sentir formigamentos e vibrações tão sutis que chegamos a ver a nós mesmos como simples padrões de luz no espaço; ou então desaparecemos dentro das cores de uma luz fortíssima. Essas luzes e sensações são efeitos poderosos da mente concentrada. Sentimos que elas nos purificam e abrem. Sentimos que elas nos mostram que, num certo nível, a mente, o corpo e a consciência como um todo são feitos da própria luz.

Uma série de percepções sensoriais incomuns também pode aflorar junto com essas formas de luz e energia. Muitas delas estão associadas a mudanças nos elementos físicos tradicionais da terra (dureza e maciez), do ar (vibração), do fogo (temperatura) e da água (coesão) no domínio dos sentidos físicos. Talvez sintamos que ficamos muito pesados, ou duros e sólidos como uma rocha, ou sintamos como se estivéssemos sendo esmagados sob um peso ou uma roda. Nossa sensação de peso talvez desapareça e nos sintamos flutuando; poderá ser preciso abrir os olhos e dar uma espiada em volta para termos a certeza de que ainda estamos sentados em meditação. Experiências semelhantes também podem aparecer durante a meditação andando. Quando nos concentramos no ato de andar, todo o ambiente pode parecer oscilar como se estivéssemos em um navio durante uma tempestade ou, então, ao pisar, sentimos como se estivéssemos embriagados. Às vezes tudo começa a faiscar e parece que somos capazes de atravessar o chão ou a própria parede. Nossa visão pode rodopiar e criar estranhos padrões e cores à nossa volta. A forma do corpo parece mudar. Temperatura, solidez e vibração mudam simultaneamente e temos, a um só tempo, sensações de calor, de derretimento e de movimento.

O corpo talvez pareça alongar-se e ficar gigantesco; ou tornar-se diminuto. Às vezes sentimos que nossa cabeça está situada em algum lugar fora do corpo, ou experimentamos estranhos ritmos respiratórios, ou a respiração em todas as células do nosso corpo, ou sentimos que estamos respirando através da sola dos pés. Centenas de outras variações dessas percepções físicas alteradas podem surgir durante a prática.

E, do mesmo modo, outros sentidos podem abrir-se a novas experiências. Nossa audição talvez se torne mais aguçada; podemos chegar a escutar os sons mais suaves que jamais ouvimos ou poderosos sons interiores como sinos, notas ou coros de sons. Muitas pessoas ouvem a música interior. Às vezes, há vozes que se distinguem com clareza. Talvez ouçamos palavras ou ensinamentos específicos. Nossos sentidos do paladar e do olfato talvez se abram de maneiras nunca antes experimentadas. Certa manhã, quando fazia minhas caminhadas de monge mendicante pedindo comida, meu nariz tornou-se semelhante ao do chão mais sensível. Ao caminhar pela rua de uma pequena aldeia, a cada dois passos sentia um odor diferente: cheiro de roupa sendo lavada, de estrume no jardim, de tinta nova numa casa, de carvão queimando numa loja chinesa, um cheiro de cozinha na janela seguinte. Foi uma experiência extraordinária a de mover-me pelo mundo em sintonia com todas as possibilidades do olfato. De maneira semelhante, nossos sentidos da visão, da audição, do paladar e do tato podem adquirir uma nova e profunda sensibilidade.

123

A concentração profunda pode levar a todos os tipos de visões e experiências visionárias. Torrentes de lembranças, imagens de vidas passadas, cenas de terras estrangeiras, imagens dos céus e infernos, as energias de todos os grandes arquétipos podem abrir-se diante dos nossos olhos. Podemos sentir-nos como outras criaturas, em outros corpos, em outros tempos e em outros domínios. Podemos ver e encontrar animais, anjos, demônios e deuses. Quando surgem na forma mais motivadora, essas visões tornam-se tão reais quanto a nossa realidade cotidiana. Embora, em geral, surjam de maneira espontânea, elas também podem ser desenvolvidas através de exercícios específicos de meditação como um meio de despertar a energia benéfica de um domínio em particular.

Junto com a abertura da visão, da audição e dos outros sentidos físicos, podemos experimentar uma liberação dos mais fortes tipos de emoção, desde a tristeza e o desespero até o prazer e o êxtase. A meditação pode ser sentida como uma montanha-russa emocional à medida que consentimos que sejamos atirados às emoções inconscientes. Sonhos vívidos e profundos e muitos tipos de medo surgem com freqüência. Não se trata apenas das emoções ligadas aos nossos problemas pessoais, mas também da abertura de todo o corpo emocional. Encontramos prazeres sublimes e as trevas do isolamento e da solidão, sentindo cada uma dessas emoções de uma maneira muito real à medida que o corpo emocional permeia a nossa consciência. Essas liberações exigem a orientação de um mestre hábil para ajudar-nos a atravessá-las com um senso de equilíbrio.

CHAKRAS

Talvez também encontremos grandes mudanças com a abertura dos centros de energia no corpo — tradicionalmente chamados "chakras". Esse processo não acontece para todas as pessoas e não é, de modo algum, necessário para uma vida espiritual plena. Na verdade, a abertura do corpo energético e dos chakras ocorre simplesmente porque a pessoa tem estado bloqueada e presa nessas áreas; a experiência surge à medida que a energia interior tenta circular e libertar-se dentro do corpo. Existem práticas de ioga nas tradições budistas e hinduístas que podem, às vezes, produzir ou direcionar intencionalmente essas experiências; mas, com freqüência, a abertura é espontânea. Apresento a seguir algumas maneiras pelas quais podemos sentir os chakras.

O *primeiro chakra*, na base da coluna, está associado à energia da defesa ou do enraizamento. Na meditação, podemos começar a experimentá-lo fisicamente através de fortes sensações na base da pelve. Ao abrir-se, esse chakra traz uma forte liberação física e, com freqüência, aciona sentimentos e imagens associados à defesa e à sobrevivência, nosso senso de segurança. É possível que essas imagens e medos estejam ligados à valorização do nosso corpo e da nossa vida sobre a Terra, ou que tragam à tona o oposto: medo da morte, medo de perder o controle, medo de perder alguma coisa à qual nos apegamos. Quando ele se abre, podemos experimentar o sentimento de estar em casa no nosso corpo terrestre e aprender a repousar na verdadeira segurança do nosso ser.

O *segundo chakra*, logo acima do primeiro, está localizado na área dos órgãos genitais. Sua energia geralmente se abre aos aspectos da sexualidade, da reprodução e da procriação. Quando a energia da liberação sexual se abre nesse centro, é possível que sejamos inundados com imagens e sensações sexuais durante horas, dias ou mesmo semanas. Para algumas pessoas, esse processo pode ser bastante agradável. Para outras, que talvez tenham questões de abuso sexual ou dolorosas histórias sexuais, ele pode exigir um confronto com a face do medo e da destruição ligados a essas energias.

O *segundo chakra* pode produzir visões dos mais variados tipos de encontros sexuais junto com fortíssimas ondas de lascívia e êxtase. Para uma mulher, num retiro recente, a abertura desse chakra teve início com horas de fortes vibrações eróticas e orgásmicas. A seguir, ela teve visões de cópulas de seres humanos e de animais em todos os reinos da natureza. Parecia-lhe que as árvores copulavam com o céu e, quando sentou para meditar, ela sentiu que o mundo inteiro se despejava para dentro e para fora de sua vagina num enorme ato sexual. De início, esse processo era assustador, mas, com o passar dos dias, ela gradualmente relaxou e consentiu que o processo se abrisse para um estado sensível e calmo, pleno de um delicado sentimento de união com todas as coisas. Esse chakra nos liga com as ilimitadas capacidades reprodutivas do mundo.

O *terceiro chakra*, no plexo solar, geralmente está associado à vontade e ao poder, e sua abertura pode começar com experiências de tensão, de medo, de dor, de constrição ou de dificuldade para respirar. Talvez voltemos a experimentar a maneira como nos refreamos na ação ou como prendemos a respiração quando sentimos medo. À medida que esse chakra se abre, é possível que haja um transbordamento de raiva e de frustração. Esse processo pode resultar numa extraordinária liberação de energia: podemos sentir uma imensa força inerente em ser, e nossa respiração e ações encontram uma nova clareza e espontaneidade.

O *quarto chakra*, do coração, pode abrir-se no nível físico e também no nível emocional. Fisicamente, talvez comecemos sentindo em volta do coração toda a dor, as faixas de tensão e a constrição que foram contidas durante muitos anos. Muitos discípulos relatam ter sentido a abertura do coração como se estivessem tendo um ataque cardíaco; na hora, pensaram que iriam parar no hospital! Profundo pesar e transbordamentos de compaixão e, então, o riso e a alegria talvez também surjam à medida que são abertas as comportas emocionais do coração. Questões de amor, de ligação, de solidão e os grandes padrões do nosso coração virão à tona nesse momento. Finalmente, a doçura e o amor preencherão o nosso ser. A abertura do coração pode ser lenta ou rápida, quer como uma pétala que se abre de cada vez quer como os sentimentos que vêm em grandes explosões. No final desse processo, o coração pode vir a envolver todo o universo com amor e compaixão. Pode tornar-se o centro que move todas as coisas.

O *quinto chakra*, da garganta, muitas vezes está associado à criatividade. À medida que ele se abre, podemos de início encontrar apenas o afloramento das imagens e da energia de tudo aquilo que foi refreado, de tudo aquilo que não foi dito ou honrado na nossa vida. Num nível físico, essa abertura pode ser acompanhada por tosse e engolir em seco durante horas ou dias, ou por sons espontâneos que irrompem de dentro de nós. À medida que esse centro se abre, encontramos nossas palavras e a nossa verdadeira voz, e podemos sentir o que significa possuir um canal claro para expressar nossos impulsos criativos.

O *sexto chakra*, entre os olhos, está associado com a visão e a compreensão. Neste caso, também podemos sentir dor física, ardor, tensão em volta dos olhos, luzes e até mesmo uma cegueira temporária à medida que esse chakra se abre. Talvez surjam visões ou experimentemos uma vigorosa sensação de clareza ou uma abertura do nosso psiquismo. Talvez vejamos cores, auras, chakras e as sutis energias da vida à nossa volta. À medida que esse chakra se torna mais claro, é possível que nossos pensamentos parem, que fiquemos desorientados, perdendo a noção de quem somos ou, ainda, perdendo o nosso senso de direção e o papel que temos a desempenhar na vida. E então, nesse claro espaço da mente, talvez sejamos capazes de ver aquilo que está na mente dos outros ou de ter profundas intuições e compreensões sobre nós mesmos e sobre o mundo à nossa volta, como se um sentido todo novo tivesse sido desvendado.

Com a abertura do *sétimo chakra*, ou "chakra da coroa", no alto do centro da cabeça, talvez tenhamos a sensação de uma abertura no topo da cabeça. De início, é possível sentirmos pressão e tensão e, à medida que ele se abre, talvez fiquemos tontos; porém, mais tarde, podemos aprender a repousar na clareza da consciência. A energia pode derramar-se para dentro ou para fora da cabeça e talvez surja uma profunda concentração, bem-estar e conexão com o mundo todo. Sentimos uma poderosa luz clara derramando-se através desse chakra ou sentimos como se o ponto mais alto da cabeça fosse uma mandala ou um lótus de mil pétalas no centro do mundo. A partir desse centro, tudo na vida parece dançar em harmonia.

Além dos chakras principais, existem outros canais e centros de energias menores por todo o corpo que podem abrir-se à medida que nosso processo espiritual tem continuidade. Embora exista um padrão básico para a abertura dos chakras e liberações de energia, a abertura pode ocorrer de muitas maneiras diferentes. A abertura dos chakras e as liberações de energia no corpo são descritas em todas as grandes tradições espirituais: na tradição mística judaica da Cabala, na tradição dos dervixes sufis, nos textos místicos cristãos e nos manuais de prática budista. Uma das mais completas descrições dessa liberação de energia é encontrada nos ensinamentos hindus da ioga kundalini. *Kundalini* é o nome para a energia espiritual, ou consciência, que move e ilumina toda a vida. Refere-se também, de modo específico, às grandes liberações de energia na coluna, nos chakras e em todos os canais sutis do corpo a respeito dos quais tratamos até aqui.

Esses processos energéticos podem ocorrer em um período de horas, de semanas ou de meses e, para muitos discípulos, são processos que prosseguem durante anos. Todos eles são parte de uma abertura e purificação que é o produto natural da prática espiritual profunda.

MEIOS HÁBEIS DE TRABALHAR COM AS ABERTURAS ENERGÉTICAS E EMOCIONAIS

Essas aberturas energéticas, visionárias e emocionais podem provocar fortes reações de confusão e medo ou inflação do ego e apego. Quando elas surgem, precisamos da ajuda de um caminho espiritual específico, com a sua sabedoria, tradição e prática acumuladas e, o mais importante, com um mestre que pessoalmente tenha encontrado e compreendido essas dimensões da psique. Precisamos encontrar alguém em quem confiar e, então, contar com sua habilidade e orientação.

TODAS AS EXPERIÊNCIAS SÃO EFEITOS COLATERAIS

Mesmo com um mestre, existem três princípios que devemos ter em mente ao lidar com esses domínios não-familiares da nossa vida espiritual. O primeiro princípio é a compreensão de que "todos os fenômenos espirituais são efeitos colaterais". Na tradição budista, muitas vezes Buda lembrou aos seus discípulos que o propósito do seu ensinamento não era a acumulação de boas ações e bom *karma*, êxtase, discernimento ou bem-aventurança, mas apenas a segura libertação do coração — uma verdadeira liberação do nosso ser em todos os domínios. Essa liberdade, esse despertar, e eles apenas, são o propósito de qualquer caminho espiritual genuíno.

O efeito ofuscante de luzes e visões e as poderosas liberações de êxtase e energia são um maravilhoso sinal da quebra das velhas e estreitas estruturas do nosso ser, do nosso corpo e da nossa mente. No entanto, elas, em si, não produzem a sabedoria. Algumas pessoas tiveram muitas dessas experiências e, ainda assim, pouco aprenderam. Mesmo as grandes aberturas do coração, os processos da kundalini e as visões podem transformar-se em vaidade espiritual ou em velhas lembranças. Assim como ocorre com uma experiência de quase-morte ou com um acidente de automóvel, algumas pessoas mudarão bastante e outras logo voltarão aos velhos hábitos constritores. As experiências espirituais em si não contam muito. O que importa é aquilo que integramos e aprendemos quando elas ocorrem.

As "experiências incomuns" podem criar uma série de obstáculos na nossa jornada espiritual, contendo dificuldades e armadilhas repetitivas. Nossas reações a essas experiências podem até mesmo deturpar a nossa meditação: é possível que nos apeguemos a elas — buscando repeti-las e segurá-las, pensando então que nos iluminamos (o que é chamado "correr para tirar o último lugar") — ou que as consideremos perturbadoras e as afastemos. Isso tudo são armadilhas.

Um discípulo de meditação, que fez sua prática na Índia, conseguiu chegar a uma admirável abertura em seu corpo depois de muitos e longos anos de prática difícil e intensiva. Cada vez que sentava para meditar, seu corpo se dissolvia em lampejos de êxtase e luz e sua mente se abria e ficava profundamente em paz. Ele estava encantado. Porém, certo dia, uma emergência familiar obrigou-o a voltar à Inglaterra, onde ficou por diversos meses. Ele mal conseguia esperar pelo momento de retornar à Índia. Quando voltou, descobriu que seu corpo e sua mente estavam tensos e bloqueados, tomados por constrição, dor e perda. Ele freqüentou uma série de retiros intensivos tentando voltar ao corpo de luz e êxtase; mas isso simplesmente não acontecia. Semanas e meses se passaram e sua frustração crescia junto com seu arrependimento. Ah, se ao menos ele não tivesse saído da Índia! Agora ele tentava, ainda com maior força, purificar-se. Essa luta durou dois anos. Porém, certo dia ocorreu-lhe que sua longa luta contra os bloqueios, a frustração e a dificuldade era, na verdade, o resultado do seu desejo de repetir aquela experiência passada. O apego ao estado anterior e a resistência ao que estava presente mantinham-no fechado. Quando percebeu isso e aceitou o estado atual, toda a sua prática se transformou. Ao aceitar a tensão e a dor, uma ampla equanimidade surgiu em torno dele e sua meditação voltou a fluir, agora, em direção a um novo território.

COMO ENCONTRAR O FREIO

Um segundo princípio para lidar com esses estados poderia ser chamado de "encontrar o freio". Às vezes, no treinamento espiritual intensivo, ou em circunstâncias extremas ou acidentais, intensos estados alterados e processos energéticos podem abrir-se demasiado rápido para que possamos trabalhar habilmente com eles. Nesses momentos, a intensidade da energia, o poder das experiências ou o nível de liberação ultrapassam a nossa capacidade de tratá-los ou de mantê-los com equilíbrio ou sabedoria. Com a ajuda de um mestre e partindo de nós mesmos, precisamos ser capazes de reconhecer esses limites e de ter compaixão para responder sabiamente a eles. Nesse ponto, precisamos encontrar uma maneira de desacelerar o processo, de criar raízes, de "pisar no freio". Podemos usar técnicas e práticas espirituais para desacelerar, assim como usamos outras práticas para nos abrir.

Os processos que, nos discípulos, ocorrem com demasiada rapidez podem manifestar-se como uma versão extrema da abertura energética interior; nesta, a energia, ao circular através do corpo, torna-se tão forte que provoca dias ou semanas de grande agitação, perda de sono, paranóia, desorientação e até mesmo experiências físicas, tais como sons desagradáveis, temperatura febril ou cegueira temporária. (As pessoas que não acreditam que os processos espirituais podem afetar o corpo físico deveriam estudar a literatura sobre fenômenos tais como os estigmas, por exemplo.) Uma manifestação posterior, e que gera grande dificuldade, pode ser vivenciada como uma perda de fronteiras, na qual o senso de si mesmo e dos outros se dissolve a um limite tão extremo que a pessoa passa a sentir os sentimentos dos outros, sente o movimento do tráfego como se estivesse dentro do seu próprio corpo e acha difícil ter qualquer percepção coerente de si mesma dentro do alvoroço da vida cotidiana. Nesse caso, a experiência é de vulnerabilidade, perda de controle e abertura do corpo, tão intensa que ameaça desintegrar-nos. Um outro ramo de dificuldades surge com a estimulação de partes importantes de nós mesmos que estão dissociadas da nossa consciência ordinária. Essas podem manifestar-se como ouvir vozes, visões incontroláveis, alucinações e, no caso daqueles que as tiveram no passado, a repetição de experiências "psicóticas" anteriores.

Um discípulo que freqüentou um retiro de três meses, conduzido por mim, era um jovem estudante de karatê, excessivamente zeloso, que buscava os extremos da intensidade espiritual. Em vez de seguir as instruções, decidiu tornar-se iluminado o mais rápido possível e a seu próprio modo. Lá pelo meio do retiro, ele sentou-se e jurou a si mesmo não fazer nenhum movimento durante todo um dia e uma noite. Depois das primeiras horas, começou a ter sensações de fogo e intensa dor. Ficou sentado durante toda a tarde, toda a noite e toda a manhã seguinte. Se uma pessoa faz isso por um tempo suficientemente longo, a dor e o fogo tornam-se tão fortes que a consciência se dissocia do corpo e é expelida para fora dele. Existem muitos meios bem mais suaves para ter experiências fora do corpo, mas essa aconteceu para ele de maneira bastante abrupta. Continuando sentado, ele começou a passar por todos os tipos de estados alterados. Quando se levantou, depois de 24 horas, estava cheio de uma energia explosiva. Avançou a passos largos para o meio da sala de refeições, onde estavam cem discípulos em silêncio, e pôs-se a gritar e a praticar suas manobras de karatê em velocidade triplicada. A sala toda fervilhava com a sua energia e, no silêncio, ele conseguiu sentir o medo que se apoderou de muitas pessoas à sua volta, as quais estavam bastante sensíveis depois de dois meses de silêncio. Ele emitia sons com o movimento e sua energia parecia ter inundado seu terceiro e seu sexto chakras. Então disse: "Quando olho para vocês, vejo atrás de cada qual todo um cortejo de corpos que mostram suas vidas passadas". Ele estava vivendo um estado de consciência muito diferente, que havia alcançado através da expansão do seu corpo a esses limites. No entanto, não conseguia sentar-se quieto por um momento nem manter a atenção. Pelo contrário, estava bastante amedrontado e agitado e se movia de maneira selvagem e maníaca, como se estivesse temporariamente enlouquecido.

O que fizemos com ele? Já que era um atleta, fizemos com que começasse a praticar *jogging*. Fizemos com que corresse quinze quilômetros de manhã e mais quinze à tarde. Mudamos sua dieta: enquanto todos seguiam um cardápio vegetariano, demos a ele bolos de carne e hambúrgueres. Fizemos com que tomasse freqüentes banhos quentes; com que trabalhasse e escavasse boa parte do jardim. E mantivemos pelo menos uma pessoa ao seu lado o tempo todo. Depois de uns três dias, ele conseguiu voltar a dormir. Então fizemos com que voltasse a meditar, com muito vagar e cuidado. Embora as experiências desse rapaz possam ter sido aberturas espirituais e psíquicas legítimas, elas não vieram de uma maneira natural ou equilibrada e ele não tinha meios de integrá-las.

Ao pisar no freio para desacelerar um poderoso processo energético ou recriar fronteiras e recuperar o equilíbrio, a primeira coisa que você deve fazer é parar de meditar. Focalize alguma coisa física, qualquer coisa que possa ligá-lo com o seu corpo. Faça qualquer movimento que o ajude a liberar o excesso de energia — cavar a terra, praticar *tai chi*, correr, caminhar —, conscientemente trazendo a atenção para baixo através do corpo, sentindo os pés, visualizando a terra. O orgasmo sexual, às vezes, pode ajudar. Receber um trabalho corporal ou massagem também pode ser benéfico. Tratamentos de acupuntura e acupressão podem ser muito úteis para trazer o equilíbrio. Mude sua dieta: coma comidas pesadas, grãos e carnes, para enraizar seu corpo. Tente restaurar seu sono normal através do relaxamento, usando ervas calmantes, banhos e massagem depois de um dia de cansativa atividade física, como uma caminhada ou jardinagem. Aconselhamos que tudo isso seja feito em um ambiente que o apóie, com pessoas nas proximidades para oferecer um enraizamento e conexão adicionais.

Existe um famoso relato de um processo semelhante, vivido há séculos pelo grande mestre zen Hakuin, que é narrado em um livro chamado *The Tiger's Cave*. Depois de anos de compromisso com a prática, Hakuin passou por uma profunda iluminação na qual todas as coisas do mundo tornaram-se radiantemente claras. Porém, ao continuar a praticar, ele perdeu a própria harmonia. Tanto na atividade quanto na quietude, não se achava livre nem apaziguado. Lançou-se ainda mais na prática, rilhando os dentes e tentando libertar-se das torrentes de pensamentos, perturbações e insônia, mas tudo o que conseguiu foi piorar. Sua boca queimava, as pernas congelavam e nos ouvidos ecoavam os sons de um rio turbulento; ele transpirava em profusão e não conseguia acalmar-se de nenhum modo. Depois de, inutilmente, buscar a ajuda dos mais reputados mestres zen de sua época, ouviu falar de um velho e sábio eremita taoísta, que vivia nas montanhas. Subiu a montanha e persistiu em suas súplicas até que o eremita percebeu seu estado e sua sinceridade. O eremita deu a Hakuin dois grandes ensinamentos para firmar e equilibrar sua energia interior. O primeiro dizia respeito a atrair a energia do chakra da coroa para o ventre, usando tanto a respiração do ventre quanto uma respiração especial, a fim de enraizar a energia no corpo físico. E, em segundo lugar, o eremita deu-lhe uma série de exercícios equilibradores de energia, que fazem circular a energia através do corpo — todos eles são descritos em *The Tiger's Cave.*

Em todas as épocas e em todos os grandes métodos de prática, iogues e praticantes têm encontrado as dificuldades inerentes às experiências espirituais. Em cada caso, descobriram que era essencial obter a ajuda de alguém que seja hábil nesse domínio. Como esses processos podem levar longo tempo, quando as dificuldades surgem é necessário encontrarmos um guia, alguém que tenha tocado sua própria loucura, pesar e perda de fronteiras, alguém que possa, de maneira gradativa e sem medo, levar-nos de volta ao terreno da nossa própria e verdadeira natureza.

A PERCEPÇÃO CONSCIENTE DA DANÇA

O terceiro princípio ao lidar com os estados alterados pode ser chamado "A Percepção Consciente da Dança". Quando essas experiências surgem, o primeiro cuidado do praticante deve ser o de abrir-se a elas com uma plena percepção consciente, observá-las e senti-las como parte da dança da nossa vida humana.

Talvez nos assustemos com os estados alterados e, assim, quando eles surgem, resistimos e os julgamos: "Meu corpo está se dissolvendo", "Sinto comichões pelo corpo todo", "Estou queimando", "Estou com muito frio", "Os sons são muito altos", "Minhas sensações são fortes demais", "Não consigo suportar todas essas dores internas, essas ondas de energia". Através do medo, da aversão e do equívoco, podemos lutar contra eles durante longo tempo, tentando evitá-los, mudá-los, superá-los ou fazê-los desaparecer; exatamente essa resistência irá manter-nos presos a eles.

No entanto, assim como o principiante da meditação aprende a tocar as dores e a tensão do corpo físico com uma atenção curadora e compassiva, sem resistências ou sentimento de posse, assim também podemos ir ao encontro dos assustadores e difíceis estados alterados que vão surgindo, com a mesma atenção compassiva e equilibrada. Assim como aquele que se inicia na prática aprende a observar as vozes sedutoras da mente ansiosa sem se deixar emaranhar nelas, assim também precisamos utilizar essa equilibrada percepção consciente para a doce e poderosa sedução do êxtase, das luzes e das experiências visionárias.

Nossa avidez ou resistência a qualquer experiência faz com que a nossa prática estacione naquele ponto, e isso estaciona a nossa abertura à verdade. Uma discípula sentia um medo muito grande do espaço vazio que lhe surgia na meditação, pensando que iria se perder nele, enlouquecer ou ser incapaz de exercer suas funções normais. Passou dois anos resistindo, até que, numa meditação dirigida, finalmente deixou-se abrir para o medo e para o espaço. Foi maravilhoso. Sua mente se aquietou, seu coração se abrandou e sua meditação abriu-se para um novo nível de paz e tranqüilidade.

À medida que encontramos novas experiências com uma atenção plena e sábia, descobrimos que uma entre três coisas irá acontecer à nossa nova experiência: ela desaparecerá, permanecerá a mesma ou se tornará mais intensa. Na verdade, não importa o que venha a acontecer. Quando expandimos nossa prática para observar quaisquer estados que venham à tona e nossas reações diante deles, podemos torná-los parte da Dança. Um grande apoio para essa perspectiva na nossa prática é a ferramenta com a qual trabalhamos ao dar nome aos demônios. Agora temos condições de dar nomes conscientemente também aos estados alterados, "êxtase" ou "visão, visão", como meio de reconhecer aquilo que está ocorrendo, observando-o e chamando-o pelo seu verdadeiro nome. No momento em que podemos pronunciar o seu nome e criar um espaço para que essa experiência surja e passe, aflora um senso de confiança nesse processo. Religamo-nos à compreensão que busca não captar uma experiência, mas abrir-se àquilo que Alan Watts certa vez chamou de "sabedoria da insegurança", a sabedoria dos tempos.

Um caminho com o coração leva-nos a vivenciar o mundo dos fenômenos em toda a sua infinita riqueza; a ver, ouvir, cheirar, provar, tocar e pensar; e a encontrar liberdade e grandeza de coração no centro desse mundo. Já que cada um de nós, como uma flor humana, se abrirá a seu modo único e em seus próprios ciclos particulares, é preciso que não direcionemos as energias específicas do nosso corpo e do nosso coração. Nosso caminho não é desejá-las nem temê-las. O verdadeiro caminho é o desapego.

Quando cultivamos a amplitude, a fé e uma perspectiva aberta, podemos movernos através de todos os estados e descobrir neles uma sabedoria atemporal e um coração profundo e amoroso.

MEDITAÇÃO: REFLEXÃO SOBRE A SUA ATITUDE EM RELAÇÃO AOS ESTADOS ALTERADOS

Qual é a sua relação com os estados alterados e os estados incomuns na meditação? Quando ler a respeito dessas experiências, observe aquilo que o toca, note aquilo que o atrai ou aquilo que o faz lembrar experiências passadas. Como você enfrenta essas experiências quando elas surgem? Você se apega a elas e sente orgulho delas? Você está sempre tentando repeti-las, como sinal de seu progresso ou sucesso? Você ficou estagnado tentando fazê-las voltar repetidas vezes? Quanta sabedoria você trouxe para elas? Elas são uma fonte de enredamento ou de liberdade para você? Você as sente como benéficas e curadoras, ou elas são assustadoras? Assim como é possível que, através do apego, você use mal esses estados, você também pode usá-los mal ao evitá-los ou tentar pará-los. Se esse for o caso, como poderia sua meditação aprofundar-se se você se abrisse a eles? Consinta em sentir os dons que eles podem oferecer, dons de inspiração, de novas perspectivas, de descobertas, de cura ou de fé extraordinária. Para orientação nesses assuntos, conscientize-se da perspectiva e do ensinamento que você segue. Se está sentindo que falta uma perspectiva sábia, onde você poderia encontrá-la? Qual a melhor maneira de honrar esses domínios e usá-los em seu próprio benefício?

10

EXPANSÃO E DISSOLUÇÃO DO EU: A "NOITE ESCURA" E O RENASCIMENTO

Quando, finalmente, contemplamos o horror e a alegria, o nascimento e a morte, o ganho e a perda, enfim, todas as coisas, com um coração equilibrado e a mente aberta, surge a mais bela e profunda equanimidade.

O território da prática espiritual é tão vasto quanto o universo e a consciência que o criou. Existem momentos na vida espiritual em que ultrapassamos os fenômenos energéticos e emocionais descritos no capítulo anterior e experimentamos a abertura a outras dimensões extraordinárias da consciência. O psicólogo William James escreveu a respeito desses momentos, "Nossa consciência ordinária desperta nada mais é que uma forma de consciência. Existem, à nossa volta, infinitos mundos, separados apenas pelos mais tênues véus".

Nas tradições iogues e devocionais hindus, esses domínios são descritos como diferentes níveis de *samadhi*. Nas tradições místicas cristãs, sufis e judaicas, certos textos e "mapas" — descrições ou esquemas teóricos ou práticos — descrevem os estados de consciência evocados através da prece, da entrega, da concentração e do silêncio. Entre os livros que guiam a esses domínios estão *The Cloud of Unknowing*, *Dark Night of the Soul*, as descrições místicas da *Cabala* e a jornada sufi dos sete vales em *A Conferência dos Pássaros*. A tradição budista oferece centenas de técnicas para a abertura da consciência; dentre elas, a concentração na respiração e no corpo, o uso da visualização ou dos sons, a repetição de mantras e o uso de *koans* (questões "insolúveis" que são repetidas até que a mente pensante pare e venham à tona os domínios do desconhecido e do silêncio).

Novos domínios de consciência também podem abrir-se espontaneamente através daquilo que chamam de "graça" ou ocorrer sob a pressão de circunstâncias tais como uma experiência de quase-morte. Eles podem ser estimulados por locais sagrados de energia, pela presença de mestres poderosos e por substâncias psicodélicas; ou podem ser alcançados pelo meio sistemático e direto da prática espiritual — seguindo uma severa disciplina espiritual, através de uma longa continuidade de meditação ou prece, ou circunstâncias de profundo silêncio. Quando nosso compromisso com essas formas de prática cresce e se torna tão profundo que todo o nosso ser se consome na própria prática, a mente e o corpo podem abrir-se a dimensões da vida até então desconhecidas. O poeta sufi Rumi convida-nos para essas dimensões de vida ao escrever, "Lá fora, além da ação certa ou errada, existe um campo de luminosa consciência. Lá estarei à tua espera".

Ao navegar por esses domínios, podemos ser ajudados por mestres e "mapas" que trazem em si os conhecimentos das muitas pessoas que por eles viajaram antes de nós. Um dos mapas mais completos de meditação budista é o *Theravada* (Os Anciãos), de consciência mais elevada. O *Theravada* é a única dentre as primitivas escolas de budismo que sobrevive até os nossos dias. Seus ensinamentos ainda são a principal forma de budismo encontrada na Índia e no Sudeste Asiático. O mapa a seguir é uma destilação dos textos e ensinamentos dos Anciãos usados para explicar os estados de meditação.

MAPAS BUDISTAS DE ABSORÇÃO E ESTÁGIOS DE INTROVISÃO

O "mapa" dos Anciãos divide os domínios místicos em duas grandes áreas: as áreas alcançadas através da expansão do eu e as alcançadas através da dissolução do eu. Para expandir o eu, os Anciãos destacam oito níveis sutis de consciência, chamados os "Domínios de Absorção" (também chamados os "*Samadhis* Mais Elevados"). Dentro desses domínios de absorção, eles ainda ensinam como podemos ganhar acesso aos *seis domínios da existência*, para vivenciar todas as formas que a vida pode adotar. Os oito domínios de absorção mais elevada e os seis domínios da existência são vivenciados diretamente pelo eu expandido através do poder da concentração da meditação. Esses domínios nos conduzem a estados de luzes e expansões celestiais, nos quais experimentamos sentimentos extraordinários, iluminações visionárias e estados de perfeita quietude.

Além desses estados, o mapa dos Anciãos descreve todo um outro conjunto de domínios místicos, chamados de "Domínios da Dissolução do Eu". Esse conjunto de domínios surge quando dirigimos nossa consciência cada vez mais profundamente para a fonte do nosso ser, dissolvendo de modo gradativo toda identidade e todo senso de eu individual, através de um processo de morte e renascimento. Nesses domínios, a meditação destina-se a elucidar o conjunto do misterioso processo pelo qual a consciência cria sua identidade separada, e a alcançar o desprendimento e a liberdade em meio a todo o processo.

O mapa dos Anciãos é usado na Insight Meditation. Ao lê-lo em seus detalhes, tenha em mente que esses mapas são, ao mesmo tempo, úteis e limitadores. Depen-

133

dendo da forma de prática utilizada e da própria pessoa, a meditação pode progredir de maneiras bem diferentes. Textos místicos, de fora do budismo, também descrevem o processo de despertar, em centenas de outras linguagens e contextos, embora todos eles compartilhem elementos em comum. Assim, ofereço esse mapa com alguma cautela, como um exemplo das promessas e perigos que talvez encontremos na jornada espiritual.

A ENTRADA PARA A CONSCIÊNCIA EXPANDIDA: CONCENTRAÇÃO DE ACESSO

O portal para os Domínios de Absorção, e também para os Domínios de Dissolução, é uma estabilização do coração e da mente, chamada de "concentração de acesso". A concentração de acesso é o primeiro nível poderoso de presença e estabilidade que surge na prece ou na meditação. Quando alcançamos a concentração de acesso, por um tempo nossa prática espiritual torna-se firme e focalizada, não perturbada por obstáculos interiores ou pelas vicissitudes mundanas da nossa vida. Na concentração de acesso, tornamo-nos incorporados e atentos na nossa meditação e, desse modo, ocorre uma poderosa transição de consciência; a clareza, a tranqüilidade e a concentração começam a fluir para dentro da nossa prática.

Alcançar a concentração de acesso exige uma capacidade natural para concentrar-se, combinada com perseverança e disciplina. Para certos discípulos em treinamento intensivo com um mestre hábil, o nível de concentração de acesso pode surgir em questão de meses ou semanas de treinamento. Os princípios da meditação para alcançá-la são sempre os mesmos: repetição, concentração e entrega. A pessoa focaliza uma prece ou mantra, uma luz colorida ou uma visualização, a respiração ou o corpo, ou um sentimento como a bondade ou a compaixão, tornando a focalizá-lo ou repetindo-o muitas e muitas vezes, através de todos os estágios de resistência e dificuldade, até que o coração e a mente comecem a ficar quietos, unificados e virtualmente absorvidos na experiência.

Quando, inicialmente, alcançamos a concentração de acesso, talvez nos sintamos vacilantes. Podemos nos sentir mentalmente concentrados mas, como um ciclista novato, às vezes ainda inseguros e consentindo que as coisas à nossa volta nos distraiam. Com paciência e contínua repetição, podemos ganhar equilíbrio nesse estado. Através da repetida entrega a essa experiência, podemos aprender a alimentar e a sustentar um nível estabelecido de atenção concentrada.

A concentração de acesso assim foi chamada pelos Anciãos porque nela desenvolvemos suficiente firmeza de coração e de mente, para proporcionar-nos ingresso meditativo aos domínios mais elevados. A partir da concentração de acesso poderemos expandir o eu, nível após nível, aprimorando a consciência a fim de alcançar os oito níveis de absorção, a unicidade com estados extraordinários de consciência luminosa. Expandir o eu aos domínios sutis de absorção possibilita o nosso ingresso em estados visionários, incluindo os seis domínios de existência, estados de luzes e sentimentos celestiais, e estados rarefeitos de consciência até mesmo além desses.

A partir da concentração de acesso, podemos também entrar em toda uma outra dimensão da consciência, os Domínios da Dissolução do Eu. Nesse domínio, não

134

iremos expandir e aprimorar o eu, mas sim olhar muito profundamente para dentro da natureza do eu e da consciência, até que mesmo o mais sutil e elevado senso do eu e de separação seja dissolvido.

ESTADOS DE ABSORÇÃO

Para expandir o eu e entrar nos oito níveis superiores de absorção, precisamos optar conscientemente por uma entrega mais plena de nós mesmos ao tema da nossa meditação. A partir da concentração de acesso, precisamos continuar a nos concentrar até que a qualidade da absorção na meditação cresça e se torne muito forte. Ao fazê-lo, muitas qualidades positivas, tanto de calma quanto de despertar, espontaneamente irão começar a inundar o nosso coração e a nossa mente. Essas qualidades são chamadas pelos Anciãos de "Os Cinco Fatores de Absorção" e incluem atenção dirigida, atenção sustentada, êxtase, felicidade e concentração. Essas qualidades virão à tona sempre que coração e mente estiverem concentrados, puros e atentos.

Ao repetir o tema da nossa meditação e focalizar suavemente os fatores de absorção, podemos deixá-los preencher e banhar a nossa consciência. Com cuidadosa atenção, podemos aprender a mantê-los equilibrados na nossa mente. E assim, por resolução interior, por direcionamento consciente da nossa mente rumo ao primeiro nível de absorção plena, podemos produzir uma mudança diferente e forte de consciência e encontrar-nos em repouso em um novo e estável segundo estado de absorção (chamado *samadhi** ou *jhana** pelos Anciãos). Esses estados são admiráveis. Quando bem desenvolvidos, podem ser experimentados como se, pouco a pouco, tivéssemos sido removidos dos nossos sentidos e mergulhados num universo novo, totalmente íntegro e silencioso. Os estados de absorção são plenos de êxtase, de felicidade, de luz e de tranqüilidade. Nosso corpo vivencia um êxtase que preenche todas as suas células. Surge uma forte sensação de paz e bem-estar; um sentimento oceânico de totalidade e repouso talvez envolva a nossa consciência. Absorções são estados seguros nos quais a nossa meditação vai em frente sem esforço e a nossa consciência é forte, clara, estável e equilibrada. Quando repousa no primeiro nível de absorção, nossa mente invariavelmente sente-se refrescada e expansiva, plena de prazer e alegria.

Através da prática, é possível aprender a repousar nesse primeiro nível de absorção por qualquer período de tempo, longo ou curto. Se assim o quisermos, podemos continuar a firmar nossa atenção e aprofundar nossa concentração, de modo que todos os fatores se tornem ainda mais fortes; nossa consciência pode expandir-se e banhar-se de luz e bem-estar. Seguindo o caminho dos Anciãos, esse primeiro nível de absorção nesse momento é usado como um portal para entrarmos em estados de absorção mais elevados e refinados. Para passar do primeiro nível de absorção para o segundo, precisamos abandonar deliberadamente a atenção dirigida e a atenção sustentada, deixando apenas o êxtase, a felicidade e a concentração. E depois, para entrar nos níveis seguintes de absorção sutil, precisamos abandonar o êxtase; mais adiante, a felicidade. Cada vez que orientamos a nossa meditação a fim de repousar em níveis mais elevados

---

* Ver o Glossário, no final do livro.

e refinados de equanimidade e consciência luminosa, emerge a absorção subseqüente. À medida que prosseguimos, cada nível de absorção torna-se mais silencioso, expansivo e tranqüilo. Esse processo, de início, talvez leve dias ou semanas, mas, quando dominado, pode ser experimentado em uma única sessão de meditação.

Esses quatro primeiros níveis de absorção podem ser alcançados através da concentração sobre variados temas de meditação: visualizações e imagens de Budas e deuses, cores, sentimentos de amor, meditações sobre a respiração, o corpo, os chakras, e mesmo sobre a própria luz. Cada tema de meditação emprestará uma qualidade singular ao estado básico de absorção que se desenvolve a partir dele; porém, a experiência subjacente de consciência unificada e expandida será a mesma.

Depois de desenvolver habilidade nos quatro primeiros níveis de absorção que resultam desses temas fixos de meditação, é possível abrir-nos a estados ainda mais sutis. Os Anciãos chamam os quatro níveis seguintes de "Absorções além das formas"; neles, a consciência se desprende de tudo e qualquer tema de meditação e se expande a fim de vivenciar dimensões ilimitadas de primoroso silêncio e pura percepção consciente. A experiência desses estados é surpreendente. Eles são tradicionalmente descritos como "tornar-se uno com os deuses".

Para entrar nesses quatro níveis mais elevados, depois de alcançar os quatro primeiros níveis de absorção, precisamos desprender-nos, conscientemente, de toda a felicidade e equanimidade anteriores e direcionar nossa consciência a fundir-se com o espaço ilimitado. O espaço ilimitado é o primeiro nível mais elevado de absorção além da forma. A partir dele, podemos aprimorar ainda mais a nossa percepção consciente, nível após nível, para nos dissolvermos na consciência ilimitada que permeia todo o universo, para sermos absorvidos em um estado de vazio total ou para alcançar um estado completamente além da percepção. Abrindo-se a cada nível mais elevado, o senso do eu funde-se em uma consciência ainda mais sutil e expandida. Essas absorções além da forma são poderosas conquistas iogues e exigem uma considerável habilidade para entrar nelas e dominá-las. As pessoas que realmente dominam vários níveis de absorção talvez também possam direcioná-los para desenvolver uma vasta gama de poderes psíquicos, que incluem a telepatia, a telecinese, a visão de vidas passadas e muitos outros. Embora esses poderes às vezes possam aparecer de modo espontâneo, os Anciãos consideram que seu desenvolvimento sistemático tem como base a disciplina e a prática da absorção concentrada.

Na literatura budista, existem muitas descrições detalhadas dos fatores de absorção, dos níveis de absorção e do desenvolvimento dos poderes psíquicos. Uma das maiores é o texto de Buddhagosa, *The Path of Purification*, publicado pela Shambhala em 1979. Esse texto de mil páginas faz uma descrição bastante apurada de quarenta práticas de concentração e do modo como cada uma delas leva à plena absorção. O livro detalha de modo elaborado o caminho para esses oito níveis mais elevados de consciência expandida, descrevendo os muitos benefícios e explicando os poderes psíquicos que podem vir com seu desenvolvimento. Buddhagosa também oferece uma descrição precisa de todo o caminho de dissolução e descoberta.

Embora muitos benefícios, incluindo a paz profunda, a cura e o bem-estar, possam surgir da consciência unificada produzida por esses estados de absorção, é importante lembrar que também existem perigos. Quando começamos a sentir o sabor desses estados, pode surgir um anseio por estados ainda mais elevados e mais extraordinários. Como já dissemos, às vezes nos apossamos de nossas descobertas e experiências de uma maneira que chega a aumentar o nosso orgulho, a nossa vontade e auto-ilusão. Podemos nos extasiar diante desses estados, achando-os tão fortes e excitantes que estamos sempre voltando a eles, na crença de que constituem o objetivo do nosso caminho e a totalidade da nossa vida interior, quando, na verdade, são apenas estados profundos de unidade e repouso que, em geral, não estão integrados ao resto da nossa vida. Como veremos, precisamos direcioná-los para a compreensão e a sabedoria; caso contrário, seu valor continuará a ser bastante limitado.

OS DOMÍNIOS DA EXISTÊNCIA

Como parte da expansão do eu, além dos oito níveis de absorção, os mapas budistas de desenvolvimento da consciência também incluem a experiência dos seis domínios da existência. De modo geral, aprimorar a consciência dentro dos domínios de absorção é uma experiência extática e celestial, embora o poder de concentração também possa ser dirigido para proporcionar a alguns discípulos a experiência dos seis grandes domínios arquetípicos da vida. Quando a consciência é expandida nessa dimensão, seja através da concentração ou espontaneamente, surgirão visões de grandes deuses e deusas, de vidas passadas, de templos ou cerimônias, de cenas de batalhas ou guerra, de nascimentos e mortes anteriores. Não só a tradição budista como também a hindu, a taoísta, a cristã, a judaica e a islâmica descrevem essas experiências visionárias e explicam que os domínios da beleza e do horror, os domínios dos céus e os domínios do inferno devem ser compreendidos como uma parte real deste universo.

A cartografia budista e o mapa dos Anciãos descrevem seis domínios da vida que podem ser experimentados pela consciência. O mais doloroso deles é uma diversidade de infindáveis domínios do inferno, caracterizados por intensa dor, fogo, frio glacial e tortura. Os mais elevados são os domínios dos céus, estados plenos de prazer, de seres angélicos, de êxtase, de música celestial, de deleite e paz. Entre esses extremos estão dois domínios visíveis, os domínios animal e humano. O domínio animal é freqüentemente caracterizado pelo medo (comer ou ser comido) e pelo embotamento; diz-se que o domínio humano possui o justo equilíbrio entre o prazer e a dor, sendo assim mais favorável ao despertar do espírito. Restam dois domínios de espíritos. Um deles é um domínio de luta pelo poder chamado o domínio dos deuses invejosos e guerreiros, um domínio de territorialidade e luta titânica. O outro é um domínio de desejo intenso, chamado o domínio dos Fantasmas Famintos, caracterizado por seres com bocas minúsculas e enormes barrigas, que nunca conseguem se satisfazer em suas buscas e anseios. De um modo simples, todos esses domínios podem ser vistos como descrições míticas e poéticas da experiência humana nesta vida. Uma raiva e rancor intensos nos remetem ao domínio do inferno; fortes vícios fazem de nós fantasmas famintos; maravilhosos prazeres sensoriais ou belos pensamentos nos transportam aos céus. Podemos observar como o ser humano encontra esses domínios até mesmo em termos geográficos. Talvez uma paradisíaca ilha dos Mares do Sul seja um domínio dos céus, enquanto a fome e as guerras no sul da

África sejam um domínio do inferno. Do mesmo modo, podemos encontrar o domínio do poder e dos deuses invejosos em Washington e o dos Fantasmas Famintos em Las Vegas.

Mas não estamos tratando apenas de metáforas. É importante compreender que esses seis domínios podem surgir plenamente maduros na vida espiritual e tornar-se experiências tão reais e necessárias quanto quaisquer outras que experimentamos no chamado mundo do cotidiano. À medida que nossa consciência se expande, podemos nos encontrar descendo a um domínio do inferno ou nos deliciando nos céus; podemos, na verdade, experimentar a consciência dos animais ou o infindável desejo dos Fantasmas Famintos. O poder de certas práticas espirituais em nos arremessar nesses domínios exige que aprendamos a atravessá-los de modo consciente, como parte essencial do nosso desenvolvimento.

Um jovem amigo americano, monge budista que vivia no Sri Lanka, descobriu as limitações dos estados de concentração de uma maneira inesperada e divertida. Após anos de treinamento solitário em concentração, ele decidiu viajar para a Índia a fim de estudar mais a fundo com outros mestres. Viajando com simplicidade, com sua túnica e tigela, alimentando-se com o dinheiro das esmolas, ele visitou vários *ashrams*. Finalmente, parou no enorme templo de um renomado mestre hindu. Como ocidental, foi bem recebido e ganhou uma audiência com o guru. Depois de algumas amenidades, o guru censurou-o por ser um monge que vivia das doações dos outros. Na tradição desse guru, esperava-se que cada pessoa trabalhasse para ganhar a vida como parte de uma vida espiritual equilibrada. O monge respondeu que pedir esmolas era uma antiga e honrosa tradição dos religiosos na Índia, que datava de bem antes de Buda. Eles discutiram a esse respeito durante algum tempo, sem chegar a uma conclusão.

Finalmente, o americano perguntou se o mestre ainda estava disposto a ensinar-lhe as práticas de meditação da sua linhagem. O mestre concordou. Instruiu-o numa prática de visualização e nas palavras sagradas de um mantra e disse-lhe que, se o jovem monge praticasse de maneira adequada, essas instruções o levariam a um domínio divino bem acima dos sofrimentos desta existência humana.

O americano recebeu uma pequena cabana e, sendo um iogue diligente e hábil, lançou-se ao domínio dessa prática. Usando sua bem-desenvolvida habilidade na concentração, em apenas quatro dias deparou com seu corpo e mente plenos do êxtase e da quietude do primeiro nível de absorção. Praticando ainda mais, sua consciência se abriu, e ele encontrou-se em um domínio sutil e celeste, pleno de luz, tal como o mestre havia predito. E então percebeu a forma do mestre, sentado a alguma distância. O monge aproximou-se respeitosamente, e o mestre sorriu-lhe e aceitou a presença do jovem, como se lhe dissesse: "Vê, este é o domínio do qual te falei". E o mestre acrescentou: "E, por falar nisso, também tenho razão quanto à vida de renúncia. Ser monge é uma forma ultrapassada e equivocada de prática. Deverias desfazer-te da tua túnica". Ao ouvir isso, o monge americano irritou-se e replicou e, naquele instante, naquele local, no domínio de luz, os dois continuaram o debate.

Essa história ilustra como até mesmo esses níveis avançados não são *em si* uma fonte de sabedoria. Apesar dessas conquistas, muitas divisões podem continuar a existir dentro de nós e poderemos usar os mais elevados estados de consciência de modo sábio ou equivocado. A prática da concentração, quando usada de modo equivocado, apenas suprime nossos problemas fazendo com que haja um interrupção temporária dos medos e desejos. Quando saímos desses estados, nossas dificuldades subjacentes voltarão a aparecer.

Entrar nos domínios de absorção e nos domínios visionários requer compreensão e orientação. Quer os achemos poderosamente atraentes ou assustadores, precisamos levar a eles uma percepção consciente e uma sabedoria que possam vê-los como o jogo da própria consciência. A tradição zen refere-se aos estados alterados e a todas as experiências visionárias como *makyo* — a ilusão. Os céus mais elevados e os infernos mais profundos são transitórios, como as estações do ano e a posição das estrelas. Não importa qual conquista iogue possa vir a nós nesses estados, ela é temporária e não nos traz liberdade em todos os domínios da vida. Por essa razão, a tradição budista usa as absorções principalmente como uma preparação para uma compreensão ainda mais avançada. Elas não são consideradas necessárias para a maioria dos discípulos, mas, para aqueles que as alcançam, elas atuam limpando e harmonizando o corpo e a mente, e aquietando, purificando e unificando a consciência. A seguir, para a verdadeira liberação, o rumo da meditação precisa ser deslocado do ato de tranqüilizar e expandir o eu para a indagação de como a consciência cria o eu e todas as suas formas de experiência. A partir da quietude da absorção, precisamos voltar a ter acesso à concentração e direcionar nossa atenção para o ato de respirar, para o corpo, para as experiências sensoriais e para a mente. Desse modo, começamos o caminho de dissolver o eu, o caminho da descoberta na natureza do eu.

A DISSOLUÇÃO DO EU

Dissolver o eu é a segunda grande dimensão da consciência meditativa descrita no mapa dos Anciãos, e é o centro de muitas formas da Insight Meditation. Em vez de expandir o eu até estados extremamente sutis de absorção, ou de viajar pelos seis domínios, essa nova dimensão da prática espiritual leva a consciência a olhar a natureza mesma do eu, a nossa identidade separada. Depois de algum tempo, até mesmo alcançar os domínios dos deuses e experimentar luz e paz ilimitadas pode ser sentido como algo que significa menos que uma libertação, pois cada estado, por mais extraordinário que seja, tem um fim. Ao entrar em cada estado e retornar, esta pergunta se faz presente: "Para quem esta dança está sendo dançada?" E então é como se nos afastássemos de uma tela de projeção que mostra nossa mutável experiência (através da qual vivenciamos todos os tipos de dramas, desde os celestiais até os infernais) e começássemos a perceber que essas experiências são como um filme. Voltamo-nos para descobrir o projetor, a luz e o celulóide, a fonte de todo o drama diante de nós.

Existe uma parábola de Buda que ilustra o desencanto com todas as formas, um desencanto que volta nossa mente na direção do próprio processo de criação.

Algumas crianças brincavam à margem de um rio. Faziam castelos de areia e cada uma defendia seu castelo dizendo: "Este castelo é meu". Mantinham seus castelos separados uns dos outros e não admitiam nenhum equívoco sobre a sua propriedade. Quando todos os castelos ficaram prontos, um dos meninos chutou o castelo de outro e o destruiu por completo. O dono desse castelo enfureceu-se, puxou o cabelo do menino, deu-lhe tapas e gritou: "Ele destruiu o meu castelo. Venham cá, vocês todos, e me ajudem a castigá-lo". Os outros foram em seu auxílio. Bateram no menino e o deixaram caído no chão... E continuaram a brincar com seus castelos de areia, todos dizendo: "Este castelo é meu, ninguém mais o terá! Fiquem longe daqui! Não encostem no meu castelo!" Mas veio caindo a noite. Começou a escurecer e os meninos acharam que era hora de ir para casa. Ninguém se importou com o que iria acontecer ao seu castelo. Uma criança destruiu o seu a pontapés, outra desmanchou-o com as mãos. E então se afastaram do rio e cada qual foi para sua casa.

Do mesmo modo, em algum momento, vemos que todas as formas de experiência de meditação têm uma natureza limitada. Esse reconhecimento assinala uma bifurcação na estrada. Mais do que expandir a consciência até algum domínio da experiência precisamos agora nos voltar e direcionar nossa atenção para esclarecer a questão da nossa própria natureza, e isso dá início ao caminho de dissolução do eu.

As tradições religiosas oferecem muitas maneiras de dissolver ou de transcender o eu, o sentimento da nossa identidade separada. Uma dessas práticas é a repetida indagação: "Quem sou eu?" Outras envolvem a entrega transcendental através da prece ou de práticas devocionais, ou a dissolução do eu através de rituais profundos e procura de visões. Na Insight Meditation, como na expansão do eu, um caminho comum para dissolver o eu começa a partir do nível da concentração de acesso. Para a maioria dos discípulos, isso significa o desenvolvimento gradual do nível da concentração de acesso, como já descrevemos antes. Aqueles que desenvolveram os níveis mais elevados de absorção precisam retornar desses estados e começar a direcionar o poder de sua concentração, cuidadosa e conscientemente, para o seu processo da vida.

A partir da concentração de acesso, a atenção precisará ser liberada de todos os outros temas de meditação e começar a examinar, de um modo atento, a experiência sensorial do momento presente. À medida que o fazemos, os quatro elementos (calma, concentração, êxtase e equanimidade) unem-se de maneira natural às qualidades de atenção plena e focalizada, de energia e indagação. Juntas, essas qualidades são chamadas de os "Sete Fatores da Iluminação"; sua serenidade e clareza crescem à medida que o caminho da meditação prossegue. O desenvolvimento dessas qualidades está detalhadamente descrito no meu livro anterior, *Seeking the Heart of Wisdom*. Para o caminho da dissolução, é importante que a calma e a concentração que produzem uma grande estabilidade mental entrem, agora, em combinação com uma energia de indagação e investigação igual.

Quando usamos o poder de concentração para começar a investigar o eu, em vez de expandir a consciência como se ela fosse telescópica, nossa meditação e atenção tornam-se mais semelhantes a um microscópio. Voltamos nossa atenção ao exame de nossa respiração, do nosso corpo, da nossa experiência sensorial, do nosso coração e mente. É como se estivéssemos silenciosamente indagando: "Qual é a natureza de todo esse processo da vida? Como ele funciona?" À medida que o fazemos, para onde quer que voltemos o foco da nossa atenção, o corpo e a mente começam a mostrar sua natureza mutável. Estando nossa atenção combinada a uma forte concentração, qualquer coisa que possamos perceber no corpo deixará de ser sentida como algo sólido. É como se pudéssemos, de súbito, perceber as mudanças constantes no nosso corpo, num nível celular ou molecular. Ao mesmo tempo, a percepção dos nossos sentidos torna-se atenta. Sentimos diretamente a qualidade inerente da vida, as impressões momento a momento dos nossos sentidos, de sons, sabores e sensações, sem a elaboração do pensamento e sem todo o revestimento da nossa identidade habitual.

Essa abertura de corpo e mente é o início daquilo que os Anciãos descreveram como o caminho da introvisão obtida através da meditação para a dissolução. Trata-se de um mapa que possui mais de uma dúzia de níveis, os quais surgem naturalmente conforme nossa atenção vai se aprofundando de modo estável. À medida que esses níveis afloram, aumenta a introvisão no nosso corpo e mente, e surgem estados distintos de consciência, cada qual com sua própria perspectiva. Com freqüência esses níveis emergem através de um lampejo de introvisão, embora possamos passar de um nível a outro de maneira gradual.

Depois da concentração de acesso, o primeiro nível-chave de introvisão a aflorar é chamado *introvisão no corpo e na mente*. Quando o microscópio da nossa atenção está suficientemente focalizado para dissecar os diferentes processos individuais do corpo e da mente, vamos ver e vivenciar o conjunto da nossa vida como uma composição de simples elementos físicos e mentais. Existem apenas momentos de som e o conhecimento do som, momentos de sensações e os pensamentos ou imagens que os acompanham, momentos de paladar, momentos de memória — simples experiências sensoriais e nossa resposta momentânea a elas, nada mais.

Embora essa descrição possa soar como um lugar-comum, trata-se de um estado extraordinário que experimenta apenas isso e nada mais, pois nele podemos ver que o nosso senso ordinário e contínuo da vida, com seus projetos, lembranças e ações, é construído de camadas de pensamento. Sem o pensamento, tudo o que existe são experiências sensoriais momento a momento e, com cada experiência sensorial, um processo momentâneo de percepção da consciência. Isso é tudo.

À medida que a atenção se aprofunda, o próximo nível de introvisão mostra como cada um desses elementos mentais e físicos vem à tona numa seqüência de causa e efeito, como cada momento de pensamento, imagem ou som torna-se a condição para o aparecimento do momento subseqüente. Nesse novo estágio, o corpo e a mente parecem bastante mecânicos, e o universo, para onde quer que olhemos, mostra o processo das condições, como sementes que são plantadas em um momento e que germinam no momento seguinte. E uma atenção ainda mais profunda — como uma lente mais poderosa no microscópio — transporta-nos para um nível de consciência no qual a vida se dissolve em diminutos momentos de experiência, mais numerosos e mais sutis, como nos quadros do pontilhista Seurat. Onde quer que focalizemos a nossa atenção, tudo o que parecia ter existência sólida — sentimentos, objetos, o eu e os outros — se transforma de modo mais claro a partir desse momento. Nosso corpo passa a ser apenas um rio de sensações: todos os nossos sentidos, sentimentos e pensamentos começam a mostrar suas três características mais fundamentais.

Primeiro, sua transitoriedade, tal como os padrões mutáveis da areia. Segundo, sua falibilidade e sua natureza fundamental insatisfatória; como nossa experiência se transforma, por mais agradável ou extraordinária que possa ser por um momento, ela não consegue nos proporcionar nenhuma segurança ou satisfação duradoura. Terceiro, seu desprendimento; todos os fenômenos se movem e se transformam à sua maneira: nada existe que permaneça sólido ou separado para podermos possuir ou controlar, para podermos apontar como sendo "eu", "meu" ou "teu".

A seguir, emerge um nível ainda mais profundo e mais estável de percepção consciente, que os Anciãos chamavam de domínio do Emergir e do Passar. Nesse nível, nossa atenção torna-se bastante equilibrada e experimentamos a vida como uma dança de experiências momentâneas, como gotas de chuva. Esse domínio possui muitas qualidades. Primeiro, nele sentimos nitidamente que a vida apenas surge e passa, nascendo de novo e terminando, momento após momento. Segundo, nesse estágio, a atenção e a concentração tornam-se tão fortes que o coração e a mente ficam extraordinariamente claros e luminosos. Todos os poderes e fatores de iluminação brotam de modo espontâneo: êxtase, energia, clara investigação, calma, concentração, introvisão, equanimidade. Nesse estado, a percepção consciente brota de modo tão automático e fácil que a mente parece flutuar, livre, desembaraçada de tudo o que possa se manifestar. Uma imensa alegria emerge; podemos sentir uma maravilhosa liberdade e equilíbrio. Ao vermos com mais clareza a natureza da vida, esse bem-estar é acompanhado por uma inacreditável fé e clareza. A abertura da mente e do coração é tão grande que a necessidade de sono pode ser reduzida a uma ou duas horas por noite. Às vezes as capacidades psíquicas se abrem espontaneamente nesse estágio. O ato de sonhar pode tornar-se muito freqüente, lúcido e consciente, e as experiências extracorpóreas sejam comuns. A partir desse nível, é possível até mesmo desenvolvermos a meditação consciente durante o sonho.

Com o emergir desse estágio, é freqüente os discípulos acharem que estão iluminados. Esse estágio é chamado de *despertar experimental* ou *pseudonirvana*.* É um pseudonirvana, pois, quando surgem esses extraordinários estados meditativos, sentimos que estamos livres da nossa identidade cotidiana; mas, então, cometemos o erro de agarrar esses estados, criando um novo senso espiritual próprio. Sentimos o pseudonirvana como liberdade, mas ele é também um ponto imobilizante na meditação, no qual os discípulos talvez fiquem aprisionados por longo tempo. No pseudonirvana, as qualidades genuínas da alegria, clareza, fé, concentração e atenção plena facilmente se transformam em deturpações da introvisão.

A expressão "deturpações da introvisão" refere-se ao apego aos fenômenos genuinamente positivos que surgem na nossa prática e ao uso equivocado que fazemos deles. Don Juan falou sobre os perigos do poder e da clareza que chegam a todas as pessoas de grande cultura. No pseudonirvana, o discípulo fica imobilizado em estados positivos, tentando conservá-los, agarrando a clareza, o poder ou a paz e usando-os para fortalecer sua sutil percepção de ser uma pessoa desperta, realizada e livre. A única maneira de nos libertarmos desse nível de apego é um "desapego" radical. Chegar a essa compreensão é uma das mais importantes introvisões do caminho espiritual. Não importa qual extraordinário estado apareça; precisamos apren-

---

* Ver Glossário, no final do livro.

der a consentir que ele venha e se vá livremente, reconhecendo que ele não é o objetivo da meditação. E então, através da nossa própria compreensão e da orientação de um mestre, poderemos começar a incluir até mesmo os estados de alegria, equanimidade e clareza como simples partes da nossa atenção plena, observando como também eles surgem e passam. Nesse ponto, somos despertados para a profunda percepção de que o verdadeiro caminho para a liberação é *largarmos tudo*, até mesmo os estados e os frutos da prática, e nos abrirmos para aquilo que está além de toda identidade.

A NOITE ESCURA

De acordo com o mapa dos Anciãos para os estágios de introvisão, quando liberamos as deturpações da introvisão toda a nossa prática se transforma. Nossa consciência torna-se temporariamente livre do sentimento de posse de uma identidade espiritual, assim como o estado anterior de concentração de acesso havia nos libertado temporariamente de nossos pensamentos e identidade mundanos. Essa abertura assinala o início de um processo espontâneo e profundo de morte e renascimento. Em todas as tradições, encontramos muitas formas de morte e renascimento no decorrer da prática espiritual. Todos os processos que descrevemos neste livro podem ser vivenciados desse modo. A cura psíquica, a expansão através do centro dos nós ou bloqueios, o despertar energético, visões e abertura de chakras podem envolver o abandono da nossa velha identidade e o renascimento de um novo senso do eu. Mas, no nível da introvisão além do pseudonirvana, o processo de morte e renascimento torna-se abrangente, envolvendo todo o nosso ser. Depois de abandonar a nossa identidade espiritual, a meditação leva-nos através de uma total dissolução do nosso senso do eu, através de uma *noite escura* como a própria morte. Penetrar conscientemente nesse caminho desafia tudo o que conhecemos sobre a nossa identidade. Ainda assim, esse é o caminho para a liberdade. O mestre zen Karlfried von Dürkheim falava sobre a necessidade desse processo quando escreveu:

> A pessoa que está realmente no Caminho e encontra sérias dificuldades no mundo não irá voltar-se àquele amigo que lhe oferece refúgio e conforto e encoraja o seu velho "eu" a sobreviver. Pelo contrário, irá procurar alguém que a ajude a se arriscar, confiante e inabalável, para poder suportar a dificuldade e vencê-la corajosamente. Expor-se repetidas vezes à aniquilação é a única maneira de encontrar o indestrutível dentro de si. Nessa ousadia repousam a dignidade e o espírito do verdadeiro despertar.

A descrição espiritual da morte e renascimento como uma "noite escura" tem origem nos escritos do grande místico São João da Cruz. De um modo eloqüente, ele descreve a noite escura como um longo período de não-conhecimento, de perda e desespero, que precisa ser atravessado pelo buscador espiritual, a fim de esvaziar e humilhar a si mesmo o suficiente para receber inspiração divina. Ele assim o expressa: "A alma que está apegada a alguma coisa, apesar de todo o bem que nela possa existir, não alcançará a liberdade do divino".

Diz a tradição que a noite escura só ocorre depois de termos algum início de abertura espiritual. No primeiro nível de prática, a alegria, a clareza, o amor e um sentimento do sagrado podem vir à tona e nos fazer experimentar uma imensa satisfação diante do nosso progresso espiritual. No entanto, esses estados passarão inevitavelmente. É como se eles surgissem para nós como dádivas iniciais, para depois descobrirmos quanta disciplina e entrega são necessárias para sustentar esses domínios e neles viver. Muitas vezes tocamos a luz interiormente e depois a perdemos, caindo de volta na separatividade, no desespero ou na inconsciência. Isso pode ocorrer diversas vezes nos ciclos repetitivos de abrir e largar, de morrer e renascer, que marcam o nosso caminho espiritual. Ainda assim, é exatamente esse processo de morte e renascimento que nos conduz à liberdade.

Na Insight Meditation, uma vez que tenhamos abandonado o estado luminoso de emergir e passar, abrimo-nos a um profundo ciclo de dissolução, morte e renascimento. À medida que a percepção consciente liberta seu apego às deturpações da introvisão, ela se torna mais precisa e sutil. E, desse modo, é como se o microscópio da nossa concentração começasse a ver com extraordinária clareza a dissolução de todas as experiências da vida. Sentimos de imediato o fim de cada momento, o fim de cada experiência. A vida começa a parecer-se com a areia movediça. Tudo o que olhamos ou sentimos está se dissolvendo. Nesse estágio, nada à nossa volta parece sólido ou confiável. Em todos os níveis, nossa consciência entra em sintonia com conclusões e morte. Percebemos o final das conversas, da música, dos encontros, dos dias, das sensações no corpo, num nível celular impressionante. Sentimos, momento a momento, a dissolução da vida.

E então a noite escura se aprofunda. À medida que nossos mundos exterior e interior se dissolvem, perdemos o nosso senso de referência. Surge assim uma grande sensação de desconforto e medo, que leva os discípulos a um domínio de medo e terror. "Onde posso encontrar alguma segurança?" "Para onde quer que eu olhe, vejo que as coisas estão se dissolvendo!" Nesses estágios, talvez experimentemos a dissolução e a morte no nosso próprio corpo. Olhamos para baixo e vemos que alguma parte do nosso corpo parece desintegrar-se e se deteriorar, como se fossemos um cadáver. Podemos nos ver morrendo, ou já mortos, de mil maneiras, por doenças, batalhas e acidentes. Nesse ponto, outras visões impressionantes podem emergir, visões da morte de outros, visões de guerras, de exércitos agonizantes, de piras funerárias ou cemitérios. A consciência parece ter-se aberto ao domínio da morte para nos mostrar como toda a criação se move em ciclos, como tudo termina na morte. Vivenciamos o modo como todos os aspectos do mundo vêm a ser e depois, inexoravelmente, morrem.

A partir desse domínio de terror e morte surge uma percepção muito profunda do sofrimento inerente à vida: o sofrimento da dor, o sofrimento da perda de coisas agradáveis e, pairando acima de tudo, o enorme sofrimento da morte de tudo aquilo que criamos ou amamos. Com isso, podemos sentir uma imensa compaixão pelos pesares do mundo. Parece que não importa para qual parte do mundo olhemos — nossa comunidade, os membros da nossa família e nossos entes queridos, nós mesmos —, tudo é frágil, tudo se perderá.

À medida que o domínio do terror se aprofunda, talvez surjam períodos de paranóia. Nesse estágio, para onde quer que olhemos, vamos sentir-nos apavorados pelo perigo. Sentimos que, se sairmos de casa, algo poderá nos atropelar. Se tomarmos um gole de água, os micróbios contidos nela nos matarão. Nessa fase da noite escura, tudo se torna uma fonte potencial de morte ou destruição. As pessoas têm essas sensações de muitas maneiras diferentes: como pressão, claustrofobia, opressão, constrição, inquietação ou luta, ou como a insuportável repetição infinita de experiências, uma após a outra, que morrem o tempo todo. Talvez sintamos como se estivéssemos estagnados em ciclos de vida desprovidos de sentido. A existência parece monótona, árida e inerte. É como se não houvesse saída alguma.

Como era de esperar, é difícil meditar durante esses estágios. Porém, a única maneira de sairmos desses novos níveis de consciência é continuar a senti-los com clareza e aceitação. Precisamos dar nome a cada um deles e permitir que venham à tona e passem. Qualquer outra reação nos manterá estagnados. Ao aprender a reconhecer cada estado, dar nome a cada um deles e ir ao seu encontro com atenção plena, descobrimos que estamos morrendo repetidas vezes. O que se pede de nós é que nos abramos a essa morte e nos tornemos alguém que penetrou no domínio da morte e, diante dele, despertou.

Ao atravessar esses estágios dolorosos, o que vem à tona a seguir é um desejo profundo e intenso de liberdade. Nesse estado, ansiamos por nos livrar do medo e da opressão do contínuo nascer e morrer. Sentimos que deve existir uma liberdade que não está ligada à nossa visão, à nossa audição, ao nosso olfato, paladar e tato; algo além dos nossos projetos e lembranças, além do nosso corpo e da nossa mente, além de toda a identidade que assumimos para ser nós mesmos. Com efeito, a cada nível da noite escura, o poder cada vez maior da percepção consciente foi pouco a pouco desemaranhando nossa identidade e soltando o nosso controle sobre tudo o que seguramos na vida.

Embora ansiemos pela liberdade, com freqüência surge um sentimento de impossibilidade, de que não conseguimos ir mais adiante, de que não conseguimos desapegar-nos ainda mais. Entramos no estágio da grande dúvida; queremos parar; ficamos inquietos. Há um texto que chama esse estágio de "enrolar a esteira". Nesse estágio, o mundo torna-se difícil demais, nossa prática espiritual exige demasiado de nós; gostaríamos de poder largar tudo e ir para casa, para a nossa cama ou para os braços de mamãe.

Devido ao fato de os impressionantes estágios de medo e dissolução fazerem vibrar cordas tão dolorosas dentro de nós, é fácil ficarmos estagnados neles ou perdermos nosso caminho entre eles. Nesse processo, é importante ter um mestre; de outro modo, iremos nos perder ou seremos oprimidos por esses estados e abandonaremos a prática. E, se abandonarmos a meditação em meio a esses estágios de perda, morte, dissolução e medo, eles continuarão a nos assombrar. Eles podem facilmente emaranhar-se na perda e no medo pessoais da nossa vida cotidiana, tornando-se, assim, correntes subterrâneas na nossa consciência; os sentimentos não-resolvidos podem durar meses ou anos, até que façamos alguma coisa para voltar a esse processo e concluí-lo.

A mesma coisa pode nos acontecer nas jornadas xamânicas ou na terapia profunda. Se um processo fica incompleto, os efeitos permanecem entranhados e afloram à superfície; sentimo-nos deprimidos, receosos ou enraivecidos por um tempo muito longo, até voltarmos ao nível mais profundo e dar-lhe solução. Dar solução às coisas significa que precisamos entrar direto nelas. Precisamos ser capazes de olhá-las de frente e dizer: "Sim, posso abrir essas coisas também", enfrentando-as com um coração aberto que não se agarra a elas nem lhes oferece resistência.

Quando finalmente podemos olhar para os horrores e as alegrias, para o nosso nascimento e a nossa morte, para o ganho e a perda de todas as coisas, com um coração imparcial e uma mente aberta, surge o estado da mais bela e profunda equanimidade. Entramos num domínio no qual a consciência está plenamente aberta e desperta, perfeitamente equilibrada. Esse é um nível de paz maravilhosa. Podemos sentar à vontade durante horas e coisa alguma que possa emergir irá causar qualquer perturbação no espaço da consciência. A consciência torna-se luminosa mesmo além do estágio de pseudonirvana, pois agora tudo está esclarecido e livre e a nada nos agarramos. Como diz o Sutra do Diamante, o mundo se parece a um jogo de luz e cor, como uma estrela na alvorada, como um arco-íris, como as nuvens, como uma miragem. Tudo o que surge está cantando uma canção, que é a canção do vazio e da plenitude. Vivenciamos o mundo dos fenômenos e da consciência, da luz e da sombra, lançando-se a uma dança na qual não se conhece a separação.

Esse estado de profundo equilíbrio era chamado pelos Anciãos de *elevada equanimidade*. Nossa mente torna-se como uma taça de cristal ou como um céu límpido, onde tudo surge sem névoas. Tornamo-nos completamente transparentes, como se todos os fenômenos apenas passassem pela nossa mente e pelo nosso corpo. Somos apenas espaço e toda a nossa identidade abre-se para revelar a verdadeira natureza da consciência antes que nos tivéssemos identificado com o corpo e a mente.

Esse estado é descrito em muitas tradições. Certas práticas budistas das tradições zen e tibetana cultivam diretamente essa perspectiva espacial através das práticas do *shikan-taza,** de *maha mudra** e de outros mantras elevados. No hinduísmo, o Advaita Vedanta chama esse estado de o não-dual que contém tudo e nada; e também se refere a ele como o Eu Superior. A tradição mística cristã refere-se a esse estado como a Divina Impassibilidade. Essa consciência assemelha-se ao olho de Deus que vê a criação e destruição do mundo, a luz e a sombra, com um coração que tudo engloba, que *é* tudo. Dentro dessa perspectiva, vemos que nada somos e que somos tudo. A partir desse ponto de equilíbrio, discernimos o que significa estar no mundo mas não nos prendemos a nada do que nele existe.

O DOMÍNIO DO DESPERTAR

Sempre que chegamos a repousar nesse equilíbrio perfeito, seja através da meditação ou de algum outro processo espiritual profundo, podemos encontrar estados ainda mais extraordinários de consciência, de despertar espontâneo e de percepções profundas que chegam de maneira natural, como a graça divina ou mesmo como os

---

* Ver o Glossário, no final do livro.

relâmpagos, ao coração aberto e à mente equilibrada. Essas percepções podem chegar de muitas maneiras. Às vezes, a partir da equanimidade elevada, entramos no nada, no vazio silencioso do qual nascem todas as coisas. Todo o universo desaparece e mais tarde reaparece por si mesmo. Essa libertação de todo o senso de eu e da forma traz uma grande paz e nos mostra a liberdade além de toda forma e de toda existência limitada. Às vezes, essas percepções do nada são profundamente tranqüilas e serenas; outras vezes, atemorizam como raios. Depois de uma abertura profunda ao "vazio do nada", alguns discípulos ficam aturdidos durante semanas, incertos quanto ao modo de voltar ao cotidiano. Às vezes, as experiências de cessação e do nada podem vir a ter o sabor do vazio absoluto; outras vezes, haverá um sentimento místico de fecunda plenitude. Existem muitas dimensões possíveis na experimentação do nada.

Nesse nível de perfeita equanimidade, os discípulos compreendem o sofrimento e a dor inerentes a todas as formas de identidade, a toda existência. Nos níveis anteriores, experimentamos e vemos o sofrimento, mas não o compreendemos. Na equanimidade, nossa compreensão e aceitação proporcionam uma apreensão direta da liberdade, da imortalidade que existe além de toda existência. Sempre que isso surge, somos inundados por uma alegria inextinguível e pelo conhecimento de que vagamos durante eras, envolvidos na vida; mas agora nosso apego se dissolve e sentimos, enfim, o sabor da liberdade.

Outras percepções igualmente iluminadoras podem surgir, mostrando-nos a completa liberdade e liberação encontradas em meio à própria vida. Uma visão luminosa emerge quando o nosso coração percebe a inteireza e a perfeição inerentes a todas as coisas. Tal como o "ponto imutável do mutável mundo" de T. S. Eliot, podemos chegar a uma maravilhosa compreensão da totalidade e da inteireza, da transcendência e do amor, além do eu e do outro, além de todos os esforços. Despertamos, como dizem os místicos, no Corpo de Buda, no Corpo de Cristo, e até mesmo as coisas limitadas do mundo estão cheias de inesgotável doçura e pureza.

Nesses níveis profundos de prática, o *satori* profundo e o despertar místico continuam a se desenvolver. A sempre mutável essência da vida mostra como a própria consciência pode ser vivenciada enquanto criadora e receptáculo de tudo o que existe. Descobrimos que somos a Realidade que buscávamos. A consciência pode ser vivenciada como luz brilhante ou como jóias que se despejam da cornucópia de experiências como galáxias de estrelas emitindo sua luz. Nossa clareza mental pode iluminar a artificialidade do tempo e do espaço. Podemos ver diretamente como todas as coisas existem neste momento; podemos ver que toda a sensação de tempo e criação não passa de um artifício da consciência, na qual a identidade individual se constrói com espelhos e "o tempo é apenas a maneira usada por Deus para impedir que tudo aconteça de uma única vez". Podemos conhecer o emergir da ilusão de separação a cada momento e viver na imensa paz que está por trás de tudo.

Em meio a isso tudo, surgem uma morte para a antiga maneira pela qual nos mantínhamos e uma nova e surpreendente visão da vida. Esse processo de morte e renascimento pode ocorrer em qualquer período de tempo. Semanas, meses ou anos de meditação e prece talvez o precedam; ou então ele ocorre com rapidez, na mesa de operação ou através de algum poderoso ritual xamânico ou de outra circunstância excepcional. Para algumas pessoas, é em meio à vida do dia-a-dia que ocorre a des-

147

coberta do equilíbrio perfeito e da grandeza possíveis ao coração humano. Onde quer que o descubramos, quaisquer que sejam as circunstâncias, esse processo começa a nos transformar. Embora nem sempre permaneçamos nesse estado, é como se houvéssemos escalado uma montanha até o topo e tivéssemos sentido o sabor da liberdade interior que pode alimentar e afetar toda a nossa vida dali por diante. Nunca mais poderemos acreditar que somos separados. Na medida em que admitimos a nossa própria morte, deixamos de ter medo de morrer à maneira antiga. Isso é chamado *morrer antes da morte*, e traz à nossa vida um maravilhoso tipo de totalidade e equanimidade.

Enfim, a dádiva desse processo é nos fazer perceber os ensinamentos mais fundamentais do *dharma*, a lei, o Tao. Vemos que Buda ensinou que todo o sofrimento na vida é causado pelo apego, pelo medo e pela identificação que limita. Em meio a isso, descobrimos a liberdade e nos desprendemos dos emaranhamentos individuais — isso nos esvazia, mas, ainda assim, deixa-nos conectados a tudo. Descobrimos que a liberação é possível para todos os corações humanos; que ela ocorreu em tempos remotos e ainda ocorre nos dias de hoje.

E, finalmente, chegamos a ver que a prática espiritual é, na realidade, muito simples. Todo o processo é um meio de abrir e largar, de estar consciente e não apegar-se a coisa alguma. Esse ensinamento afasta-nos de todas as tentações e de todos os demônios, através do processo inteiro de morte e renascimento. Como ensinava o meu mestre Achaan Chah:

> Se te desapegares de pouco, terás um pouco de paz. Se te desapegares de muito, terás ainda mais paz. Assim, pouco importa aquilo a que estiveres apegado, larga-o e volta para o centro. Aprende a ver todos os movimentos da vida com equilíbrio e abertura.

Ao encerrar este capítulo sobre expandir e dissolver o eu, permita-me recordar que esse "mapa" dos Anciãos descreve apenas um único caminho dentre muitos outros para a abertura espiritual. Mesmo as pessoas que têm uma aptidão natural para penetrar nesses domínios descobrem que essas experiências têm seus benefícios e suas limitações. Não importa a imensidão da abertura e a força da jornada de iluminação; o certo é que acabamos inevitavelmente voltando à Terra. É muito freqüente que ao voltar, camada por camada, reencontremos todas as dificuldades da jornada.

Assim, quando retornamos à consciência ordinária, descobrimos que às vezes estamos profundamente transformados por esses estados e outras vezes não! No melhor dos casos, eles nos deixaram com mais equilíbrio e destemor, com bem-estar e ternura no coração e na mente. Mas, finalmente, nada resta a fazer senão também largá-los. Se as lições foram verdadeiras, isso é o que teremos aprendido.

Esse ensinamento pode ser ilustrado pela história de um monge zen, um velho chinês que, após muitos anos de serena meditação, percebeu que não estava realmente iluminado. Foi a seu mestre e solicitou-lhe:

— Por favor, posso procurar uma cabana no alto da montanha e lá ficar até terminar esta prática?

O mestre, sabendo que ele estava maduro, deu-lhe a permissão. A caminho para o alto da montanha, o monge encontrou um ancião que a descia carregando um grande fardo.

— Aonde vais, monge? — perguntou-lhe o ancião.

— Estou indo para o alto da montanha. Vou sentar-me lá até alcançar a iluminação ou morrer — respondeu o monge. E como o ancião parecia ser muito sábio, o monge sentiu-se tentado a lhe perguntar:

— Dize-me, meu senhor, conheces alguma coisa sobre a iluminação?

O ancião, que na realidade era o Bodhisattva Manjusri (dizia-se que ele aparecia às pessoas quando elas estavam prontas para a iluminação), largou seu fardo, que caiu ao chão. Como acontece em todas as boas histórias zen, nesse momento o monge iluminou-se.

— Queres dizer que é assim tão simples, apenas largar e não agarrar-se a nada!

— E então o monge recém-iluminado voltou a olhar o ancião e perguntou:

— E agora, o que acontece?

Como resposta, o ancião abaixou-se, voltou a pegar o fardo e afastou-se em direção à aldeia.

Essa história mostra os dois lados da prática espiritual. Ela nos ensina a largar, a renunciar ao nosso apego e identificação com todas as coisas, e nos recorda que apenas alugamos essa casa por um certo tempo. Uma vez que tenhamos percebido isso, ensina-nos a história, precisamos reentrar no mundo com um coração compassivo. Precisamos pegar nosso fardo e carregá-lo de volta até o reino da vida humana. Mas, dessa vez, podemos viajar como um *bodhisattva**, como alguém que atravessou as terras da vida e da morte e, de um modo novo, é livre. A partir dessa liberdade, podemos trazer um coração compreensivo e compassivo a um mundo que dele tanto necessita.

MEDITAÇÃO SOBRE A MORTE E O RENASCIMENTO

Quando sua visão se aclarar e seu coração se abrir, você descobrirá que está vivendo num constante processo de inícios e conclusões. Seus filhos partem para viver a própria vida; seu casamento começa e termina; sua casa é vendida; uma nova carreira começa; sua vida profissional se encerra na aposentadoria. Cada novo ano, cada dia, cada momento é um abandonar do velho e um renascer do novo. A prática espiritual leva você ao mais íntimo contato com esse mistério. Sentado, imóvel, você encontra o incessante ir e vir da sua respiração, de seus sentimentos, pensamentos e imagens mentais. Ainda mais profundamente, você descobre que sua própria consciência pode mudar, fazendo surgir milhares de diferentes pontos de vista e perspectivas. E, afinal, tudo aquilo que você pensa ser — seu corpo, sua mente e sua individualidade separados do todo — pode elucidar-se ante seus olhos, e então você descobre que sua identidade limitada não é a sua verdadeira natureza.

O grande texto budista do *Livro Tibetano dos Mortos* é um guia maravilhoso para atravessarmos o processo de morte, renascimento e despertar para a nossa verdadeira natureza. Esse texto destina-se a ser lido para alguém que acabou de morrer.

---

* Ver o Glossário, no final do livro.

Mas, como em essência não existe divisão entre nascimento e morte, os ensinamentos que se aplicam ao movimento de uma vida física a outra oferecem-nos instruções também válidas para vivermos nesta vida, de um dia ao outro, de um momento ao outro, de uma respiração a outra. Eu os li a amigos que estavam à morte, a amigos em meio a um divórcio, a pessoas à procura de visões e a discípulos em retiros.

Você pode sentar-se calmamente e ler esses textos para si mesmo, ou gravá-los em fita e reproduzi-los, ou ainda pedir a um amigo que os leia devagar para você. Ao ouvir essas palavras, deixe-as mergulhar na sua consciência, ouvindo, sendo receptivo e aberto com todo o seu ser. Elas o levarão de volta à sua verdadeira natureza.

Lembre-se da luz brilhante — a pura luz brilhante da qual se originam todas as coisas do universo e à qual todas as coisas do universo retornarão. Lembre-se da natureza original da sua mente, o estado natural do universo não-manifesto. Abandone-se a essa luz brilhante. Confie nela, funda-se nela. Ela é sua verdadeira natureza, o seu lar. As visões que você tem existem dentro da sua consciência. As formas que elas tomam são determinadas pelo seu passado: seus desejos, apegos, medos, karma. Essas visões não têm realidade fora da sua consciência. Mesmo que algumas pareçam assustadoras, não podem ferir você. Deixe-as passar através da sua consciência. Todas elas passarão no devido tempo. Não há necessidade de se envolver com elas; não há necessidade de se sentir atraído pelas belas visões, não há necessidade de sentir repulsa pelas visões assustadoras, não há nenhuma necessidade de apegar-se a elas. Deixe-as passar. Se você se envolver com essas visões, irá vaguear confuso por longo tempo. Assim, deixe-as passar através da sua consciência como as nuvens que atravessam o céu límpido. Em essência, elas não têm mais realidade do que as nuvens. Se ficar assustado ou confuso, você sempre poderá evocar um ser de luz em quem confia, pedindo proteção e orientação.

Lembre-se desses ensinamentos, lembre-se da luz brilhante, essa pura e clara luz fulgurante da sua própria natureza. Ela é imortal. Quando olhar as visões que está tendo e reconhecer que elas são feitas da mesma luz pura e brilhante que forma todas as coisas do universo, você estará libertado. Não importa por onde você vagueia ou as distâncias que percorre, a luz é apenas uma fração de segundo, está apenas uma fração de respiração longe de você. Nunca é tarde demais para você reconhecer a luz fulgurante.

11

EM BUSCA DE BUDA: UM LUZEIRO PARA NÓS MESMOS

Quando defrontamos com uma variedade de ensinamentos e práticas espirituais, devemos manter um senso genuíno de indagação. Qual é o efeito desses ensinamentos e práticas sobre mim mesmo e os outros? Em suas últimas palavras, Buda disse que devemos ser um luzeiro para nós mesmos.

Nossa época é extraordinária para o buscador espiritual. As livrarias espiritualistas modernas estão repletas de livros sobre as práticas místicas cristãs, judaicas, sufis e hindus. Os capítulos que acabamos de ver, sobre a montanha-russa espiritual e a expansão e dissolução do eu, são apenas mais um entre centenas de relatos espirituais. No entanto, muitos desses relatos são contraditórios. Já vimos como as perspectivas podem diferir tão amplamente dentro das tradições budistas, desde as escolas que buscam a iluminação através da purificação e dos estados alterados de consciência até as escolas que afirmam ser essa própria busca o que nos impede de realizar a nossa verdadeira iluminação aqui e agora. As muitas perspectivas contraditórias que encontramos criam um dos grandes dilemas da vida espiritual: Em que devemos acreditar?

De início, no entusiasmo pela nossa prática, tendemos a considerar tudo o que ouvimos ou lemos como a verdade absoluta. Essa atitude torna-se, com freqüência, ainda mais forte quando nos juntamos a uma comunidade, quando seguimos um mestre ou nos dedicamos a uma disciplina. No entanto, todos os ensinamentos de livros, "mapas" e crenças pouco têm a ver com a sabedoria ou a compaixão. No melhor dos casos, são um indicador, um dedo que aponta para a Lua ou os fragmentos do diálogo de uma época em que alguém recebeu um verdadeiro alimento espiritual.

Para fazer viver a prática espiritual, precisamos descobrir dentro de nós mesmos o nosso próprio caminho para tornar-nos conscientes, para vivermos a vida do espírito.

Há alguns anos, em Massachusetts, uma mulher chamada Jean, que havia sido discípula da prática da meditação, procurou-me num estado altamente confuso. Ela se casara com um médico e tiveram dois filhos. O marido era sujeito a crises de depressão e, no ano anterior, em meio a uma delas, cometera suicídio. Isso foi extremamente triste e doloroso para ela e, mais ainda, para seus filhos. A família vivia nos arredores de Amherst e se envolvera com muitas das comunidades espirituais da região. O casal havia estudado com os tibetanos e sufis e, depois do suicídio do marido, toda essa rede espiritual veio em auxílio da família. Todos os dias, durante muitas semanas, os amigos vinham preparar as refeições, cuidar das crianças e trazer conforto e apoio. Muitos deles incluíam cerimônias espirituais pela família e pelo pai morto.

Um dia, um amigo íntimo da comunidade tibetana procurou Jean muito emocionado e disse: "Estive fazendo as preces tibetanas e as visualizações dos mortos nos últimos quarenta dias e, ontem à noite, eu o vi. Seu marido está bem. A visão era muito clara. Ele estava entrando no bardo* de luz do Domínio Ocidental com o Bodhisattva Amitabha. Percebi tudo com muita clareza. Tudo está bem". Jean sentiu-se extremamente reconfortada com essas palavras. Contudo, alguns dias mais tarde, ela estava na cidade e encontrou uma pessoa da comunidade mística cristã local, onde ela também havia praticado. Essa pessoa aproximou-se dela muito emocionada e disse: "Ele está bem. Eu o vi. Ainda ontem à noite tive essa visão profunda na minha prece durante a meditação. Ele está rodeado pela luz branca nos céus dos mestres ascendidos". Jean ficou um pouco abalada e confusa com esse comentário.

Ao voltar para casa, decidiu visitar um velho e respeitado mestre sufi com quem estudara. Ao chegar à casa do mestre, antes mesmo de poder explicar seu dilema, ele lhe anunciou: "Seu marido está bem, acredite em mim. Ele já entrou num útero e irá nascer em um corpo feminino, de pais que vivem nos arredores de Washington. Estive seguindo a consciência dele na minha meditação". Confusa e perturbada, tentando averiguar qual seria a verdade, ela me procurou.

Pedi-lhe que considerasse com todo o cuidado o que ela própria realmente sabia. Se pusesse de lado os ensinamentos tibetanos, os ensinamentos sufis, os ensinamentos místicos cristãos e olhasse dentro do seu próprio ser e do seu coração, qual seria a verdade que ela conhecia com tanta certeza que, mesmo se Jesus e Buda estivessem sentados ali, naquela mesma sala, e dissessem: "Não, não é assim", ela poderia olhar fundo nos olhos deles e dizer: "Sim, é assim". Eu estava pedindo a Jean para afastar todas as suas filosofias e crenças, os mapas de vidas passadas e futuras e, mais ainda, lembrando-a de que aquilo que ela sabia talvez fosse bastante simples. Por fim, saindo do silêncio, ela disse: "Eu sei que tudo muda... e acho que não sei mais nada. Tudo o que nasce morre, tudo na vida está em processo de mudança". Então eu lhe perguntei se isso não seria suficiente — se ela não poderia viver sua vida a partir dessa verdade simples, com plenitude e honestidade, sem apegar-se àquilo que inevitavelmente pre-

---

* No budismo, estado intermediário entre a morte e o renascimento. (N.T.)

cisamos largar. Talvez essa simples compreensão fosse suficiente para viver uma vida sábia e espiritual.

O que eu pedi a Jean — pôr de lado todos os ensinamentos que ouvira e considerar o que ela própria realmente sabia — é uma tarefa que todos nós precisamos realizar. Muitas vezes as coisas que sabemos são muito simples e, no entanto, nessa simplicidade que o mestre zen coreano Seung Sahn chamava de "mente que não sabe", podemos perceber o espírito vivo. Podemos sentir o mistério de ter nascido neste corpo, de estar aqui pelas cores e sons desta dança. Nessa simplicidade, algo se renova, completa-se algo que já é completo. Aquilo que é belo pode mostrar-se no seu silêncio. Elizabeth Kübler-Ross escreve sobre o encontro disso no momento da morte. Os que têm a força e o amor para sentar-se ao lado de uma pessoa à morte, no silêncio que vai além das palavras, saberão que esse momento não é assustador nem doloroso, mas sim uma tranqüila cessação do funcionamento do corpo. Observar uma morte tranqüila pode fazer-nos lembrar da paz encontrada ao ver uma estrela cadente.

De algum modo, no momento do reconhecimento de que tudo muda, Jean reencontrou seu caminho. A religião e a filosofia têm seu valor, mas, no fim, tudo o que podemos fazer é abrir-nos ao mistério e viver um caminho com o coração, não de maneira idealista, não sem dificuldades, mas como Buda o fez, no próprio meio da nossa natureza humana, na nossa vida nesta Terra. Vale a pena perguntar a nós mesmos: O que podemos ver e conhecer diretamente por nós mesmos? Essas verdades simples não são o bastante? Fiz essas perguntas a muitos grupos de meditação e, em geral, as pessoas respondem com verdades simples, tais como: "Qualquer que seja o meu ponto de vista ou a minha opinião, percebo que existem outros"; "Este mundo tem noite e dia, luz e sombra, prazer e dor. Ele é feito de opostos"; ou "Quando estou apegado, sofro"; ou ainda: "O amor foi o que realmente me trouxe felicidade nesta vida".

Nossa libertação e felicidade emergem do nosso profundo conhecimento e não importa o que qualquer pessoa possa dizer em sentido contrário. Nossa vida espiritual só se torna inabalável quando estamos conectados com a nossa própria percepção da verdade.

A época moderna tem alguns paralelos com o clima espiritual da antiga Índia. Na época de Buda, relatos históricos descrevem muitos outros mestres, iogues e sábios que ofereciam uma variedade de práticas espirituais. E, assim como em nossos tempos, as pessoas na época de Buda se sentiam confusas depois de encontrar muitos desses mestres. Um dos mais famosos ensinamentos da vida de Buda foi dado na aldeia dos kalamas. Depois de terem hospedado uma sucessão de mestres que davam ensinamentos espirituais contraditórios, eles ficaram confusos. Quando Buda chegou e ouviu isso, disse:

> Estais confusos e em dúvida, ó kalamas, e vossa dúvida refere-se ao que deve ser posto em dúvida. Não acrediteis em mim tampouco. Se desejais conhecer a verdade espiritual, assim deveis investigá-la. Não vos contenteis, ó kalamas, com rumores, tradições, lendas, as palavras das grandes escrituras, conjecturas, lógica, simpatia ou antipatia por um ponto de vista, ou com o argumento de que "isso vem de um grande mestre ou doutrinador". Mas olhai dentro de vós mesmos. Quando souberdes, no vosso coração, quais os ensinamentos que são inúteis, censuráveis, condenados pelos sábios,

153

quais os ensinamentos que, quando adotados e postos em prática, levam ao mal e ao sofrimento, deveis abandoná-los. Se eles levam à falsidade e à cobiça, ao roubo ou à obsessão, ao aumento de ódio ou ilusão, abandonai-os. Repito, ó kalamas, não vos contenteis com rumores, tradições ou quaisquer ensinamentos, seja qual for a maneira pela qual eles cheguem até vós. Apenas quando souberdes no vosso coração que as coisas são íntegras, irrepreensíveis e louvadas pelos sábios, e que quando adotadas e praticadas levam ao bem-estar e à felicidade, deveis praticá-las. Se elas levam à virtude, à honestidade, à bondade, à clareza e à liberdade, então deveis segui-las.

Podeis, desse modo, pensar: se existem outras vidas, o fruto da bondade nesta vida será a bondade depois dela; e se não existem outras vidas, então o fruto da bondade será experimentado aqui e agora.

Quando defrontamos com uma variedade de ensinamentos e práticas espirituais, precisamos manter um senso genuíno de indagação: Qual o efeito desse ensinamento e prática sobre mim mesmo e os outros? Como ele está funcionando? Qual é o meu relacionamento com ele? Estou ficando preso, assustado, perdido em confusão? Estou sendo levado a maior bondade e maior compreensão, a maior paz e liberdade? Só nós mesmos podemos descobrir se o nosso caminho precisa nos conduzir através dos mais elevados estados de *samadhi* ou através da cura das feridas do nosso coração. Em suas últimas palavras, Buda disse que precisamos ser um luzeiro para nós mesmos, que precisamos encontrar o nosso verdadeiro caminho.

A prática espiritual nunca pode ser alcançada pela imitação de uma forma exterior de perfeição. Isso nos leva apenas à "representação espiritual". Embora possamos ser genuinamente inspirados pelos exemplos de sábios mestres e tradições, essa mesma inspiração também pode nos criar problemas. Queremos imitá-los, em vez de ser honestos e verdadeiros no nosso coração. Consciente ou inconscientemente, tentamos caminhar como eles, falar como eles, agir como eles. Criamos grandes batalhas na nossa vida espiritual quando comparamos a imagem que formamos de nós mesmos com as imagens de mestres iluminados ou de figuras como Buda, Jesus, Gandhi ou Madre Teresa. Nosso coração anseia naturalmente por totalidade, beleza e perfeição, mas, à medida que tentamos agir como esses grandes mestres, impomos sua imagem de perfeição a nós mesmos. Isso pode ser bastante desencorajador, pois não somos eles.

Com efeito, de início a prática espiritual pode parecer estar nos levando na direção oposta. Ao despertar, nossa tendência é ver nossas falhas, medos, limitações e egoísmo com mais clareza do que nunca. As primeiras dificuldades no caminho incluem algum rude despertar. Talvez nos perguntemos se estamos em um caminho com o coração ou até mesmo se estamos no caminho certo. As dúvidas podem surgir. Talvez sintamos a prática mais como um trabalho manual do que como um trabalho de amor, e as imagens de perfeição que formamos irão nos deixar ainda mais desencorajados com relação a nós mesmos e com a nossa prática. Quando começamos a defrontar diretamente com as nossas limitações, talvez tentemos buscar uma outra forma de prática, um caminho mais rápido, ou então decidimos mudar nossa vida de maneira radical — mudar de casa, divorciar-nos, entrar em um mosteiro.

No nosso desencorajamento inicial, talvez censuremos a nossa prática ou a comunidade à nossa volta, ou talvez cheguemos a censurar nosso mestre. Isso aconteceu comigo no meu primeiro ano como monge. Eu praticava com diligência, mas fiquei frustrado depois de certo tempo. A inquietação, a dúvida, a reatividade e a mente julgadora que encontrei eram muito difíceis para mim. Embora soubesse que parte disso era por minha própria culpa, eu sentia que muito se devia ao ambiente no qual me encontrava. Eu estava vivendo num mosteiro na floresta, sob a orientação de um renomado mestre da meditação, e, como parte das nossas atribuições diárias, além das cinco horas de meditação, precisávamos entoar cânticos, tirar água do poço, tecer as túnicas, cuidar dos assuntos da comunidade e caminhar juntos de manhã para arrecadar alimentos. Supunha-se que tudo isso era parte da nossa meditação. Mas eu sabia da existência de outros tipos de mosteiro onde a pessoa podia trancar-se numa cela e praticar, num silêncio em que nada causava perturbação, durante vinte horas por dia. Comecei a sentir que, se estivesse num lugar assim, minha meditação teria a profundidade adequada e eu alcançaria a iluminação.

Quanto mais frustrado eu ficava, mais o mosteiro me parecia desleixado e incapaz de me levar à iluminação. Até mesmo a imagem que eu fazia do meu mestre começou a se enquadrar nessa moldura mental. Como era possível que ele dirigisse um mosteiro desse modo? Na verdade, por que ele não praticava meditação o tempo todo para dar um melhor exemplo, em vez de passar o dia sentado com os monges à sua volta e ensinando a todos os aldeãos que apareciam? E, assim, enfrentei-o. Inclinei-me, cumprimentei-o com respeito e disse-lhe que queria partir para um mosteiro mais rigoroso, pois ali eu não dispunha de tempo suficiente para meditar.

— Ah — perguntou-me ele —, aqui não há tempo suficiente para estar desperto?

— Não — respondi, surpreso com a sua pergunta. Mas a minha frustração era grande e por isso continuei. — Além disso, os monges são desleixados demais e até mesmo o senhor não guarda o silêncio suficiente. O senhor é inconsistente e contraditório. Para mim, isso não é parecido com o que Buda ensinou.

Só um ocidental seria capaz de dizer uma coisa dessas, e meu mestre caiu na gargalhada.

— É muito bom que eu não me pareça com Buda — respondeu-me.

Um tanto perturbado, retruquei:

— Ah, é, e por quê?

— Porque — disse ele — você ainda estaria procurando Buda fora de você mesmo. Ele não está lá fora!

E com isso mandou-me de volta à minha meditação.

"É nossa busca por perfeição fora de nós mesmos que causa o nosso sofrimento", disse Buda. O mundo dos fenômenos mutáveis, cujos ciclos Buda chamava de *samsara** infinito, é, por sua natureza, uma frustração para qualquer imagem de perfeição que possamos formar sobre ele. Mesmo o mais perfeito momento ou coisa irá mudar um instante mais tarde. Não é a perfeição que devemos buscar, mas a liberdade do coração. Relembremos as palavras de Buda: "Assim como os grandes oceanos têm um único sabor, o sabor do sal, também existe um único sabor fundamental em todos os verdadeiros ensinamentos do Caminho, e esse é o sabor da liberdade".

---

* Ver o Glossário, no final do livro.

O Terceiro Patriarca do zen-budismo explicou que a libertação surge quando estamos "sem ansiedade a respeito da não-perfeição". Não se espera que o mundo seja perfeito de acordo com as nossas idéias. Tentamos, por longo tempo, mudar o mundo; contudo, a libertação não será encontrada mudando o mundo, aperfeiçoando o mundo ou a nós mesmos. Quer busquemos a iluminação através de estados alterados, na comunidade ou na nossa vida cotidiana, ela nunca virá a nós enquanto buscarmos a perfeição. Se assim for, então, onde encontramos Buda em meio a isso? Buda surge quando somos capazes de ver a nós mesmos e ao mundo com honestidade e compaixão. Em muitas tradições espirituais, existe uma única pergunta importante a ser respondida, e essa pergunta é: Quem sou eu? Quando começamos a respondê-la, somos preenchidos por imagens e ideais — as imagens negativas de nós mesmos, que queremos mudar e aperfeiçoar, e as imagens positivas de algum grande potencial espiritual — mas, ainda assim, o caminho espiritual refere-se menos a mudar a nós mesmos e mais a ouvir a essência do nosso ser.

Uma história moderna do mulá Nasrudin, mestre sufi e tolo sagrado, diz que ele entrou em um banco e tentou descontar um cheque. O caixa lhe pede para fazer a gentileza de se identificar. Nasrudin põe a mão no bolso e tira um espelhinho. Olhando-se no espelho, diz: "Certo, sou eu mesmo".

A meditação e a prática espiritual são assim: é como olhar-se no espelho. De início, nossa tendência é ver a nós mesmos e ao mundo por maneiras que nos são familiares, de acordo com as imagens e os modelos que guardamos por tanto tempo. "Este sou eu." "Eu sou inteligente" ou "Eu sou esforçado". "Eu sou digno de amor" ou "Eu sou indigno de ser amado". "Eu sou sábio e generoso" ou "Eu sou medroso e tímido". É possível que tentemos consertar ou refazer a nossa imagem; porém uma abordagem tão mecânica tampouco irá funcionar. Conheci pessoas que, num certo ano, se dedicaram a uma austera meditação como sendo o verdadeiro caminho e, no ano seguinte, mudaram por completo e passaram a cantar cânticos devotos. Henry Miller percebeu como as idéias fixas podem tornar-se ridículas, quando afirmou: "Tudo o que escrevi sobre o homem, percebi mais tarde que poderia ter escrito exatamente o oposto".

Quais as imagens que fazemos de nós mesmos, da nossa vida espiritual, dos outros? Essas imagens e idéias correspondem ao que realmente somos? Será essa a nossa verdadeira natureza? A libertação não chega como um processo de autodesenvolvimento, de aperfeiçoamento do corpo ou da personalidade. Pelo contrário, ao viver uma vida espiritual, somos desafiados a descobrir uma outra maneira de ver, em vez de ver com as nossas imagens, os nossos ideais e esperanças habituais. Aprendemos a ver com o coração, que ama, e não com a mente, que compara e define. Essa é uma maneira radical de ser que nos leva além da perfeição. É como se nossa prática espiritual, com seus altos e baixos, pudesse ser mantida no coração de Buda. A partir dessa perspectiva, tudo pode ser incluído como a nossa prática.

No meio do nosso retiro anual de três meses, um amigo veio indagar sobre o progresso de alguns participantes, membros de sua comunidade.

— Como está se saindo a Jill? — perguntou-me.

— Ela está indo bem.

— E o Sam, como está indo o Sam?

— Tudo bem com ele.

— E como estão as coisas com a Claudia?

— Bom, a Claudia passou por um período difícil, mas está se saindo bem.

Continuei a responder sobre umas seis pessoas: todas estavam se saindo bem. Finalmente, meu amigo perguntou:

— O que você quer dizer quando observa que eles estão se saindo bem?

Pensei por um instante e respondi:

— Isso quer dizer que eles ainda não desistiram.

Caímos na gargalhada, mas a minha resposta era séria, pois o que importa no domínio do despertar não é a experiência particular que temos e, sim, se ela também pode ser incorporada à nossa prática, se podemos permanecer abertos ao que está presente e aprender a amá-lo.

A partir da nossa primeira sessão e da cura necessária que encontramos na prática, pouco a pouco nos abrimos a um terreno novo e desconhecido. Talvez surjam estados alterados, talvez não, mas, no fim, aquilo que estávamos buscando o tempo todo será encontrado aqui, no momento em que chegamos ao repouso, no nosso eu essencial, na nossa natureza búdica ou bondade básica. Nós o descobrimos quando estamos totalmente presentes (mas não em busca de alguma coisa), neste momento, quando chegamos ao repouso. Surge então um senso de totalidade e integridade, de força e beleza. Aquilo que corríamos o mundo para buscar está aqui à nossa porta. Vezes sem conta aprendemos essa simplicidade.

Se buscávamos força através do controle de nós mesmos e dos outros, descobrimos que essa era apenas uma versão falsa da força, que a verdade e a força inerentes surgem nos momentos de silêncio profundo e de totalidade, quando repousamos sem nos perturbar com as coisas como elas são. Se buscávamos beleza ou amor através dos outros, ou em estados que aperfeiçoam a nossa mente, também essas qualidades vêm como um todo, de maneira espontânea, quando os desejos e anseios chegam ao repouso. Esse é o despertar para a nossa natureza búdica.

O que buscamos é quem somos e, na realização da nossa prática, descobrimos que nossa compreensão esteve presente todo o tempo. O Papa João XXIII conta em que consiste esse processo, mesmo para um papa:

> Muitas vezes me acontece acordar no meio da noite e começo a pensar sobre um problema sério e chego à conclusão de que preciso falar com o papa a respeito. Depois acordo por completo e me lembro de que eu sou o papa.

Isso é meditação: retomar a nossa verdadeira natureza e descobrir um imenso sentimento de repouso e paz, uma amplitude no nosso coração em meio à vida; tornar-nos transparentes à luz que está sempre brilhando. "Ela não está distante", diz um mestre zen, "está mais perto do que o perto". Não se trata de mudar alguma coisa; a questão é não se apegar a coisa alguma e abrir nossos olhos e o nosso coração.

Como isso talvez pareça simples demais, vamos dar mais um passo em frente. Tomemos uma situação de dificuldade na nossa vida e vejamos como podemos descobrir nela a nossa natureza búdica. Faremos uma simples meditação que pode evocar os arquétipos universais, as energias da compaixão e da sabedoria, que estão sempre presentes dentro de nós cada vez que nos lembramos de nos abrir à sua voz. Depois de ler os três próximos parágrafos, feche os olhos e imagine que você está em meio a uma das maiores dificuldades da sua vida. Pode ser uma dificuldade profissional ou em um relacionamento pessoal. Você pode recordá-la, visualizá-la ou representá-la, imaginá-la, pensar sobre ela, senti-la — você pode usar qualquer meio que faça o seu coração e mente senti-la da melhor forma. Procure reviver a cena com nitidez, as pessoas que lá estavam, as dificuldades, e como você reagiu diante de tudo. Deixe que ela chegue à máxima intensidade negativa. Perceba como seu corpo se sente em meio a isso, como você age e qual o estado do seu coração.

E agora imagine que alguém bate à porta e que você precisa atender. Peça licença e saia; lá fora você encontra à sua espera alguém como Buda, Jesus, a Virgem Maria ou a Grande Deusa da Compaixão Universal. Um desses seres veio visitá-lo. Ele o olha com bondade e pergunta: "Está tendo um dia difícil?" E sugere: "Deixe-me trocar de lugar com você. Empreste-me o seu corpo e permita que eu lhe mostre como eu lidaria com essa situação. Você pode ficar invisível enquanto lhe mostro o que é possível fazer". Desse modo, você empresta seu corpo à Deusa, a Buda, a Jesus ou a outro ser e, invisível, o segue de volta à teia espessa das suas dificuldades. Deixe que a conversa e os problemas continuem como antes e apenas observe o que lhe é mostrado. Como Jesus, Buda ou Maria respondem à situação? Com silêncio? Com que energia? Que palavras eles escolhem? Qual o estado do coração deles nessa circunstância? Qual o estado do corpo? Deixe que esses seres lhe mostrem o caminho. Permaneça com eles e aprenda-lhes os ensinamentos.

Então o ser escolhido por você pede licença e retorna ao local onde você o encontrou. Amorosamente, ele devolve o seu corpo e, antes de partir, toca-o com suavidade, um toque que cura, e sussurra algumas palavras de aconselhamento. Ouça essas sinceras palavras de sabedoria e bondade. Ouça-as, imagine-as, sinta-as, perceba-as da maneira que lhe for possível, e deixe que elas sejam exatamente aquilo de que você precisa para viver com sabedoria.

Nem todos têm facilidade para fazer meditação dirigida; no entanto, a maioria das pessoas descobre que, através da prática, é capaz de relembrar suas dificuldades, descobrindo-as ou imaginando-as de uma maneira totalmente nova. Talvez seja necessário um período de prática silenciosa para ter acesso a essa sabedoria; talvez você descubra que ela vem com rapidez e facilidade. Não importa — ela está dentro de você para ser encontrada.

Depois desse exercício, faça a si mesmo uma pergunta: De onde veio Buda, Jesus, Maria ou a Deusa da Compaixão? Aquela extraordinária sabedoria, aquela compaixão ou algum outro ensinamento que você aprendeu nessa meditação já existia dentro de você! Ele já está presente. Você não precisa criá-lo ou imitá-lo; basta ouvi-lo e descobri-lo dentro de si mesmo. As palavras de aconselhamento da sua figura espiritual interior serão, com freqüência, palavras simples: "Ame a todos". "Lembre-se da bondade." "Seja responsável por si mesmo e pela verdade." Mas essas palavras adquirem um novo sentido quando nós as ouvimos no nosso próprio coração. Todos os problemas adquirem um novo sentido quando encontramos uma outra maneira de manter o nosso corpo, quando podemos visualizar ou sentir o que é a força e a sabedoria, a compaixão e a clareza em meio às nossas maiores dificuldades.

Apresento aqui algumas das soluções simples dessa meditação dirigida, vindas de grupos que orientei. Um homem viu Buda vir substituí-lo no confronto com seu chefe, que estava irritado por causa de um projeto fora de prazo. Buda ficou presente e forte mas manteve calmo o corpo desse homem. As únicas palavras que ele ouviu foram: "Você precisa sentir toda a responsabilidade de manter a coesão". De imediato, o chefe se acalmou e ambos conseguiram conversar. Uma mulher estava visitando a casa dos pais, pessoas cheias de espírito crítico. A Deusa da Compaixão envolveu o corpo dessa mulher e, em vez de brigar com os pais, ela simplesmente sentou para assistir TV ao lado deles e tentou, apesar de tudo, amá-los. Ao deixá-la, a deusa murmurou ao ouvido dessa filha frustrada: "Não visite seus pais com demasiada freqüência". Uma outra imagem foi a da Virgem Maria, que apareceu para uma mãe, atormentada todas as manhãs por três filhos exigentes, que sentia não dispor de tempo para si mesma e lutava contra essa situação. A Virgem Maria entrou na casa, sentou-se no chão e começou a brincar com as crianças. Estabeleceu limites, veja só, e mandou que elas saíssem quando estava na hora de irem para a escola, mas, principalmente, ela lhes deu aquilo que queriam. Ao sair, a Virgem sussurrou ao ouvido da mãe atormentada: "Apenas ame-as bastante, e não se preocupe com os afazeres domésticos".

A realização espiritual não é o resultado de um conhecimento esotérico especial, do estudo de grandes textos e *sutras*, do aprendizado sistemático das grandes obras da religião; não é encontrada no domínio do controle ou do poder; não faz questão que as coisas sejam de uma certa maneira; e não censura. A realização pessoal não envolve o controle dos outros nem o controle de nós mesmos. Ela nasce, em vez disso, de uma abundante sabedoria do coração.

Há muitos anos, conheci um velho monge num mosteiro nas selvas do Sudeste Asiático. Estávamos em uma clareira à noite e vimos um satélite artificial abrindo seu caminho entre as estrelas. O velho monge o apontou, dizendo-me que se tratava de uma estrela recém-chegada ao firmamento. Tentei explicar-lhe a respeito dos foguetes e satélites e, para minha grande surpresa, ele questionou a idéia de que a Terra é redonda. Ela sempre lhe parecera plana. A educação média ou superior que recebera nos anos 20 aparentemente não o convencera do contrário e, no entanto, muitos o consideravam um sábio. Seu coração era cheio de compaixão e sabedoria que atraíam muitas pessoas que lhe contavam seus problemas e lhe pediam conselho. Sua compreensão da natureza humana e da vida era profunda e maravilhosa, embora ele nem sequer soubesse que a Terra é redonda.

A sabedoria do coração pode ser encontrada em qualquer circunstância, em qualquer planeta, redondo ou quadrado. Ela não surge através do conhecimento, das imagens de perfeição ou pela comparação ou julgamento, mas sim contemplando com os olhos da sabedoria e com o coração da atenção amorosa, tocando com compaixão tudo o que existe no nosso mundo.

A sabedoria do coração está aqui, exatamente agora, a qualquer momento. Ela sempre esteve aqui e nunca é tarde demais para encontrá-la. A totalidade e a liberdade que buscamos é a nossa *verdadeira natureza*, é quem realmente somos. Sempre que iniciamos uma prática espiritual, lemos um livro espiritual ou contemplamos o que significa viver bem, damos início ao processo inevitável de nos abrir a essa verdade, a verdade da própria vida.

Permita-me encerrar este capítulo com uma história encorajadora. Um rapaz encontrou seu caminho até o pequeno apartamento de Nisargadatta, meu antigo guru indiano em Bombaim, fez-lhe uma única pergunta de natureza espiritual e depois partiu. Um dos discípulos regulares perguntou: "O que acontecerá a esse homem? Ele algum dia se tornará iluminado ou sairá do caminho e voltará a adormecer?" Nisargadatta respondeu: "É tarde demais para ele! Ele já começou. O simples fato de ter subido até aqui, de ter feito uma pergunta sobre qual é a sua verdadeira natureza, significa que aquele local dentro dele que sabe quem ele realmente é já começou a despertar. Mesmo que leve muito, muito tempo, não há como voltar".

MEDITAÇÃO: COMO TORNAR-SE SIMPLES E TRANSPARENTE

Ao refletir sobre a sua vida espiritual, pergunte a si mesmo: O que sei, no meu coração, sobre a verdade da vida? Preciso realmente de mais conhecimento do que esse, ou já é suficiente essa simples sabedoria fundamental? O que me impede de viver as verdades simples que conheço? De que preciso me desapegar para poder fazer isso? Que confusão, qual medo interfere com a minha compaixão? Qual força e confiança seriam necessárias para eu viver bem e sabiamente? Como eu poderia mudar a minha vida para que o meu corpo, o meu coração e a minha mente conhecessem menos e se tornassem mais transparentes a essa luz interior? Posso me imaginar sabendo menos e ficando mais sábio?

Não hesite em sentir uma simples presença amorosa que você pode sondar a cada momento. Conscientize-se da maneira como sua vida espiritual pode levá-lo a essa mudança.

PARTE III

A AMPLIAÇÃO DO NOSSO CÍRCULO

12

COMO ACEITAR OS CICLOS DA VIDA ESPIRITUAL

Se temos idéias sobre o modo como a nossa prática deveria desenrolar-se, essas idéias, com freqüência, se atravessam em nosso caminho e nos impedem de dar o devido valor à fase pela qual estamos passando agora.

Todos os antigos sistemas de sabedoria ensinam que a vida humana se desenrola numa sucessão de estágios: infância, um período de educação e aprendizagem, um período para a vida familiar e o trabalho significativo, e um período para a prática da contemplação. Nas tradições dos índios norte-americanos, esses ciclos de evolução são dignificados com ritos de passagem que permitem a cada membro da comunidade entrar em novos estágios da vida com plena consciência e apoio. Psicólogos modernos, como Erik Erikson, também falam de uma sucessão inevitável de estágios que constroem uma vida sábia e significativa.

Assim como existe beleza a ser encontrada na mudança das estações da Terra e graça interior em dignificar os ciclos da vida, nossa prática espiritual estará em equilíbrio quando sentirmos o tempo apropriado para o retiro e o tempo apropriado para viajar; o tempo para se estabelecer e criar raízes e o tempo para ter uma família e filhos. Ao dar o devido valor a esses ciclos, honramos a lei natural do universo no Tao ou o *dharma* da nossa própria vida. O poeta Wendell Berry fala disso em seu poema "A lei que casa todas as coisas".

*A nuvem é livre
apenas para ir com o vento.*

*A chuva é livre
apenas para cair.*

*A água é livre
apenas para juntar suas gotas,*

*seguir seu curso descendente
e elevar-se no ar.*

*Na lei há repouso
se amas a lei,
se a obedeces cantando
como a água ao cair.*

De início, talvez formemos a imagem equivocada de que a prática espiritual é uma jornada linear, uma viagem que percorre certa paisagem rumo a um distante destino de iluminação. Mas ela é mais bem descrita como um círculo ou espiral em expansão, que abre nossos corações e gradualmente inspira nossa consciência a incluir toda a vida em um todo espiritual. Nos capítulos anteriores, mencionamos a maneira como o mesmo assunto retornará na nossa prática, a cada novo nível. E é inevitável que a questão de como conduzir as transições, tanto nas circunstâncias da nossa vida quanto na nossa prática, também retornará. Há vinte e cinco anos, Ram Dass descreveu os ciclos da vida espiritual em *Be Here Now*:

A prática é como uma montanha-russa. A cada nova subida, em geral segue-se uma nova descida. Compreender isso torna um pouco mais fácil lidar com essas duas fases... E, além dos ciclos de altos-e-baixos, existe também um ciclo de dentro-e-fora. Ou seja, existem estágios nos quais você se sente impelido ao trabalho interior e tudo o que busca é um espaço tranqüilo para meditar e evoluir na sua meditação; e existem momentos em que você se volta para o exterior e procura envolver-se no mundo material. Essas duas partes do ciclo são partes da nossa prática, pois aquilo que nos acontece no mundo material ajuda na nossa meditação, e aquilo que acontece na nossa meditação nos ajuda a participar do mundo material sem apegos... No começo, você pensará que a prática é uma parte limitada da sua vida. Com o tempo, irá perceber que tudo o que você faz é parte da sua prática.

A mudança surge na nossa vida não apenas a partir de mudanças nas nossas necessidades interiores, mas também a partir de mudanças nas nossas circunstâncias externas. A natureza da existência, ensinou Buda, é a incessante transformação. Como podemos encontrar, na prática espiritual, uma maneira de honrar esse ciclos naturais da vida? Primeiro, precisamos respeitar os ciclos mutáveis que a vida nos traz e aceitar as tarefas interiores que esses ciclos nos pedem. Desse modo, nosso crescimento espiritual pode desenvolver-se naturalmente junto com eles. Embora isso talvez pareça evidente, nossa sociedade perdeu contato com esses ritmos e somos ensinados, de muitos modos, a ignorá-los. As crianças são forçadas a se sujeitar a disciplina e treinamento acadêmico prematuro, em vez de serem livres para brincar e aprender de modo saudável. Muitos homens de meia-idade parecem viver uma adolescência prolongada enquanto muitas mulheres lutam para permanecer jovens, como se quisessem evitar a maturidade. A velhice é vista como uma derrota a ser impedida e temida. São escassos os exemplos de homens e mulheres sábios, em diferentes estágios da vida; não temos iniciações úteis; poucos são os nossos ritos de passagem.

Quando respeitamos os ciclos naturais da vida, descobrimos que cada um dos seus estágios tem uma dimensão espiritual. Cada estágio contribui com sabedoria e experiência, das quais nos servimos para o nosso crescimento espiritual. Assim, por exemplo, uma das principais fontes da nossa consciência espiritual é encontrada na fase inicial da nossa vida — a benéfica unidade da existência no útero materno. Nossa consciência guarda em suas profundezas essa memória e a possibilidade da unidade, e dela nos servimos na meditação. E depois, quando bebês, experimentamos a novidade de ver, de sentir e de tocar o mundo pela primeira vez. Experimentamos ainda a presença física imediata dos nossos sentidos e das nossas próprias necessidades. Redespertar essa aproximação, retomando uma confiança intacta e espontânea naquilo que conhecemos e sentimos, é fundamental para encontrarmos, mais tarde, nosso espaço espiritual na prática.

Muitas pessoas têm sua primeira experiência espiritual na infância: a experiência de uma conexão inata e natural com o que é sagrado e divino. O espírito brincalhão, a alegria e a curiosidade da infância podem tornar-se uma base para a deliciosa redescoberta desse espírito na nossa prática. Se o relacionamento com nossos pais é respeitoso e amoroso, ele também se torna um modelo e uma base para o respeito e a confiança em todos os outros relacionamentos. É claro que se nossas experiências no útero, ou quando bebês ou crianças, foram ruins, precisaremos passar por um grande processo de cura para recuperar nosso bem-estar natural. Mas essas experiências dolorosas podem estimular a aspiração pelo verdadeiro bem-estar; e, sem dúvida, certos momentos na infância de todos nós contêm as sementes do despertar.

A independência e o espírito rebelde da adolescência nos oferecem ainda uma outra qualidade essencial para a nossa prática: a insistência para que encontremos a verdade por nós mesmos, sem aceitar a palavra de ninguém acima da nossa própria experiência. À medida que nos movemos em direção às responsabilidades de um jovem adulto, vamos além de nós mesmos e desenvolvemos uma preocupação compassiva pelos outros. Esse amadurecimento pode nos trazer um senso de interdependência, a necessidade de respeito mútuo e de justiça social, que é uma fonte de despertar para o caminho da compaixão universal.

A vida adulta traz consigo suas próprias aberturas e tarefas espirituais naturais. Tornamo-nos mais cuidadosos e responsáveis pela nossa família, pela nossa comunidade, pelo nosso mundo. Descobrimos a necessidade de visão e sentimos um forte desejo de realizar nossa própria e singular expressão na vida. Ao amadurecer, uma qualidade contemplativa natural entra na nossa vida. Podemos sentir um movimento interior de busca por períodos de reflexão e alcance de perspectiva, a fim de ficarmos em contato com o nosso coração. E quando envelhecemos, tendo já visto muitos ciclos de nascimento e morte, cresce dentro de nós o desprendimento e a sabedoria.

Cada estágio da nossa vida contém as sementes para o nosso crescimento espiritual. Nossa vida espiritual amadurece quando aceitamos conscientemente as tarefas da vida que nos são apropriadas. Em muitas comunidades espirituais existem, infelizmente, algumas pessoas que esperam evitar essas tarefas. Digamos que uma pessoa começou sua busca espiritual aos vinte e cinco anos e passou um longo tempo tentando

165

ignorar seu corpo ou sua criatividade, mas, um dia, quando chega aos quarenta, descobre, súbita e dolorosamente, que seu grande desejo na vida era uma família ou uma carreira. Ou então alguém que se juntou a uma comunidade espiritual e imaginou-se vivendo toda a sua vida como Buda, como um andarilho e eremita em esplêndido isolamento. O que essa pessoa esquece é que, depois do período de peregrinações, Buda passou vinte e cinco anos morando no mesmo mosteiro, ensinando e oferecendo a si mesmo como líder da comunidade. Mesmo para os que dedicam suas vidas a um mosteiro, existem ciclos necessários, períodos iniciais de treinamento e solidão, seguidos por responsabilidades maiores de ensinar, liderar e administrar.

Seja em um mosteiro, no nosso local de trabalho ou na vida familiar, precisamos escutar o que cada ciclo exige para o desenvolvimento do nosso coração e aceitar suas tarefas espirituais. Todos os ciclos naturais de crescimento — desenvolver o meio de vida correto, mudar para uma nova casa, o nascimento de um filho, ingressar numa comunidade espiritual — envolvem tarefas espirituais que exigem que nosso coração cresça em compromisso, destemor, paciência e atenção. Os ciclos de conclusões — nossos filhos deixando o lar, o envelhecimento e a morte dos nossos pais, perdas nos negócios, abandonar um casamento ou uma comunidade — trazem ao nosso coração as tarefas espirituais do pesar, do desapego com graça, do abandono do controle, do encontro da equanimidade e da compaixão sincera diante da perda.

Ocasionalmente, chegamos a escolher os ciclos com os quais trabalhar, tal como optar por casar-se ou dar início a uma carreira. Nesses momentos, é útil meditar, refletir sobre qual direção nos aproximará do nosso caminho com o coração, qual direção oferecerá a lição espiritual cujo tempo na nossa vida chegou.

O mais freqüente é que não tenhamos escolha. Os grandes ciclos da nossa vida passam sobre nós, apresentando-nos desafios e difíceis ritos de passagem, muito maiores do que nossas idéias sobre a direção por onde estamos seguindo. A crise da meia-idade, ameaças de divórcio, doenças pessoais, doenças dos nossos filhos, problemas financeiros ou apenas, mais uma vez, o fato de depararmos com a nossa própria insegurança ou ambição insatisfeita podem parecer partes difíceis, embora mundanas, da vida, que precisamos superar para encontrar paz e realizar a nossa prática espiritual. Mas, quando lhes dedicamos atenção e respeito, cada uma dessas tarefas contém em si uma lição espiritual. Pode ser a lição de permanecermos concentrados em meio a grande confusão, ou a lição da clemência, desenvolvendo um coração que perdoa alguém que nos causou dor. Pode ser a lição da aceitação ou a da coragem, encontrando a força do coração para defendermos nosso espaço e vivermos a partir dos nossos valores mais profundos.

Os mestres espirituais e os gurus também enfrentam esses ciclos imprevistos, momentos nos quais seus desejos irrealizados vêm à tona ou quando sua comunidade passa por dificuldades. Um guru altamente respeitado na Índia foi forçado a reavaliar tudo o que havia ensinado quando descobriu quanta inveja e competição havia entre seus discípulos. Outro mestre queria desesperadamente alguns anos sabáticos de retiro nas montanhas, mas, com a morte do seu guru, foi indicado para a liderança de um famoso templo. Alguns mestres, em certos ciclos de sua prática, talvez precisem enfrentar a dependência que criaram na comunidade à sua volta ou mesmo enfrentar sua própria dependência em relação ao ensino. Ciclos difíceis constituem a prática de todos nós.

Assim como a vida do mundo se move em ciclos, cada um dos quais oferecendo lições espirituais, também as técnicas e as formas da nossa disciplina espiritual interior se movem através de ciclos naturais. Em geral, pensamos que cada caminho espiritual diferente segue uma prática distinta, tal como o serviço aos pobres, preces e devoção, ioga física, afastamento do mundo ou estudo e pesquisa. Mas a nossa jornada espiritual provavelmente nos levará a incluir muitas dessas dimensões da prática no decorrer do nosso crescimento. Em certo período da nossa prática, talvez estejamos muito devotados em seguir um mestre; mais tarde, podemos encontrar-nos em um período de prática e de investigação por nossa própria conta. Uma fase de nossa espiritualidade pode focalizar o desapego e a solidão, enquanto uma fase posterior exigirá que ampliemos a nossa bondade através do serviço aos outros. Podemos passar por períodos de grande atenção ao nosso corpo, por períodos de prece e entrega, ou por períodos de estudo e reflexão.

Como observei no Capítulo 6, meu mestre Achaan Chah costumava perceber esses ciclos em seus discípulos e voltar as condições de suas práticas de modo a fazê-los trabalhar conscientemente com eles. Quando percebia que os discípulos estavam preparados, ele encaminhava aqueles que tinham medo do isolamento e da solidão para um pequeno mosteiro distante e isolado, bem longe da aldeia mais próxima. Os que eram apegados à quietude e tinham dificuldade com a interação humana podiam ser enviados para um mosteiro situado às margens da rodovia de Bangcoc, visitado diariamente por centenas de peregrinos. Os que tinham problemas com a comida podiam ser enviados para trabalhar na cozinha; e os orgulhosos podiam receber a incumbência de limpar regularmente, e com muito cuidado, banheiros e latrinas.

Esses ciclos são formalmente incorporados ao treinamento em alguns mosteiros zen, onde os membros da comunidade se encarregam de certas tarefas por um ano ou dois, como parte da prática. Esses cargos incluem o de ajudante do mestre, que precisa aprender o ofício do serviço, da responsabilidade e da devoção e que se beneficia da proximidade com o instrutor. Um outro cargo é o de guardião da disciplina. O guardião da disciplina deve carregar o bastão zen e usá-lo quando os discípulos caem no sono durante a meditação. Ele grita, a fim de manter a ordem, põe na linha os discípulos faltosos e não aceita nenhuma desculpa para a prática negligente ou preguiçosa. O papel oposto vai para o protetor do templo. O protetor traz almofadas extras para aqueles que delas necessitam, cuida dos doentes, ajuda na coordenação geral dos retiros e oferece todo tipo de apoio às pessoas. A cada discípulo é confiado um papel e espera-se que ele o cumpra, independentemente de seu temperamento. Um aspecto ainda mais interessante desse treinamento é sua rotatividade. Depois de um ano como disciplinador severo e implacável, o indivíduo pode ser nomeado protetor e precisará aprender, de um dia para o outro, a ser gentil e bondoso. Espera-se que o discípulo aprenda, como parte da prática espiritual, todos os papéis no seu momento certo: rachar lenha e buscar água, sentar-se imóvel como uma montanha, cozinhar tão bem como a vovó e rir como Buda.

167

Nossa consciência contém todos esses papéis e outros mais; o de herói e amante, o de eremita, o de ditador, o da mulher sábia e o do tolo. Mesmo sem um mestre ou sem uma comunidade guiando-nos às diferentes dimensões da prática, iremos encontrá-las naturalmente na meditação. Nosso corpo, nosso coração e mente parecem abrir-se em ciclos, como se houvesse uma inteligência natural que nos leva até aquilo que mais necessita da nossa aceitação e compreensão. Durante algum tempo, nossa meditação pode nos oferecer grande serenidade e uma pacífica libertação no que se relaciona com o drama da nossa vida. E então uma nova conscientização do nosso trauma familiar e da nossa primeira infância pode aflorar, seguida por um longo período de trabalho com o pesar e o perdão. Depois talvez se inicie um ciclo de profunda concentração e amplas introvisões. Mas nesse momento é possível que o nosso corpo se abra de uma maneira nova, apresentando dores físicas ou liberações de energia como parte da prática. Ao prosseguir a cura pessoal, talvez nos encontremos diante de visões de sofrimento mundial e nos sintamos compelidos a responder e a incluí-lo na nossa prática. Nesses ciclos não existe uma ordem fixa, não existe superior ou inferior. À medida que esses ciclos interiores se abrem, nossa tarefa espiritual é incluí-los na nossa percepção consciente, levando a cada um deles o amor, a sabedoria e o perdão que sempre foram necessários.

Alguns dos mais valiosos ensinamentos na prática espiritual surgem quando nossos projetos são desfeitos. Um discípulo, profundamente tocado pela experiência de um retiro de meditação de dez dias, resolveu fazer um longo período de meditação intensiva. Durante dois anos economizou seu dinheiro e acumulou férias, preparando-se para um retiro de silêncio de três meses seguido por uma longa viagem à Tailândia e à Birmânia. Uma semana depois do início do retiro, recebeu um telefonema de emergência. Seu pai fora hospitalizado com sérios problemas cardíacos, e sua mãe e a família precisavam dele em casa. Ele amava o pai e sentiu-se profundamente motivado a voltar para estar ao lado dele, mas também ficou imensamente desapontado. Esperara tanto tempo por aquele ano de prática espiritual no retiro e na Ásia, e agora isso lhe era tirado, e sabe-se lá quando teria uma outra oportunidade! Mas tenho a certeza de que você já adivinhou o fim da história. Os nove meses que passou em casa cuidando do pai, atendendo às necessidades da família e vivendo o desenrolar do mistério da morte, tornaram-se o período de prática espiritual mais profundo, significativo e libertador que ele poderia ter na vida.

Condições completamente diferentes se apresentaram a um homem de meia-idade que veio para um retiro. Ele havia estabelecido seu próprio e próspero negócio, havia criado três filhos, agora adolescentes, e havia feito alguma terapia intensiva relacionada com a mágoa ligada ao sofrimento da sua infância e ao histórico familiar de alcoolismo. Quando veio para o retiro, tinha ainda muitos conflitos com os filhos, que passavam por uma adolescência tempestuosa. Seu propósito na meditação era focalizar a melhor maneira de compreender a si mesmo e aos seus filhos. Mas a experiência mostrou que o foco era diferente daquele que ele procurava. Depois de alguns dias, sua consciência voltou-se em direção a um profundo e intenso silêncio meditativo. Ele sentiu-se cheio de devoção, viu seu corpo encher-se de luz, as árvores à sua volta começaram a emitir uma luz suave e uma profunda visão mística inundou sua consciência. Ele queria escrever poesia e canções. Para sua grande surpresa, sur-

168

preendeu-se com a vontade de viver numa comunidade espiritual e decidiu fazê-lo quando terminasse de criar os filhos. Também descobriu um rumo e um conjunto de valores totalmente novos para a sua vida. Com isso, foi capaz de voltar para casa com uma renovada tranqüilidade para enfrentar os filhos adolescentes.

Uma moça veio ao nosso centro budista de retiro depois de ter vivido muitos anos em simplicidade nos bosques. Ela havia feito diversos anos de meditação intensiva com resultados profundos. Através de uma aptidão natural para aquietar a si mesma, ela atingiu profundos estados de liberdade e de alegria e um vazio infinito, repleto de riquezas. Envolveu-se, então, em relacionamentos íntimos e reintegrou-se ao mundo do trabalho, usando a meditação como um agradável apoio. Depois de um ou dois anos de reingresso no mundo, ela retornou para um retiro de meditação de dois meses com um instrutor visitante. Dessa vez, os estados elevados e luminosos se desvaneceram e ela foi assediada por visões aterrorizantes relativas à sua infância. Abuso, abandono, o alcoolismo dos pais e uma imensa dor, que vinha desde a época de sua concepção, quase a esmagaram. Os cinco anos que ela havia passado em abençoada meditação deram lugar a um novo e doloroso processo de cinco anos. Esse novo processo exigiu que ela enfrentasse, integrasse e vivesse com a mágoa de sua história pessoal com tanta plenitude quanto aquela com que havia ingressado nos estados de alegria precedentes. Esse segundo período de cinco anos girou em torno da meditação sobre a bondade, a terapia, a pintura e uma profunda cura interior. O fato de completar esse segundo período acabou levando-a a um novo ciclo de casamento e de constituição de um lar. Cada um desses ciclos apareceu por si mesmo e tudo o que ela podia fazer era aceitá-los e dignificá-los.

Se temos idéias sobre o modo como a nossa prática deveria desenrolar-se, essas idéias, com freqüência, se atravessam no nosso caminho e nos impedem de dignificar a fase que realmente está conosco. É comum desejar que nosso trabalho emocional se conclua para podermos nos abrir a um outro nível. Muitas vezes os discípulos vêm a mim num retiro e dizem: "Por que ainda sinto pesar? Estou chorando essa perda há meses. Ela já deveria ter desaparecido". Mas também o pesar surge em ondas e ciclos, e se completa no tempo apropriado. Ele desaparece quando nós o aceitamos tão profundamente que deixa de ser importante se ele volta a aparecer ou não. Do mesmo modo, os discípulos também se queixam: "Já trabalhei minha sexualidade. Por que essas questões estão sempre ressurgindo?" Ou, "Pensei que já havia feito as pazes com o sofrimento; no entanto, descubro agora na minha prática que existem níveis de sofrimento que estou apenas começando a enfrentar e a compreender".

A prática não pode seguir nossos ideais; ela só pode seguir as leis da vida. Talvez imaginemos, com ingenuidade, que nosso coração pode manter-se aberto como um gigantesco girassol, cheio de bondade, compaixão e conexão, dia após dia, de uma maneira imutável; mas nosso coração e nossos sentimentos também têm seus ritmos e ciclos. Nosso coração respira, assim como o resto do nosso corpo; às vezes ele se abre, às vezes se fecha, como uma flor que fecha suas pétalas no frio do entardecer.

Nosso corpo reflete as espirais e o movimento das estrelas. Acordamos e adormecemos, a Terra gira, o Sol nasce e se põe, as mulheres têm seus ciclos menstruais influenciados pela Lua, nosso coração bate, nossa respiração se move para dentro e para fora, o líquido cerebrospinal lava nosso cérebro e coluna — tudo isso em ritmos naturais.

Como o coração, os ciclos do nosso corpo se manifestam mesmo se temos a esperança de "transcendê-los". Quando os dignificamos, nossa prática evolui. Uma discípula que tentara ignorar seu corpo durante muitos anos de prática espiritual adoecia com freqüência. Em parte, era a compulsão de sua luta espiritual que a fazia adoecer. Finalmente, ficou tão doente que foi obrigada a incorporar à prática um regime de exercícios, de dieta e de ioga consciente. Tão logo ela o aceitou e dignificou, seu corpo começou a fornecer bem-estar a todas as outras áreas de sua vida e, a partir daí, sua meditação silenciosa tornou-se mais profunda, mais plena e mais intensa.

Por outro lado, um discípulo que era obcecado pelo próprio corpo, obcecado com exercícios, músculos, preparo físico e aparência, durante a meditação estava sempre dolorosamente deparando com pensamentos compulsivos sobre esse tema. Isso durou anos. Finalmente, ele precisou abandonar essa compulsão e desapegar-se da imagem do corpo que lutava para preservar. Esquecendo o corpo, ele agora podia dedicar sua atenção ao coração e aos medos que por tanto tempo sustentaram a sua meditação. E assim, como um nevoeiro que se dissipa, um novo sentimento de compaixão e bem-estar surgiu na sua vida e na sua meditação, integrado de uma maneira nova e profunda.

AO DEIXAR O RETIRO:
A PRÁTICA COM A TRANSIÇÃO

Quer estejamos encontrando inesperados ciclos externos, quer encontremos ciclos naturais internos, a prática espiritual nos pede para dignificar essas circunstâncias mutáveis de uma maneira desperta; pede-nos que inspire e expire graciosamente com os ciclos da nossa prática. Uma das oportunidades mais claras para aprender como fazer isto é quando trabalhamos com o momento de transição ao fim de períodos de retiros, seminários espirituais ou prática isolada. A prática espiritual moderna exige, com freqüência, que nos unamos temporariamente a uma comunidade espiritual e só voltemos à nossa casa depois de alguns dias ou semanas. Essa transição — sair da abertura e apoio de um retiro e de uma comunidade espiritual para a complexidade da nossa vida diária — pode ser difícil, especialmente quando nos apegamos à idéia de que uma fase é mais espiritual do que a outra. Mas, com atenção, cada parte da transição, interior e exterior, pode ser feita com cuidado e incluída na prática do nosso coração.

Quando saímos de um retiro, enfrentamos uma perda natural ao mudar de uma circunstância para outra. Se o retiro promoveu um aquietamento da nossa mente, uma abertura do nosso coração e uma simplicidade de viver, talvez receemos perder isso ao voltar para as complexidades do nosso cotidiano. Talvez imaginemos que qualquer sensibilidade espiritual que tenha sido despertada no ambiente seguro do retiro possa desaparecer. Podemos sentir-nos abertos ou vulneráveis, puros ou delicados, em nossos sentidos e emoções, de modo que, ao voltar para nossa casa na cidade e para a batalha diária na família, no trabalho e nos congestionamentos de trânsito, sentimos que seremos esmagados. Quanto mais poderoso o retiro, mais forte pode ser esse medo. Também podemos ter receio de que ninguém mais nos entenderá. Podemos querer que nossa vida continue do modo como era ao final do retiro. Podemos tentar agarrar-nos aos belos estados que encontramos. Mesmo depois de um despertar profundo, podemos encontrar o apego e o orgulho que o Zen chama de *o mau cheiro da iluminação*. Todas essas forças do medo, do apego e do orgulho nos impedem de abrir-nos ao ciclo seguinte da nossa prática. Contudo, essa transição é uma circunstância perfeita para aprendermos como mover-nos através dos ciclos da nossa prática.

Primeiramente, a transição exige paciência. Precisamos reconhecer que as transições podem ser processos longos. Se o nosso retiro foi profundo ou se estivermos afastados por algum tempo, pode acontecer que se passem semanas e meses de dificuldades e de confusão antes de voltarmos a sentir-nos integrados à nossa vida. O mais importante é reconhecer conscientemente a nossa perda. À medida que a nossa vida se move de uma parte para outra da prática, precisamos concordar por sentir a perda e depois largá-la. Desse modo, permitimos que nosso coração sinta seu pesar e seu inevitável apego àquilo que acabamos de concluir. Ao honrar os sentimentos de perda e ao permitir-nos ver o apego, estamos levando percepção consciente ao nosso processo de "desapego".

Do mesmo modo, precisamos também dignificar nossa vulnerabilidade. Com freqüência, os retiros espirituais nos deixam muito expostos, e o peso da vida cotidiana pode parecer incômodo e chocante. E, uma vez de volta ao mundo, é possível que nos sintamos como bebês recém-nascidos que precisam de cuidados e proteção. Às vezes, "o bebê precisa de um banho quente e de música suave" para construir uma ponte entre os dias vividos em um mosteiro tibetano numa semana e o trabalho na enfermaria do hospital a que precisa voltar na semana seguinte. Para dignificar essa sensibilidade, precisamos ter cuidado ao fazer a transição. Isso, muitas vezes, quer dizer estabelecer períodos para o silêncio, mudar nossos horários para tornar possível um tempo extra de contemplação, adiar os compromissos mais trabalhosos ou difíceis; enfim, dar-nos tempo suficiente para fazer uma transição tranqüila do silêncio para a atividade intensa. Isso também irá ajudar no processo de nos reconectar regularmente com os outros membros da nossa comunidade espiritual. Juntos, podemos rir, chorar e ajudar uns aos outros através dos ciclos de mudança.

Quando retornamos de um período tranqüilo de contemplação, em geral iremos ver, de uma maneira mais clara e inegável, a dor do mundo, a nossa própria dor e a dor dos outros. Na verdade, ver com clareza e abrir o coração a tudo faz parte do nosso caminho espiritual. No entanto, isso também pode parecer esmagador. Talvez nos surpreendamos repetindo os velhos padrões inconscientes ou enfrentando assuntos difíceis e inconclusos, necessitando de compaixão para as muitas partes dolorosas de nós mesmos. Ao olhá-lo com novos olhos, o mundo à nossa volta também poderá parecer bastante inconsciente e conduzido. Talvez possamos perceber no rosto das muitas pessoas que passam por nós o olhar assustado, solitário, irritado ou amedrontado que revela a intensidade e a pressa da vida moderna bem como a loucura e enormidade da dor que sob ela se esconde. Se permitirmos, conscientemente, ser tocados em nosso coração, isso pode ser também a fonte de uma imensa compaixão.

Mesmo quando saímos sem dificuldade de um retiro, entramos num novo ciclo. Talvez experimentemos uma transição de grande luz, na qual flutuamos cheios de prazer e alegria no mistério da vida. Talvez ressurjamos para nos maravilhar diante da beleza fugaz da vida, ou para encontrar nosso coração totalmente aberto ao amor por todos os seres. Nossa tarefa, então, será estender esse espírito para a ação na nossa vida diária.

Cada estado que encontramos sucumbirá diante do estado seguinte. Não há maneira de evitar as transições da vida. O principal meio de ingressar elegantemente nas transições é praticá-las repetidas vezes com atenção plena. É como aprender a cavalgar: repetir sempre o andar a passo, a trote e a galope, em terreno plano e acidentado, montar e desmontar, fazer o cavalo andar, fazê-lo parar, até que seja possível mover-nos através da vida de uma maneira consciente e graciosa. Ao atravessar os estágios difíceis da vida, podemos aprender a entregar nosso coração a esses ciclos e a seus desdobramentos... com a mesma certeza que temos de que as raízes da planta irão se aprofundar na terra e de que suas folhas irão brotar no nosso jardim. Podemos ter a certeza de que cada pétala de flor irá abrir-se na ordem certa, primeiro as pétalas de fora, depois as de dentro. Podemos ter a certeza de que tudo o que chama a nossa atenção na prática — o nosso corpo, a nossa história pessoal, a comunidade à nossa volta —, em retiros ou não, nos trará aquilo de que necessitamos para viver plena e genuinamente no aqui e agora atemporal.

Num certo sentido, não estamos indo a lugar algum. A longa e maravilhosa história da iluminação de Buda conta como ele praticou o aperfeiçoamento da compaixão e da paciência, da estabilidade e da equanimidade, durante as centenas de milhares de eras, ou *kalpas*, que levaram à sua vida como Buda. Para conceber um *kalpa*, imagine uma montanha ainda mais alta e larga que o Monte Everest; depois imagine que a cada cem anos um corvo passa voando com um lenço de seda em seu bico e roça o topo da montanha com esse lenço. Quando a montanha tiver sido erodida pelo lenço, completou-se um *kalpa*.

Poderíamos ter dito simplesmente que Buda praticou por um longo tempo, porém o significado mais profundo dessa imagem é sugerir a atemporalidade da prática. Não estamos tentando chegar a algo melhor no próximo ano ou nos próximos vinte anos, nem talvez durante esta existência. Estamos aprendendo a nos abrir ao desenrolar atemporal da nossa vida, cada vez em harmonia maior com aquilo que existe e fazendo o nosso coração participar sempre mais de todas as estações da nossa vida.

Em todas as dez direções
    do universo de Buda
Existe um único caminho.
Quando vemos com clareza, não há
    diferença nos ensinamentos.
O que existe para ser perdido? E para ser ganho?
Se algo ganhamos, existia
    desde o início.
Se algo perdemos, está escondido perto de nós.
                       Ryokan

MEDITAÇÃO: UMA REFLEXÃO SOBRE OS CICLOS DA NOSSA VIDA ESPIRITUAL

Sente-se com conforto e naturalidade, com a sensação de estar presente e à vontade. Abandone todos os seus projetos e sinta o ritmo natural da sua respiração. Quando estiver sereno, recorde e reflita sobre toda a sua vida espiritual. Lembre-se de como foi o seu primeiro despertar para a vida do coração e do espírito. Lembre-se da sensação que você teve, naquela época, das possibilidades, do mistério, do divino. Traga à mente os anos que se seguiram, os primeiros mestres espirituais e os locais sagrados que o inspiraram. Lance o olhar aos anos seguintes, lembrando as práticas sistemáticas que você seguiu, os ciclos que atravessou, as situações que lhe ensinaram as mais inesperadas lições, as épocas de solidão, as épocas de vida comunitária, suas experiências, seus benfeitores, seus guias, sua prática recente. Esteja também consciente dos problemas que encontrou, de suas dificuldades, de seus ensinamentos.

Desfrute essa reflexão, vendo-a como uma história, uma aventura, apreciando seus ciclos e reviravoltas com um sentido de admiração e gratidão. E depois sinta-se em repouso, neste momento, hoje, aberto à vida que está por vir. Não hesite em sentir o que talvez esteja à sua espera: os próximos estágios naturais da sua vida, as áreas incompletas da sua vida, as dimensões de prática espiritual que talvez você venha a ser chamado a incluir. Como seu próprio guia espiritual, conscientize-se de quais situações poderiam ser benéficas para você. Caso sua vida atual o permita, você prefere buscar um período de solidão e isolamento ou envolver-se com uma comunidade espiritual? Sua prática espiritual o chama para um período de serviço aos outros ou seria a época de devotar-se à carreira, à criatividade, ao lar e à família? Você precisa de um mestre ou agora seria melhor confiar em seus próprios recursos? Se a sua vida atual não permite que você faça essas escolhas, qual ciclo lhe está sendo apresentado? Qual a melhor maneira de honrar tanto suas escolhas quanto sua situação atual, e incluí-las na abertura de seu coração e nos ciclos da sua prática? Sinta como você pode ser verdadeiro para si mesmo e para o *dharma*, o Tao que está se desenrolando na sua vida.

13

SEM FRONTEIRAS PARA O SAGRADO

> *Os compartimentos que criamos para nos proteger daquilo que tememos, ignoramos ou excluímos cobram seu preço mais tarde na vida. Períodos de santidade e fervor espiritual podem alternar-se com os extremos opostos — orgias de comida, de sexo e outras coisas —, tornando-se uma espécie de bulimia espiritual. A prática espiritual não nos salvará do sofrimento e da confusão; ela apenas faz com que compreendamos que de nada ajuda evitar a dor.*

Para realizar a vida espiritual, precisamos deixar de dividir nossa vida em compartimentos. Nossa vida é dividida em períodos de trabalho, de férias e de recreação. Separamos a vida profissional, a vida amorosa e a vida espiritual do tempo reservado ao corpo com esportes, exercício e prazer. A sociedade à nossa volta reflete e exagera essa mesma compartimentação. Temos igrejas reservadas ao sagrado e temos áreas comerciais para o secular e o profano; separamos educação e vida familiar; os interesses dos negócios e da geração de lucros estão divorciados dos interesses da Terra e do meio ambiente, dos quais dependem. O hábito de compartimentar a vida é tão forte que, seja qual for a direção na qual estamos olhando, temos uma visão fragmentada dela.

A prática espiritual pode facilmente fazer persistir esse padrão de fragmentação na nossa vida — sempre que estabelecemos divisões definindo o que é sagrado e o que não é; sempre que chamamos certas posturas, práticas, técnicas, locais, preces e frases de "espirituais" e deixamos de fora o resto daquilo que somos. Podemos compartimentar até mesmo a nossa vida mais íntima.

Quando viajava pela Tailândia, conheci um mestre budista que demonstrou como podem tornar-se poderosos os compartimentos da vida espiritual. Era um monge birmanês com 44 anos de idade, que se envolvera em manifestações e sublevações a favor da democracia em Rangoon e, após anos de dificuldade, para salvar a vida, fugira da ditadura repressora. Ficou em campos de refugiados na fronteira entre a Birmânia e a Tailândia. Nesses campos, ensinou o *dharma* e trabalhou ativamente em defesa da justiça, da compaixão e da vida espiritual, enfrentando as maiores dificuldades. Os discípulos e as outras pessoas à sua volta viviam à beira da inanição ou sofrendo doenças tropicais, sem remédios ou outros cuidados. Ataques aéreos feitos pelo exército birmanês também ocorriam periodicamente. Mesmo assim, diante disso tudo, ele continuou sendo um guia espiritual dedicado. Durante esse período, conheceu e foi servido por uma jovem aldeã tailandesa de vinte e poucos anos. De início, ela vinha trazer-lhe comida, oferendas e apoio, mas, aos poucos, foram se apaixonando; ele, no entanto, com sua mentalidade de monge, achava que estava apenas sendo um bom mestre à disposição da jovem tailandesa. A notícia seguinte que tive dele, alguns meses mais tarde, foi a de que decidira imolar-se nas escadarias da embaixada birmanesa em Bangcoc, em protesto contra as grandes injustiças e sofrimentos de seu povo nos campos de refugiados e em todo o país.

Fui visitá-lo e sentamos para uma longa conversa. À medida que ele falava, descobri algo espantoso: embora planejasse oferecer sua vida em protesto contra as grandes injustiças que combatera por tantos anos, esse não era o verdadeiro motivo de sua decisão. O verdadeiro motivo era que se apaixonara por aquela moça. Ele usava a túnica de monge desde os 14 anos e dedicara sua vida à ordem por 29 anos. Não tinha nenhuma outra habilidade e, embora amasse a moça, não conseguia imaginar-se casado e com uma família. Não sabia o que fazer e, assim, queimar-se vivo por razões políticas lhe pareceu a melhor solução.

Era difícil acreditar no que eu ouvia. Ali estava alguém que havia enfrentado terríveis privações e trabalhado corajosamente em meio a enormes perigos e imenso sofrimento, seu e dos outros, mas que, quando se tratava de enfrentar o seu próprio dilema pessoal — nesse caso, um relacionamento íntimo com uma mulher e os fortes sentimentos que essa relação evocava —, estava pronto a imolar-se. A compartimentação da sua prática espiritual o deixara despreparado para lidar com a força desses sentimentos e com os conflitos deles decorrentes. Enfrentar a luta de um país era mais fácil do que enfrentar a luta do próprio coração.

Conversamos durante algum tempo a respeito de como ele poderia continuar monge e, ainda assim, ter esses fortes sentimentos de amor e desejo. Ele trabalhou com isso em sua prática, enquanto a jovem, compreensiva, afastou-se para dar-lhe tempo de refletir. Embora fosse difícil para ambos, ele terminou com o relacionamento e ela se mudou. Ele renovou o compromisso com seu ensinamento, chegando a uma nova percepção consciente, que passou a incluir, na sua prática do coração, a paixão pessoal bem como a paixão pelo *dharma*. Nos anos que se seguiram, ele cresceu e tornou-se um mestre admirável.

Talvez essa história lhe dê uma idéia de como são fortes as forças com as quais precisamos lidar quando criamos compartimentos e como é fácil fazer uso de uma lógica "espiritual" para reforçá-los.

Onde quer que existam falsas separações, elas inevitavelmente levam a dificuldades. A ecologia, hoje, mostra-nos os efeitos nefastos de uma visão estreita e compartimentada da vida. A imensa quantidade de petróleo que usamos e as emissões de dióxido de carbono daí resultantes afetam o ar que respiramos e todo o clima do nosso planeta. Quando a atividade agrícola busca apenas maximizar a produtividade, grandes quantidades de pesticidas e fertilizantes químicos são despejadas nas águas e nos solos que sustentam a nossa vida. Aquilo que acontece nas florestas tropicais e nas calotas polares afeta os elementos a partir dos quais é feito o nosso corpo. Durante muitos anos, temos esquecido essas e outras interconexões e, assim, nosso coração, nossa vida e nossa prática espiritual ficaram separados uns dos outros.

Há vários anos, quando minha mulher e eu viajamos pela Índia, visitamos a renomada iogue e mestra Vimala Thakar no seu *ashram* no Monte Abu. Durante muitos anos ela estivera envolvida com o desenvolvimento rural da Índia, caminhando de província em província e trabalhando nas aldeias com Vinoba Bhave e outros discípulos do Mahatma Gandhi. Mas, ao conhecer Krishnamurti, sua vida espiritual sofreu uma grande mudança. Ela o seguiu de perto e foi transformada pelos seus ensinamentos. Com as bênçãos de Krishnamurti, Vimala Thakar tornou-se mestra em meditação, dentro do mesmo espírito do mestre. Desde então, ela tem organizado retiros e seminários pelo mundo todo.

No entanto, quando a visitamos, descobrimos que ela voltara a trabalhar nas aldeias em projetos de desenvolvimento rural. Perguntei-lhe se havia concluído que a prática da meditação não era suficiente, se agora precisava parar de meditar e voltar à prática do serviço aos outros como verdadeira vida espiritual. Ela ficou chocada com a pergunta e respondeu-me:

> Eu sou uma amante da vida, senhor, e como amante da vida não posso ficar alheia a nenhum aspecto da vida. Quando caminho por uma aldeia pobre da Índia, onde as pessoas estão famintas por alimento ou doentes por falta de água potável, boa e limpa, como me é possível não parar e atender a esse sofrimento? Abrimos novos poços, criamos reservatórios de água limpa e aprendemos a produzir safras mais abundantes.
>
> Quando vou a Londres, Chicago ou San Diego, também encontro sofrimento, não por falta de água limpa, mas o sofrimento da solidão e do isolamento, a falta de alimento espiritual ou de compreensão. Assim como respondemos naturalmente à falta de água limpa nas aldeias, também respondemos à falta de compreensão e paz no coração das pessoas do Ocidente. Sendo uma amante da vida, como poderia eu separar uma parte do todo?

As palavras de Vimala refletem a totalidade e a interconexão de todas as formas de vida — marca de um ser espiritualmente amadurecido. Às vezes, no entanto, a linguagem e as metáforas espirituais não possuem essa totalidade e vêm reforçar nossos compartimentos e equívocos sobre o que é e o que não é espiritual. Ouvimos falar sobre transcender nosso ego ou procurar alcançar a pureza e os estados divinos além do desejo, além do corpo; aprendemos que a iluminação é alcançada através da renúncia; acreditamos que ela está em algum lugar além de nós mesmos, fora de nós mesmos. Infelizmente, a noção de alcançar uma morada pura e divina ajusta-se muito bem a quaisquer tendências neuróticas, medrosas ou idealistas que possamos ter. Considerando-nos impuros, indignos ou sem valor, podemos usar as práticas espirituais e as noções de pureza para escapar de nós mesmos. Seguindo rigidamente preceitos e formas espirituais, talvez esperemos criar uma identidade espiritual pura.

176

Na Índia, isso é chamado de Algema Dourada. Não é uma algema de ferro, mas sempre é uma algema.

O mestre tibetano Chögyam Trungpa Rinpoche advertiu sobre esse "materialismo espiritual", ao descrever como podemos imitar as formas externas da prática espiritual, seus costumes, crenças, cultura e meditações, para fugir do mundo ou para proteger o nosso ego.

Para a maioria de nós que sofremos traumas e grande dor na vida, a prática espiritual talvez pareça oferecer uma saída, um modo de abandonar completamente os nossos problemas com esse corpo e mente, de escapar à dor da nossa história e à solidão da nossa existência. Quanto mais glorificada a visão espiritual, mais ela se adapta àqueles dentre nós que não querem mesmo estar aqui. Nas profundezas da escuta silenciosa, muitos discípulos da meditação descobriram que, desde o começo, sua experiência de vida foi tão dolorosa que eles não queriam ter nascido, não queriam estar aqui em um corpo humano. Eles procuram a espiritualidade para oferecer a si próprios uma saída. Mas, para onde nos levarão as noções de pureza, as noções de ir além ou de transcender nosso corpo, nossos desejos mundanos, nossas impurezas? Levam-nos realmente à liberdade ou apenas fortalecem a aversão, o medo e a limitação?

Onde será encontrada a libertação? Buda ensinou que tanto o sofrimento humano quanto a iluminação humana são encontrados na sondagem do nosso próprio corpo, com seus sentidos, com sua mente. Se não for aqui e agora, onde mais nós a encontraremos?

Kabir, o poeta místico indiano, diz:

Amigo, espera pela verdade enquanto estás vivo.
Mergulha na experiência enquanto estás vivo!...
Aquilo que chamas "salvação" pertence ao tempo que precede a morte.
Se não romperes tuas amarras enquanto estás vivo,
achas que os fantasmas o farão depois?
A idéia de que a alma se unirá ao extático
só porque o corpo apodreceu...
é fantasia e nada mais.
O que é encontrado agora, então será encontrado.
Se nada encontras agora, simplesmente acabarás com
um apartamento vazio na Cidade da Morte.
Se fazes amor com o divino agora, na próxima vida
trarás na face o desejo satisfeito.

Temos apenas o agora; dia e noite temos diante de nós apenas esse simples e eterno momento que se abre e desabrocha. Ver essa verdade é perceber que o sagrado e o secular não podem ser separados. Mesmo as mais transcendentes visões da espiritualidade devem irradiar-se através do aqui e agora e ser integradas à vida no modo como caminhamos, nos alimentamos e amamos uns aos outros.

Isso não é fácil. O poder do nosso medo, os hábitos de julgamento que existem dentro de nós estão sempre impedindo-nos de tocar o sagrado. Muitas vezes, de modo inconsciente, fazemos com que nossa espiritualidade seja trazida de volta para as

177

polaridades do bem e do mal, do sagrado e do profano. Recriamos, sem saber, padrões do início da nossa vida, padrões que nos ajudaram a sobreviver à dor, aos traumas e às disfunções experimentados por muitos de nós quando crianças. Se o medo fazia com que nossa estratégia fosse "fugir", talvez usemos a nossa vida espiritual para continuar a fugir, agora alegando que renunciamos à vida. Se, quando crianças, nossa defesa contra a dor era "um mundo de fantasias", talvez busquemos uma vida espiritual cheia de visões para perder-nos nelas. Se tentávamos evitar censuras sendo bons, podemos repetir isso tentando ser espiritualmente puros ou santos. Se compensávamos a solidão e os sentimentos de inadequação sendo compulsivos ou nos deixando conduzir, nossa espiritualidade poderá refletir esses estados. O que teremos feito é pegar nossa espiritualidade e usá-la para continuar a dividir a vida.

Um discípulo, vindo de uma família problemática, cujo pai era dado a freqüentes e inesperados acessos de violência, lidava com essa situação perigosa criando uma antena muito bem sintonizada com qualquer dificuldade que pudesse surgir e criando com isso uma forte paranóia. Ele recriou a situação familiar em sua prática espiritual, dividindo mestres e discípulos em "mocinhos" e "bandidos", os perigosos e os aliados, aqueles de quem não gostava e aqueles que colocava num pedestal e tentava imitar. Qualquer pessoa que agisse como ele agira em seus violentos dias de juventude era julgada e rejeitada ou temida, exatamente como ele temia aquelas partes de si mesmo. Dividindo dessa forma a comunidade à sua volta, ele hostilizou de tal maneira certas pessoas que sua paranóia e seus medos se tornaram justificados — muitos ficaram realmente furiosos com ele — e logo havia reproduzido a perigosa situação mocinho/bandido da sua família de origem. Ele se valia da leitura de textos espiritualistas para reforçar esse dualismo, julgando quais pessoas, quais atos e quais práticas eram sagrados, e quais eram fundados na ignorância, baseados no desejo, no ódio e na ilusão.

Sem orientação, uma pessoa como essa poderia continuar usando durante anos a vida espiritual para reviver o trauma anterior. Em seu caso, era necessário dedicar uma atenção muito cuidadosa ao modo como ele criava esse sentimento tão forte de bom e mau, de paranóia e desconfiança, por um lado, e por outro, de ideais, e quais os medos que estavam na raiz disso tudo. Uma vez orientado a examinar esses aspectos, ele deu outra direção à sua prática, passando dos problemas do mundo exterior para os problemas e mágoas que criava dentro de si. Quando começou a perceber que era ele próprio quem criava o medo, a paranóia, a divisão e o sofrimento em sua vida, toda a sua antiga percepção de si mesmo começou a se desfazer e novas possibilidades abriram-se para ele.

Outra discípula, uma moça, veio para a prática com um imenso sentimento de insegurança e medo. Na grande dor de sua primeira infância, ela encontrara a paz retirando-se para o silêncio e os devaneios. Mantendo-se calada, evitara problemas e conflitos com o mundo à sua volta. Ao ingressar na prática espiritual, sentiu um imenso alívio: encontrou a aprovação oficial para o silêncio e a introversão; encontrou apoio para o seu afastamento do mundo. De início, ela pareceu uma excelente discípula de meditação aos olhos dos instrutores, pois não tinha dificuldade com a disciplina e o silêncio; aquietava-se com facilidade e falava sobre profundas introvisões acerca da natureza transitória da vida e de como evitar os perigos do apego. Fre-

178

qüentou um retiro após outro, mas a partir de certo momento tornou-se claro que ela estava usando sua prática para evitar e fugir do mundo, que sua meditação havia simplesmente reproduzido o mesmo medo da vida familiar de sua infância. Sua vida, como a do discípulo mencionado anteriormente, limitava-se a certos compartimentos. Quando chamamos sua atenção para esse aspecto, ela queixou-se amargamente. Afinal, Buda não havia falado de solidão, de sentar sob as árvores na floresta, vivendo uma vida de isolamento? Quem éramos nós, como seus instrutores, para lhe recomendar algo diferente?

Sua recusa era tão difícil de ser aceita que essa moça perambulou durante muitos anos, meditando em várias comunidades espirituais. Foi só após dez anos, quando sua frustração e insatisfação se tornaram intoleráveis, que ela se motivou a iniciar uma mudança em sua vida e a sair de seus compartimentos.

As paredes dos nossos compartimentos são feitas de medos e de hábitos, de idéias que temos sobre o que deveria ser ou não, sobre o que é espiritual e o que não é. Como alguns aspectos específicos da nossa vida nos esmagam, erguemos paredes para isolá-los. Na maioria das vezes, não emparedamos os grandes sofrimentos universais do mundo à nossa volta, como a injustiça, a guerra ou a intolerância, mas a nossa dor pessoal e imediata. Temos medo das coisas pessoais porque elas nos atingiram e feriram muito profundamente; são elas que precisamos examinar para poder compreender esses compartimentos. Só quando tomarmos consciência dessas paredes no nosso coração é que poderemos desenvolver uma prática espiritual que nos abra para a totalidade da vida.

OS INIMIGOS PRÓXIMOS

Existe um ensinamento específico da tradição budista que pode ajudar-nos a compreender como a compartimentação e a separação que atuam em nós se repetem na vida espiritual. Esse ensinamento é chamado de Os Inimigos Próximos. Os inimigos próximos são qualidades que surgem na mente e se mascaram como genuína percepção espiritual, quando, na verdade, são apenas imitações destinadas a nos separar do verdadeiro sentimento, em vez de nos conectar a ele.

Um exemplo de inimigo próximo pode ser visto em relação aos quatro estados divinos descritos por Buda: bondade, compaixão, alegria solidária e equanimidade. Cada um desses estados é um sinal do despertar e da abertura do coração; no entanto, cada um deles possui um inimigo próximo, que imita o estado verdadeiro e surge, na verdade, da separação e do medo e não de uma ligação genuína e sincera.

O inimigo próximo da bondade é o apego. Todos nós já observamos como o apego pode infiltrar-se nos nossos relacionamentos amorosos. O verdadeiro amor é a expressão de uma abertura: "Eu amo você assim como você é, sem nenhuma expectativa ou exigência". O apego tem em si um sentido de separação: "Já que você é separado de mim, eu preciso de você". De início, o apego pode ser sentido como amor, mas, à medida que cresce, torna-se claramente o oposto, caracterizado por obstinação, controle e medo.

O inimigo próximo da compaixão é a piedade, que também nos separa. A piedade sente pena "daquele coitado ali", como se ele, de alguma maneira, fosse diferente de nós; enquanto a verdadeira compaixão, como já explicamos, é a ressonância do nosso coração diante do sofrimento de outra pessoa. "Junto com você, eu também compartilho das dores desta vida."

O inimigo próximo da alegria solidária é a comparação, que se põe a verificar se temos mais, o mesmo ou menos que a outra pessoa. Em vez de rejubilar-se com o outro, uma voz sutil pergunta: "O meu é tão bom quanto o dele?" "Quando chegará a minha vez?" — criando assim novamente a separação.

O inimigo próximo da equanimidade é a indiferença. A verdadeira equanimidade é o equilíbrio em meio à experiência, enquanto a indiferença é um desinteresse e falta de cuidado, baseados no medo. Indiferença é uma fuga da vida. Assim, com a equanimidade, o coração está aberto para tocar todas as coisas, os tempos da alegria e também os da dor. A voz da indiferença se retrai, dizendo: "Quem é que se importa com isso? Não vou deixar que isso me afete".

Cada um desses inimigos próximos pode mascarar-se como qualidade espiritual, mas, quando invocamos nossa indiferença espiritual ou respondemos à dor com a piedade, estamos apenas justificando a nossa separação e fazendo da "espiritualidade" uma defesa. Isso é reforçado pela nossa cultura, que, em geral, nos ensina que podemos tornar-nos fortes e independentes através da negação dos nossos sentimentos, usando os ideais e o poder da mente para criar proteção para nós mesmos. Se não reconhecermos e compreendermos os inimigos próximos, eles irão enfraquecer nossa prática espiritual. Os compartimentos que eles constroem não nos protegerão por muito tempo da dor e dos imprevistos da vida, mas irão, com certeza, abafar a alegria e a livre conexão dos verdadeiros relacionamentos.

À semelhança do que fazem os inimigos próximos, a força da compartimentação separa o nosso corpo da nossa mente; o nosso espírito das nossas emoções; a nossa vida espiritual dos nossos relacionamentos. Sem examinar essas separações, nossa vida espiritual fica estagnada e nossa percepção consciente não consegue continuar a crescer.

Esse foi o caso de um rapaz decidido a passar vários anos em mosteiros zen do Japão e em um mosteiro budista no Sri Lanka. Ele vinha de um lar destroçado, o pai morrera quando ele era pequeno e tinha uma padrasto alcoólico e uma irmã viciada em drogas. Mediante uma vontade muito forte e uma poderosa motivação, ele aprendera a aquietar sua mente e a concentrar-se profundamente. No Japão, encontrou a solução para muitos *koans* e teve profundas percepções a respeito do vazio e da interconexão de todas as coisas. No mosteiro do Sri Lanka, fez uma prática na qual aprendeu a dissolver seu corpo na luz. Quando sua irmã morreu, foi chamado de volta à pátria para enfrentar o que havia restado da sua família. Ajudou a todos durante esse período difícil, mas logo depois ficou doente e encheu-se de medo.

Tentando compreender sua condição, foi conversar com um conselheiro, que lhe pediu para contar toda a história da sua vida. À medida que o rapaz o fazia, o conselheiro fazia-o parar em intervalos regulares e lhe perguntava como estava se sentindo. A cada vez, o rapaz respondia descrevendo com precisão e reflexão suas sensações corporais. "Minha respiração pára e minhas mãos esfriam" ou "Sinto um peso

180

no estômago". Na sessão seguinte, quando perguntado como estava se sentindo, descreveu "uma pulsação na garganta" e "uma onda de calor por todo o corpo". Finalmente, depois de muitas sessões como essas, quando lhe foi perguntado "Mas como você *sente* isso?", o rapaz começou a chorar e um jorro de pesar e emoção não reconhecidos se despejou de dentro dele. Estivera consciente do corpo, estivera consciente da mente, mas os usara na sua prática de meditação para construir uma parede e excluir de sua percepção consciente as emoções dolorosas que havia experimentado durante a maior parte da sua vida. A partir desse ponto, percebeu a necessidade de mudar seu caminho de prática espiritual, nele incluindo os sentimentos. Como resultado, muitos dos traumas do passado foram curados e sua vida adquiriu uma alegria que jamais conhecera antes.

Um exemplo coletivo de compartimentação na vida espiritual foi-me narrado por uma freira católica que passou 24 anos em uma ordem de clausura. Durante os primeiros 14 anos, ela e as outras irmãs obedeceram à rigorosa prática do silêncio e, aparentemente, a comunidade ia bastante bem. Mas, com a abertura das ordens monásticas nos anos que se seguiram ao Concílio Vaticano II, as freiras de sua ordem tiraram o hábito e começaram a falar umas com as outras. Ela me contou que os primeiros anos de uso da palavra foram um desastre para toda a comunidade. Insatisfações, pequenos ódios, ressentimentos e todos os assuntos pendentes que estiveram se acumulando durante décadas eram agora tratados por pessoas que tinham pouca habilidade em utilizar a percepção consciente em suas palavras. Este foi um período longo e doloroso, enquanto elas aprendiam a incluir a palavra em sua prática, processo que quase destruiu a comunidade. Muitas das freiras se retiraram em meio a esse processo, sentindo haver desperdiçado parte de suas vidas por não se terem ocupado com os verdadeiros relacionamentos entre elas. Felizmente, aquelas que permaneceram foram capazes de recriar a comunidade com um novo espírito de compromisso para com a verdade e o amor fraterno. Elas convidaram alguns sábios mentores para ajudá-las e aprenderam como incluir os conflitos e a palavra numa vida de preces. A integridade e a graça voltaram à comunidade.

Os compartimentos que criamos para nos proteger daquilo que tememos cobram seu preço mais tarde na vida. Períodos de santidade e fervor espiritual podem, mais tarde, alternar-se com os extremos opostos — orgias de comida, de sexo e outras coisas —, tornando-se uma espécie de bulimia espiritual. Mesmo uma sociedade como um todo pode agir dessa maneira, tendo áreas "espirituais" onde as pessoas são atentas, conscientes e despertas, e outros locais onde o oposto se mostra através do abuso de bebidas, da promiscuidade e de outras condutas inconscientes.

A compartimentação cria uma sombra, o seu oposto, uma área que se escurece ou se esconde de nós porque estamos com a atenção voltada muito fortemente para outro lugar. A sombra da piedade religiosa pode conter paixão e desejos mundanos. A sombra do ateu convicto talvez inclua um secreto anseio por Deus. Cada um de nós tem uma sombra que é, em parte, composta por aquelas forças e sentimentos que exteriormente ignoramos e rejeitamos. Quanto mais intensamente acreditamos em algo e rejeitamos o seu oposto, tanto mais energia vai para a sombra. Como afirma o dito popular: "Quanto maior a frente, maior o dorso". A sombra cresce quando tentamos usar a espiritualidade para nos proteger das dificuldades e conflitos da vida.

A prática espiritual não nos salvará do sofrimento e da confusão; ela apenas permitirá que compreendamos que de nada adianta evitar a dor. Somente ao honrar a nossa verdadeira situação é que a nossa prática pode nos mostrar um caminho através dela. Isso foi demonstrado num doloroso momento da vida do grande mestre tibetano Lama Yeshe, altamente considerado como mestre de meditação e instrutor compassivo e iluminado. Certo dia, ele sofreu um ataque cardíaco e foi hospitalizado. Algum tempo depois, ele escreveu uma carta pessoal a um lama que estimava como a um irmão. A carta dizia:

> Eu nunca antes havia conhecido as experiências e sofrimentos que cercaram a minha estada na UTI. Devido a remédios muito fortes, a infindáveis injeções e tubos de oxigênio para que eu pudesse respirar, minha mente foi invadida pela dor e pela confusão. Percebi que era extremamente difícil manter a consciência sem ficar confuso nos estágios que antecedem à morte. No pior momento, 41 dias depois que adoeci, o estado do meu corpo era tal que me tornei o senhor de um cemitério, a minha mente era como a de um antideus e minhas palavras como os latidos de um velho cão raivoso. Enquanto minha capacidade de recitar preces e de meditar se degenerava, considerei o que deveria fazer. Fiz meditação estabilizadora com atenção plena, com grande esforço, e isso foi bastante benéfico. Aos poucos, voltei a desenvolver uma imensurável alegria e felicidade na minha mente. A força da mente aumentou, meus problemas se reduziram e cessaram.

Nem mesmo um grande mestre consegue evitar os problemas do corpo, evitar a doença, a velhice e a morte. Do mesmo modo, não conseguimos suprimir os sentimentos ou a confusão dos relacionamentos humanos. Até Buda teve alguns relacionamentos que eram mais fáceis que outros; os mais difíceis lhe trouxeram inimigos que tentaram matá-lo, discípulos importunos e problemas com seus pais quando foi visitá-los. Tendo isso em mente, como devemos então praticar?

Precisamos ver que a espiritualidade é um movimento contínuo que vai se distanciando da compartimentação e da separação, para envolver a vida como um todo. Precisamos aprender, em especial, a arte de direcionar a atenção plena para as áreas fechadas da nossa vida. Ao fazê-lo, iremos enfrentar os padrões da nossa história pessoal, o condicionamento que nos protege das dores do passado. Ser livre não é colocar-se acima desses padrões — isso iria apenas criar novos compartimentos —, mas sim penetrá-los e atravessá-los, trazê-los para dentro do nosso coração. Precisamos encontrar em nós mesmos a disposição para penetrar a escuridão, sentir nossas brechas e deficiências, a fraqueza, a raiva ou a insegurança que emparedamos em nós. Precisamos dedicar profunda atenção às histórias que contamos sobre essas sombras, para ver qual é a verdade que está por trás delas. E então, à medida que penetramos voluntariamente em cada local de medo, em cada local de deficiência e insegurança dentro de nós, iremos descobrir que suas paredes são feitas de inverdades, de velhas imagens de nós mesmos, de antigos medos, de falsas idéias sobre o que é e o que não é puro. Iremos ver que cada uma dessas coisas é feita de falta de confiança em nós mesmos, no nosso coração e no mundo. Ao olhar através delas, nosso mundo se expande. Quando a luz da consciência ilumina essas histórias e idéias, e a dor, o medo ou o vazio que estão sob elas, uma verdade mais profunda pode mostrar-se. Ao aceitar e sentir cada uma dessas áreas, podemos descobrir uma genuína totalidade, um senso de bem-estar e força.

Por mais forte que seja a força de autoproteção e medo que construiu as paredes na nossa vida, descobrimos uma outra força, grande e irreprimível, que pode derrubá-las. Trata-se do nosso anseio profundo por totalidade. Algo em nós sabe o que é sentir-se todo e indiviso, ligado a todas as coisas. Essa força cresce dentro de nós, nas nossas dificuldades e na nossa prática. Ela nos leva a expandir a nossa espiritualidade além das simples preces silenciosas em favor dos desabrigados das nossas ruas. E ela, então, atrai-nos de volta ao silêncio quando uma vida demasiado ativa de serviço nos fez perder o nosso caminho. Essa força, diante da nossa dor, perdoa os nossos fracassos.

A verdadeira espiritualidade não é uma defesa contra as incertezas, a dor e o perigo; não é uma "inoculação" — como Joseph Campbell chamou a religião popular — para evitar o desconhecido. É uma abertura a todo o processo misterioso da vida. Todo o treinamento espiritual, toda a sabedoria do Lama Yeshe não impediram que, no hospital, seu corpo e sua mente se dissociassem; mas seu coração foi capaz de incluir em sua prática todas as partes da sua experiência.

Quando nos agarramos a ideais de perfeição, fragmentamos nossa vida e dela nos apartamos. Na antiga China, o Terceiro Patriarca zen ensinou que "A verdadeira iluminação e totalidade surgem quando estamos sem ansiedade a respeito da não-perfeição". O corpo não é perfeito, a mente não é perfeita, e certamente nossos sentimentos e relacionamentos não serão perfeitos. Ainda assim, estar sem ansiedade a respeito da não-perfeição — compreender que, como diz Elizabeth Kübler-Ross, "Eu não estou bem, você não está bem, mas está tudo bem" — proporciona o sentimento de totalidade e de verdadeira alegria, uma capacidade de penetrar em todos os compartimentos da nossa vida, sentir todos os sentimentos, viver no nosso corpo e conhecer a verdadeira liberdade.

Para acabar com a nossa compartimentação, não precisamos adquirir nenhum conhecimento especial. Precisamos ser menos "conhecedores" a respeito de como a vida deveria ser e mais receptivos ao seu mistério.

A pureza que almejamos não é encontrada no querer aperfeiçoar o mundo. A verdadeira pureza é encontrada no coração que pode tocar todas as coisas, abraçar todas as coisas e incluí-las todas na sua compaixão. A grandeza do nosso amor cresce, não por aquilo que conhecemos, não por aquilo em que nos tornamos, não por aquilo que fixamos em nós, mas pela nossa capacidade de amar e ser livre em meio à vida.

Nesse espírito, o mestre zen Suzuki Roshi, antes de morrer de câncer, convocou todos os seus discípulos junto ao seu leito e disse:

> Se eu sofrer no momento da minha morte, está tudo bem, você sabem; é o sofrimento de Buda. Que não haja confusão a respeito. Talvez cada homem se debata por causa da agonia física ou da agonia espiritual. Mas está tudo bem, isso não é problema. Deveríamos ser gratos por termos um corpo limitado... como o meu, como o de vocês. Se tivessem uma vida ilimitada, isso sim seria um problema para vocês.

Embora nosso corpo físico seja limitado, nossa verdadeira natureza abre-nos para o ilimitado, para o que está além do nosso nascimento e morte, para a totalidade e indivisibilidade de todas as coisas. Celebrando essa compreensão atemporal, Chuang

Tsé escreveu sobre os verdadeiros homens e mulheres dos tempos antigos: "Eles dormiam sem sonhos e despertavam sem preocupações. O que vem fácil, vai fácil. Aceitavam a vida como ela vinha, com alegria", pois o Tao inclui todas as coisas.

Deixa teu coração estar em paz.
Observa a agitação dos seres,
mas contempla o seu retorno.

Se não percebes a fonte,
tropeças em confusão e tristeza.
Quando percebes de onde vieste,
naturalmente te tornas tolerante,
desinteressado, divertido,
generoso como uma avó,
majestoso como um rei.
Mergulhado no milagre do Tao,
podes lidar com tudo o que a vida te traz
e, quando a morte chegar, estarás pronto.

MEDITAÇÃO SOBRE OS COMPARTIMENTOS E A TOTALIDADE

Sente-se de modo a estar confortável e alerta. Deixe que os olhos se fechem e sinta o ritmo natural da respiração, permitindo-se ficar quieto e presente. Sinta como a respiração se move suavemente, como seu movimento pode ser sentido por todo o corpo. Quando se sentir receptivo e em repouso, comece a refletir sobre o espiritual e o sagrado na sua vida. Como e onde a percepção do sagrado se mostra com mais clareza na sua vida? Quais atividades (meditação, prece, passeios na natureza, música) mais o põem em contato com a vida? Quais lugares você considera mais sagrados? Quais pessoas, quais situações mais despertam esse sentimento em você? Sinta o que seria viver nesse espírito.

Agora dirija sua reflexão para as experiências opostas. Quais áreas da sua vida você menos considera como sagradas? Onde você sente compartimentos não despertados pelo seu espírito e pelo seu coração? As dimensões da sua vida a que você dedicou menos atenção plena e compaixão são as áreas nas quais você esqueceu o sagrado. Elas podem incluir qualquer aspecto do seu corpo, da sua vida enquanto homem ou mulher, qualquer aspecto dos seus sentimentos e da sua mente. Podem ser atividades relacionadas com o trabalho, com os negócios, com o dinheiro, com a política ou com a comunidade. Podem ser áreas da vida familiar ou focalizar pessoas específicas, membros da família, colegas ou conhecidos. Podem incluir atividades e lugares específicos — sua vida criativa e artística, sua vida amorosa, fazer compras, dirigir, permanecer em cidades, hospitais ou escolas —, qualquer lugar ou qualquer dimensão que você excluiu do sagrado.

Deixe todos os compartimentos que você excluiu da sua vida espiritual aflorarem, um a um, na sua visão. Ao sentir cada área, retenha-a suavemente no seu coração e considere o que significaria trazê-la para a sua prática. Visualize como a sua percepção do sagrado poderia crescer ao incluir cada uma dessas áreas na sua prática, com plena atenção e compaixão, honrando essas pessoas, lugares ou atividades. Uma a uma, imagine-as e sinta o respeito e a totalidade que delas poderiam se originar. Sinta como cada uma delas tem uma lição a ensinar, como cada área irá trazer um aprofundamento da sua atenção e uma abertura da sua compaixão, até que nada seja excluído. Uma a uma, sinta como seu espírito e respeito amoroso podem voltar a habitar cada dimensão do seu ser. E então deixe-se repousar, sentindo sua respiração e totalidade neste momento. Vivendo com essa atenção respeitosa, com essa compaixão, momento a momento, você sente o sagrado em cada parte da sua vida.

14

NÃO-EU
OU EU VERDADEIRO?

Existem duas tarefas paralelas na vida espiritual. Uma delas é descobrir a "ausência do eu"; a outra, desenvolver um saudável senso desse eu. Ambos os lados desse aparente paradoxo precisam ser satisfeitos para que despertemos.

A prática espiritual coloca-nos, inevitavelmente, face a face com o mistério profundo da nossa identidade. Nascemos num corpo humano. O que é essa força que nos dá a vida, que dá forma a nós e ao mundo? Todos os grandes ensinamentos espirituais do mundo sempre nos repetem que não somos quem pensamos ser.

Os místicos persas dizem que somos centelhas divinas; os místicos cristãos dizem que estamos plenos de Deus. Somos um com todas as coisas, afirmam alguns. O mundo é mera ilusão, afirmam outros. Alguns ensinamentos explicam como a consciência cria a vida para assim expressar todas as possibilidades, para ser capaz de amar, de conhecer a si mesma. Outros indicam como a consciência se perde em seus padrões, como perde seu caminho, como encarna por ignorância. As iogas hindus chamam o mundo de *lila* — a dança divina —, à semelhança da expressão de Dante, "a divina comédia". Os textos budistas descrevem a própria consciência criando o mundo como um sonho ou uma miragem. Os relatos modernos de experiências de quase-morte estão cheios de histórias sobre uma paz maravilhosa depois que se deixa o corpo, sobre luz dourada e seres luminosos. Talvez esses relatos também confirmem como nós, na maior parte do tempo, não temos consciência da nossa verdadeira identidade.

Na prática espiritual, quando examinamos a questão do eu e da identidade, vemos que ela exige que compreendamos duas dimensões distintas do eu: ausência do eu e verdadeiro eu. Consideremos, primeiro, a ausência do eu.

A NATUREZA DA AUSÊNCIA DO EU

Ao defrontar com a questão da identidade na noite da sua iluminação, Buda chegou à radical descoberta de que não existimos enquanto seres separados. Ele percebeu que o ser humano tende a se identificar com um senso limitado de existência e descobriu que essa crença num pequeno eu individual é uma ilusão enraizada, causando-nos sofrimento e afastando-nos da liberdade e do mistério da vida. Ele descreveu isso como o "surgir interdependente", o processo cíclico da consciência que cria identidade ao entrar na forma, respondendo ao contato sensorial e depois apegando-se a certas formas, sentimentos, desejos, imagens e ações para criar o sentimento do eu.

Em seus ensinamentos, Buda jamais falou dos seres humanos como seres que existem de alguma maneira fixa ou estática. Ao contrário, ele nos descreveu como um complexo de cinco processos mutáveis: os processos do corpo físico, dos sentimentos, das percepções, das respostas e do fluxo de consciência que os experimenta a todos. Nosso senso do eu aparece sempre que nos agarramos a esses padrões ou nos identificamos com eles. O processo de identificação, de selecionar padrões para chamar de "eu", "eu mesmo", "mim", é sutil e geralmente se oculta da nossa percepção consciente. Podemos identificar-nos com o nosso corpo, com os nossos sentimentos ou pensamentos; podemos identificar-nos com imagens, padrões, papéis e arquétipos. Assim, na nossa cultura, talvez nos fixemos e identifiquemos com o papel de ser mulher ou de ser homem, de ser pai, mãe ou filho. Talvez tomemos nossa história familiar, nossa genética e nossa hereditariedade como aquilo que somos. Às vezes nos identificamos com os nossos desejos: o desejo sexual, estético ou espiritual. Podemos, do mesmo modo, centrar-nos no intelecto ou no nosso signo astrológico como nossa identidade. Podemos escolher o arquétipo do herói, do amante, da mãe, do vagabundo, do aventureiro, do palhaço ou do ladrão como nossa identidade, e viver um ano ou toda a vida baseados nele. Se nos agarrarmos a essas falsas identidades, precisaremos continuamente nos proteger e nos defender, lutar para melhorar o que elas têm de limitado ou deficiente, temer sua perda.

Contudo, elas não são a nossa verdadeira identidade. Um mestre com quem estudei costumava rir ao ver como era fácil e comum agarrar-nos a novas identidades. Em relação a si mesmo, dizia: "Não sou nenhuma dessas identidades. Não sou este corpo e, assim, nunca nasci e nunca morrerei. Nada sou e tudo sou. Tuas identidades criam todos os teus problemas. Descobre o que está além delas, o encanto do atemporal, do imortal".

Tendo em vista que a questão da identidade e a questão da ausência do eu estão sujeitas a confusões e equívocos, vamos examiná-las com mais cuidado. Quando os textos cristãos falam de perder o eu em Deus; quando os taoístas e hindus falam da fusão com o *Verdadeiro Eu* além de toda identidade; quando os budistas falam do vazio e do *não-eu*... o que eles querem dizer? O vazio não significa que as coisas não existem; o "não-eu" não significa que nós não existimos. O vazio refere-se à não-separação subjacente à vida e ao fértil campo de energia que faz nascer todas as formas de vida. Nosso mundo e o sentimento do eu são um jogo de padrões. Qualquer identidade que possamos agarrar é transitória, passageira. Isso é difícil de ser compreendido a partir de palavras como "ausência do eu" ou "vazio de eu". Com efeito, meu mestre Achaan Chah dizia: "Se tentares compreender isso com o intelecto, tua cabeça provavelmente explodirá". No entanto, na nossa prática, a experiência da ausência do eu poderá nos conduzir a uma liberdade maior.

No capítulo sobre a dissolução do eu, vimos como a meditação profunda pode tornar mais claro o senso de identidade. Na verdade, existem muitos modos pelos quais podemos perceber o vazio do eu. Quando estamos calados e atentos, podemos sentir de maneira direta como nada no mundo pode ser realmente possuído por nós. Claramente não possuímos as coisas externas; temos algum tipo de relacionamento com o nosso carro, com o nosso lar, a nossa família, o nosso emprego; mas, qualquer que seja esse relacionamento, ele é "nosso" apenas por um breve período de tempo. Afinal, as coisas, pessoas ou atividades morrem, se transformam ou as perdemos. Nada escapa dessa realidade.

Quando dedicamos nossa atenção a qualquer momento de uma experiência, descobrimos que tampouco a possuímos. Ao olhar nossos pensamentos, descobrimos que não os convidamos nem os possuímos. Podemos até chegar a desejar que eles parem; contudo, nossos pensamentos parecem pensar a si mesmos, emergindo e passando de acordo com a sua própria natureza.

O mesmo é verdadeiro em relação aos nossos sentimentos. Quantos de nós acreditam que controlam seus sentimentos? Ao prestarmos atenção, vemos que eles são como as condições meteorológicas; as disposições de ânimo e os sentimentos mudam de acordo com certas condições, não sendo possuídos nem dirigidos pela nossa consciência ou pelos nossos desejos. Acaso ordenamos a vinda da felicidade, da tristeza, da irritação, da excitação ou do desassossego? Os sentimentos nascem por si mesmos, assim como a respiração respira, assim como os sons soam.

O nosso corpo também segue suas próprias leis. O corpo que carregamos é uma sacola de ossos e fluidos que não podem ser possuídos. Ele envelhece, adoece ou se transforma de vários modos que talvez não queiramos, tudo de acordo com sua própria natureza. Na verdade, quanto mais profundamente olhamos, mais vemos que nada possuímos, nem dentro nem fora do nosso corpo.

Encontramos outro aspecto do vazio do eu quando observamos como tudo surge a partir do nada, como tudo vem do vazio, tudo retorna ao vazio, tudo volta ao nada. Todas as nossas palavras do dia anterior desapareceram. E, do mesmo modo, para onde foram a semana passada, o mês passado ou a nossa infância? Surgiram, dançaram uma pequena dança e agora se desvaneceram, junto com os anos oitenta, os séculos XIX e XVIII, os antigos gregos e romanos, os faraós e tudo o mais. Toda experiência surge no presente, executa sua dança e desaparece. A experiência existe apenas de modo passageiro, por um curto período de tempo, dentro de uma certa forma; e então, momento a momento, a forma acaba e uma nova forma a substitui.

Shakespeare, em *A Tempestade*, assim o descreve para nós:

Alegrai-vos, senhor,
pois nossos folguedos agora chegam ao fim.
Nossos atores,
como vos disse, eram espíritos e no ar se dissiparam.
E assim como a trama incorpórea dessa visão,

também as torres cobertas de nuvens, os belos palácios,
os templos solenes, nosso próprio planeta e,
sim, tudo o que nele está contido se dissolverá.
E assim, como essa pompa insubstancial se desvanece,
não deixando nenhum traço atrás de si,
nós somos essa substância
de que são feitos os sonhos,
e nossa curta vida
está cercada pela morte.

Ao falar sobre a meditação, descrevemos como a atenção precisa e profunda mostra-nos o vazio em toda parte. Qualquer que seja a sensação ou pensamento, qualquer que seja o aspecto do corpo ou da mente sobre o qual focalizamos a nossa atenção cuidadosamente, mais espaço e menos solidez experimentaremos ali. A experiência torna-se como as ondas-partículas descritas na Física moderna, um padrão que não é exatamente sólido, um padrão em perpétua mutação. Assim como as sensações daquele que está observando as mudanças, nossas perspectivas mudam de momento a momento tanto quanto nosso senso de nós mesmos muda da infância para a adolescência e daí para a velhice. Para onde quer que dirijamos, cuidadosamente, o nosso foco, vamos encontrar uma aparência de solidez que, sob nossa atenção, logo se dissolve.

Sri Nisargadatta diz:

O mundo real está além dos nossos pensamentos e idéias; nós o vemos através da rede dos nossos desejos, dividido em prazer e dor, em certo e errado, em dentro e fora. Para ver o universo como ele é, precisamos dar um passo além da rede. Não é difícil fazê-lo, porque a rede está cheia de furos.

À medida que nos abrimos e nos esvaziamos, chegamos a experimentar uma interconexão, a percepção de que todas as coisas estão unidas e condicionadas em um *surgir interdependente*. Cada experiência, cada evento, contém todos os outros. O mestre depende do discípulo, o avião depende do céu.

Quando um sino toca, o que ouvimos é o sino, o ar, o som nos nossos ouvidos, ou é o nosso cérebro que toca? É tudo isso junto. Como dizem os taoístas, "O todo está tocando". O som do sino existe para ser ouvido em toda parte — nos olhos de cada pessoa que encontramos, em cada árvore, em cada inseto, em cada ato de respirar.

Segurando um pedaço de papel nas mãos, o mestre zen Thich Nhat Hanh assim o expressa:

Se és um poeta, verás claramente que existe uma nuvem flutuando nesta folha de papel. Sem a nuvem, não haverá água; sem a água, as árvores não podem crescer; e, sem as árvores, não podes fabricar o papel. É por isso que a nuvem está aqui no papel. A existência desta folha de papel depende da existência de uma nuvem. Papel e nuvem são muito íntimos. Pensemos em outras coisas, na luz do sol, por exemplo. A luz do sol é muito importante, pois a floresta não pode crescer sem ela, nem nós, seres humanos, podemos crescer sem ela. Assim, o lenhador precisa da luz do sol

189

para poder cortar a árvore e a árvore precisa da luz do sol para poder ser uma árvore. Portanto, podes ver a luz do sol nesta folha de papel. E se olhares mais profundamente, com os olhos de um *bodhisattva*, com os olhos de alguém que está desperto, verás não apenas a nuvem e a luz do sol nela, como também que todas as coisas estão nela, o trigo que se transformará no pão que o lenhador irá comer, o pai do lenhador — tudo está nesta folha de papel...

Este papel está vazio de um eu independente. Vazio, nesse sentido, significa que o papel está cheio de todas as coisas, do cosmos inteiro. A presença desta fina folha de papel prova a presença de todo o cosmos.

Quando sentimos verdadeiramente a interconexão e o vazio a partir dos quais surgem todos os seres, encontramos a libertação e uma imensa alegria. Descobrir o vazio traz a leveza de coração, a flexibilidade e o bem-estar que repousam em todas as coisas. Quanto mais solidamente nos aferramos à nossa identidade, mais sólidos se tornam os nossos problemas. Certa vez, pedi a um velho e encantador mestre de meditação do Sri Lanka que me ensinasse a essência do budismo. Ele apenas riu e repetiu três vezes: "Sem o eu, sem problemas".

EQUÍVOCOS SOBRE A "AUSÊNCIA DO EU"

São muitos os equívocos sobre a ausência do eu e o vazio, e essas confusões minam o genuíno desenvolvimento espiritual. Algumas pessoas acreditam que podem chegar à ausência do eu através de uma luta para se livrar do eu centrado em si mesmo. Outras confundem a noção de vazio com aqueles sentimentos interiores de apatia, demérito ou falta de significado que trouxeram de um passado doloroso para a prática espiritual. Já descrevemos como alguns discípulos usam o vazio como desculpa para retirar-se da vida, dizendo que ela é mera ilusão e tentando fazer um "desvio espiritual" em torno dos problemas da vida. No entanto, todas essas doenças do vazio deixam escapar o verdadeiro significado do vazio e a liberdade que ele nos traz.

Tentar livrar-se do eu, purificar, erradicar ou transcender todos os desejos, a raiva e o egoísmo, subjugar um eu que é "mau", é uma antiga idéia religiosa. Essa noção está por trás das práticas ascéticas (tais como o uso da camisa de cilício para penitência, o jejum extremo e a automortificação) encontradas em muitas tradições. Às vezes, essas práticas são habilmente utilizadas para induzir estados alterados de consciência, mas o mais freqüente é que apenas fortaleçam a aversão. Pior ainda, o que vem com elas é a noção de que o nosso corpo, a nossa mente, o nosso "ego", é, de algum modo, pecaminoso, sujo e equivocado. "Eu (a parte boa de mim) preciso usar essas técnicas para me livrar do eu (a parte ruim e baixa de mim)." Mas isso nunca irá funcionar. Não pode funcionar porque não existe um eu do qual se livrar! Somos um processo mutável, não um ser fixo. Nunca houve nenhum eu — é só a nossa identificação que nos faz pensar assim. Portanto, embora a purificação, a suavidade e a atenção possam certamente aperfeiçoar nossos hábitos, quantidade alguma de autonegação ou de autotortura podem livrar-nos do eu, pois ele nunca existiu.

Quando o vazio é confundido com a deficiência e com a pobreza emocional que muitos discípulos trazem para a prática espiritual, ele pode, de outras maneiras, perpetuar as dificuldades. Como já vimos, a prática espiritual atrai uma grande quantidade de pessoas feridas, magoadas, atraídas para ela visando sua própria cura. O número dessas pessoas parece estar aumentando. É crescente o empobrecimento espiritual da cultura moderna e o número de crianças criadas sem uma família que lhes dê alimento e apoio. Divórcios, alcoolismo, circunstâncias traumáticas ou infelizes, dolorosas práticas de educação infantil (crianças fechadas a sete chaves ou deixadas a cargo de empregadas e da televisão), tudo isso pode produzir pessoas desprovidas de um senso interior de segurança e bem-estar. Essas crianças crescem até formar corpos adultos, mas continuam a se sentir como crianças empobrecidas. Muitas dessas "crianças adultas" vivem na nossa sociedade. Sua dor é fortalecida pelo isolamento e pela negação dos sentimentos, tão comuns na nossa cultura.

Muitos discípulos vêm à prática espiritual com esse problema (que alguns psicólogos chamam de "fraco sentimento do eu" ou "ego carente"), com falhas na psique e no coração. Esse deficiente senso do eu é carregado durante anos pelos nossos hábitos e contrações do corpo, pelas histórias e imagens mentais que aprendemos a contar a nós mesmos. Se temos um fraco senso do eu, se sempre negamos a nós mesmos, então é muito fácil confundir a nossa pobreza interior com a ausência do eu e acreditar que esse deficiente senso do eu está aprovado como caminho para a iluminação.

Confundir a ausência do eu com pobreza interior pode ser especialmente difícil para as mulheres. Na nossa cultura dominada pelo homem, uma mulher pode crescer com o sentimento de que ela, na verdade, não conta, que não vai significar muita coisa neste mundo masculino, que o destino e o trabalho da mulher não têm valor. Esse condicionamento pode levar a uma identidade crivada de depressão, de medo e de um sentimento penetrante de inadequação.

Uma mulher que veio para a prática da meditação sentindo-se desse modo acreditava possuir uma profunda compreensão do vazio. Durante cinco anos, estudara com um jovem mestre que era, ele próprio, confuso a respeito do vazio. Quando ela veio me ver, falou como havia compreendido em profundidade os ensinamentos sobre a ausência do eu e sobre a natureza impermanente e insubstancial da vida. Relatou que, sempre que praticava meditação andando ou sentada, sentia a ausência do eu com muita clareza. Porém, para mim, ela pareceu simplesmente desleixada e deprimida e por isso questionei-a mais. Pedi-lhe que descrevesse exatamente como ela sentia esse vazio. E depois pedi-lhe que fizesse, na minha frente, sua meditação andando e me dissesse com exatidão o que observava. Enquanto ela caminhava, chamei-lhe a atenção para o peso em seu andar e o aspecto contraído do seu corpo. Em pouco tempo ela também percebeu isso. À medida que ela relatava sua experiência, esta acabou por mostrar que não se tratava do vazio, mas, sim, de entorpecimento e inércia. Na conversa, ficou claro que seu corpo e seus sentimentos haviam estado fechados durante anos. Sua auto-estima era baixa, e ela se sentia incapaz de fazer coisas dignas de valor neste mundo. Ela confundia esse sentimento interior com os profundos ensinamentos da insubstancialidade. A identificação dessa confusão começou a trazê-la de volta à vida.

Uma confusão semelhante acontece quando o "vazio" é confundido com "falta de significado". Essa percepção equivocada pode fortalecer a depressão e o medo subjacentes que sentimos do mundo, justificando a nossa incapacidade de encontrar beleza ou a nossa falta de motivação para participar da vida.

A diferença entre o verdadeiro vazio e o vazio da depressão pode ser exemplificada por duas saudações. Uma pessoa desperta diria, "Bom dia, Deus!", ao passo que uma pessoa deprimida ou confusa provavelmente diria: "Bom Deus, que dia!" Confundir os dois vazios pode levar a uma espécie de passividade: "É tudo uma ilusão, é tudo um sonho espiritual que se desdobra. Eu não preciso fazer coisa alguma. De qualquer maneira, não fazemos nada mesmo". Esse tipo de passividade está relacionado com a indiferença, o inimigo próximo da equanimidade, do qual já falamos anteriormente. Uma compreensão do vazio místico das coisas não é nem um pouco passiva; a marca do verdadeiro vazio é a alegria. A alegria estimula a apreciação do mistério da vida à medida que este surge para nós em cada momento a partir do vazio.

Uma última confusão sobre o vazio pode dar-se quando imaginamos que, ao senti-lo, somos inacessíveis ao mundo ou estamos acima dele. Um samurai que acreditava nisso aproximou-se de um mestre zen e vangloriou-se: "O mundo inteiro é vazio. Tudo é vazio". O mestre zen respondeu: "Ah, e o que você sabe sobre isso? Você não passa de um velho e sujo samurai!" — e atirou algo nele. O samurai, de imediato, desembainhou a espada — ele se sentiu profundamente insultado, e um insulto a um samurai é pago com a vida. O mestre zen apenas levantou os olhos e disse: "O vazio se irrita depressa, não é?" O samurai compreendeu e a espada voltou à bainha.

DO NÃO-EU AO EU VERDADEIRO

Dissolver o sentimento do eu ou conhecer a natureza da "ausência do eu" da vida é apenas um lado da moeda na nossa vida espiritual. Como afirmei no início deste capítulo, existem duas tarefas paralelas na vida espiritual. Uma é descobrir a ausência do eu; a outra, desenvolver um saudável senso do eu, a fim de descobrir o que se quer dizer por *verdadeiro eu*. Ambos os lados desse aparente paradoxo precisam ser satisfeitos para que despertemos.

Certa noite, em seu mosteiro, Achaan Chah falou sobre esse paradoxo de uma maneira bastante surpreendente, vindo de um mestre budista. Ele disse: "Sabe, todo esse ensinamento sobre o 'não-eu' não é verdadeiro". E continuou: "É claro que todos os ensinamentos sobre o 'eu' tampouco são verdadeiros", e riu. E depois explicou que esses dois conjuntos de palavras, *eu* e *não-eu*, são apenas conceitos ou idéias que usamos numa aproximação muito crua, sugerindo o mistério de um processo que não é nem *eu* nem *não-eu*.

Ao tentar mostrar como abordar esse paradoxo, Jack Engler, professor budista e psicólogo de Harvard, usou estas palavras: "Você precisa ser alguém antes de poder ser ninguém". Com isso, ele queria dizer que um forte e saudável senso do eu é necessário para suportar o processo de dissolução na meditação e chegar a uma profunda percepção do vazio. Isso é verdade, mas não deve ser entendido de maneira linear — o desenvolvimento do eu e a percepção do vazio do eu podem, na verdade, ocorrer em qualquer ordem. Como todos os aspectos da vida espiritual, na nossa prática espiritual o eu e o vazio evoluem juntos como uma espiral, com novos e mais profundos modos de compreensão, um se sucedendo ao outro.

Um mestre zen que compreendia ambos os lados desse processo descobriu, numa de suas visitas anuais aos Estados Unidos, que um discípulo avançado estava estagnado na metade "vazia de eu" da sua prática. O discípulo aprendera a meditar por horas a fio num silêncio claro e vazio e conseguia resolver facilmente a maioria dos *koans* zen, mas no mundo ele era passivo e calmo e negligenciava sua vida familiar. Seu lar era quieto demais, sério demais, os filhos mantidos em silêncio ou ignorados, o casamento desmoronava. Sua mulher queixou-se ao mestre zen e o discípulo justificou-se, "Não é a isso que a prática espiritual leva?" Mas o mestre zen era mais sábio. Pediu que o discípulo e sua mulher viessem juntos para o retiro seguinte. E, enquanto os outros discípulos meditavam sobre tradicionais temas zen como: "Qual é o som de uma única mão batendo palmas?", ele deu a esse casal um *koan* diferente. "Como vocês percebem Buda enquanto fazem amor?" E mandou que fizessem amor duas, três, quatro vezes por dia, enquanto os outros discípulos meditavam sentados ou andando; e que relatassem sua resposta a ele em entrevistas cada manhã e cada noite.

À medida que o retiro prosseguia, houve crescente concentração e silêncio. Como ocorre nesses retiros, a maioria dos discípulos se manteve silenciosa, pura e vazia, exceto por um casal no fundo da sala. Embora perdesse algumas sessões, a cada novo dia esse casal irradiava uma energia sempre mais plena e renovada. E, a cada dia, o mestre falava aos dois sobre a totalidade, encorajando-os a encontrar na ação a verdadeira realização como Buda.

O retiro salvou-lhes o casamento, ajudou-os a reconstruir a vida familiar e ensinou aos discípulos sobre a plenitude do eu, bem como sobre o vazio do eu.

Como pode a nossa prática ajudar-nos a desenvolver um senso saudável e pleno do eu? Como podemos chegar ao verdadeiro eu? Existem muitos aspectos desse processo que devem ser compreendidos. Nosso senso inicial do eu (ou força positiva do ego, como é descrito na psicologia ocidental) vem dos primórdios do nosso desenvolvimento. Nosso temperamento inato ou nossas tendências kármicas são moldados desde cedo por retroalimentação, espelhando nosso ambiente infantil e criando um senso de quem julgamos ser. Se temos respeito e boas relações com os nossos pais, um saudável senso do eu se desenvolve. Sem isso, um senso deficiente e negativo do eu é estabelecido. Depois, esse senso inicial do eu é reforçado por professores, escolas, condição social e pelo prolongamento da vida familiar. Um senso habitual do eu cresce através desse condicionamento repetitivo calcado nos padrões da nossa primeira infância e recriado à medida que continuamos a crescer de maneira saudável ou doentia. Se o nosso senso do eu é doentio, nosso trabalho espiritual com o eu é inicialmente um trabalho de regeneração e de cura. Isso significa compreender e liberar um senso deficiente ou ferido do eu e redespertar a energia perdida e a autêntica conexão com nós mesmos. Quando nos tivermos regenerado até certo ponto, a tarefa seguinte vai ser o desenvolvimento adicional do caráter, da nossa sabedoria, força, habilidade e compaixão. Esse desenvolvimento é descrito nos ensinamentos de Buda como o cultivo de qualidades hábeis tais como a generosidade, a paciência, a atenção plena e a bondade.

O desenvolvimento do eu leva então a um nível mais essencial, a descoberta do verdadeiro eu. Essa é a descoberta de que as qualidades positivas de caráter (que a vida espiritual trabalha tão arduamente para cultivar) já estão presentes como a nossa verdadeira natureza. A partir dessa percepção da verdadeira natureza, podemos também descobrir e honrar nosso destino individual ou pessoal, nosso eu nesta vida, os padrões únicos através dos quais o nosso despertar irá se expressar. Só quando juntarmos o desenvolvimento e a descoberta do eu com a percepção do vazio do eu é que completaremos a nossa compreensão do verdadeiro eu.

Existe um momento extraordinário na prática de Buda que pode lançar alguma luz sobre esse paradoxo. Buscando a libertação, Buda, de início, seguiu as práticas de dois grandes iogues de sua época, mas achou-as limitadas. Então, entrou num período de cinco anos de autonegação e prática ascética, tempo no qual tentou usar sua força de caráter para erradicar e superar tudo o que era inadequado. Você deve se lembrar de que isso foi descrito quando falamos de Buda e do rugido do leão. Durante aqueles cinco anos de austeridade, ele tentou dominar e forçar seu corpo, sua mente, seus desejos e medos à submissão e assim descobrir a liberdade. Quando chegou, sem sucesso, ao fim dessa estrada, Buda sentou-se para refletir. Nesse ponto, surgiu uma maravilhosa percepção que lhe mostrou o caminho para a iluminação. Ele se lembrou de quando era criança, sentado debaixo de um jambo-rosa no jardim da casa de seu pai. Lembrou a presença, naquele estado infantil, de um senso natural de totalidade e suficiência. Sentado, enquanto criança, ele já havia experimentado a calma, a clareza e a união natural de corpo e mente que buscava. Depois de reviver esse profundo senso de totalidade, Buda mudou todo o seu modo de praticar. Começou a alimentar e a honrar o seu corpo e o seu espírito. Lembrou-se de que podia repousar no universo em vez de combatê-lo. Percebeu que o despertar nunca é um produto da força, mas que surge através do repouso do coração e da abertura da mente.

Nesse momento fundamental, Buda foi capaz de evocar uma infância saudável para trazê-lo de volta a uma sabedoria natural. Diz-se que ele também evocou o espírito de muitas vidas dedicadas ao desenvolvimento da paciência, da coragem e da compaixão. Ao contrário de Buda, muitos de nós entramos na prática espiritual sem ter tido uma infância saudável ou um forte senso do eu que possamos evocar. Com um senso do eu fraco ou instável, mesmo quando somos capazes de nos elevar temporariamente acima da nossa deficiência e atingir estados de abertura e ausência do eu, somos incapazes de integrá-los e de consumar essas percepções na nossa vida.

Portanto, o primeiro nível de autodesenvolvimento para muitos discípulos é a regeneração. Já falamos sobre a meditação como sendo um processo de cura. Na regeneração, dedicamos atenção à compreensão das condições dolorosas que criaram o nosso senso do eu fraco, deficiente ou obstruído. Começamos a ver como nossas próprias defesas e os desejos dos outros eclipsaram um verdadeiro enraizamento na nossa experiência mais profunda. Gradualmente, podemos deixar de nos identificar com esses velhos padrões e permitir a criação de um senso do eu mais saudável. À medida que o eu medroso e deficiente é abandonado, precisamos recomeçar como uma criança, reconhecendo e regenerando o nosso corpo e o nosso coração, onde quer que tenhamos sido abusados ou apartados de nós mesmos. Regeneramos nossos sentimentos, nossa perspectiva singular, nossa voz, que pode dizer o que é verdade para nós. Nesse processo, em geral precisamos da ajuda de uma pessoa hábil para nos servir de guia, de modo a usar esse relacionamento como um modelo para aprendermos o amor, a honestidade e a aceitação que criam um eu saudável.

Dedicar-se a essa regeneração do nosso eu perdido é a parte mais importante de qualquer jornada espiritual para o indivíduo do Ocidente; muito se escreveu sobre ela na literatura psicológica e feminista. O seguinte trecho do poema *Now I Become Myself*, de May Sarton, assim se expressa a este respeito:

Agora torno-me eu mesma. Levou
tempo, muitos anos, muitos lugares.
Fui dissolvida, golpeada,
usei o rosto de outras pessoas e
corri enlouquecida, como se o Tempo ali estivesse,
terrivelmente velho, a soltar um grito de alerta:
"Depressa, estarás morta antes de..."
(Antes de quê? antes de raiar o dia?
antes de chegar ao fim do poema?
ou antes de saber que o amor está a salvo na cidade murada?)
Agora, aquietar-me, estar aqui,
sentir meu peso e minha densidade!...
Agora há tempo e o Tempo é jovem.
Ah, neste momento eu vivo
todo o meu ser, sem um movimento.
Eu, que fui atormentada e corri às cegas,
me aquieto, me aquieto e paro o Sol!

Talvez leve anos de trabalho profundo até pararmos de correr e recuperarmos nossa voz emudecida, a verdade dentro de nós. No entanto, isso é necessário para atingirmos a totalidade e o verdadeiro eu.

O aspecto seguinte do desenvolvimento do eu é o desenvolvimento do caráter. Com muita freqüência Buda descreveu a prática espiritual como o cultivo de boas qualidades tais como a moderação, a gentileza, a perseverança, a vigilância e a compaixão. Ele exortou seus seguidores a cultivar os Fatores de Iluminação e, pelo esforço reiterado, fortalecer as faculdades espirituais de energia, estabilidade, sabedoria, fé e atenção mental. O modelo de Buda para o ser iluminado era o de um nobre guerreiro ou de um hábil artífice que desenvolvera um caráter de integridade e sabedoria através de paciente treinamento. Também nós podemos optar por desenvolver a nós mesmos, trabalhando pacientemente com os padrões da nossa mente e do nosso coração, modelando, aos poucos, os rumos da nossa consciência.

O cultivo reiterado é um dos princípios básicos da maioria dos caminhos espirituais e meditativos. Já vimos como podemos praticar a concentração e, gradualmente, treinar o nosso cãozinho. Do mesmo modo, podemos recitar freqüentes preces e através delas fortalecer a nossa fé. Em repetidas meditações podemos aprender como abandonar habilmente as identidades medrosas ou contraídas, como acalmar nosso coração, como ouvir em lugar de reagir. Podemos dirigir sistematicamente nossa atenção para refletir sobre a compaixão, para purificar nossas motivações através de cada ato e, gradualmente, iremos mudar. "Como o armeiro que fabrica flechas retas e precisas", disse Buda, "o sábio faz seu caráter reto e preciso." Nós nos tornamos aquilo que praticamos. Assim, precisamos confiar em nós mesmos. "O eu é o verdadeiro refúgio do eu", disse Buda. Compreendendo isso, podemos escolher fortalecer a nossa coragem, bondade e compaixão, evocando-as em nós mesmos através da reflexão, da meditação, da atenção e de um treinamento reiterado. Podemos também escolher abandonar o orgulho, o ressentimento, o medo e a limitação, quando eles surgem, deixando a flexibilidade e a abertura como terreno para o desenvolvimento saudável.

À medida que cresce o desenvolvimento do eu e o nosso coração fica menos confuso, começamos a descobrir uma verdade mais profunda a respeito do eu: não precisamos aperfeiçoar a nós mesmos; basta abandonar aquilo que bloqueia o nosso coração. Quando o nosso coração está livre das limitações do medo, da raiva, do sentimento de posse e da confusão, as qualidades espirituais que tentávamos cultivar manifestam-se naturalmente em nós. Elas são a nossa verdadeira natureza e brilham espontaneamente na nossa consciência sempre que abandonamos as rígidas estruturas da nossa identidade.

Uma vez que qualidades espirituais tais como a fé e a percepção consciente tenham sido despertadas, elas assumem vida própria. Tornam-se poderes espirituais que nos ocupam inteiramente e se movem espontaneamente através de nós. O puro e claro espaço da consciência é naturalmente preenchido com paz, clareza e união; as grandes qualidades espirituais se irradiam quando nosso medroso senso do eu é libertado. Essas qualidades mostram a nossa bondade fundamental e o nosso verdadeiro lar.

Um homem, idoso e ríspido engenheiro que mantivera sua respiração tensa por muitos anos, veio para a Insight Meditation com o corpo todo rígido. Na meditação, ele permitiu que sua experiência de possessividade e medo ficasse mais forte até que começou a ver antigas imagens e a perceber o sentimento doloroso de abandono que carregava sempre consigo. Ele chegou a sentir como havia contraído seu corpo para poder ser forte diante das dores da vida, e como existia, por baixo dessa defesa, um terrível sentimento de fraqueza e vulnerabilidade encoberto pela rigidez. Finalmente, após longos dias cuidando de sentir a fraqueza e a inadequação, todo o seu ser se abriu em um vasto e silencioso espaço.

De início, ele se sentiu um pouco medroso com essa sensação a que não estava acostumado, mas então, à medida que respirava e a experimentava com profundidade e mais facilmente, encontrou nela grande paz e repouso. Ele descobriu que a grande força daquele espaço eram a completação e a totalidade a ele inerentes. O homem percebeu, com toda a certeza, que aquele bem-estar e força eram a sua própria natureza. Era o que havia buscado por tanto tempo. Uma vez tocada, essa força começou a crescer dentro dele através de um processo de percepção consciente e desapego. A partir daí, o espírito de sua vida se transformou; ele abandonou a luta e a tentativa de compensar sua fraqueza e insuficiência e passou a viver com um espírito que desfrutava e repousava sobre um sentimento de participação e totalidade.

O poeta persa Rumi lembra-nos dessa possibilidade com grande amor e humor. Ele diz:

No momento do súbito perigo, a maioria
dos homens grita: "Meu Deus!"
Por que fariam isso se de nada adiantasse?
Só um tolo recorre a coisas que não funcionam.

O mundo inteiro vive em redes protetoras, o peixe
no interior das ondas, o pássaro voando nos céus,
o elefante, o lobo, o leão que caça, o dragão, a formiga e
a cobra na tocaia, até mesmo o solo, o ar,
a água e cada fagulha que se eleva da fogueira,
tudo subsiste, existe, está contido no divino. Nada
está só, nada está só por um único instante.

Tudo o que nos é dado vem Dele. Não importa para quem
pensas estar estendendo a tua mão
espalmada, é Ele quem doa.

Por trás das nossas lutas e além de qualquer desejo de desenvolver o eu, podemos descobrir a nossa natureza búdica, um inerente destemor, conexão, integridade e participação. Como as águas do subsolo, essas qualidades essenciais são a nossa verdadeira natureza, manifestando-se sempre que somos capazes de abandonar o nosso senso limitado de nós mesmos, o nosso demérito, a nossa deficiência e os nossos anseios. A experiência do nosso verdadeiro eu é luminosa, sagrada e transformadora. A paz e perfeição da nossa verdadeira natureza é uma das grandes reflexões místicas da consciência, descritas de maneira belíssima em uma centena de tradições, pelo Zen e pelo Taoísmo, pelos índios americanos e pelos místicos ocidentais, e por muitos outros.

A EXPRESSÃO ÚNICA DO EU VERDADEIRO

Ao despertar nossa natureza búdica, descobrimos que existe ainda mais um aspecto do eu a ser compreendido: a necessidade de honrar o nosso destino pessoal. Essa descoberta é uma tarefa essencial, em particular para nós no Ocidente. Nas tradicionais histórias budistas, é ensinado que uma pessoa pode fazer um grande voto, a ser cumprido ao longo dos tempos, seja o de tornar-se o atendente-chefe de Buda, ou um iogue de incomparáveis poderes psíquicos, ou um *bodhisattva* de ilimitada compaixão. A intenção de muitas vidas cria um caráter e destino específicos para cada um de nós, de acordo com o nosso karma. Isso precisa ser reconhecido.

Como diz Martha Graham:

Existe uma vitalidade, uma energia vital que é traduzida em ação através de você. E, como existe apenas um único você todo o tempo, essa expressão é única; se você a bloquear, ela nunca existirá através de qualquer outro meio e se perderá.

As qualidades universais da nossa natureza búdica precisam irradiar-se através de cada um de nós, desabrochando a partir do conjunto individual de padrões em cada pessoa. Esse conjunto único de padrões poderia ser chamado de nosso caráter, de nosso destino, de nosso caminho individual a ser cumprido. Descobrir o nosso destino é perceber sabiamente o potencial da nossa vida individual e as tarefas necessárias para cumpri-lo. Proceder dessa maneira é abrir-se ao mistério da nossa encarnação individual.

Mesmo sem conhecer nosso passado kármico, podemos reconhecer os padrões profundos e os arquétipos que constroem a nossa individualidade. E então esses padrões únicos e tipos de caráter que descobrimos podem, na nossa prática, ser honrados e transformados de identificações rígidas em jóias transparentes. Isso permite que as qualidades da iluminação brilhem através da nossa expressão particular. Nosso intelecto crítico pode transformar-se em arguta sabedoria; nosso desejo por beleza pode transformar-se na força que traz harmonia ao nosso meio ambiente; nossa capacidade intuitiva pode levar à paternidade ou maternidade sensível e a grandes dons de cura. Perceber os padrões e dons que nos são dados e realizá-los é uma parte maravilhosa do desenvolvimento do eu. É honrar nosso potencial e nosso destino único. Nisso podemos unir nossa prática e tarefas específicas na família e na comunidade, realizando nossas capacidades, nossos dons e o nosso coração como um indivíduo único. À medida que o fazemos, nossa natureza individual reflete o universal.

E então, quando essas qualidades da natureza búdica e do eu pessoal são combinadas com uma profunda percepção do vazio do eu, pode-se dizer que descobrimos plenamente a sua natureza. Esse eu verdadeiro é tanto único como universal, é tanto vazio como pleno.

O imperador da China perguntou a um famoso mestre budista se seria possível ilustrar de uma maneira visível a natureza do eu. Em resposta, o mestre mandou recobrir uma sala de 16 lados com espelhos de alto a baixo, que ficavam exatamente um diante do outro. No centro, ele colocou uma vela acesa. Quando entrou na sala, o imperador pôde ver a chama dessa vela em milhares de formas, cada um dos espelhos reproduzindo-a infinitas vezes. Então, o mestre substituiu a vela por um pequeno cristal. Mais uma vez o imperador pôde ver o pequeno cristal refletido em todas as direções. Quando o mestre lhe sugeriu que olhasse o cristal de perto, o imperador viu, em cada uma das pequeninas facetas do cristal, toda a sala com os milhares de cristais refletidos. O mestre mostrou como a menor partícula contém o universo todo.

O verdadeiro vazio não é vazio; ele contém todas as coisas. O vazio misterioso e fecundo cria e reflete todas as possibilidades. Dele surge a nossa individualidade, que pode ser descoberta e desenvolvida, embora nunca possuída ou fixada. O eu está contido no não-eu, assim como a chama da vela está contida num grande vazio. As grandes capacidades do amor, do destino único, da vida e do vazio se entrelaçam, brilhando, refletindo a verdadeira natureza da vida.

O *I Ching* fala da existência de um poço, escavado com perfeição e compactamente revestido com pedras de modo que sempre está cheio de água limpa, profunda e pura. Essa pureza, a nossa verdadeira natureza, é encontrada sob todas as imagens do eu e do vazio, no grande silêncio do nosso ser. As qualidades que desenvolvemos não se destinam a ser nomeadas ou possuídas. Tão logo tentamos fixá-las, elas se distorcem. Em vez disso, o desenvolvimento do nosso espírito e a libertação do nosso espírito se unem — um mistério de forma e ausência de forma. E então, como a água do poço, tudo se torna claro e potável, e a água clara é vista em todas as partes, na terra e no céu acima de nós.

MEDITAÇÃO: QUEM SOU EU?

Em muitas tradições espirituais, fazer repetidamente a si mesmo a pergunta "Quem sou eu?" ou variações como "Quem está carregando este corpo?" é a prática central oferecida para o despertar. Mestres como Ramana Maharshi e grandes mestres zen da China e do Japão usaram a repetição dessa pergunta simples e profunda para orientar os discípulos na descoberta de sua *verdadeira natureza*. Afinal, essa é uma pergunta que todos nós precisamos nos fazer. Sem estar consciente dela, você toma muitas coisas como sendo sua identidade: seu corpo, sua raça, suas crenças, seus pensamentos. Contudo, com o sincero questionamento, muito depressa você se surpreenderá percebendo um nível de verdade mais profundo.

Embora a pergunta "Quem sou eu?" possa ser feita na sua própria prática de meditação solitária, ela também pode ser feita com um parceiro. Uma das maneiras mais eficazes de trabalhar essa pergunta é sentar junto com outra pessoa e repeti-la muitas vezes, deixando que as respostas se aprofundem à medida que vocês vão prosseguindo.

Para fazê-lo, sente-se confortavelmente diante do seu parceiro, procurando estar preparados para meditarem juntos por 30 minutos. Decidam quem irá fazer a pergunta durante os primeiros 15 minutos. Olhem um para o outro de maneira descontraída. Um começa a pergunta "Quem é você?" As respostas do outro devem brotar naturalmente, dizendo tudo o que lhe vier à mente. Depois que uma resposta é dada, o primeiro faz uma breve pausa e pergunta de novo: "Quem é você?" Ele continua fazendo essa pergunta repetidas vezes durante 15 minutos e depois trocam de papéis, dando ao parceiro um tempo igual.

À medida que essa pergunta é repetida, todos os tipos de resposta podem surgir. De início, talvez você se encontre dizendo "Sou um homem", "Sou uma mulher", "Sou um pai", "Sou uma enfermeira", "Sou uma professora" ou "Sou uma pessoa que pratica meditação". Depois, é possível que suas respostas fiquem mais interessantes: "Sou um espelho", "Sou amor", "Sou um tolo", "Sou um ser vivo" ou muitas outras coisas. As respostas em si não importam; elas são parte de um processo de aprofundamento. Mas ouça as respostas com suavidade, cada vez que a pergunta lhe for feita. Se nenhuma resposta surgir, fique com esse espaço vazio até que uma resposta se manifeste. Se surgir a confusão, o medo, o riso ou as lágrimas, fique com eles também. Continue respondendo, de todo modo. Continue se abandonando ao processo. Desfrute essa meditação.

Mesmo nesse breve período de tempo, toda a sua perspectiva pode mudar e você pode descobrir mais sobre quem você realmente é.

15

GENEROSIDADE, CO-DEPENDÊNCIA E CORAJOSA COMPAIXÃO

Quando nossa autovalorização ainda é baixa, não conseguimos estabelecer limites, criar fronteiras nem respeitar nossas próprias necessidades. Nossa ajuda, aparentemente compassiva, confunde-se com dependência, medo e insegurança. O amor amadurecido e a compaixão saudável não são dependentes, mas interdependentes, nascidos de um profundo respeito por nós mesmos e pelos outros.

Perto do grande Templo da Iluminação de Buda em Bodh Gaya, Índia, forma-se uma longa fila de mendigos pedindo dinheiro à multidão de peregrinos que visita o templo todos os dias. Há muitos anos, no primeiro dia da minha visita de um mês a Bodh Gaya, ingenuamente dei dinheiro a esses mendigos. O resultado foi que todos os dias, quando caminhava do mercado até o templo, eu era cercado por mendigos que berravam por mim, puxavam minhas roupas e até mesmo imploravam por dinheiro, pois sabiam que eu lhes dera esmola. Isso fez com que aquele mês fosse difícil, e fiquei triste, pois eu realmente queria ajudá-los, mas não daquela maneira.

Na visita seguinte, elaborei um novo plano. Decidi esperar até o último momento antes de partir, para só então dar aos mendigos todo o dinheiro de que pudesse dispor. Na manhã da minha partida, troquei quarenta dólares por notas de uma e duas rupias e planejei dar, de uma maneira respeitosa, quatro rupias a cada mendigo. Comecei a caminhar ao longo da fila de cento e cinqüenta mendigos na frente do templo, oferecendo dinheiro a cada mão estendida e me sentindo satisfeito com essa maneira tão sensível de ajudá-los. Mas então, quando me aproximava do meio da fila, criou-se o maior pandemônio. Os mendigos do fim da fila ficaram com medo de que o dinheiro acabasse antes que eu chegasse até eles e então todos juntos avançaram na minha direção, mãos estendidas, agarrando furiosamente o meu corpo, minhas roupas, o dinheiro, qualquer coisa que pudessem tomar. Virei-me depressa para fugir e escapar deles, atirando o dinheiro restante para o alto, sobre suas cabeças.

Olhei para trás, de uma distância segura, e vi uma cena deprimente e bem diferente daquela que pretendera ver. Todos os mendigos estavam agachados na poeira, lutando uns com os outros pelas rupias que tinham caído no chão. Percebi que eu tinha muito a aprender sobre a generosidade hábil e a arte de dar.

Quando estudamos as tradições religiosas do mundo, vemos que elas estão repletas de gestos nobres e sacrifícios de grande generosidade. Jesus disse aos apóstolos para darem todas as suas riquezas e "depois, segui-me". Madre Teresa disse às suas religiosas, que servem os mais miseráveis dentre os pobres: "Deixem que eles se alimentem de vocês até o fim". Na história de uma de suas vidas passadas, o futuro Buda viu uma tigresa doente e faminta, incapaz de alimentar seus dois filhotes. Ele sentiu uma profunda compaixão surgir dentro de si e atirou-se de um penhasco a fim de tornar-se alimento para a tigresa e seus filhotes.

Sua Santidade Karmapa, um dos líderes do budismo tibetano, visitou os Estados Unidos distribuindo bênçãos e ensinamentos. Dizia-se que ele era capaz de personificar o Buda da Compaixão. Numa cerimônia, ele ensinava a mil participantes a prática tradicional do cultivo da compaixão, na qual o discípulo inspira toda a dor do mundo e expira compaixão. No final, um psicólogo de meia-idade levantou-se e perguntou: "Devemos absorver tudo? E se a pessoa à minha frente estiver com câncer?" Karmapa lançou-lhe um olhar de profunda bondade e disse apenas: "Absorva tudo. Deixe que a dor do mundo toque o seu coração e transforme-a em compaixão". O que ninguém naquela sala sabia era que o próprio Karmapa acabara de receber um diagnóstico de câncer; mas seu ensinamento era inflexível — você absorve tudo e transforma-o em compaixão. Karmapa morreu um ano depois.

Como podemos compreender esses admiráveis ensinamentos de extrema generosidade e compaixão? A generosidade compassiva é o alicerce da verdadeira vida espiritual, porque ela é a prática da renúncia. Um ato de generosidade abre o nosso corpo, o nosso coração e o nosso espírito e nos aproxima da liberdade. Cada ato de generosidade é um reconhecimento da nossa interdependência, uma expressão da nossa natureza búdica. Mas, para a maioria de nós, a generosidade é uma qualidade que precisa ser desenvolvida. Precisamos respeitar o fato de que ela crescerá gradualmente; caso contrário, nossa espiritualidade pode tornar-se idealística e imitativa, manifestando a imagem da generosidade antes de ela ter se tornado genuína. Embora possa ser bom fazer doações além dos nossos recursos, se o fizermos de maneira inconsciente e repetitiva, isso se tornará uma coisa doentia. Quer se trate de generosidade em relação ao nosso tempo, às nossas posses, ao nosso dinheiro ou ao nosso amor, os princípios são os mesmos. A verdadeira generosidade cresce em nós à medida que o nosso coração se abre, cresce junto com a integridade e a saúde da nossa vida interior.

Tradicionalmente, ensina-se que a generosidade pode se abrir em três níveis. O primeiro é chamado *doação passageira*. Essa generosidade inicial vem com hesitação. Tememos que aquilo que estamos dando possa vir a ser necessário para nós mais tarde. Pensamos em guardá-lo no sótão, mas então percebemos que é hora de dá-lo.

201

Depois que vencemos essa relutância inicial, percebemos a felicidade e a liberdade — as primeiras alegrias do doar.

O segundo nível de doação é chamado *doação fraterna*. Trata-se de um compartilhar aberto e imparcial, que oferece tanto a energia quanto a assistência material, como se fosse a uma pessoa amada. "Eu tenho isto aqui, então vamos todos compartilhar." Não hesitamos. Um espírito afável motiva essa generosidade; e, com ele, um espírito de alegria, amizade e receptividade cresce dentro de nós.

O nível mais desenvolvido de doação é chamado *doação real*. Nela, sentimos tanto prazer no bem-estar e na felicidade dos outros que nossa generosidade é espontânea e imediata. Vai além do compartilhar imparcial. Desfrutamos o bem-estar dos outros tão profundamente que damos o melhor que temos para que eles possam desfrutá-lo. A nossa alegria cresce com essa generosidade. É como se nos tornássemos um canal natural para a felicidade de todos à nossa volta. Descobrimos em nosso próprio coração a abundância de um rei ou de uma rainha.

Podemos sentir como a abertura a cada um desses níveis proporciona crescente alegria e luz à nossa vida. No entanto, nossa capacidade para manifestar a verdadeira generosidade será muitas vezes limitada por um desenvolvimento incompleto do eu saudável, como vimos no capítulo anterior. Uma grande generosidade emana naturalmente da percepção da saúde e da totalidade do nosso ser. Nas culturas tradicionais mais desenvolvidas, onde as pessoas são acolhidas e alimentadas tanto física quanto espiritualmente, elas crescem com um sentido de abundantes recursos interiores e exteriores. Generosidade, participação e interdependência tornam-se um modo natural de vida. Em muitas culturas tribais, ninguém manda embora um estranho que está à sua porta: ele é sempre convidado a compartilhar uma refeição. Os índios norte-americanos têm uma cerimônia na qual as crianças ganham uma grande quantidade de alimentos, bebidas e agasalhos; os demais membros da tribo gritam, "Tenho fome, tenho sede, tenho frio", e então as crianças são ensinadas a repartir seus presentes com quem deles necessita.

Como já vimos, porém, muitos discípulos não têm o sentido de abundância ou um forte senso interior do eu. Quando as condições de deficiência e mágoa ainda não estão curadas, temos dificuldade para saber o que significa doar de uma maneira genuína. Como a nossa experiência interior ainda é de carência, a doação geralmente é feita com uma sutil expectativa de obter algo em troca. Antes de nos recuperarmos, com freqüência os nossos esforços de nobre generosidade tornam-se um verniz que cobre uma dependência doentia.

Quando equivocados, os ideais de compaixão e generosidade reforçam a dependência e o apego baseados num senso limitado e temeroso do eu. Nessas situações, a compaixão e a generosidade são mal empregadas; e nos desgastamos ou nos perdemos num apoio inábil a outra pessoa. Os Alcoólicos Anônimos e outros grupos dos Doze Passos usam o termo *co-dependência* para descrever esse mau uso da generosidade, no qual nossa assistência inábil ajuda os outros a evitarem enfrentar a verdadeira dificuldade em suas vidas. O exemplo mais clássico é o da pessoa casada com um alcoólico: ela mente e dá cobertura às bebedeiras do parceiro para "protegê-lo". Esse tipo de "ajuda" apenas permite que o alcoólico continue a beber e a fugir do aprendizado das conseqüências dolorosas de suas ações. Essa "ajuda co-dependente" é sempre efetuada a partir do nosso próprio medo e dependência. Temos medo de enfrentar a dor do alcoolismo do nosso parceiro ou temos medo de que a verdade trazida à luz do dia venha a destruir o nosso relacionamento.

Como veremos mais adiante, assim como ocorre com o alcoolismo, a co-dependência pode levar os discípulos de uma comunidade espiritual a dar cobertura ao comportamento doentio de seus próprios mestres, a fim de resguardar o mito de que estão seguros e são parte de alguma coisa, e evitar o conflito que surgiria se esse comportamento fosse trazido à luz do dia.

Em muitos relacionamentos, talvez nossos medos e nossa dependência nos façam ter receio de dizer a verdade. Podemos ser incapazes de estabelecer limites, recear dizer "não". Ou a generosidade, de início saudável, pode degenerar em compulsão. Por exemplo, a mulher que dedica longas horas de seu tempo, anos a fio, a apoiar organizações voluntárias, religiosas ou beneficentes (um trabalho que parece não ter fim); mas, durante todos esses anos, ela negligencia o seu próprio corpo, sua saúde, seu desenvolvimento e sua auto-estima. Também existem homens que têm problemas para dizer "não", independentemente do que lhes é pedido. Depois de muitos anos, eles descobrem que estão cheios de ressentimento e não conseguem compreender como isso aconteceu.

A pergunta que precisamos enfrentar na nossa prática é: como podemos saber quando nossas ações são compassivas e quando são co-dependentes? Uma resposta talvez esteja na história que Buda conta sobre uma família de acrobatas. O avô e a neta viajavam e ganhavam a vida atuando em números de equilibrismo. Procuraram Buda para debater qual o melhor meio de se protegerem e cuidarem um do outro. O avô propunha que cada um cuidasse do outro, ou seja, ele cuidaria da neta durante os números acrobáticos e ela cuidaria dele; estariam, assim, protegendo um ao outro. A neta perguntou a Buda se não seria exatamente o contrário: "Não seria melhor se cada um cuidasse de si, protegendo assim o outro e fazendo nosso número de acrobacia ficar cada vez melhor?" Depois de ouvir a menina, Buda respondeu: "Embora jovem, ela é sábia. Se o senhor, como avô, se resguardar com cuidado e prestar atenção ao que está fazendo, também estará protegendo a segurança da sua neta. E se você, como criança, se resguardar com plena consciência, com cuidado, com respeito, protegerá a si mesma e as pessoas à sua volta".

A co-dependência e a compaixão doentia surgem quando esquecemos o *nosso* papel nos números de equilibrismo dos relacionamentos humanos ou quando não fazemos caso das reais conseqüências das ações dos outros à nossa volta. As raízes da co-dependência foram descritas no capítulo anterior, quando falamos de feridas internas, baixa auto-estima e demérito. A co-dependência também surge quando desprezamos nossas próprias intuições e emoções (por causa da baixa auto-estima) ou tememos a desaprovação dos outros.

Muitas pessoas estão tão fora de contato consigo mesmas que facilmente perdem o senso do que seja uma ação hábil em dada situação. Podemos estar tão absortos em cuidar dos outros, em agradá-los, tranqüilizá-los ou em evitar conflito com eles, que não enfrentamos claramente as nossas próprias necessidades, a nossa própria situação. Uma boa anedota sobre esse fenômeno é a conversa entre o casal de pesquisadores científicos treinados na "observação objetiva" (que exige que o observador se coloque fora da experiência observada): o casal faz amor e depois um se vira para o outro e diz: "Para você foi bom. E para mim?"

A perda do contato com nós mesmos e a falta de amor-próprio também são fontes de dependências viciosas na nossa prática. São comuns as histórias de dependência doentia na vida espiritual. Às vezes, os discípulos associam a prática espiritual a vícios químicos, tais como o sacerdote alcoólico ou o discípulo de meditação que alterna suas meditações com drogas para "permanecer elevado", usando linguagem espiritual para justificar seu estilo de vida doentio. Outras vezes, a própria espiritualidade funciona como um vício.

Já vimos como certos meditadores utilizam a prática de "elevar-se" para evitar lidar com a vida. Uma mulher que trabalhava como enfermeira casou-se com um homem cuja vida inteira tivera como centro sua prática espiritual. Seu desejo era "tornar-se iluminado" e depois ensinar aos outros. A mulher cuidava dos pacientes, trabalhava o dia todo e depois ia para casa tomar conta do marido. Este freqüentava sucessivos retiros e, no período entre um e outro, lia livros espiritualistas, tomava drogas e mantinha conversas espirituais com os amigos, enquanto a esposa continuava a trabalhar para sustentá-lo. Ela sonhava em ter filhos e sua própria casa, mas se sentia culpada por querer coisas que poderiam afastar o marido de sua prática.

Durante muito tempo, ela o apoiou e defendeu, pensando que isso era espiritualmente correto. No entanto, inconscientemente, estava ressentida, porém tinha medo de desabafar. Não sabia como dizer "não". Mas, enfim, um dia essa mulher me procurou. Quando lhe sugeri que falasse honestamente sobre o assunto, seus sentimentos de dor jorraram. Ela acabou por expulsar o marido de casa. Ele freqüentou alguns retiros, desconsolado; mas, finalmente, voltou para casa, arrumou emprego e começou a incluir a esposa, o lar e a possibilidade de ter filhos como parte de sua vida espiritual.

Como mostrou o diálogo de Buda com os acrobatas, quando deixamos a nós mesmos fora da esfera da compaixão, o resultado é uma falsa segurança ou uma compaixão insensata. Toda generosidade doentia ou excessivamente idealista nasce desse erro, quando o respeito profundo por nós mesmos é deixado de lado. Quando nossa autovalorização ainda é baixa, não conseguimos estabelecer limites, criar fronteiras nem respeitar nossas próprias necessidades. Nossa ajuda, aparentemente compassiva, confunde-se com dependência, medo e insegurança. O amor amadurecido e a compaixão saudável não são dependentes, mas interdependentes, nascidos de um profundo respeito por nós mesmos e pelos outros. Podemos dizer "sim" e podemos dizer "não". Como os pais que criam seu filho com sabedoria, sabemos quando estabelecer limites, quando dizer "não". Os pais amam e servem a criança, mas também respeitam aquilo que a criança precisa aprender por si mesma. Às vezes, um firme "não" ou "não posso" ou "não permito isso, está além do meu limite" é a coisa mais espiritual que podemos dizer.

Estabelecer fronteiras e limites, passar de um amor dependente e confuso para um amor baseado no respeito mútuo, aprender a dar e ao mesmo tempo respeitar as próprias necessidades, tudo isso acarreta um apreciável crescimento da auto-estima e da percepção consciente de si mesmo, equiparável ao desenvolvimento saudável do eu. Alguns discípulos precisam parar de doar por algum tempo, enquanto praticam a arte de estabelecer fronteiras. Outros, que se sentiam demasiado exauridos para doar, podem começar com pequenos atos de generosidade em qualquer nível que lhes seja natural. Uma tentativa de presentear, vinda de alguém não acostumado a doar, pode ser, a seu próprio modo, algo grandioso. Podemos aprender a cultivar uma generosidade sábia que seja sensível às nossas próprias necessidades e às dos outros.

Em suas instruções sobre a atenção plena, Buda recomendou-nos dar uma atenção cuidadosa aos estados do coração que impelem as nossas ações. É demasiado idealista esperar que iremos sempre querer fazer apenas o bem; precisamos ouvir para saber quando o coração está apegado, saber quando o coração tem medo, saber quando o coração é dependente. Ao ouvir profundamente, podemos começar a escolher entre dependência e amor. Do mesmo modo, podemos distinguir quando o coração está aberto, quando estamos livres do apego, quando o respeito e o cuidado mútuos estão presentes. Baseado nisso, nossos atos podem ser sábios e compassivos.

A compreensão da nossa história inicial pode nos ajudar a distinguir entre sabedoria e dependência. Podemos refletir sobre como nossas necessidades foram atendidas na nossa família, como foram estabelecidos os limites, como a insegurança era tratada. Até que nos conscientizemos dos padrões da nossa família, iremos repeti-los na nossa vida espiritual. As reuniões dos Doze Passos oferecem aos participantes a oportunidade de ouvir a história pessoal dos outros membros. Essa honesta narração da história da nossa família pode ser um processo eficaz para distinguir saúde e dependência, respeito e medo, e encontrar uma compaixão sábia e verdadeira.

Reconhecer os padrões da nossa família pode ser também uma parte da meditação. Numa entrevista de grupo, durante um retiro de meditação, um discípulo não conseguia evitar a preocupação obsessiva pelos seus relacionamentos. Jim dirigia uma cooperativa de alimentos durante o dia e trabalhava em um projeto de prevenção à AIDS à noite. Ele residia nas montanhas de Santa Cruz com outro homem, seu amigo. No retiro, estava sempre pensando nos clientes e fregueses, e com muita preocupação pensava também em como o amante estaria passando sem ele. Imaginava se não seria egoísmo sair para meditar por dez dias. Perguntei-lhe sobre sua família. O pai abandonara a mãe e três crianças depois que Jim nasceu e não fora visto nunca mais. A mãe bebia um pouco e trabalhava o tempo todo para manter unida a família. Aos cinco anos de idade, Jim começou a tentar ajudar a mãe nessa tarefa e a manter o seu bom humor. Toda a sua vida foi passada em vigília, corroído pelo dever e pela culpa. Na verdade, Jim estava ficando muito cansado dessa tarefa.

Enquanto contava sua história, ele chorou, chorou por si mesmo e pelo modo como havia regulado sua vida pelos outros. Alguns membros do grupo também choraram. Perguntei-lhe quantos anos sentia ter. "Cinco", respondeu-me. Perguntei-lhe se conseguia segurar no colo essa criança dentro dele e ouvir suas queixas: ele poderia encontrar compaixão por si mesmo e também pelos outros. Ele assim fez e, com o passar do tempo, desenvolvendo gradualmente uma atitude de cuidado em relação à sua própria vida, à sua meditação, ao seu relacionamento e ao seu trabalho, tudo melhorou.

A compaixão por si mesmo, com muita freqüência, é negligenciada na prática espiritual. Em meus primeiros anos dirigindo retiros, eu às vezes me sentia prostrado. Depois de três ou quatro retiros seguidos, com centenas de entrevistas individuais, eu ia ficando extenuado e me irritava com discípulos e colegas. O pior eram certos dias em que eu me sentia arrasado e não queria ouvir os problemas de mais nenhum discípulo. Durante esse período, tive a oportunidade de buscar conselho e instrução sobre minha prática com Sua Santidade Dujom Rinpoche. Falei-lhe dessa dificuldade. Já que ele era um renomado mestre tântrico, eu esperava que me oferecesse uma visualização e um mantra especiais com os quais eu pudesse me cercar de luz, recitar frases sagradas e não ser tocado pela preocupação de ter de lidar com tantos discípulos e com seus problemas. Ele me pediu detalhes sobre a minha maneira de praticar e ensinar, e então disse: "Está bem, posso dar-lhe uma ajuda". Esperei pelo seu elevado ensinamento tântrico, mas ele me disse: "Recomendo que organize retiros mais curtos e tire férias mais longas". Esse, acho, é o mais elevado ensinamento.

O espaço para a compaixão é estabelecido primeiramente com a prática da sensibilidade em relação a nós mesmos. A verdadeira compaixão surge de um saudável senso do eu e da consciência de quem somos, com pleno respeito pelas nossas capacidades, medos, sentimentos e integridade, bem como pelos dos outros. Essa compaixão nunca é baseada no medo ou na piedade; é uma profunda resposta do coração, baseada na dignidade, na integridade e no bem-estar de todas as criaturas. É uma resposta espontânea ao sofrimento e à dor que encontramos. É nosso sentimento de ressonância mútua e de conexão natural diante da experiência universal da perda e da dor. À medida que o nosso coração se abre e é curado, ele busca naturalmente a cura de tudo aquilo que toca. A compaixão por nós mesmos faz surgir a possibilidade de transformar ressentimento em perdão, ódio em amizade, medo em respeito por todos os seres. Permite-nos irradiar calor, sensibilidade e receptividade, de maneira verdadeira e genuína, aos sofrimentos ao nosso redor.

A compaixão, às vezes, pode fazer surgir a ação; outras vezes, não. Ela não tem a finalidade de resolver problemas. Ainda assim, da compaixão flui a ação, sempre que a ação precisa ser levada a cabo. A verdadeira compaixão surge da percepção de que o coração tem a corajosa capacidade de envolver todas as coisas, de tocar as coisas, de se relacionar com todas as coisas. Chögyam Trungpa deu-lhe o nome de o terno coração da tristeza do guerreiro espiritual. Disse ele:

Quando despertas teu coração, descobres com surpresa que teu coração está vazio. Descobres que estás olhando para o espaço exterior. O que és, quem és, onde está o teu coração? Se olhares realmente, nada encontrarás de palpável ou de sólido... Se buscas pelo coração desperto, se pões tua mão sobre tuas costelas e tateias, nada existe ali; só ternura. Tu te sentes sensível e delicado e, se abres teus olhos para o resto do mundo, sentes imensa tristeza. Essa tristeza não vem pelo fato de seres maltratado. Não te sentes triste porque alguém te insultou ou porque te achas empobrecido. Pelo contrário, essa experiência da tristeza é incondicional. Ela acontece porque o teu coração está completamente aberto, exposto. Um autêntico coração em carne viva. Mesmo que um mosquito pouse nele, sentirás o seu toque... Esse é o coração terno de um guerreiro que tem o poder de curar o mundo.

É extraordinário o poder do coração compassivo, com genuína compaixão, para transformar a dor que encontramos.

Li numa revista, há pouco tempo, sobre um casal que não conseguia ter filhos. Decidiram-se pela adoção e procuraram uma criança nascida em um país pobre, pensando que esse seria um serviço mais significativo. Acabaram adotando um lindo garotinho indiano, com dois meses de idade. Já no primeiro ano, ficou evidente que a criança tinha graves problemas de saúde. Os pais adotivos descobriram, primeiro, que o menino sofria de surdez total e irreversível. Depois, constataram que tinha paralisia cerebral; esta, embora não afetasse sua inteligência, poderia impedir o desenvolvimento do seu corpo. Ensinaram ao menino a linguagem dos sinais e, assim, conseguiam comunicar-se com ele. Quando o menino chegou à idade de andar, deram-lhe uma pequena cadeira de rodas para que pudesse se locomover pela casa. E depois criaram uma rede de apoio, junto com outros casais que haviam adotado crianças com deficiências físicas. E, temendo que o menino ficasse isolado, o casal fez a coisa mais surpreendente: escreveu para a Índia, pedindo para adotar outra criança surda. Ao lado da história, a revista trazia uma foto das duas crianças abraçadas, radiantes, os rostinhos iluminados por um largo sorriso. Imagine uma coisa dessas acontecendo com você. Imagine que você adota uma criança e descobre que ela é surda e deficiente. E então imagine a resposta que vem de dentro de você, sem autopiedade nem medo: "Eu tenho uma criança assim. Poderiam, por favor, enviar-me outra semelhante?"

A coragem da compaixão leva-nos diretamente ao conflito e ao sofrimento da vida. A compaixão corajosa reconhece o sofrimento inevitável da vida e a necessidade de enfrentarmos o sofrimento para podermos aprender. Às vezes, somente o fogo do sofrimento e as conseqüências das nossas ações podem levar-nos a uma compreensão profunda, à generosidade por todos os seres e à libertação.

Quando apresentei meu pedido formal de ingresso no mosteiro de Achaan Chah, ele disse que eu seria bem-vindo desde que não tivesse medo de sofrer! O papel de um grande mestre é ajudar os discípulos a aprender diante do sofrimento. O poder dessa corajosa compaixão pode ser tão firme quanto gentil. Quando assistimos, na televisão, a um programa sobre a natureza podemos ver isso muito bem representado. Há uma época em que a mãe leoa e a mãe loba farão qualquer sacrifício por seus filhotes, tudo farão para protegê-los. Mas, na estação seguinte, a mãe não quer mais saber deles; ela se afasta, abandonando-os à própria sorte ou expulsando-os da toca. Há uma época em que a mãe pássaro joga seus filhotes para fora do ninho. Mesmo que o filhote grite: "Mas eu não sei voar", a mãe é mais sábia: "Está bem, mas você vai aprender. E hoje é o dia".

Algumas vezes, a compaixão para com nós mesmos e para com os outros exige que estabeleçamos limites e fronteiras, e aprendamos a dizer "não" sem, no entanto, expulsar os outros do nosso coração. Uma amiga minha estudava na Índia e, certa noite, em um riquixá, percorria as ruas escuras de Calcutá a caminho da estação ferroviária. Já por vários meses ela vinha praticando a Insight Meditation e as práticas complementares da bondade e da compaixão. Naquela noite, ela se dirigia a um retiro de meditação em companhia de outra moça. De repente, um homem saltou em seu riquixá e tentou arrancá-la à força. Ela e a amiga conseguiram se desvencilhar do assaltante e, tremendo dos pés à cabeça, chegaram à estação. Quando minha amiga contou o incidente para seu instrutor, ele expressou sua preocupação e disse: "Ah, minha querida, com toda a bondade e compaixão do teu coração, poderias ter pego o teu guarda-chuva e dado uma pancada na cabeça desse homem".

No paradoxo da vida, nossa compaixão às vezes exige que digamos "sim" e às vezes exige que digamos "não". Talvez chegue a parecer que se trata de extremos opostos; na verdade, não são opostos. Cada um de nós pode expressar respeito por todos os seres, inclusive por nós mesmos. Em um encontro internacional budista, uma das diretoras passou adiante um belíssimo presente de aniversário que ganhara, tentando mostrar grande generosidade. Mas isso a deixou triste e irritadiça. Foi quando um lama tibetano percebeu seu mau humor, chamou-a de lado e perguntou o que estava acontecendo. Vendo que ela se desfizera do belo presente só para agradar a uma amiga e que estava arrependida, pois nem tivera tempo de desfrutá-lo, o lama aconselhou: "Pegue seu presente de volta, agora mesmo, e não volte a se desfazer dele até você estar preparada para isso". Os dois riram e o riso trouxe alívio. Ela recuperou o presente e tudo melhorou.

Não existe fórmula pronta para a prática da compaixão. Como todas as grandes artes espirituais, a prática da compaixão exige que escutemos, que fiquemos atentos, que entendamos a nossa motivação e, então, nos perguntemos qual ação pode ser realmente útil. A compaixão exibe a flexibilidade de um bambu que se dobra às circunstâncias mutáveis, estabelecendo limites quando necessário e, ao mesmo tempo, sendo flexível.

A compaixão permite que a vida passe através do nosso coração, junto com seus grandes paradoxos: amor, alegria e dor. Quando a compaixão cresce em nós, fazemos o possível para parar a guerra, curar o meio ambiente, cuidar dos pobres, cuidar das pessoas com AIDS e salvar as florestas tropicais. No entanto, a verdadeira compaixão também ama a nós mesmos, respeita as nossas necessidades, honra nossos limites e nossas verdadeiras capacidades.

Até mesmo Buda precisou enfrentar esses limites. Um de seus títulos era "o mestre daqueles que podem ser ensinados". Em geral, ele proporcionava grandes benefícios para as pessoas à sua volta, mas isso nem sempre acontecia. Certa vez, depois que a ordem monástica estava estabelecida e muitos preceitos de conduta para monges e monjas já estavam definidos, irromperam disputas e fortes desacordos em um dos mosteiros da floresta. Alguns monges acusavam a outros de terem desobedecido a um certo preceito; os acusados negavam e, por sua vez, alegavam que seus acusadores, ao fazer falsas acusações, estavam desobedecendo aos preceitos.

Buda foi até o mosteiro falar com os monges e lhes recomendou que se desculpassem uns com os outros, mas eles ignoraram o conselho. Buda tentou muitos modos de ser ouvido até, finalmente, perceber que nada mais podia fazer e então deixou-os para que sofressem as conseqüências de seus próprios atos. Afastou-se dos monges indisciplinados e passou a estação das chuvas num tranqüilo retiro no coração da floresta, rodeado pelos animais. Buda fez o que pôde e nada mais.

Quando a compaixão genuína e a sabedoria se juntam, respeitamos, amamos, louvamos e incluímos a nós mesmos e aos outros. Em vez de apegar-nos ao ideal de que sempre seremos capazes de doar compassivamente a todos os seres "exceto eu", encontramos compaixão por todos os seres, inclusive por nós mesmos. A separação entre o eu e os outros se desvanece. E então, como o sol nascente, a força da generosidade e da compaixão irá crescer na nossa prática e descobriremos que ela é a nossa verdadeira natureza. Vemos, às vezes, a foto de um homem levantando um carro com as mãos para livrar seu filho do peso da roda; do mesmo modo, iremos descobrir que em certos momentos o poder do nosso amor será ainda muito mais forte do que as realidades físicas que enfrentamos. Ao brotar, essa compaixão circula através de nós como uma graça, trazendo consigo a ternura e a coragem que, de outra forma, nunca nos alcançariam.

Uma mãe solteira, por quem sinto a maior admiração, contou-me seus esforços para criar sozinha os quatro filhos, com pouco dinheiro e sem nenhum tempo livre. Ela parecia fazer tudo o que lhe era possível. E foi assim que, de um modo totalmente inconsciente, a energia da Grande Mãe Compassiva tomou conta dela quando um acidente deixou paralítica sua filha caçula, de catorze anos. A menina não conseguia falar nem mover-se. No hospital, os médicos disseram à mãe que a filha não tinha muitas chances de um dia recuperar a fala ou os movimentos. No entanto, a mãe sabia que podia salvá-la; sabia, daquela maneira que só uma mãe consegue saber e sentir, no fundo do seu ser, que a filha poderia recuperar-se. A mãe mudou-se para o quarto de hospital e começou a trabalhar com a filha. Passou um ano no hospital e depois dois anos em casa, dia após dia levantando e baixando a mão da menina, levantando e baixando sua mão inerte, movendo um objeto diante de seus olhos, de um lado para outro, dia após dia, até que, aos poucos, as mãos e os olhos da menina começaram a se mover outra vez. Três anos depois, a garota já estava em condições de voltar à escola. Hoje, mulher adulta, já se formou em Direito e está para se casar. Essa dedicação generosa não pode ser forçada; ela flui através de nós quando estamos profundamente conectados e profundamente vazios. E então o nosso coração se move por si mesmo, como se dançasse com a música divina.

MEDITAÇÃO: SOBRE COMO TRANSFORMAR O SOFRIMENTO EM COMPAIXÃO

O coração humano tem a extraordinária capacidade de assumir os sofrimentos da vida e transformá-los em um grande fluxo de compaixão. O dom de personagens como Buda, Jesus, a Virgem Maria e Kuan Yin, a Santa da Misericórdia, é proclamar o poder desse coração terno e misericordioso em face de todos os sofrimentos do mundo. Quando seu coração está receptivo e exposto, dentro de você se inicia o despertar desse fluxo de compaixão. A compaixão surge quando você permite que seu coração seja tocado pela dor e dificuldade de outra pessoa.

O cultivo dessa qualidade pode ser realizado através da meditação tradicional para a prática da compaixão e para a transformação do sofrimento no fogo do coração.

Sente-se tranqüilamente, concentrado e quieto. Respire com suavidade e sinta o seu corpo, as batidas do seu coração, a energia vital dentro de você. Sinta o modo como entesoura a sua própria vida e se resguarda do sofrimento. Depois, traga à mente uma pessoa próxima, a quem você ama com ternura. Imagine essa pessoa, imagine a si mesmo cuidando dela. Observe como você a toma no seu coração. Conscientize-se do sofrimento dela e daquilo que ela considera sofrimento nesta vida. Sinta como o seu coração se abre naturalmente, movendo-se em direção a ela para desejar-lhe o bem, dar-lhe conforto, compartilhar sua dor e responder-lhe com compaixão.

Essa é a resposta natural do coração. Ao lado dessa resposta, comece ativamente a desejar o bem a essa pessoa querida, envolvendo-a no seu coração compassivo e recitando frases tradicionais: *Espero que você esteja livre da dor e do sofrimento; quero que você esteja em paz.* Continue a recitar essas preces durante alguns minutos.

Ao aprender a sentir um cuidado profundo por essa pessoa próxima e amada, você poderá estender sua compaixão aos outros conhecidos, um a um. Aos poucos, poderá ampliar sua compaixão, incluindo seus vizinhos, depois aqueles que vivem mais distantes e, finalmente, abraçando a irmandade de todos os seres. Abra-se para sentir como a beleza de cada ser lhe traz alegria; como o sofrimento de um ser faz você chorar. Sinta a sua sincera conexão com a totalidade da vida e suas criaturas; sinta que você se comove diante de seus sofrimentos e os envolve com compaixão.

Agora deixe seu coração transformar os sofrimentos do mundo. Sinta sua respiração na área do coração, como se você inspirasse e expirasse suavemente com o coração. Sinta a bondade de seu coração e imagine que, a cada respiração, você pode inspirar dor e expirar compaixão. Comece a inspirar o sofrimento de todos os seres vivos. A cada inspiração, deixe que seus sofrimentos toquem o seu coração e transforme-os em compaixão. A cada expiração, deseje o bem a todos os seres e envolva-os em seu coração cuidadoso e misericordioso.

Ao respirar, visualize seu coração como um fogo purificador que pode receber as dores do mundo e transformá-las na luz e no calor da compaixão. *Esta é uma poderosa meditação que exige certa prática. Seja carinhoso consigo mesmo.* Deixe o fogo de seu coração arder suavemente em seu peito. Inspire o sofrimento dos famintos. Inspire o sofrimento das vítimas da guerra. Inspire o sofrimento da ignorância. E, a cada expiração, imagine todos os seres vivos, do mundo inteiro, e expire o bálsamo curador da compaixão. Com cada suave inspiração, permita, repetidamente, que os sofrimentos de todas as formas de vida toquem o seu coração. Com cada expiração, estenda, repetidamente, a misericórdia e a cura da compaixão. Como a Mãe do mundo, traga o mundo para dentro do seu coração, convidando todos os seres a tocá-lo em cada inspiração e envolvendo compassivamente todos os seres em cada expiração.

Depois de algum tempo, sente-se quieto e deixe sua respiração e seu coração repousarem naturalmente, como um centro de compaixão em meio ao mundo.

16

VOCÊ NÃO CONSEGUE FAZER SOZINHO: PROCURE UM MESTRE E TRABALHE COM ELE

> *Certos mestres são tratantes e coiotes que enganam e trapaceiam seus discípulos; outros, severos capatazes, tentam reduzir gradualmente o ego e o orgulho. Alguns mestres ensinam através do respeito e do encorajamento, estimulando o que de melhor existe no discípulo; outros dissertam como professores. Há mestres que nos fazem desabrochar com seu amor e compaixão. O maior e mais simples poder de um mestre é o ambiente de liberdade e alegria que o circunda.*

Como vimos, há épocas em que é importante para o crescimento da vida espiritual desenvolvermos um relacionamento com um mestre ou guia espiritual. Quer você esteja trabalhando com um mestre ou pensando em fazê-lo, vale a pena refletir cuidadosamente sobre esse relacionamento-chave. Embora os norte-americanos estejam bem conscientes da necessidade de serem auto-suficientes, o espírito do pioneiro e do *cowboy* não é necessariamente um modo hábil de abordar a vida espiritual. Já descrevemos o profundo processo de cura que ocorre na meditação: os obstáculos inevitáveis, a habilidade necessária para trabalhar com os estados obsessivos, as poderosas aberturas físicas dos chakras e dos sistemas energéticos, os domínios da "noite escura da alma", a experiência de morte-renascimento e os muitos ciclos da vida espiritual. Como encontrar, por nós mesmos, o nosso caminho nesses domínios? Mesmo quando temos um despertar espontâneo na nossa vida, naqueles momentos de grande transformação ou experiências de quase-morte, verificamos que essas experiências e visões de dor e êxtase quase sempre se dissipam por falta do apoio de um mestre e de uma prática sistemática.

Não é suficiente ter um mapa ou indicações de livros e textos espirituais. Não sabemos para onde a nossa vida espiritual irá nos conduzir, mas ela sempre exigirá que entremos no difícil e no desconhecido. É quase inevitável que as pessoas que tentam praticar sozinhas sejam mais confusas ou carentes de profundidade espiritual do que aquelas que praticaram sob a orientação de um mestre hábil.

Um princípio básico da vida espiritual é que aprendemos as coisas mais profundas em território desconhecido. Em geral, é quando nos sentimos mais confusos interiormente e quando estamos em meio às maiores dificuldades que algo novo se revelará. Despertamos mais facilmente para o mistério da vida através do nosso lado mais fraco. Nossas áreas de maior força, nas quais somos competentes e brilhantes, tendem a nos afastar do mistério. Penetrar nesse território além do nosso próprio eu, entrar nesses domínios sem um guia, pode ser comparado ao esforço do homem que tenta pôr-se de pé puxando os cordões dos próprios sapatos.

Rumi nos oferece, numa pequena fábula, um alerta contra essa postura:

Um homem pegou um pássaro no alçapão.

O pássaro disse, "Meu senhor, você comeu muitas vacas e carneiros em sua vida e ainda está faminto. A pequenina porção de carne sobre meus ossos tampouco o satisfará.

Se me deixar ir, eu lhe darei três lições de sabedoria.

A primeira, eu lhe direi pousado na palma da sua mão. A segunda, no teto da sua casa. E a terceira, do ramo daquela árvore".

O homem ficou interessado. Soltou o pássaro e deixou-o pousar na palma da sua mão.

"A primeira lição é: Não acredite em disparates; pouco importa quem os diga."

O pássaro voou até o telhado.

"A segunda lição é: Não lamente o que passou; está acabado. Nunca se arrependa do que aconteceu."

"A propósito", continuou o pássaro, "no meu corpo há uma imensa pérola que pesa tanto quanto dez moedas de cobre.

Ela deveria ser uma herança para você e seus filhos, mas agora você a perdeu. Você poderia ter possuído a maior pérola que existe no mundo, mas, é claro, não era assim que estava escrito."

O homem começou a se lastimar, como uma mulher em trabalho de parto, e o pássaro disse, "Afinal, não acabei de ensinar 'não lamente o que passou' e também 'não acredite em disparates'?

Ora, meu corpo todo não pesa tanto quanto dez moedas de cobre.

Como poderia eu ter uma pérola tão pesada dentro de mim?"

O homem recuperou a razão. "Está certo, pássaro. Ensine-me a terceira lição."

"Sim, você fez tão bom uso das duas primeiras! A terceira é: "Não dê conselhos a quem está cambaleante e caindo de sono, nem lance sementes na areia".

A intenção de Rumi é fazer-nos perceber como é fácil sermos logrados.

Mesmo quando recebemos um bom conselho, é fácil ignorá-lo ou dar-lhe uma interpretação equivocada. Muitas são as áreas nas quais estamos estagnados, as camadas difíceis de medo e apego, e os pontos de auto-ilusão e demérito que vamos encontrar. Eles surgem na prática de qualquer pessoa; e, quanto mais cultos e competentes acreditamos ser, mais vagarosa será a nossa subida e mais arriscada a queda.

Ray Bradbury gracejou, dizendo: "A primeira coisa que você aprende na vida é que é um tolo. A última coisa que você aprende é que é o mesmo tolo. Às vezes, penso que entendo tudo. E então recobro a consciência".

Certa vez, em Boston, o diretor de um novo hospital psiquiátrico, médico com bastante desenvoltura espiritual, solicitou-me que conduzisse um retiro para toda a sua equipe. No quarto dia de meditação intensiva sentado e andando, ele me pediu uma entrevista. Estava bastante alarmado, pois sentia fortes dores no coração que se irradiavam pelos ombros. Embora a dor fosse intensa, sua maior dificuldade era lidar com o medo. Todos aqueles sintomas o faziam acreditar que estava tendo um ataque cardíaco. A única pergunta que ele me fez era se devia chamar uma ambulância ou se alguém poderia levá-lo ao hospital. Fiz-lhe algumas perguntas precisas sobre as sensações no seu corpo, suas experiências com a energia e seu estado mental. Depois de ouvi-lo com atenção, disse-lhe que, na verdade, aqueles eram os sinais de uma abertura do chakra do coração, a qual freqüentemente não só é uma libertação física e muscular da couraça em torno do coração como também uma abertura emocional e espiritual. Eu já a havia sentido em mim mesmo e visto em outras pessoas, várias vezes antes. E então disse ao médico: "Além disso, você fundou um hospital psiquiátrico novo e com orientação espiritual, não foi? Talvez seja hora de encarar realmente a sua própria morte, mesmo se isso que você sente for um ataque cardíaco". (Eu tinha a certeza de que não era.) "Afinal, você não veio para este retiro a fim de aprender sobre a morte e o ato de morrer? Existe lugar melhor para morrer do que em um retiro de meditação?" Então, mandei-o de volta à meditação. Sem uma orientação adequada, esse médico teria ficado confuso com a experiência e talvez tivesse ido para o hospital. (Atenção: se você sentir fortes dores desse tipo e não estiver praticando com um mestre, *vá logo* para um hospital!)

Já que o processo espiritual não é fortuito, os guias e mestres podem basear-se nas antigas tradições para compreender e auxiliar nossa jornada sempre que estivermos perdidos. Contudo, mesmo quando reconhecemos a necessidade de um mestre, podemos ficar confusos sobre o que procurar. Nossa cultura nos oferece poucos exemplos — ou nenhum — quanto à maneira de procurar ou de trabalhar com mestres, gurus ou guias espirituais. O antigo e maravilhoso espírito do discipulado perdeu-se; e grande parte da nossa educação está envolta num imenso cenário impessoal ou, cada vez mais, é transmitida através de vídeos e computadores. Ainda assim, todos nós ouvimos histórias sobre gurus e mestres zen e, quando começamos a imaginar um relacionamento com esse tipo de pessoa, é muito freqüente que exageremos ou distorçamos a realidade do aprendizado com um mestre. Alguns discípulos têm uma idéia excessivamente exagerada do mestre espiritual. Eles imaginam encontrar um mestre que seja um deus onisciente e onipotente, e muitas comunidades espirituais promovem esse conceito exagerado. Seus discípulos falam como se tudo fosse obra

213

do mestre, dizendo coisas como, "Meu mestre me ajudou a arrumar este emprego", "Meu mestre fez este acidente acontecer para me ensinar uma lição", "Meu mestre, através de seus poderes mágicos, criou a situação que estou vivendo", "O mestre está fazendo isso", "O mestre cuida de tudo e é responsável por tudo" ou "O mestre me iluminará quando chegar a hora".

O oposto dessa visão exagerada a respeito de um mestre vem dos discípulos extremamente cautelosos, que têm dificuldade para respeitar e exaltar outra pessoa e não aceitam que alguém possa realmente saber mais do que eles. Acham difícil admitir que alguém os ensine. Depois de ouvir histórias sobre falsos gurus ou mestres mal-intencionados, essas pessoas sentem que não há necessidade de um mestre nem existe um verdadeiro caminho no qual confiar. É muito freqüente essa atitude ter origem em problemas não-resolvidos relacionados com os superiores e demonstra a incapacidade dessas pessoas para estar à vontade em diferentes papéis, seja a incapacidade de ser um discípulo e aprender, seja a de ser um instrutor e sentir-se bem como instrutor. Mesmo sem problemas desse tipo, podemos simplesmente nos sentir constrangidos ou apreensivos por não saber o que fazer com um mestre ou como deveríamos reagir. A longo prazo, é bastante provável que as dificuldades que experimentamos nos nossos outros relacionamentos venham também a surgir na nossa relação com o mestre, desde problemas relacionados com confiança (confiar com demasiada facilidade ou ser incapaz de confiar) até problemas relacionados com as fronteiras, o medo, a dúvida e a carência.

Por trás da maioria das dificuldades que os discípulos têm com os mestres está o profundo anseio, presente em todos nós, de sermos amados e aceitos de modo integral e total. Poucos de nós foram amados assim e, no entanto, temos medo de vir a ser amados dessa maneira. A dor das nossas perdas anteriores e do abandono está ainda conosco, deixando-nos confusos e receosos. Esse medo nos leva a subestimar o valor dos mestres em proteger-nos da força dos nossos próprios anseios ou, pelo contrário, a exagerar e a idealizar, buscando somente o mais perfeito dos mestres, alguém que nunca iria nos ferir ou desapontar. No entanto, aquilo de que realmente precisamos é aprender a amar e a ser amados. É esse amor a base para o relacionamento entre mestres e discípulos e é apenas dentro dele que os outros ensinamentos poderão ser transmitidos.

Os melhores mestres conhecem essa verdade e podem ensinar-nos a amar e a confiar em nós mesmos; podem ensinar-nos a amar a verdade, a amar a vida. Podem ser um modelo para nós e trazer-nos um relacionamento genuíno e sem medo. O relacionamento com um hábil mestre espiritual, seja num breve encontro ou numa associação para a vida toda, pode tornar-se uma comunhão de espírito intensamente íntima e valorosa. A autenticidade de um mestre e de seus ensinamentos torna-se um receptáculo sagrado, um vaso contendo a verdade que nos leva a despertar o nosso coração.

O respeitado mestre zen Suzuki Roshi foi descrito por sua discípula Trudy Dixon da seguinte maneira: "Como ele é apenas ele mesmo, é um espelho para seus discípulos. Quando estamos com ele, sentimos nossas próprias forças e deficiências, sem nenhuma louvação ou crítica vindas da parte dele. Na presença dele, vemos a nossa face original. E a coisa extraordinária que vemos nada mais é que a nossa própria e verdadeira natureza".

Quando me perguntam como uma pessoa pode encontrar um mestre, a resposta mais honesta que posso oferecer é que esse é um processo misterioso. Com muita freqüência, simplesmente deparamos com um mestre ou ouvimos alguém falar sobre ele, ou então somos atraídos a ele de alguma maneira espontânea ou inesperada. Muitas vezes, vemos uma foto, lemos um livro ou ouvimos um amigo falar sobre um mestre que nos inspira, que apresenta uma possibilidade de grandeza, que toca o nosso coração ou desperta em nós algum anseio ou visão; esse tipo de inspiração pode nos atrair fortemente, ou de modo misterioso ou até mesmo de modo relutante para a órbita de um mestre ou de uma comunidade espiritual. Uma pessoa pode visitar vários centros espirituais, experimentar os ensinamentos de seus mestres, freqüentar palestras ou cerimônias, e, a partir disso tudo, sentir-se atraída para um determinado mestre. Atualmente, podemos encontrar até mesmo manuais para os diversos centros de prática budista, hinduísta, cristã ou judaica do Ocidente. Esses manuais ajudam-nos a fazer uma idéia de tudo aquilo que está disponível.

Existem várias histórias maravilhosas e singulares sobre o modo como companheiros de busca e amigos chegaram aos seus mestres. Um conhecido meu tinha a intenção de tomar LSD sob a árvore da iluminação (*bodhi*) de Buda no principal templo na Índia, mas no meio do caminho "esbarrou acidentalmente" em um mestre maravilhoso, jogou fora o LSD e praticou com esse mestre por dez anos. Um outro simplesmente olhou a letra "Z" na lista telefônica, achou a palavra *Zen*, ligou para lá e perguntou se podia falar com o mestre do centro zen local. Com uma senhora idosa que conheço, o que aconteceu foi que seu mestre aproximou-se dela numa conferência e disse: "Quero que você estude comigo". Um rapaz americano, que nada sabia sobre a vida espiritual, sonhou com um lama* tibetano enquanto estava hospitalizado e, dois anos mais tarde, viajando pelo Nepal, encontrou o lama que vira no sonho. O lama sorriu e lhe disse: "Eu estava à tua espera".

É bem ampla a gama de estilos dos mestres espirituais. Na tradição budista, essa variedade de estilos é exemplificada por dois pólos: o "guru" e o "amigo espiritual". A expressão *amigo espiritual* vem de um termo sânscrito que designa a orientação e o apoio amigáveis que recebemos de outra pessoa no nosso caminho espiritual. Alguns mestres preferem esse papel, livre da necessidade de devoção e entrega ou da tradicional hierarquia mestre-discípulo. Um grande mestre das florestas da Tailândia, Buddhadasa Bikkhu, não gosta que os discípulos se prostrem diante dele, mesmo que esse seja o costume quando se encontra um monge ou mestre. Ao contrário, ele prefere que os discípulos venham sentar-se a seu lado, tratando-o como "um amigo espiritual", e mantém com eles conversa e indagação afetuosas, encorajando-os a respeitarem a si mesmos e às suas próprias visões.

O estilo oposto do amigo espiritual é o *guru* tradicional. Existem lamas, mestres zen, budistas e hinduístas, e mestres das tradições hassídicas e sufistas que expressam seus ensinamentos através desse papel. O guru é um grande e sábio mestre que incorpora a prática espiritual, que nos guia através de ensinamentos específicos e a

---

* Ver Glossário, no final do livro.

quem nos entregamos para alcançar a nossa própria libertação. Com um guru, nossa tendência é ouvir e obedecer, mais do que perguntar e trocar idéias. Às vezes somos chamados a venerar um guru como uma divindade sob forma humana ou como um mestre completamente iluminado e plenamente desperto, que age sempre habilmente. Quando trabalhamos com um guru, passamos por um processo de entrega e de total despojamento dos nossos hábitos egocêntricos, o que serve como um veículo para desenvolvermos uma abertura e uma "ausência do eu" impregnadas com o espírito do guru.

Entre os pólos opostos do amigo espiritual e do guru, existe uma ampla gama de estilos. Cada mestre irá ensinar através de uma combinação da sua própria personalidade e do método que lhe trouxe o despertar. Num famoso diálogo, Buda mostrou a um visitante os grupos de mestres e discípulos em seu mosteiro na floresta. "Os discípulos que têm interesse em fazer perguntas estão ali, reunidos com o meu discípulo mais sábio, Sariputtra. Os que estão inspirados pela prática da disciplina monástica encontram-se acolá, com Upali, o primeiro mestre da vida do monge. Os que se sentem atraídos pelo desenvolvimento psíquico estão ali, com o grande médium Mogallana. E aqueles que se sentem naturalmente atraídos para a concentração e o *samadhi* estão acolá, com Mahakassapa."

No capítulo "A montanha-russa espiritual", falamos sobre as tradições e os mestres que enfatizam a necessidade de visões místicas, de êxtases ou de freqüentes estados alterados de consciência, bem como sobre aqueles que buscam trazer vivo o sagrado em meio às suas atividades diárias. Alguns ensinamentos focalizam suas práticas no corpo físico (como a hatha ioga, a kundalini ioga e as práticas sufi de respiração); outros enfatizam a ação, fazendo com que a compaixão e o sentimento do sagrado se tornem vivos através do serviço; outros, ainda, focalizam diretamente a abertura e transformação do coração e da mente através da meditação, da prece, das visões e da concentração. Alguns ensinamentos enfatizam os estados alterados, um profundo questionamento de "quem somos" e de qual é a natureza da consciência e da própria vida. Para outros ensinamentos, o que existe é o caminho da renúncia, o caminho da devoção e o abandono do nosso ínfimo modo egocêntrico de ser, renunciando a ele a cada momento, e afirmando diante de Deus ou do universo: "Não se faça a minha vontade, mas a Tua".

Muitas pessoas ficam surpresas ao perceber que essa ampla gama de estilos não se distribui de uma maneira clara e nítida entre as diversas tradições. Com efeito, dentro de cada grande tradição, iremos encontrar mestres que enfatizam cada um desses estilos tão contrastantes. Existem mestres zen protetores e piedosos; e existem mestres zen que exigem a mais severa disciplina e um processo de indagação que estilhaça o intelecto. Existem os puristas da hatha ioga estritamente física, assim como aqueles que ensinam a hatha ioga como um simples veículo para que o despertar sagrado dance com o nosso corpo.

Em cada tradição, certos mestres são tratantes e coiotes que enganam e trapaceiam seus discípulos; outros, severos capatazes, tentam reduzir gradualmente o ego e o orgulho. Alguns mestres ensinam através do respeito e do encorajamento, estimulando o que de melhor existe no discípulo; outros dissertam como professores. Há mestres que nos fazem desabrochar com seu amor e compaixão. O maior e mais simples poder de um mestre é a liberdade e alegria que o envolvem.

O instrutor espiritual deveria ser um modelo e um mestre da tradição que ele representa. Também seria útil se ele conhecesse uma gama bastante ampla de ensinamentos para poder adaptar-se à variedade de discípulos que o procuram. De outra maneira, a pessoa talvez enfrente a mesma dificuldade daquele discípulo que praticou sinceramente sob a orientação de um grande iogue kundalini na Índia, mas a prática o deixava cada vez mais tenso, agitado e disperso. Em desespero, ele perguntou a um famoso lama tibetano o que estava errado e, depois de uma longa conversa, o lama respondeu: "É simples. O mestre deu a você a prática errada". Bastante surpreso, o discípulo replicou: "Mas o meu mestre ensina apenas essa prática!"

Se já temos um mestre, pode ser interessante parar para pensar naquilo que nos atraiu para ele e no seu modo específico de prática. Quais as expectativas que trouxemos conosco? O que aconteceu com elas? O que aprendemos? O que nos decepcionou? Vale a pena continuar?

Se estamos buscando um novo mestre, devemos perguntar diretamente como ele ensina. Como ele vê o caminho da prática? Qual é o objetivo? Qual a forma tomada pela sua prática? Como ele orienta seus discípulos? Seremos capazes de passar algum tempo com esse mestre? Teremos sua ajuda real e direta? Que tipo de apoio ele oferece ao discípulo durante os trechos árduos da jornada espiritual? Qual é a opinião da comunidade que vive em torno dele? E, depois de fazer essas perguntas diretas, precisamos ver o que é solicitado de nós. O que se pede de nós parece saudável e apropriado? Quais compromissos são necessários? Que tipo de relacionamento é esperado? Quanto tempo iremos levar? Quanto custa?

Ao buscar um mestre, precisamos ouvir o nosso coração e olhar com honestidade para nós mesmos. O que estamos realmente buscando? Esse mestre e seu modo de prática oferecem aquilo que buscamos? O que há nesse mestre que nos atrai? Será que ele e seu modo de prática servem para mim e são adequados ao meu temperamento? Ou, ao contrário, irão reforçar meus medos e neuroses? Fará bem para mim tornar-me parte de uma comunidade grande e extrovertida... se sou uma criatura tímida que vem se escondendo há anos? Isso não iria me oprimir e me deixar ainda mais retraído na minha timidez? Preciso mesmo da disciplina de um rigoroso mestre zen e do bastão que é usado para manter os discípulos sentados na postura correta? Ou terei sofrido abusos e espancamentos quando criança, e isso iria apenas recriar e fortalecer a dolorosa e negativa idéia que tenho de mim mesmo? Em qual ciclo da minha vida espiritual estou entrando? Um ciclo de silêncio, de serviço, de meditação ou de estudos?

Nem sempre somos capazes de responder a essas questões; no entanto, o simples fato de fazê-las pode nos ajudar a evitar os erros mais grosseiros e inábeis. Muitas vezes podemos começar a praticar e conceder a nós mesmos um período de tentativa e erro. Um "período de experiência" de um mês, digamos, de um ou dois retiros, talvez um ano; o tempo necessário para conhecer o mestre e seu relacionamento com os outros discípulos e com nós mesmos, e sentirmos sua prática.

Seja escolhendo ou revendo a nossa escolha anterior, precisamos sentir confiança e respeito pela integridade e sabedoria que nosso instrutor incorpora. Você deve procurar mestres que oferecem uma sensação de maturidade na vida espiritual e pessoal, e que integram as dimensões física, mundana, emocional e mística. Procure o bom humor. Até mesmo o disciplinador mais rigoroso deveria também incorporar em si um espírito de alegria, naturalidade e amor. Assim como a escolha do parceiro para o casamento, a escolha de um mestre também pede um profundo respeito pelo nosso próprio conhecimento interior e uma disposição para o comprometimento quando as circunstâncias parecem corretas.

Com o decorrer dos anos, nosso relacionamento com o mestre irá mudar. Com o tempo, nosso mestre pode desempenhar muitos papéis: mentor e sacerdote, confessor e guia, "parteira" espiritual, crítico espiritual, espelho e modelo de uma presença radiante. Podemos adotar a coragem, a segurança, a força e a clareza de um mestre hábil. Podemos usar sua liderança, energia e amor como fonte de ressonância e inspiração. Duas mestras idosas com quem tive o privilégio de estudar dedicavam ao seu ensinamento um imenso amor e alegria espiritual que lavavam e preenchiam as células do meu corpo quando eu estava ao lado delas. Uma delas me abraçava e eu ficava em êxtase por vários dias. Essas duas mestras viveram longas vidas com sua cota de sofrimentos e triunfos, de netos e discípulos. No ensinamento, eram exigentes e inflexíveis; na conduta, sábias e compreensivas.

Um outro mestre com quem trabalhei era cheio de imprevistos, sempre trazendo uma nova maneira, surpreendente e às vezes chocante, de olhar as coisas. Ele era a personificação da coragem e, se necessário, estava sempre disposto a virar de ponta-cabeça nossa vida para vermos a verdade. Todo o seu ser estava tão devotado a despertar a nossa mente e o nosso coração no espírito de Buda que ele realmente autorizava todos os que o cercavam a questionar, a mudar e também a despertar.

Lembre-se de que, ao escolher um mestre, também nos associamos a uma tradição e a uma linhagem. As linhagens são portadoras da sabedoria ancestral. Em todas as grandes tradições, os xamãs, curadores, iogues, as sábias sacerdotisas das escolas do mistério, os grandes rabis ou "pais do deserto" viviam dentro de suas linhagens. As linhagens e tradições são os receptáculos sagrados para a preservação das práticas e da sabedoria descobertas e acumuladas através das gerações. As linhagens são a forma pela qual a luz do despertar é passada de geração em geração. As linhagens contêm escrituras formais, antigos cânticos, rituais, técnicas de meditação e histórias instrutivas, veículos para despertar o nosso coração e o nosso espírito. Os mestres hábeis usam as práticas e rituais de uma linhagem para criar um espaço sagrado que desperta a devoção e a sabedoria e permite que a consciência transcenda suas limitações normais.

Quando escolhemos um mestre, somos atraídos pela poderosa corrente de uma linhagem e participamos de sua cosmovisão, de suas visões, possibilidades e limitações. Todas as linhagens e tradições têm possibilidades e limitações. Nas tradições mais sábias, os ensinamentos elevados ajudarão seus membros a reconhecer e transcender as limitações da própria forma da tradição, a descobrir o sagrado que está dentro deles, além da forma. Assim, na devoção a um guru, em última análise, os discípulos devem ver o guru neles mesmos; ou, na tradição dos *koans* zen, devem ir além de todas as perguntas e respostas.

A escolha de uma linhagem ou de um conjunto de práticas, assim como a escolha de um mestre, é um processo misterioso no qual somos chamados ou atraídos a uma corrente espiritual. Repito uma vez mais: confie em você mesmo e procure integridade, alegria e maturidade na comunidade. Em geral, recomendo que os discípulos escolham as "melhores marcas do mercado", aquelas tradições que existem há centenas ou milhares de anos, e cujos ensinamentos, disciplinas e visões foram aprimorados através de muitas e muitas gerações pela sabedoria do coração de seus mestres e discípulos.

No instante em que pensamos unir-nos a um mestre, devemos olhar o lugar que ele ocupa na sua linhagem ou tradição. Como ele é visto pelos outros líderes espirituais? Ele é credenciado e respeitado dentro de sua própria tradição? Talvez isso tudo possa lhe parecer mais como fazer compras no "supermercado espiritual" dos Estados Unidos — infelizmente, a verdade é que, num certo sentido, é isso mesmo! Mas não é como correr as lojas em busca da cor de tinta que nos agrada ou do carro que convém à nossa imagem. Estamos falando da busca profunda de um modo honesto e genuíno de seguir nossa intuição e nossos anseios espirituais. Quando honramos aquilo que encontramos e a nós mesmos, com atenção, honestidade e cuidado, coisas boas inevitavelmente virão como resultado.

Uma vez que tenhamos escolhido seguir um mestre, qual será a melhor maneira de trabalhar com ele? O começo talvez não seja fácil. Iremos encontrar costumes e práticas com os quais não estamos familiarizados, novas línguas, novas preces, novos cânticos e perspectivas. E também teremos de enfrentar a estranheza do ingresso numa nova comunidade. Como se isso não fosse o suficiente, junto com essas dificuldades iremos receber os ritos iniciáticos de passagem. Alguns mosteiros zen não aceitam o discípulo até que ele tenha passado um, dois ou mais dias sentado imóvel do lado de fora dos portões (na neve, em algumas partes do Japão). Com isso, o discípulo mostra que está pedindo os ensinamentos dentro de um espírito genuíno. Quase todas as tradições têm retiros de iniciação, cerimônias ou práticas especiais para receber os recém-chegados. Em retribuição aos ensinamentos espirituais que irão receber, é freqüente exigir-se que os discípulos provem que lhes darão valor.

Há duas qualidades cuja presença é da maior importância no nosso trabalho com um mestre espiritual: o bom senso e o comprometimento sincero. Usando o bom senso, não iremos idealizar o mestre ou a prática; não iremos trair a nós mesmos nem a nossa capacidade de discernimento. Ter bom senso é ter respeito por si mesmo e estar disposto a ver as coisas com clareza.

O comprometimento sincero é a segunda chave para o trabalho com um mestre, qualquer que seja seu estilo ou sua prática; é o ouro que o mestre espera encontrar nos melhores discípulos. Quando nos comprometemos, fazemos com que toda a nossa energia siga um caminho e sua doutrina, tal como a prece, através de suas inevitáveis dificuldades e confusões. Quando unimos um comprometimento convicto e sincero à prática com a hábil liderança de um mestre, todas as alegrias e dificuldades que encontrarmos continuarão a iluminar o nosso caminho.

Ao trabalhar com um mestre para aprender uma prática espiritual, estamos ao mesmo tempo desenvolvendo um relacionamento com esse mestre. E também esse relacionamento requer um compromisso da nossa parte. Aprendemos, nesse relacionamento, a confiar no mestre, na prática e em nós mesmos, de modo cada vez mais profundo. Somos solicitados, repetidamente, a persistir no seu desenvolvimento, a ficar com ele, a nos dar a ele, a entregar todo o nosso coração e energia à prática e ao mestre. Podemos fazer todas as perguntas que julgamos necessárias, dar nossa contribuição da melhor maneira que podemos e ver por nós mesmos o que acontece com alguns anos de prática sincera.

Diz o Dalai Lama que a melhor maneira de ver se a nossa prática está funcionando é observar seus resultados depois de cinco, dez ou vinte anos. Talvez seja fácil para ele dizer isso, depois de viver catorze vidas como Dalai Lama. Essa mesma índole levou o mulá Nasrudin a responder à mulher que anunciou, toda orgulhosa, que o filho havia completado os estudos: "Ah, minha senhora, sem dúvida Deus irá mandar mais alguns estudos ao rapaz!" É na nossa perseverança e comprometimento que ocorre o verdadeiro crescimento espiritual.

Como podemos extrair o máximo benefício do nosso relacionamento com um mestre? Na Ásia e nas culturas espirituais tradicionais do Ocidente, as pessoas conhecem as regras de comportamento exterior: como fazer as reverências, as formas respeitosas de tratamento, o que deve ser oferecido e o que deve ser recebido. Sabem também quais as melhores perguntas a fazer ao mestre ou guru; sabem o que realmente esperar de sua orientação. Mas, ao contrário do que ocorre nas culturas onde todos conhecem as regras de uma tradição espiritual, nos Estados Unidos os discípulos não sabem o que esperar. Pode ser útil fazer algumas perguntas diretas ao mestre e aos discípulos mais antigos: qual o melhor modo de entrar na comunidade; quais as formas de contato regular entre mestres e discípulos; qual a disponibilidade do mestre; o que fazer em momentos de dificuldade. Para obter os benefícios de um mestre, precisamos descobrir como fazer com que ele nos conheça melhor e saber quando e onde falar com ele, a fim de que ele possa orientar nosso caminho pessoal. Precisamos estar disponíveis para receber sua orientação, para obter retorno e ajuda nas áreas em que estamos estagnados e amedrontados, para alcançar um senso de equilíbrio quando estivermos desequilibrados.

A capacidade de restituir o equilíbrio aos discípulos é um dos dons do mestre hábil. Meu mestre das florestas, Achaan Chah, disse que, como mestre, isso era o que ele mais fazia. Perguntei-lhe, certa vez, por que ele dava instruções aparentemente contraditórias para os discípulos em diferentes momentos. Essa atitude não me parecia coerente e honesta; na realidade, não me parecia iluminada. Achaan Chah riu e respondeu: "O caminho não é assim. Meu modo de ensinar é mais ou menos assim: eu olho para um caminho que conheço bem, porém ele está escuro ou nebuloso, e o discípulo que tenho diante de mim está prestes a cair numa vala à direita ou a se perder numa trilha à direita. Então eu lhe digo: *Vá para a esquerda, vá para a esquerda*. Algum tempo depois, esse mesmo discípulo, ou um outro qualquer, está seguindo o caminho nebuloso e vejo que ele vai cair numa vala à esquerda ou se perder numa trilha à esquerda. Então eu lhe digo: *Vá para a direita, vá para a direita*. Eu os chamo de volta sempre que eles saem do caminho. De certo modo, isso é tudo o que faço".

A orientação hábil na nossa prática nos mantém presentes e ajuda a nossa abertura. Um mestre sábio faz emergir a força e a sabedoria do discípulo. Um mestre desse tipo pode, com toda a compaixão, mostrar-nos as maiores dificuldades no nosso caráter, exigir de nós coisas difíceis e preocupar-se em despertar a nossa grandeza.

Achaan Chah muitas vezes exigia coisas difíceis de seus discípulos: a tradicional disciplina ascética, grandes renúncias ou aquela prática difícil de fazermos o que se exigia de nós, dia após dia, fosse ou não o que tínhamos vontade de fazer. E então Achaan Chah passeava pelo mosteiro, de um lado para outro; quando via algum de nós que parecia estar passando por um momento difícil, aproximava-se e perguntava: "Está sofrendo hoje?" Se o discípulo dissesse que não, ele comentava: "Ah, ótimo, então tenha um bom dia". Mas, se disséssemos que sim, ele murmurava: "E de quem é a culpa?" — sorria e se afastava. Ou, senão: "Ora, ora, será que alguém está preso aqui?" — e se afastava. Ele estava sempre nos conduzindo à compreensão da nossa experiência interior, fazendo-nos descobrir como estávamos enredados e como podíamos aprender, nós também, a ser livres.

Um grande mestre, através de seu próprio ser, traz à vida o espírito do despertar. Uma das lembranças mais calorosas e tocantes dos anos que passei com Achaan Chah — um mestre que, por mais de trinta anos, orientou monges em sessenta mosteiros nas selvas e florestas da Tailândia — era o modo como estava presente, ao nosso lado, nas nossas dificuldades. Quando passávamos a noite acordados, sentados em meditação, ele estava conosco. Quando limpávamos as trilhas da floresta, ele nos ensinava a fazer vassouras de bambu e a transformar o ato de varrer numa bela meditação. Quando varríamos e limpávamos todo o mosteiro na véspera da celebração de um dia santo, ele estava ali conosco. Mesmo num remoto mosteiro nas cavernas, onde um rico patrono ofereceu-se para construir uma imensa sala de meditação no topo da montanha, ele acompanhou os monges que abriam o caminho para a estrada desse novo centro. Durante o inverno, numa das regiões mais frias da Tailândia, lembro-me de ter caminhado descalço, com ele e outros monges, mais de oito quilômetros através da floresta até uma aldeia onde nossas tigelas iriam receber uma magra porção de alimentos. Estava tão frio (próximo ao ponto de congelamento) que meus dentes batiam e minha cabeça rapada parecia feita de gelo; eu tinha enrolado a única toalha que possuía sob o tecido de algodão da minha túnica de monge, como uma pequena proteção adicional contra os ventos do inverno. Ao chegar à aldeia, Achaan Chah voltou-se para mim, sorriu e me perguntou: "Está com frio?" Respondi-lhe: "Sim, estou congelando, não sei se agüento mais frio que isso". Ele sorriu e comentou: "Bem, faz tanto frio quanto você permite, tanto frio quanto você permite". Ah, como me senti grato por tê-lo ali comigo!

Percebi esse mesmo espírito num velho mestre do zen rinzai* com quem estudei. Freqüentei vários retiros rigorosos que duravam uma semana inteira e nos quais ficávamos sentados sem fazer um movimento, desde o período da manhã até tarde da noite, trabalhando com um *koan* e tendo apenas curtos intervalos para andar e comer. De início, fiquei desapontado porque o mestre não se sentava conosco, mas depois descobri por quê. Ele se sentava num recinto fora da sala de meditação e concedia quatro ou cinco entrevistas diárias a cada um dos cinqüenta discípulos. Apesar de dar umas duzentas entrevistas por dia, cada vez que eu o via ele estava mais plena-

---

* Ver Glossário, no final do livro.

mente presente e luminoso do que eu em qualquer momento do retiro. Ele realmente estava ali conosco.

Quando recebemos esse tipo de apoio e ensinamento, percebemos que uma grande parte da vida espiritual é feita da nossa crescente capacidade de doação. Uma sábia atitude é ver qualquer prática espiritual ou mestre a quem queremos nos unir sob a perspectiva daquilo que podemos oferecer. Na vida espiritual, o que finalmente nos faz felizes não é o que recebemos, mas o que podemos dar; aquilo que podemos dar para uma comunidade e aquilo que podemos dar de nós mesmos. Estamos dando de nós mesmos quando abandonamos nossos velhos pontos de vista, nossos medos, nossas limitações e as barreiras que mantivemos erguidas por tanto tempo, e descobrimos um novo modo de ser, fundamental e radicalmente novo, à medida que consentimos em renascer como filhos do espírito. Damos para a comunidade quando unimos ao todo a nossa energia, a nossa criatividade e o nosso coração.

Uma imensa alegria brota numa comunidade quando, juntos, damos de nós mesmos. Isso é algo que também está presente na tradição norte-americana. Está presente no espírito dos homens que se reúnem para erguer o celeiro da aldeia, na beleza de cantar o "Messias" junto com cem outras vozes, na união de todos para servir a um propósito maior. A doação do nosso espírito, o serviço, é uma parte maravilhosa e gratificante do ingresso numa comunidade espiritual. Esse coração que dá e recebe, esse respeito ao sagrado, cria o espírito de *sangha** ou *satsang**, que caracteriza as pessoas se unidas em nome do divino. Uma comunidade não é criada quando algumas pessoas se unem em nome da religião, mas sim quando elas se juntam trazendo honestidade, respeito e generosidade para apoiar o despertar do sagrado. A verdadeira comunidade surge quando podemos falar segundo a verdade e a compaixão. Essa percepção da comunidade espiritual é uma parte maravilhosa daquilo que nos cura e nos transforma no nosso caminho.

Quando pensamos em nos juntar a uma comunidade, sentindo o que podemos dar e o modo como a comunidade desperta seus membros, devemos olhar para os discípulos mais avançados. Como os discípulos amadurecem nessa comunidade? Eles são respeitados, recebem práticas mais elevadas, têm oportunidade de servir e ensinar? Existe uma maneira de completar os ensinamentos assim como o fez o mestre? Os discípulos mais antigos são felizes e sábios?

Você irá notar que, ao escrever sobre mestres e comunidades, menciono alegria, sabedoria, habilidade e compaixão, mas não poderes e milagres. É verdade que, ao lado de alguns mestres poderosos, podemos ter visões, sentir êxtase e a energia despertando no nosso corpo, e até mesmo ter a nossa consciência transformada durante algum tempo. Quando autêntico, esse poder pode ser útil, mas, dependendo do modo como é usado, pode intoxicar e confundir. Contudo, esse poder nunca é necessário. Além dos problemas que surgem quando ele é mal usado (e disso falaremos mais adiante), o mais importante é perceber um fato básico: ninguém pode nos iluminar; ninguém pode amadurecer por nós; ninguém pode desapegar-se das coisas por nós — ninguém jamais poderá fazer isso em nosso lugar. O mestre pode dar-nos indicações, inspirar-nos, tocar-nos e até mesmo apontar-nos um sentido do verdadeiro

---

* Ver Glossário, no final do livro.

caminho, mas o máximo que ele pode fazer é criar o espaço sagrado onde irá ocorrer o nosso despertar.

Uma suíça de oitenta anos, instrutora espiritual com quem tive o privilégio de estudar, falou sobre a necessidade de um verdadeiro mestre para criar um ambiente livre e protegido no qual o coração e o espírito possam abrir-se e desabrochar como anseiam desde o início dos tempos. A capacidade de um mestre para criar esse espaço sagrado — transmitindo uma sensação de confiança e agindo como um receptáculo compassivo e forte o bastante para permitir que as partes antigas de nós morram e as novas nasçam — é um dom extraordinário. Através desse dom, oferece-se a nós não apenas a sabedoria ancestral de uma linhagem, mas também o nosso verdadeiro eu. O maior e mais simples poder de um mestre é o ambiente de liberdade e alegria que o rodeia.

Durante vários anos, visitei um velho guru indiano na Índia. Ele era sábio e cheio de uma alegre energia de espírito. Pedia-nos muitas coisas, pedia-nos que indagássemos profundamente, meditássemos e nos entregássemos e fôssemos plenamente confiantes. Mas a melhor coisa que ele nos deu foi a sensação de que éramos totalmente amados por alguém que nada queria em troca, alguém que não sentia o mínimo fragmento de desejo por qualquer coisa que tivéssemos a dar. Nele, não havia nenhum apego, não havia a vontade de ter discípulos, não havia sequer o desejo de que despertássemos — tudo o que havia nele era um espaço luminoso e alegre que nos convidava a confiar e nos abrir a tudo que encontrássemos. Ser amado dessa maneira foi uma experiência extraordinária: todo o meu corpo, toda a minha mente, coração e espírito penetravam num espaço de receptividade e paz.

Depois que sentia que o discípulo compreendera verdadeiramente a realidade e o âmago do seu ensinamento, ele o mandava de volta para casa. Para alguns, isso acontecia depois de poucas semanas; para outros, depois de muitos meses. "Vá para casa e leve esse espírito para a vida. Não há necessidade de permanecer com o guru exterior todo o tempo."

Assim como é importante permanecer com um mestre e uma prática, também é importante saber que podemos deixá-los quando chegar a hora certa. Às vezes, essa hora chega porque completamos as lições preparadas para nós; outras vezes, as circunstâncias fizeram com que aquele fosse o lugar errado ou o ciclo errado; e, com freqüência, talvez estejamos precisando de ensinamentos adicionais ou diferentes daqueles que podemos receber do nosso mestre.

A obrigação e o paciente comprometimento com um mestre não quer dizer que somos obrigados a seguir o seu método pelo resto da vida. A longo prazo, devemos seguir um mestre ou uma prática e unir-nos a uma comunidade, e então ver se isso nos é favorável. Mesmo que um mestre e uma comunidade esperem que juremos fidelidade, que façamos votos e nos unamos a eles por toda a vida, não precisamos fazer um voto espiritual permanente. Mesmo um voto permanente deve ser renovado. Sim, precisamos ser pacientes e comprometidos, mas o verdadeiro voto do espírito é honrar a nossa própria integridade, o nosso despertar e a nossa compaixão, não importa quais mudanças de circunstâncias venham a ser exigidas.

Depois de completar um período inicial de treinamento, a maioria dos mestres ocidentais que conheço estudou por longo tempo com vários outros grandes mestres.

223

Mudar de um mestre para outro pode ser difícil quando a pessoa se comprometeu por um tempo prolongado. Muitos discípulos que me procuraram sentiam-se com as mãos atadas pelos votos que haviam feito; tomaram ensinamentos com grandes lamas tibetanos que exigiam um compromisso de prática para a vida toda, ou haviam feito votos perpétuos em alguma tradição religiosa, ou se comprometeram a seguir um certo caminho para sempre. Mas, às vezes, essas pessoas chegavam a um estágio no qual sentiam que seus votos pareciam impedir o desenvolvimento de sua prática espiritual. Ao conversar com esses discípulos, eu observava com todo o cuidado para ter a certeza de que eles não estavam simplesmente fugindo do compromisso de uma maneira inconsciente. Se ficava claro, para eles e para mim, que o apoio hábil daqueles votos tinha realmente chegado ao fim, ou que as circunstâncias de suas vidas tinham mudado e agora os compromissos anteriores não serviam mais para o seu crescimento espiritual, eu sugeria que voltassem aos seus lamas e mestres e pedissem uma cerimônia de liberação dos votos. Uma vez liberados, poderiam prosseguir sua vida espiritual conforme suas próprias necessidades.

Mesmo nas tradições que pedem um compromisso para toda a vida, os votos precisam ser revistos e renovados periodicamente em termos do bem-estar do indivíduo. Algumas tradições budistas pedem que o discípulo se comprometa com um mestre por um período inicial de cinco anos. Depois que alcança alguma compreensão do budismo, o discípulo é encorajado a visitar outros mestres e a ampliar sua compreensão e suas habilidades.

Afinal, o verdadeiro propósito de um mestre é guiar-nos para a descoberta da liberdade inerente ao nosso coração. Todos os ensinamentos espirituais têm essa finalidade, e o dom de todos os mestres sábios é encorajar-nos para que encontremos, dentro de nós, a nossa natureza búdica — livre, independente e alegre em meio à vida.

Quer permaneçamos com um mestre por meses ou por anos ou décadas, é uma bênção encontrar um verdadeiro benfeitor espiritual, um mentor, um guia para a nossa própria liberdade. Somos abençoados pela sua presença, que é um lembrete a respeito do que é possível. Somos abençoados pela sua orientação direta. Somos abençoados pela disciplina e pelas práticas que ele nos oferece. Somos abençoados pela sua habilidade em nos ensinar como usar a disciplina espiritual e desenvolver a paciência de que precisamos para que, nós também, possamos dominá-la. Somos abençoados pela profundidade do seu amor, um amor que nos dá inspiração para enfrentar nossas feridas; um amor que tem em seu coração apenas o interesse mais nobre e elevado por nós.

Quando encontramos um mestre hábil e uma linhagem que podemos respeitar e nos quais podemos confiar, eles se tornam um farol que ilumina o nosso coração e o nosso caminho. Temos, então, a oportunidade de descobrir aquilo que é genuíno e eterno para nós e de sermos portadores dessa luz para todo o mundo.

17

PSICOTERAPIA E MEDITAÇÃO

As melhores terapias modernas são como um processo de meditação compartilhada, na qual terapeuta e paciente sentam-se juntos e aprendem a prestar atenção aos aspectos e dimensões do eu que o paciente talvez seja incapaz de atingir por si mesmo.

Sempre que foram levados a novos países, tais como a China, o Japão e o Tibete, os ensinamentos budistas sofreram a profunda influência do encontro com as culturas e religiões nativas. A partir desses encontros, desenvolveram-se formas de prática completamente novas, como o Zen e o Tantrismo. E esse mesmo processo está hoje acontecendo no Ocidente. Dentre as "práticas interiores" ocidentais, a que está exercendo o impacto mais significativo sobre o Budismo e toda a vida espiritual contemporânea é a compreensão e a prática da psicologia ocidental. No Ocidente, muitos estudantes e mestres do caminho espiritual acharam necessário, ou útil, buscar na psicoterapia um auxílio para suas vidas espirituais; muitos que não o fizeram talvez tivessem se beneficiado com isso.

O que faz a psicoterapia ocidental que as práticas espirituais tradicionais e a meditação não fazem? Já vimos como é freqüente que os discípulos ocidentais enfrentem as profundas feridas resultantes da falência do nosso sistema familiar, de traumas da infância e da confusão da sociedade moderna. A psicoterapia dirige-se, de uma maneira direta e eficiente, à necessidade de cura, à regeneração e criação de um senso saudável do eu, à dissolução dos medos e dos compartimentos, e à busca de um modo pleno, criativo e amoroso de viver no mundo.

Já constatamos que essas questões não podem nunca ser separadas da nossa vida espiritual. Não se trata de fazer uma boa faxina na nossa casa psicológica e, então, partir para alcançar o nirvana.* À medida que nosso corpo, coração, mente e espírito

---

* Ver Glossário, no final do livro.

vão se abrindo, cada nova camada que encontramos irá revelar mais liberdade e compaixão, bem como camadas subjacentes, mais profundas e sutis, de ilusão. Nosso profundo trabalho pessoal e nosso trabalho na meditação precisam, necessariamente, prosseguir juntos. O que a prática norte-americana precisa reconhecer é que muitas das questões profundas que vêm à tona na vida espiritual não podem ser curadas apenas pela meditação. Para serem resolvidos, problemas como abuso na infância, vícios, dificuldades no amor e sexualidade exigem o apoio cuidadoso, consciente e constante de um curador hábil. Nas grandes comunidades espirituais, é raro que o guru, lama ou mestre tenha tempo para nos orientar cuidadosamente através desse processo. Muitos mestres espirituais não têm habilidade para lidar com essas áreas e alguns deles nem sequer lidaram com elas em si mesmos.

Contrastando com essa situação, as melhores terapias modernas são como um processo de meditação compartilhada, na qual terapeuta e paciente se sentam juntos e aprendem a prestar atenção aos aspectos e dimensões do eu que o paciente talvez seja incapaz de atingir por si mesmo. Mais do que a concentração profunda de muitas práticas de meditação, a terapia tem a propriedade da pesquisa e da descoberta. Nessa meditação em conjunto, o terapeuta alia-se à escuta, à percepção e ao sentir, tornando-se capaz de direcionar o paciente rumo a maneiras de prestar uma atenção mais profunda às raízes do seu sofrimento, enredamento e dificuldade. Eu mesmo me beneficiei desse processo por trabalhar com vários excelentes terapeutas que me deram a possibilidade de compreender e curar níveis do coração e da mente que nunca haviam sido tocados durante os meus anos de meditação.

Até mesmo o grande Mahasi Sayadaw, o mais renomado mestre de meditação da Birmânia, reconheceu que os discípulos ocidentais precisam enfrentar esses novos problemas. Quando ensinou pela primeira vez nos Estados Unidos, espantou-se ao ver que muitos discípulos pareciam sofrer de uma série de problemas que lhe eram desconhecidos na Ásia, e deu a esses problemas o nome de "sofrimento psico-lógico". Também o Dalai Lama, em diálogo com psicólogos ocidentais, mostrou-se surpreso com a imensa quantidade de baixa auto-estima, de traumas e conflitos familiares que afloram na prática dos ocidentais. Esses problemas precisam ser levados em conta.

A crença equivocada de que a prática sincera da prece e da meditação é tudo de que precisam para transformar suas vidas muitas vezes impede que mestres e discípulos façam uso dos ensinamentos proveitosos da psicologia ocidental. Infelizmente, muitos discípulos da espiritualidade oriental e ocidental são levados a acreditar que quaisquer dificuldades por eles experimentadas devem-se apenas ao fato de não terem praticado por tempo suficiente ou por não terem, de algum modo, seguido os ensinamentos.

Outro equívoco é acreditar que o bom discípulo deve ser capaz de enfrentar por si mesmo todo o caminho espiritual, e que o fato de pedir ajuda a alguém de fora é sinal de fraqueza e fracasso. Algumas comunidades se sentiriam ameaçadas se precisassem pedir ajuda a métodos externos, como a psicologia ocidental, pois isso equivaleria a admitir que seu sistema e seu mestre não possuem todas as respostas. As confusões sobre o lugar da terapia na nossa prática surgem da idéia de que o "espiritual" e o "mundano" são domínios distintos; o espiritual seria "mais elevado", enquanto o mundano seria um tanto "inferior". Talvez alguém nos tenha ensinado que as experiências que vivenciamos no nível "espiritual", na meditação, têm o poder de transformar, como por mágica, todos os outros níveis do nosso ser. E assim, se temos um grande "despertar" na prática budista ou a experiência da graça ou da unidade com o divino na prática devocional hindu ou cristã, acreditamos que isso será suficiente para mudar a nossa visão, curar o nosso coração e nos harmonizar com as verdades mais profundas da nossa vida.

A razão para essa crença é que, durante uma experiência desse tipo, sentimo-nos em grande harmonia, e algum eco dessa sensação permanece conosco por bastante tempo. No entanto, essas experiências na nossa jornada espiritual assinalam somente um sucesso inicial; é inevitável que a experiência desça em espiral, exigindo que aprendamos a integrar plenamente cada nova introvisão no decorrer da nossa vida. Nesse processo, não existem níveis mais elevados ou níveis inferiores, não existem áreas mais sagradas que outras. Existe apenas o encontro e a descoberta: o encontro de todos os possíveis padrões de contração, medo e identificação, que dão origem ao nosso sofrimento, e a descoberta de um despertar e da libertação desses padrões.

A verdade é que, na prática espiritual, a necessidade de lidar com os nossos problemas emocionais pessoais é mais a regra do que a exceção. A metade, pelo menos, das pessoas que freqüentam nosso retiro anual de três meses descobrem que são incapazes de fazer a Insight Meditation tradicional porque encontram tantas mágoas não-resolvidas, tanto medo, tantas feridas e questões inacabadas, relativas ao desenvolvimento no passado, que esses problemas acabam se tornando o fulcro da sua meditação. Em todas as tradições, até mesmo os buscadores ocidentais mais bem-sucedidos irão reencontrar, depois de períodos de meditação e de introvisões profundas, padrões de dor, de medo e de inconsciência em outros aspectos de suas vidas. Podemos obter compreensão e paz na meditação, mas, quando retornamos aos problemas da vida diária, quando visitamos os familiares ou nos apaixonamos, os antigos padrões de sofrimento, de apego e ilusão podem subitamente tornar-se mais fortes do que nunca. Precisamos achar meios de incluí-los no nosso caminho.

Há pouco tempo, o bem-sucedido mestre ocidental de uma grande comunidade hindu delegou a responsabilidade de ensinar aos dois discípulos mais antigos. Logo irrompeu grande conflito e confusão. Um deles começou a abusar das novas funções; o outro mostrava-se distante e insensível. Nas reuniões acaloradas que se seguiram, ficou evidente que não eram só aqueles dois discípulos que tinham esses problemas. Com certa relutância, alguns discípulos leais declararam que o próprio mestre, embora não fosse prepotente, era dolorosamente insensível, distante e indisponível. E o mestre, mostrando grande integridade, aos 74 anos de idade e depois de ensinar durante três décadas, decidiu começar uma psicoterapia para tratar desses problemas na sua vida.

Após décadas de experiência com as práticas orientais no Ocidente, começamos agora a ver com bastante clareza os resultados de não incluirmos na nossa prática a área dos problemas pessoais. Muitas das questões do próximo capítulo, "A roupa nova do imperador", examinam o modo como essa omissão pode ocorrer nos relacionamentos entre mestres e comunidades, provocando, em alguns casos, resultados desastrosos. Já que os assuntos relativos à vida pessoal são freqüentemente a fonte dos nossos maiores sofrimentos e neuroses, dos mais profundos apegos e das maiores ilusões, nós os tememos e talvez usemos, de modo inconsciente, a prática espiritual para evitar enfrentá-los. Como ficam desapontados certos discípulos ao deixar seus *ashrams* e mosteiros (budistas ou cristãos) e descobrir que, depois de dez ou quinze anos, ainda não enfrentaram realmente a própria vida, ainda não enfrentaram as raízes do medo e as áreas de sofrimento que os limitam e enredam!

Um psicoterapeuta hábil pode oferecer práticas e recursos específicos para tratar das áreas mais dolorosas da nossa vida. Existindo um problema ou dificuldade ele pode contribuir com o conhecimento dos padrões comuns, o processo específico de desenvolvimento e as defesas doentias que criam a maior parte do sofrimento na nossa cultura ocidental. A intimidade do terapeuta com os sistemas familiares, com as crenças, as histórias e identificações que estão por trás desses problemas faz com que se torne possível libertar-nos deles dentro da segurança de sessões regulares comprometidas em focalizar quaisquer áreas difíceis da nossa vida. Há muitos exemplos das várias maneiras como a psicoterapia ajudou as pessoas envolvidas com a prática espiritual. Deixe-me contar alguns deles.

Um discípulo, que viveu muitos anos numa comunidade espiritual, não acreditava na sua capacidade de ganhar a vida fora daquela comunidade, e também sentia medo e ficava confuso a respeito do dinheiro, encarando-o como algo perigoso e materialista. Finalmente, à medida que seus amigos iam formando a própria família e se estabelecendo em carreiras profissionais, ele percebeu que precisava de ajuda. De início, buscou aconselhamento apenas para deliberar se permanecia na comunidade ou se a deixava para obter qualificações profissionais. Mas o aconselhamento fez com que ele enfrentasse seus medos profundos, sua insegurança e o desapontamento diante do modo como tinha vivido. A terapia mostrou-lhe que grande parte da sua vida fora dominada pela sua reação ao pai, um frio homem de negócios. Esse discípulo descobriu um padrão que o acompanhara por toda a vida, o padrão de evitar o dinheiro e o sucesso profissional; e percebeu como esse padrão se emaranhara à sua vida espiritual. E isso vinha acontecendo há muitos anos. Finalmente, ao enfrentar esses medos e reações, ele foi capaz de ver que tinha muitos talentos desperdiçados e muitas opções. Deixou a comunidade, matriculou-se numa escola de artes e tornou-se um desenhista de sucesso. Ele ainda pratica a meditação e participa do conselho administrativo de sua antiga comunidade. Hoje ele coloca uma nova força, tanto na comunidade como na sua prática, em lugar da sua antiga insegurança.

Outro discípulo, que passou dez anos de sua vida viajando e meditando na Índia e no Japão, decidiu fazer terapia depois de uma série de relacionamentos malsucedidos. Sua terapia foi um longo processo de deslindar abusos sofridos na infância, medo e compulsão sexuais, profunda vergonha e raiva. Durante seus anos de meditação, conseguiu evitar com sucesso esses problemas, mas, sempre que tentava estabelecer uma relação íntima, eles o engolfavam. Percebeu que grande parte da sua vida, mesmo a prática da meditação, fora uma reação ao abuso sofrido na infância. Na terapia, começou a focalizar seu profundo anseio por amor, sua vergonha e sua sexualidade confusa. Para ele, foi um lento processo de aprender a confiar no relacionamento íntimo da terapia. Parou de viajar e, embora ainda esteja aprendendo sobre relacionamentos íntimos, agora é mais feliz e completo do que em qualquer outro momento de sua vida adulta.

O terceiro exemplo é o de uma discípula que se voltou para a psicoterapia em meio ao treinamento espiritual e que começara a praticar meditação quando ainda muito jovem. Era uma praticante ávida, que encontrava prazer na calma da meditação e no estímulo da comunidade; mas era também uma pessoa um tanto passiva, insegura e acanhada. Quando declarou que queria ensinar meditação, seu mestre lhe disse que isso seria impossível até que ela amadurecesse como pessoa. Sugeriu que ela arranjasse um meio de vida que a mantivesse fora da comunidade e, ao mesmo tempo, que analisasse sua timidez e insegurança interior com uma respeitada terapeuta da comunidade. Logo no início da terapia, ficou evidente que o fato de ser filha adotiva — fato que sempre ignorara em sua vida espiritual — era a chave de grande parte de sua identidade passiva. O demérito, a mágoa e a confusão afloraram quando ela olhou para o emaranhado que fora a sua infância. Começou a fazer perguntas ao casal que a adotara aos dois anos de idade e, através de um longo processo de buscas, finalmente descobriu sua verdadeira mãe. O reencontro, comovente mas difícil, marcou o início de uma nova vida para essa moça. Ela percebeu que fora submissa, enquanto filha e enquanto discípula de meditação, para garantir que nunca mais perderia o lar. Mas agora, dando continuidade à terapia e à meditação, pela primeira vez na vida começava a encontrar seu próprio caminho e sua própria voz. À medida que a antiga identidade era liberada, um grande espaço de nova liberdade abriu-se na sua vida e ela começou um processo de verdadeiro amadurecimento e florescimento que, talvez, algum dia, irá transformá-la em excelente instrutora de meditação.

Enquanto não completarmos as tarefas básicas de desenvolvimento da nossa vida emocional, ou enquanto estivermos bastante inconscientes em relação aos nossos pais e familiares, iremos descobrir que somos incapazes de nos aprofundar na prática espiritual. Sem lidar com essas questões, não seremos capazes de nos concentrar durante a meditação ou verificaremos que somos incapazes de levar aquilo que aprendemos na meditação para a nossa integração com os demais.

Quer nossos padrões de contração e senso doentio de identidade tenham suas raízes na infância, quer os tenham nos mais antigos padrões kármicos, se não os enfrentarmos eles continuarão a se repetir na nossa vida e na vida dos nossos filhos. Não é verdade que o tempo irá curá-los; a verdade é que, se continuarmos a ignorá-los, com o tempo eles talvez fiquem ainda mais arraigados.

Já que a nossa percepção consciente não se transfere automaticamente de uma dimensão da vida para outra, os compartimentos continuam a existir nas áreas nas quais nossos medos, feridas e defesas são mais profundos. É por isso que se pode encontrar um gracioso mestre das cerimônias do chá que continua confuso e bloqueado nas relações íntimas, e um iogue que consegue dissolver seu corpo na luz, mas cuja sabedoria se desvanece quando entra no mundo dos negócios.

Ao comparar as práticas da psicoterapia e da meditação, é importante reconhecer que todas as técnicas são apenas ferramentas para o aprendizado; e nunca fins em si mesmas. Assim como a meditação e a prece cultivam as práticas da atenção cuidadosa, do equilíbrio, da indagação, da entrega e do desapego, todas essas qualidades podem ser direcionadas por um parceiro hábil, de modo consciente, e aplicadas especificamente às áreas difíceis da nossa vida. Podemos dar a isso o nome de "psicoterapia". Precisamos aprender a reconhecer quando nossa vida espiritual poderia

229

beneficiar-se desse processo. Assim como a meditação profunda requer um mestre hábil, às vezes o nosso caminho espiritual também requer um terapeuta hábil. Somente uma profunda atenção à totalidade da nossa vida poderá nos proporcionar a capacidade de amar bem e viver livremente.

Sigmund Freud escreveu que todo o propósito do seu trabalho era fazer com que as pessoas aprendessem a amar e a dar uma contribuição significativa para o mundo. O poeta alemão Rainer Maria Rilke assim expressou essa idéia: "Um ser humano amar outro ser humano; eis, talvez, a mais difícil tarefa... eis o trabalho diante do qual todos os outros trabalhos nada mais são que uma preparação". Se a nossa prática espiritual não nos faz atuar sabiamente, não nos faz amar, trabalhar e nos ligar com a totalidade da nossa vida, então é preciso incluir outras formas de prática que sanem os nossos problemas de outras maneiras.

Um último exemplo irá mostrar como a profundidade da vida espiritual e da psicoterapia podem se juntar. Uma discípula de meditação, divorciada e mãe de um menino de sete anos, procurou-me porque se sentia estagnada no seu trabalho e deprimida na sua vida. Embora a prática da meditação lhe proporcionasse certa tranqüilidade e introvisão a respeito de perda e desapego, recomendei-lhe que também fizesse psicoterapia.

Na terapia, ela precisou de imediato enfrentar o quanto seu casamento e divórcio tinham reprisado sua primeira infância. O marido a abandonou quando o filho tinha quatro anos, assim como seu pai a abandonara quando ela tinha três. Na terapia, essa mulher usou a respiração profunda para abrir seu corpo e seus sentimentos. À medida que respirava e prestava atenção, afloraram o medo profundo, a mágoa e a sensação de abandono — fortes sentimentos que ela nunca se permitiria enfrentar na meditação. Com o apoio do terapeuta, depois de meses aprendendo a confiar e a abrir-se aos seus sentimentos, ela teve uma sessão na qual enfrentou o cerne da dor do abandono por parte do pai: viu-se aos três anos de idade, parada no alto da escada, enquanto ele se virava e saía de sua vida para nunca mais voltar. A dor desse abandono tinha sido esmagadora para ela.

Ela sentiu que havia carregado no seu corpo esse abandono; viu como o havia reproduzido infinitas vezes na escola, na faculdade, no casamento. Aos três anos de idade, naquele momento doloroso, ela chegara à conclusão de que não era amada. O terapeuta fez com que ela respirasse e sentisse todos os seus sentimentos. E, quando estava pronta, convidou-a a olhar atentamente para o pai — o homem que ela acreditava tê-la abandonado porque não a amava. Ao olhá-lo, ela viu um homem amedrontado e cheio de dor. Nesse estado profundo, o terapeuta pediu que ela imaginasse que estava no corpo do pai: o que ela sentia? Ela sentiu a tensão e a esmagadora tristeza de um homem infeliz, preso a um casamento desastroso, fugindo para salvar a vida.

Mas, se era assim, por que ele não lhe dissera adeus? Porque não a amava? "Não", respondeu ela, com um soluço de choque. "Não, ele me amava demais; é que ele não podia suportar a dor da despedida." A seguir, o terapeuta fez com que ela sentisse todas as partes dessa cena e também com que a imaginasse de várias outras maneiras.

E, por fim, fez com que ela retornasse aos três anos de idade e lhe perguntou se era verdadeira aquela crença, que a acompanhou pela vida toda, de que fora abandonada por não ser digna de amor. A mulher percebeu que aquela era uma história criada por uma criança magoada de três anos. "O que significava ser filha de seus pais?", perguntou-lhe o terapeuta, e ela viu toda a identidade que isso havia criado. "É isso o que você é? É essa a sua verdadeira identidade?", perguntou-lhe o terapeuta e, diante dessa pergunta, abriu-se um espaço extraordinário. Ela viu que sua mente continha seus pais e todas as outras possibilidades, viu o modo como sua consciência carregava a todos eles. Respirando e se desapegando, ela abriu-se ainda mais para um coração e uma mente de paz e de pura percepção consciente, atemporal, além da sua identidade limitada. Uma profunda sensação de repouso e cura preencheu seu coração.

Durante vários meses, suas sessões de terapia focalizaram a identidade que ela havia construído e outras possibilidades. Através desse processo, sua depressão aos poucos se dissipou e ela pode dedicar uma energia nova e diferente aos cuidados com o filho e ao trabalho. Também sua meditação tornou-se mais profunda. Alguns anos se passaram; ela conheceu um outro discípulo de meditação e deu início ao primeiro relacionamento saudável da sua vida.

Ouvindo essa história, caberiam algumas perguntas: Meditação e psicoterapia são a mesma coisa? Poderia a psicoterapia conduzir às mesmas introvisões e à mesma liberdade prometidas pelo trabalho espiritual? Para responder, precisamos admitir que existem muitos tipos de terapia, assim como existem muitos tipos de meditação. Alguns discípulos podem sentir-se desencorajados por causa de idéias antiquadas e equivocadas sobre a terapia: talvez imaginem a si mesmos, dia após dia, semana após semana, anos a fio, deitados num divã, fazendo livres associações de idéias, montando e remontando histórias da infância; talvez imaginem um analista encorajando-os a aprofundar ressentimentos e raiva quanto ao passado e a dar vazão à fúria e à culpa. A pessoa que faz essa idéia da terapia receia que o tratamento consiga apenas "arrumar as cadeiras do convés do *Titanic*", isto é, ela irá arrumar os problemas da sua vida, mas nunca alcançará a liberdade além da sua pequena e limitada identidade.

Sempre haverá terapias limitadas e terapeutas medíocres; no entanto, as formas mais sábias de terapia oferecem uma compreensão muito mais ampla. Tanto a psicologia oriental quanto a ocidental reconhecem o poder do inconsciente e do condicionamento passado na manutenção do medo, da avidez, da agressão e da ilusão. A boa terapia dirige-se aos medos e apegos subjacentes, à vergonha, compulsão e rigidez, fornecendo meios para liberá-los. Cada um deles é parte de uma identidade falsa. Os meios hábeis de chegar às raízes desses problemas podem incluir a visualização, a dramatização, contar histórias, o uso das artes, o trabalho com os sonhos, o trabalho com o corpo e outros mais. Um terapeuta hábil estará atento aos numerosos mapas de desenvolvimento da primeira infância e a tudo o que for necessário para a correta construção das estruturas de um eu saudável, bem como aos processos de despertar o desenvolvimento moral, a auto-aceitação e a individuação.

Assim como as disciplinas espirituais tradicionais, assim a terapia junguiana, a reichiana, a psicossíntese, as psicologias transpessoais, a respiração e os diversos tipos de trabalho com o corpo desenvolveram modos de abrir a consciência a uma compreensão do eu mais profunda que o domínio do pensamento e das palavras. Quando associados a um relacionamento íntimo e consciente com um terapeuta, esses processos permitem que antigos padrões e medos aflorem e sejam curados em uma esfera de segurança, amor e confiança, livre de apegos. Nesse relacionamento, pode-se despertar um senso de abertura e uma compreensão mais transparente do eu; nele, as verdades da vida espiritual podem ser transferidas para a prática pessoal.

É importante, claro, escolher um terapeuta hábil e sábio. Se Buda fosse o seu terapeuta, você não teria nenhum problema. A escolha de um terapeuta exige a mesma atenção consciente que descrevemos para a escolha de um mestre.

O terapeuta não precisa apenas ser sábio; ele também deve demonstrar um evidente senso de integridade e bondade. O mais importante não é que o terapeuta compartilhe do mesmo caminho espiritual do paciente e, sim, que ele respeite a vida espiritual e os princípios da atenção, compaixão e perdão que servem de base tanto para a terapia quanto para a boa meditação. Em última análise, a fonte da cura não é a técnica específica da terapia, mas sim um relacionamento profundo e guiado pela percepção consciente e pela compaixão. Esse modo de tocar o nosso coração e a nossa mente pode ser um canal profundo para a compreensão do sagrado e para a cura das nossas limitações.

Depois de vivermos tanto tempo sendo julgados por todas as pessoas que encontramos, o simples fato de olhar nos olhos de alguém que não nos julga pode ter um extraordinário efeito terapêutico. O conhecido instrutor espiritual, Ram Dass, faz isso em suas ocasionais sessões de terapia: ele se senta diante do paciente e coloca a mão na altura do coração do paciente durante três ou cinco horas, olhando dentro de seus olhos e escutando, com o coração, tudo o que precisa se abrir e, depois, ele escuta o profundo silêncio além do coração do paciente. Tocar e ser tocado desse modo por outra pessoa pode criar todo um novo sentimento do que é possível nos nossos relacionamentos. Podemos contar a história da nossa vida, podemos sentir nossos medos e limitações habituais e a identidade contraída do nosso corpo e da nossa mente. E então podemos perguntar, na presença da outra pessoa, se é isso que realmente somos. Nas melhores terapias, podemos encontrar a profunda realização da "ausência do eu" e do desapego, que fazem parte de todos os caminhos espirituais.

Será que isso significa que podemos nos voltar para a terapia como solução para todos os nossos sofrimentos e ilusões? Não, de modo algum. Assim como a meditação, a psicoterapia algumas vezes é bem-sucedida e outras vezes é um fracasso. Ela depende daquilo que levamos a ela, da nossa disponibilidade e comprometimento. Depende da habilidade do terapeuta. Depende de ser ou não a abordagem certa no momento certo da nossa vida. E mesmo quando a terapia é "bem-sucedida", em geral ocorre o mesmo que com as aberturas profundas causadas pela meditação: a cura é parcial e nada mais que o começo de um processo de abertura que irá levar a vida toda. Nesse processo, nem a meditação nem a terapia são a solução — a consciência é a solução! Assim como as introvisões da prática da meditação não são suficientes para encontrarmos nosso caminho na jornada espiritual, também não o são as introvisões da terapia.

Muitas pessoas procuram a meditação depois de um longo tempo de terapia, em busca do silêncio, da profundidade de compreensão e da liberdade que não encontraram na terapia. Por outro lado, muitos discípulos da meditação descobrem a necessidade de uma cura terapêutica e voltam-se para a terapia depois de anos de meditação.

O que realmente importa é o nosso compromisso com a totalidade e a nossa disposição para desabrochar em todos os aspectos profundos do nosso ser. Talvez possamos, com essa compreensão, aproximar a força e os recursos da psicologia oriental e da psicologia ocidental, de um modo hábil, para viver uma vida espiritual na sociedade do século XX e encontrar a liberdade do nosso coração em todos os domínios.

18

A ROUPA NOVA DO IMPERADOR: PROBLEMAS COM OS MESTRES

Em geral, esses problemas surgem quando a espiritualidade ignora ou nega a nossa natureza humana.

No que se refere à Natureza Búdica, não há diferença entre pecador e sábio... Um pensamento iluminado, e somos Buda; um pensamento tolo, e somos uma pessoa comum.

Hui Neng, Patriarca Zen

Nenhuma discussão sobre os perigos e as promessas da vida espiritual pode ignorar os problemas com mestres e cultos. O mau uso das funções e instituições religiosas feito por televangelistas, ministros, curadores e instrutores espirituais, tanto orientais quanto ocidentais, é uma história comum. Como líder de uma comunidade espiritual, tenho encontrado muitos discípulos que foram dolorosamente afetados pelas más atuações de seus mestres. Tenho ouvido esse tipo de relato sobre mestres zen, sobre *swamis*, lamas, instrutores de meditação, sacerdotes cristãos, freiras e todas as gamas intermediárias.

O psicólogo William James dizia que a religião é um capítulo monumental na história do egotismo humano. Mark Twain, por sua vez, via a religião como aquilo em que as pessoas tentam acreditar, desejando que seja verdadeiro. A crença idealística dos discípulos, combinada com os problemas pessoais dos mestres, pode criar o fenômeno relatado na antiga fábula da roupa nova — e invisível — do imperador. Como ninguém quer falar sobre o que está realmente acontecendo, as más atuações dos mestres se perpetuam. Assim como a prática espiritual exige que trabalhemos com áreas de inconsciência na nossa vida pessoal, precisamos também estar atentos acerca da falta de consciência nas comunidades espirituais como um todo e nos mestres que as lideram. Caso contrário, estaremos seguindo ideais, em vez de seguir um caminho com o coração, e talvez terminemos com dor espiritual, ruína pessoal e o coração partido.

Quando Dogen, o fundador do zen Soto, disse que "A vida de um mestre zen é um erro contínuo", ele estava mostrando como os erros e o aprendizado sincero a partir desses erros são fundamentais à vida espiritual. Um outro sentido, não-intencional, da afirmação de Dogen é que muitos grandes e dolorosos erros foram cometidos quando os mestres, num momento ou noutro, corromperam suas comunidades. Desses erros resultou grande tristeza e dor, pois, afinal, o papel dos mestres espirituais é cuidar do bem-estar e do coração de seus discípulos, e guiar compassivamente o despertar deles.

Os problemas dos mestres não podem ser facilmente isolados das comunidades a que pertencem. Uma comunidade espiritual irá refletir os valores e o comportamento de seus mestres, bem como participar de seus problemas. Já que a comunidade espiritual é tão importante, somente quando fazemos da vida da nossa comunidade uma parte consciente da nossa prática é que o nosso coração e a nossa vida espiritual poderão tornar-se integrados e totais.

Os problemas não-encaminhados da comunidade são, com freqüência, uma área tão dolorosa que, para poder enfrentá-los e lidar com eles, iremos necessitar de toda a nossa habilidade espiritual, de grande sensibilidade, compaixão e comprometimento profundo com a verdade. Precisaremos aplicar os mesmos princípios que aplicamos à nossa prática pessoal: dar nome aos demônios, curar nossa atenção, acabar com a compartimentação, examinar as repetições persistentes e encontrar, dentro de nós mesmos, as sementes da transformação.

Nem todas as comunidades sofrem por causa de abusos. O ensinamento sábio e integrado do dharma poderá tornar-se o caminho da nossa prática se mestres e discípulos estiverem verdadeiramente comprometidos com um viver consciente. Para descobrir como fazer isso, devemos olhar com honestidade para os problemas que afloram. Podemos começar dando nome a eles com toda a clareza.

DANDO NOME ÀS DIFICULDADES

Existem quatro grandes áreas nas quais, com muita freqüência, mestres e comunidades encontram dificuldade. A primeira dessas áreas está centrada no mau uso do poder. Isso costuma acontecer nas comunidades em que todo o poder gira em torno de um mestre, cujos desejos são observados, independentemente de quais possam ser as conseqüências disso para os discípulos. Em última análise, o poder substitui o amor nos ensinamentos. Às vezes os mestres manipulam a vida dos discípulos em favor de seus propósitos, decretando casamentos, divórcios e modos de vida, e até mesmo abusando dos discípulos que não seguem suas ordens. O abuso de poder pode associar-se à auto-exaltação do mestre e à inflação do ego, bem como à formação de hierarquias completas nas quais existem discípulos que contam com o apoio do mestre e outros que são relegados; discípulos que serão "salvos" e outros que não o serão; facções secretas, intimidação, medo e a criação de dependência e ditadura espiritual.

Quando o sectarismo se mistura a esse mau uso do poder, é possível que o falso orgulho, a mentalidade dogmática e a paranóia se transformem num isolacionismo do tipo "nós contra eles". Em seu pior aspecto, isso pode terminar em armas, espiões e cenários catastróficos. Visitei uns amigos que levaram seus filhos para viver numa comunidade na qual se desenvolveram esses abusos de poder. O mestre era famoso pelos seus poderes espirituais; milhares de discípulos o admiravam, o amavam e sentiam um temor respeitoso por ele. Na qualidade de iogue idoso e celibatário que vivera uma vida de renúncia, sua virtude não era questionada. E o mesmo ocorria com sua autoridade. À sua volta, prosperavam alguns grandes *ashrams* e uma hierarquia incontestada. Junto ao mestre, havia "panelinhas", muito dinheiro e glamour espiritual. Depois de alguns anos, vieram à tona histórias de meninas arrebanhadas para o mestre e para membros escolhidos de seu séquito, de contas bancárias secretas, de drogas e armas. Meus amigos, como a maioria dos discípulos, acreditavam piamente no mestre e descartaram de imediato todas essas histórias. Ora, com esse mestre, como isso poderia ser verdade? Foi só muito mais tarde, quando a filha adolescente dos meus amigos lhes fez alguns relatos de primeira mão, que eles perceberam como haviam sido dolorosamente ludibriados. De imediato, deixaram para sempre a comunidade. Mesmo assim, até hoje, depois de muita publicidade, muitos membros da comunidade continuam com o mestre e, como se nada tivesse acontecido, nunca trazem à tona esses assuntos. Embora essa história combine elementos de diversas áreas de abuso, o mau uso do poder estava no centro do problema.

Assim como o mau uso do poder, o dinheiro é uma segunda área difícil. Encontrar ensinamentos espirituais pode ter um impacto tão forte na vida das pessoas que elas querem fazer generosas doações. Isso pode levar à doação de grandes quantias de dinheiro para as comunidades espirituais. Se os mestres levam uma vida simples e não estão acostumados à abundância, ou se seus desejos se tornam inflados, isso pode acarretar um mau uso, ingênuo ou consciente, do dinheiro. Conheci mestres asiáticos que se deixaram dominar pela riqueza americana e começaram a solicitar dinheiro e a esperar apenas os melhores carros e as mais luxuosas acomodações. Certos mestres das comunidades espirituais do Oriente superestimaram sua importância e abusaram dos fundos da comunidade e também da sua confiança, embora raramente até o ponto em que o fazem alguns ministros da evangelização pela TV. Em casos extremos, tanto os ensinamentos espirituais do Oriente quanto os do Ocidente têm sido usados para gerar lucros vultosos, acompanhados por contas bancárias secretas, alto padrão de vida e o uso fraudulento do dinheiro dos discípulos.

Uma terceira grande área de dificuldade é o dano causado pela sexualidade. O abuso sexual é corrente em toda a nossa cultura; as comunidades espirituais não estão isentas dele. Contradizendo seus votos ou os princípios de seus ensinamentos, o papel do mestre pode ser mal usado em sexo hipócrita ou clandestino, sob a forma de exploração, adultério e abuso, ou de outro comportamento que ponha em perigo o bem-estar físico e emocional dos discípulos. Encontrei isso, de muitas maneiras, desde em mestres zen que solicitavam favores sexuais como parte das sessões de instrução de meditação ("Venha sentar no meu colo") até *swamis* que criaram um harém secreto. Conheci um mestre hindu, vindo da seita mais severa, na qual o celibato era inconteste, que acabou tendo casos secretos com muitas de suas discípulas

236

casadas. Muitos outros lamas, mestres zen, *swamis* e gurus fizeram o mesmo e acabaram causando a maior devastação na vida dos discípulos e da comunidade.

Às vezes, um encontro sexual secreto é mantido em nome do "tantra" ou em nome de ensinamentos especiais. No seu pior aspecto, houve casos envolvendo menores de ambos os sexos ou casos de transmissão de AIDS aos discípulos. É fácil, é muito fácil que a sexualidade inconsciente se misture com os ensinamentos sinceros. Um mestre da Insight Meditation, recentemente falecido, em alguns retiros costumava ficar despido durante os encontros de meditação — ele conjugava um notável dom de ensinar com uma sexualidade bastante confusa.

Uma quarta área de problemas com os mestres e comunidades diz respeito ao vício do álcool ou das drogas. Às vezes, isso é clandestino; outras vezes, é público. (A tradição zen relata histórias de famosos poetas e mestres embriagados.) O estímulo público ao consumo de bebidas em diversas comunidades cujo mestre era alcoólico levou muitos discípulos ao alcoolismo; certas comunidades budistas e hinduístas tiveram de criar grupos de AA para começar a lidar com esses problemas. O vício das drogas, embora menos freqüente, também é um problema ocasional entre mestres ou nas comunidades. No seu pior aspecto, o vício clandestino do álcool e das drogas vem combinado com o mau uso da sexualidade e do poder.

Os discípulos que ingressam em comunidades espirituais não imaginam que irão encontrar esse tipo de dificuldade. Idealismo, fantasias e esperanças impedem esses discípulos de incluir essas áreas de sombra como parte do seu trabalho. No entanto, recentes reportagens e artigos de jornais ocidentais e asiáticos, bem como a própria tendência do nosso tempo, tornaram os discípulos mais conscientes desses problemas, que agora começam a ser tratados. Poder, dinheiro, sexo, álcool e ego inflado são dificuldades que afligem toda a humanidade. Deveriam os mestres espirituais estar livres delas? É claro que muitos mestres espirituais não abusam de seu papel e são exemplos de virtude e compaixão. Mas, já que os problemas são bastante comuns, é importante considerar como e por que eles surgem, a fim de podermos criar, no futuro, comunidades mais conscientes.

POR QUE OS PROBLEMAS OCORREM

Em geral, esses problemas surgem quando a espiritualidade ignora ou nega a nossa natureza humana. O treinamento da maioria dos mestres e gurus nos mosteiros e *ashrams* da Ásia e dos Estados Unidos é um treinamento místico e interior que quase nunca toca as difíceis questões do poder e do seu potencial abuso. Os mestres são lançados nas funções de administrador, de ministro, de guia e de confidente; e, nessas funções, têm imensas responsabilidades e poder. Ainda assim, muitos de seus sistemas e práticas espirituais excluem explicitamente as áreas humanas da sexualidade, do dinheiro e do poder daquilo que é considerado espiritual. Essa compartimentação pode produzir mestres conscientes e hábeis em certas áreas (técnicas de meditação, prática do *koan*, preces, estudos, bênçãos e mesmo uma grande bondade de coração), mas subdesenvolvidos nas grandes áreas de sua vida pessoal.

Os discípulos também precisam lembrar um aspecto que já abordamos aqui: há muitos graus de despertar, há muitos graus de visões e revelações místicas que acompanham o despertar. O despertar é um processo marcado tanto por profundas experiências como por períodos de integração. Por mais poderosa que seja, uma abertura inicial inevitavelmente vai deixar intocados muitos aspectos da nossa vida pessoal. Uma visão mística ou um "gostinho de iluminação", uma experiência de *satori* ou despertar, é apenas o começo da prática espiritual profunda; porém, essas experiências iniciais podem ser tão convincentes que muitas pessoas começam a ensinar baseadas apenas nelas. Quando não são integradas, essas experiências podem facilmente levar à auto-exaltação e à inflação do ego.

A maioria dos mestres (quer o reconheçam ou não) são apenas parcialmente iluminados, apenas parcialmente despertos. Os ensinamentos budistas dão nome aos vários estágios do despertar, nos quais a compreensão é a primeira a se transformar; o caráter só se transformará muito mais tarde. Assim, depois das nossas primeiras experiências, podemos dar palestras inspiradoras e genuínas sobre o despertar, mas só muito mais tarde, muito mais adiante no caminho, teremos transformado as raízes dos nossos profundos desejos, agressões, medos e egoísmo.

A área em que isso é mais evidente é a da sexualidade. O poder da sexualidade é colossal — é ela que produz toda a humanidade; ela é a força criativa que dança através de toda a vida. Excluí-la de grande parte da vida espiritual tem sido desastroso.

Esperando levar maior abertura e percepção consciente a essa área da vida da comunidade, há alguns anos escrevi um artigo para o *Yoga Journal* intitulado "A Vida Sexual dos Gurus". Entrevistei cinqüenta e três mestres zen, lamas, *swamis* e/ou seus discípulos mais antigos a respeito de sua vida sexual e das relações sexuais dos mestres. O que descobri foi algo bastante simples: os pássaros fazem, as abelhas fazem... e a maioria dos gurus também faz. Como qualquer grupo de pessoas na nossa cultura, suas práticas sexuais variavam. Havia heterossexuais, bissexuais, homossexuais, fetichistas, exibicionistas, monogâmicos e poligâmicos. Havia mestres celibatários e felizes e mestres celibatários e infelizes; havia alguns casados e monogâmicos e outros que tinham casos clandestinos; havia mestres secretamente promíscuos e mestres abertamente promíscuos; havia mestres que faziam das relações sexuais conscientes e comprometidas um aspecto de sua vida espiritual; e havia muitos outros mestres que não eram mais iluminados ou conscientes a respeito de sua sexualidade do que qualquer pessoa à sua volta. Na maioria dos casos, a "iluminação" de muitos desses mestres não havia tocado sua sexualidade.

Na Ásia, por tradição, votos e preceitos morais protegiam os mestres e discípulos da má conduta sexual ou de outra natureza. No Japão, no Tibete, na Índia e na Tailândia, os preceitos contra danos por roubo, mentira, má conduta sexual ou abuso de agentes tóxicos eram compreendidos e seguidos por todos os membros da comunidade religiosa. Mesmo nos países onde certos preceitos foram relaxados ou modificados (como a permissão para beber álcool, na China e no Japão), todos compreendem as severas normas culturais que regem o comportamento dos mestres. A comunidade como um todo apóia essas normas; por exemplo, todos se vestem com modéstia (protegendo assim mestre e discípulo do interesse sexual) e todos acatam os limites apropriados em relação ao uso do poder e de agentes tóxicos.

Nos Estados Unidos, atualmente, é bastante comum que a observância dessas normas seja dispensada, e nem os pregadores da TV nem os mestres espirituais orientais têm regras claras de comportamento em relação ao dinheiro, ao poder e ao sexo. Nossa sociedade leva dinheiro aos mestres ou lhes oferece um enorme poder sem que haja quaisquer normas claras. O álcool e as drogas são usados livremente no Ocidente, sem nenhuma grande compulsão moral; na falta de um compromisso claro com as normas monásticas tradicionais, quem poderá saber quanto um mestre deveria beber? A prática espiritual sem nenhum compromisso comum com os preceitos e votos tradicionais pode desencaminhar tanto os mestres como os discípulos. As comunidades devem tornar seus votos transparentes, para, a longo prazo, beneficiar mestres e discípulos.

São grandes as tentações da sexualidade, do poder, do dinheiro e dos agentes tóxicos. Um mestre birmanês de 45 anos de idade que trouxemos para um grande retiro budista no sul da Califórnia estava chocado com o modo de vestir dos americanos. Era o seu primeiro retiro no Ocidente, e uma onda de calor levou a maioria dos discípulos a vestir camisetas e *shorts*. Para esse mestre, que desde sua ordenação ao 14 anos só havia visto mulheres vestidas com saias longas e blusas de mangas compridas, aquilo tudo era como assistir a um espetáculo burlesco. Durante vários dias, ele nem sequer levantou os olhos na sala de meditação ou durante as entrevistas. Embora abalado, ele acabou dando um jeito de se adaptar, mas isso continuava a ser um desafio para a sua equanimidade.

TRANSFERÊNCIA E PROJEÇÃO

Para compreender ainda mais as dificuldades de mestres e comunidades, precisamos reconhecer a grande energia da idealização e da projeção que opera nos relacionamentos espirituais. A "transferência", como é chamada na psicologia ocidental, é o processo inconsciente e muito forte pelo qual transferimos ou projetamos sobre algum superior, homem ou mulher, os atributos de alguém significativo no nosso passado, muitas vezes os nossos próprios pais. À semelhança de crianças pequenas, tendemos a vê-los como absolutamente bons ou absolutamente maus, assim como fazíamos antes de poder compreender a complexidade dos seres humanos. Esperamos que os mestres cuidem de todos os nossos problemas, ou temos medo de que nos julguem do modo como faziam nossos pais, ou esperamos deles tudo o que queríamos obter de nossos pais.

As pessoas projetam muitas coisas sobre seus mestres. Uma boa imagem para nos ajudar a entender a projeção é a da paixão. Nós nos "apaixonamos" pelos mestres espirituais. Buscamos um espaço para o amor, para a bondade e a justiça perfeitas e, ansiando tão profundamente por essas qualidades, nós as projetamos sobre outra pessoa. Numa espécie de romantismo espiritual, imaginamos que nossos mestres são tudo o que queremos que eles sejam, em vez de vermos sua natureza humana. Essa tendência é particularmente forte nos discípulos que foram ensinados, pela família e pelos professores, a nunca questionar, mas a delegar o seu poder às autoridades.

O problema da transferência raramente é tratado nas comunidades espirituais, ao passo que, nos relacionamentos psicológicos e terapêuticos, é intencionalmente discutido a fim de que os pacientes possam, afinal, vir a se relacionar de maneira realista com o terapeuta e com o mundo à sua volta.

A transferência e a idealização têm um efeito muito forte sobre os mestres e também sobre os discípulos. Eles criam um clima de irrealidade e, com freqüência, alimentam o isolamento do mestre. Quando o mestre é inseguro ou solitário, as projeções do discípulo aumentam esses sentimentos. Quando os discípulos o vêem como um ser perfeito, o mestre pode cair na mesma ilusão.

Um mestre pode estar rodeado de devotos adoradores e, ainda assim, não ter um parceiro à sua altura, não ter ninguém com quem manter uma conversa aberta e honesta. Talvez tenha pouca vida particular e esteja sempre ocupado com as necessidades espirituais da comunidade. Será muitas vezes a mãe, o pai, o confessor, o curador, o administrador, o mestre e o conselheiro de campo — todos unidos numa só pessoa. Poucas pessoas percebem até que ponto um mestre pode estar isolado em suas funções, especialmente nas comunidades onde ele é o único líder reconhecido. O processo de transferência aumenta esse isolamento e é uma das razões-chave para a má conduta do mestre. Depois de algum tempo, as necessidades insatisfeitas e os assuntos inacabados de um mestre virão à tona e serão lançados como lenha na fogueira da comunidade.

Conheci um homem, casado, de meia-idade e maneiras gentis, que se viu subitamente alçado ao papel de mestre, pois seu guru na Índia mandou que os discípulos o seguissem. De início, ele os ensinou com admirável energia e humildade, mas, à medida que mais discípulos o procuravam, ele se deixou arrebatar pelo papel de mestre. Sua insegurança levou-o a tentar demonstrar poderes paranormais que não possuía e a buscar conforto através de contato sexual com as mulheres devotas. Ele justificava esse comportamento como parte do seu "ensinamento superior". Ele se deixara aprisionar pela transferência.

O problema da transferência é, às vezes, ampliado pela natureza dos discípulos que vêm para as comunidades espirituais. Já comentamos como é freqüente que os centros espirituais atraiam pessoas solitárias e feridas. As pessoas vêm à prática espiritual buscando uma família, buscando o amor, a boa mãe ou pai que nunca tiveram. Buscam a cura, a amizade e o apoio na difícil tarefa de viver na nossa sociedade. Elas esperam que a comunidade espiritual lhes proporcione a família perfeita que nunca tiveram. Mas, se a prática da comunidade não leva em conta a dor pessoal de seus membros ou seus problemas familiares não-resolvidos, então essas deficiências continuarão a se intensificar. Quando várias pessoas inconscientes e carentes vivem e praticam juntas numa comunidade, elas podem facilmente recriar seu velho e doloroso sistema familiar no centro espiritual. De modo inconsciente, podem vir a manifestar seu medo, raiva ou depressão numa nova versão "espiritual". A antropóloga Margaret Mead assim se expressou: "Não importa quantas comunidades possamos inventar, a família sempre se infiltra nelas."

Mesmo quando se apercebem dos problemas da comunidade, os discípulos podem ter medo de enfrentá-los ou de partir, pois não querem perder sua "família" outra vez — assim como crianças que sofreram maus-tratos preferem voltar para junto de seus pais abusivos, pois o sentimento de fazer parte de uma família é muito importante.

Mas, se os membros de uma comunidade são incapazes de lidar com sua dependência, insegurança ou outras questões preocupantes, o resultado será ainda mais dependência, hipocrisia e isolamento. As comunidades espirituais autênticas precisam reconhecer e tornar consciente essas dificuldades. Quase todas as comunidades terão, é inevitável, algumas dificuldades e problemas. Às vezes serão problemas comuns; outras, envolverão a má conduta do mestre. Embora a grande maioria dos mestres não seja inescrupulosa, sempre que existir idealização, ego inflado, compartimentação e confusão a respeito das funções e necessidades do mestre, o resultado será abuso e exploração.

COMO TRABALHAR COM OS PROBLEMAS MESTRE-COMUNIDADE

QUESTIONAMENTO HONESTO

Tanto os mestres como as comunidades contribuem para as áreas de má conduta e ambos devem ser parte da solução. A chave para entender essas dificuldades é a percepção consciente. Como primeiro passo, isso envolve um questionamento honesto. Apresento aqui algumas questões de que você poderá dispor para romper as ilusões de grandeza e o romantismo espiritual, quando eles encobrem problemas sérios.

Na comunidade espiritual, pede-se a você que viole seu próprio senso de conduta ética ou sua integridade? Existe um padrão duplo — ou seja, um padrão para a comunidade e outro para o guru e alguns poucos à volta dele? Existem segredos ou rumores de dificuldades? Os membros principais abusam da sexualidade, do dinheiro ou do poder? O que mais pedem de você é o seu dinheiro? Pedem seu corpo? Você não tem permissão para freqüentar seus velhos amigos? Você se sente dependente? Viciado? A prática é desprovida de humor? (Este é um sinal importante.) A comunidade tem à sua volta um peso e um sentimento contrário à vida? Pedem a você que acredite cegamente, sem deixá-lo descobrir as coisas por si mesmo? Existe algo muito forte acontecendo que, talvez na verdade, nem diga respeito ao amor? Existe mais enfoque sobre a instituição e seus membros do que sobre as práticas que levam à libertação? Existe uma sensação de intolerância? Quando você olha para os discípulos mais antigos e evoluídos, eles são felizes e amadurecidos? Têm oportunidade de se qualificarem para ensinar e expressar o seu próprio dharma — ou são eternamente mantidos no papel de discípulos e crianças?

Procure ver se a comunidade é baseada no sectarismo ou na separatividade, ou se tem uma qualidade fundamentalista. Essa tarefa pode tornar-se difícil se nos apaixonamos por uma comunidade ou por um mestre. Talvez nos sintamos entusiasmados por sermos os escolhidos, os eleitos, os únicos que realmente vêem melhor do que todos os outros sobre a face da Terra. No entanto, é inevitável que essa crença traga isolamento, vício e a perda da genuína sabedoria e compaixão.

A veemência com que certos discípulos proclamam o "único caminho verdadeiro" é, em geral, um sinal de insegurança não-reconhecida; por baixo dessa veemência, existe muitas vezes a dúvida ou um grande medo, inconsciente ou oculto. Conta-se uma história de Rabia, uma santa persa. Certa vez, Rabia estava doente e suas amigas foram visitá-la. Começaram por denegrir todas as coisas do mundo, para mostrar como elas eram santas. Rabia riu-se delas. "Vocês devem estar muito interessadas por esse mundo", disse-lhes, "do contrário, não falariam tanto dele. Quem quer quebrar uma mercadoria, precisa antes comprá-la." Nunca é verdadeira a alegação de que apenas um pequeno grupo escolhido de pessoas irá despertar ou ser libertado nesta Terra. Despertar é direito inato de todos os seres humanos, de todas as criaturas. Não existe nenhum outro caminho legítimo.

Cada um de nós precisa aprender a tornar-se a sua própria autoridade. Isso e só isso irá nos libertar. Lembremos o conselho de Buda aos confusos aldeãos de Kalamas. Precisamos olhar a nossa vida por nós mesmos, independentemente do ponto de vista dos outros, e só quando uma prática for claramente benéfica deveremos segui-la. Com um coração amoroso, devemos perguntar: Estou me tornando mais isolado, servil, perdido ou viciado? Estou aumentando o meu sofrimento? A clareza e a liberdade estão crescendo em mim? Aumentou a minha capacidade de saber por mim mesmo o que é verdadeiro? Cresceu a minha capacidade de ser compassivo e tolerante?

Ao responder a essas perguntas, devemos fazer algo ainda mais difícil do que propô-las. Devemos dizer a verdade a nós mesmos, e devemos falar a verdade na nossa comunidade. Dizer a verdade numa comunidade é tornar essa comunidade consciente. Nessas situações, torna-se uma excelente prática dar nome aos demônios e aprender a falar em voz alta com compaixão e clareza. Precisamos falar com o mestre para ver se ele compreende e se vai participar da solução da dificuldade. Precisamos insistir para que cesse o comportamento explorador. Nesse espírito, há muitos anos, precisei viajar para a Ásia, em nome do nosso conselho diretor, para questionar diretamente um dos nossos instrutores espirituais mais antigos que relutava em responder às acusações de má conduta sexual nos Estados Unidos. Insistimos para que ele falasse com honestidade aos mestres e à comunidade, explicando, desculpando-se e reafirmando seus padrões éticos para que pudesse voltar a ser incluído na nossa comunidade. Em algumas comunidades, questionar o guru, o lama, o mestre ou o sacerdote é considerado não-espiritual ou desagradável; questionar a direção da comunidade é considerado um sinal de ilusão e imaturidade. Ainda assim, precisamos estar dispostos a perguntar à nossa comunidade: "Estamos perdidos, apegados e viciados? E de que maneira? Estamos nos beneficiando, despertando, nos abrindo? E de que maneira?" Cada área incômoda da crença, qualquer ilusão sobre a prática e o mestre, qualquer comportamento explorador ou código moral obscuro deve ser debatido. Falar de modo aberto e honesto, com o bem-estar da comunidade no nosso coração, é extraordinariamente benéfico. Cura e transforma. Dar nome aos demônios com honestidade e suavidade tem o poder de dispersar a ilusão.

Debater esses problemas pode ser tão doloroso e explosivo que, em geral, eles são tratados superficialmente. Reuniões secretas, cheias de censuras e rancores, de medo e paranóia não beneficiam a ninguém. O espírito de misericórdia e preocupação por todos é decisivo. Pode levar algum tempo até que a comunidade aprenda isso. Com freqüência, é necessário buscar o apoio de sábios anciãos de fora da comunidade a fim de criar um espaço seguro para as reuniões, se quisermos que o resultado seja a compreensão e a reparação. Todavia, se o mestre é razoavelmente compreensivo, ele e a comunidade amadurecerão aos poucos juntos.

Para fazer isso, os mestres devem ser capazes de lidar com as raízes subjacentes aos seus próprios problemas, sejam velhas feridas, história cultural e familiar, isolamento, vícios ou sua auto-exaltação. Em algumas comunidades, os mestres acabaram por freqüentar reuniões dos Alcoólicos Anônimos ou buscar por aconselhamento. Em outras, formaram-se conselhos para tomadas de decisão a fim de acabar com o isolamento do mestre.

Como dissemos, praticar a partir das dificuldades de mestres e das comunidades exige os mesmos princípios fundamentais que aprendemos na meditação. Precisamos repetidamente dar nome às dificuldades, descobrir as raízes dos problemas persistentes e reconhecer os medos que agem em todos nós. Precisamos usar percepção consciente e honestidade, combinadas a uma profunda compaixão por nós mesmos e por todos os envolvidos, a fim de podermos aprender as lições desses problemas e incorporá-las à nossa prática.

FAÇA USO DO QUE É BOM

Quando lidamos com a natureza humana e com a complexidade dos mestres, é útil manter em mente alguns outros princípios. Um deles é chamado de *faça uso do que é bom.*

Depois de estudar com meu primeiro mestre, Achaan Chah, que tinha uma conduta impecável e era, de muitos modos, um guru exemplar, cortês, perspicaz e amoroso, participei de um retiro de um ano, estudando com um famoso mestre birmanês. Era um velho rabugento e desmazelado que jogava pedras nos cachorros, fumava charutos birmaneses e passava as manhãs lendo jornal e conversando com as mais belas das jovens monjas.

Nas conversas particulares, era um mestre esplêndido. Depois de treinar milhares de discípulos, ele era realmente um hábil guia para a meditação interior. Mas quando o vi em outras situações, fiquei cheio de dúvidas, pensando: "Ele não pode ser iluminado". Passaram-se semanas de luta interior até que comecei a ver que ele era um grande mestre de meditação, mas, sob outros aspectos, um mau exemplo. Percebi que eu podia usar o que era bom, sem precisar comprar todo o pacote. Não era preciso que eu imitasse esse homem. A partir de então afeiçoei-me bastante a ele. Penso nele, hoje, com afeto e gratidão. Eu não gostaria de ser como ele, mas estou agradecido pelas muitas coisas maravilhosas que me ensinou.

RECONHEÇA O EFEITO HALO

Para fazer uso do que é bom, precisamos reconhecer um segundo princípio do sábio relacionamento e livrar-nos do *efeito halo.* O efeito halo é aquela suposição não-questionada de que, se um mestre de meditação ou instrutor espiritual é bom em uma área, então será bom em todas as áreas; se ele conhece tudo sobre a visão interior, então também conhecerá tudo sobre educação infantil ou mecânica de automóveis. É fácil ver essa fantasia representada repetidamente nas comunidades espirituais.

Um casal deslumbrado pediu conselhos sobre parto ao seu mestre, um famoso lama tibetano. Ora, esse lama era um celibatário, criado num mosteiro, que nada sabia do assunto. Mas deu ao casal alguns conselhos que ouvira do folclore nas montanhas do Tibete. Baseado em seus conselhos, o casal tentou um parto caseiro nas montanhas, com resultados desastrosos — mãe e filho quase morreram.

243

Outro discípulo seguiu um carismático guru indiano, cujo poderoso amor e ensinamentos trouxeram grande alegria e paz à sua vida. Esse discípulo era *gay* e vivia uma relação de proteção e comprometimento há mais de dez anos; quando, mais tarde, o guru lhe afirmou que toda homossexualidade era um terrível pecado que levava ao inferno, sua vida quase foi destruída. Seu relacionamento se rompeu. Retornaram a culpa secreta e o ódio de si mesmo que haviam atormentado sua vida desde a infância. Afinal, com ajuda externa, ele chegou a perceber que, embora pudesse lhe transmitir visões e maravilhosos ensinamentos de meditação, o guru era completamente ignorante sobre a homossexualidade. Só ao tomar consciência disso é que ele foi capaz de, com igual bondade, manter os ensinamentos que tanto valorizava e sua vida particular.

Podemos ver, repetidas vezes, como uma dimensão da vida não traz automaticamente sabedoria para outras dimensões. Cada mestre e cada prática têm seus pontos fortes e suas fraquezas.

SAIBA QUE PODER NÃO É SABEDORIA

Na vida espiritual, para separar ainda mais o ouro do refugo, precisamos estabelecer uma distinção entre a sabedoria e o poder. Os poderes podem incluir capacidade psíquica, energia espiritual especial, a criação de visões para os discípulos ou apenas o simples carisma. Existem muitas pessoas poderosas que não são nem um pouco sábias. Existem muitas pessoas sábias que não possuem nenhum poder especial, exceto seu amor e sua disponibilidade. Não se deixe enganar! Às vezes essas duas qualidades vêm juntas num mestre sábio e poderoso, mas, em geral, elas são confundidas. Um mestre poderoso pode ser sábio e amoroso ou não — os poderes nada provam. Quando um mestre serve o *dharma*, o divino, a verdade, então as coisas vão bem para todos; mas, quando os poderes são usados a serviço do mestre, temos uma fórmula pronta para gerar problemas.

ESTABELEÇA NORMAS ÉTICAS CLARAS

O princípio mais óbvio para a manutenção de uma comunidade espiritual sábia é o estabelecimento de normas éticas claras que deverão ser seguidas por todos. Todas as grandes tradições espirituais têm alguma versão dessas normas. A questão é: esses preceitos são reconhecidos, valorizados e seguidos? Um mestre zen disse-me que achava muito importante que os discípulos seguissem preceitos morais, mas, claro, sendo "livre" um mestre zen não precisava se preocupar com isso. Você bem pode imaginar os problemas que desabaram mais tarde sobre essa comunidade!

Se, na sua comunidade, as normas para instrutores e discípulos ainda não são claras, pergunte sobre elas, tente fazer uma idéia delas. Se for necessário, obtenha ajuda externa de respeitados anciãos da sua tradição ou sábios amigos da comunidade. Na comunidade da Insight Meditation, temos normas formais, semelhantes para discípulos e instrutores, que seguem os cinco preceitos budistas. Elas se dirigem explicitamente às áreas comuns de má conduta do mestre e incluem o compromisso de não causar dano aos outros, seja através do mau uso do dinheiro, da sexualidade ou de agentes tóxicos. Também estabelecem um conselho de ética e um método para encaminhar as dificuldades que envolvem discípulos e instrutores. (Para ter um exemplo dessas normas, veja o Apêndice.)

Nas regras tradicionais para os mosteiros budistas, a resolução das violações éticas é vista como um processo de cura, um processo que busca reparação e reconciliação. Às vezes, são necessárias confissões e pedidos de desculpas à comunidade; outras vezes, os votos precisam ser renovados; ou, então, é exigido um período de penitência e de reflexão. Ao criar normas, inclua um processo claro para o modo de encaminhar os casos de má conduta, um espaço para as palavras honestas e para o apoio compassivo e continuamente crescente dos padrões éticos. Crie reuniões regulares da comunidade, *ombudsmen* éticos e canais eficientes de comunicação.

Se, ao tentar dar forma à roupa nova do imperador, fiz com que essas questões parecessem de fácil compreensão ou de fácil solução, eu lhe asseguro que não é assim! Essas podem ser as áreas mais dolorosas e tempestuosas da vida de uma comunidade, e requerem contínua perseverança e a sabedoria de todos os envolvidos. Só dentro desse espírito poderá ocorrer a cura.

O LUGAR DO PERDÃO

É inevitável que, ao trabalharmos com uma mescla de dificuldades de mestres, comunidades e de nós mesmos, nos seja solicitada certa capacidade de perdoar. O perdão não justifica o comportamento de mestres, discípulos ou membros da comunidade que provocaram sofrimento; nem significa que deixaremos de dizer abertamente a verdade ou que deixaremos de tomar uma atitude enérgica para impedir futuros abusos. O perdão tem por finalidade simplesmente dizer que não iremos expulsar alguém do nosso coração. A partir da perspectiva do perdão, reconhecemos que todos nós cometemos erros, que todos nós causamos sofrimento aos outros. Ninguém está livre disso. Se sondamos o nosso coração e descobrimos a incapacidade de perdoar, percebemos que, no fundo, acreditamos que a pessoa que errou é diferente de nós. Mas, será a confusão, o medo e a dor dessa pessoa realmente diferente dos nossos?

Há muitos anos, tivemos uma série de reuniões conturbadas e indignadas num momento doloroso da vida da nossa comunidade budista: um dos nossos instrutores se envolvera sexualmente com uma discípula durante um retiro para pessoas que haviam feito o voto do celibato. Procuramos entender como aquilo havia acontecido e o que precisávamos fazer a respeito. Mas essas questões tão importantes eram, em geral, tratadas com um tom de ultraje e de indignação. E foi assim que no meio de uma das mais difíceis reuniões da comunidade um homem levantou-se e perguntou ao grupo, num tom de voz muito suave: "Digam-me, existe aqui nesta sala alguma pessoa, homem ou mulher, que nunca fez papel de tolo em relação à sexualidade?" Todos os presentes riram, cada um percebendo como compartilhavam aquele mesmo problema. Foi a partir daí que começamos a pôr de lado as censuras e a procurar uma resposta sábia e compassiva para todos os envolvidos naquela circunstância dolorosa.

A MUDANÇA DE UMA
COMUNIDADE PARA OUTRA

Mesmo que tentemos levar compreensão e perdão a esses problemas, às vezes as situações com que defrontamos são tão ruins que nossa melhor atitude é ir embora. Alguns mestres e comunidades tornam-se tão pomposos, tão inconscientemente falsos e medrosos que não demonstram disposição ou são incapazes de enfrentar suas dificuldades. Alguns sistemas doentios são exploradores e abusivos a um nível irreparável. Às vezes, sentimos os sinais de perigo tão logo nos unimos a eles. Outras vezes, só muito mais tarde, diante de problemas reais e da persistente negativa por parte dos mestres e da comunidade, é que tomamos consciência de que chegou o momento de partir.

Thomas Merton já nos alertou:

O homem mais perigoso do mundo é o contemplativo que não é guiado por ninguém. Ele acredita em suas próprias visões. Obedece às atrações de uma voz interior, mas não dá ouvidos aos outros homens. Identifica a vontade de Deus com o seu próprio coração... E se a pura força de sua autoconfiança se comunica aos outros e lhes dá a impressão de que ele é realmente um santo, esse homem pode destruir toda uma cidade, ou uma ordem religiosa, ou até mesmo uma nação. O mundo está coberto de cicatrizes deixadas em sua carne por visionários desse tipo.

Quando partimos de uma comunidade espiritual que enfrenta dificuldades, ou quando o mestre e a comunidade não se dispõem a lidar com seus problemas, iremos sentir uma dor extraordinariamente grande. No decorrer da nossa prática espiritual, é provável que nosso coração se quebre de muitas maneiras, mas essa traição é uma das mais desafiadoras. Quando um mestre em quem confiamos ou uma comunidade que amamos mostram ser hipócritas e prejudiciais, isso provoca o mais profundo sentimento de perda e raiva em muitos discípulos. Sentimo-nos como se fôssemos novamente crianças pequenas, voltando a sofrer o divórcio ou a morte de nossos pais, ou a nossa primeira experiência com a injustiça ou a traição. Aqueles dentre nós que sentiram a intensidade desse tipo de fracasso por parte de um mestre ou de uma comunidade deveriam perguntar a si mesmos: "Que idade tenho, por dentro, quando reajo a essa perda?" É muito freqüente sentir-nos extremamente jovens; e iremos ver que nossos sentimentos não se referem apenas à situação em curso, mas também apontam para aquilo que ficou por resolver no nosso passado. Talvez esse sentimento seja até mesmo parte de um padrão de abuso ou de abandono que repetimos, muitas vezes, na nossa vida. Talvez tenhamos traído a nós mesmos antes ou, numa outra época, esperássemos ser salvos. Se assim for, devemos fazer a nós mesmos algumas perguntas difíceis: "O que me atraiu para esse sistema? Acaso não suspeitei do que estava acontecendo? Como tomei parte nisso, no meu inconsciente?"

A desilusão é uma parte importante do caminho espiritual. Ela é uma barreira difícil e cercada de fogo, um dos mais puros mestres do despertar, da independência e do desapego que podemos encontrar na vida. Sofrer desilusão é ser despojado das nossas esperanças, de nossas imagens mentais, de nossas expectativas. Mas, embora ela abra nossos olhos, a dor que daí resulta, com muita freqüência, fecha o nosso coração. O grande desafio da desilusão é mantermos nossos olhos abertos e, ainda assim, permanecermos ligados ao grande coração compassivo. Quer o nosso coração se dilacere na noite escura da nossa prática interior ou na noite escura das dificuldades da comunidade, podemos usar essa experiência para aprender uma consciência mais profunda e um amor mais sábio. O processo de curar a traição espiritual e a perda pode levar um longo tempo. Depois da raiva e da dor, vem um imenso vazio no coração, como se algo tivesse sido arrancado violentamente de nós. No entanto, esse vazio não é apenas o resultado da traição cometida pelo mestre ou pelo grupo. Ele esteve ali presente ao longo de todas as maneiras através das quais traímos a nós mesmos. Finalmente, precisamos retornar para fazer face a nós mesmos e sentir as brechas que tentamos preencher de fora para dentro. Precisamos encontrar a nossa própria natureza búdica e descobrir, nessas dificuldades, a lição que realmente temos de aprender.

Para algumas pessoas, a desilusão e a dificuldade, embora muito difíceis, são as coisas de que elas mais precisavam antes de poderem retornar a si mesmas. Não quero dizer com isso que deveríamos procurar propositadamente o abuso; mas, às vezes, é preciso um mestre falso ou equivocado para criar um discípulo sábio. Mesmo que um discípulo sinta que perdeu a fé, a verdade é que nunca perdemos a nossa fé — apenas a pomos de lado por uns tempos. "Perdi o meu coração", dizemos. Abandonamos o nosso coração por algum tempo, porém o nosso coração bem como a nossa fé e a verdade eterna estão sempre aqui conosco.

A verdade não pertence a Buda nem a qualquer mestre. Como costumava dizer Achaan Chah: "O dharma, o Caminho Verdadeiro, é como a água subterrânea. A qualquer momento que cavarmos, nós a encontraremos".

A provação, no relacionamento com as comunidades espirituais e com os mestres, pode transformar nosso idealismo inicial em sabedoria e compaixão. Iremos deslocar-nos da busca da perfeição para a expressão da nossa sabedoria e do nosso amor. E então, talvez, venhamos a compreender a admirável afirmação de Suzuki Roshi: "Na realidade, não existe a pessoa iluminada. O que existe é apenas a atividade iluminada". Já que a libertação nunca pode ser possuída, a pessoa que pensa, "Sou iluminada", está caindo numa contradição em termos. Sabedoria, compaixão e despertar não são coisas que conquistamos ou alcançamos no passado; se não estiverem vivas neste momento, neste instante, em nós e nas nossas comunidades, então a nossa tarefa se torna evidente: devemos fazer uso do que existir à nossa frente, aqui e agora, e transformá-lo, no nosso coração, em sabedoria e compaixão.

MEDITAÇÃO: REFLEXÃO SOBRE A SOMBRA DO SEU TIPO DE PRÁTICA

Assim como toda comunidade tem sua sombra, cada conjunto de ensinamentos também terá áreas de sombra, aspectos da vida que não iluminam com sabedoria. Cada estilo de ensinamento irá também produzir seu inimigo próximo, o modo como aquele ensinamento em particular pode ser, com mais facilidade, mal-usado ou malcompreendido. Pode ser útil reservar algum tempo para refletir sobre os pontos fortes e as limitações da prática que você optou por seguir. Você pode considerar até que ponto essas questões fazem parte da sua própria vida espiritual. Os exemplos seguintes sugerem algumas sombras que talvez você venha a encontrar.

A Insight Meditation e as práticas budistas semelhantes podem levar à quietude, ao afastamento do mundo e ao medo do mundo. O vazio ensinado no zen e no vedanta não-dualista pode levar a um problema correlato: desconexão e desenraizamento. Qualquer forma de ensinamento idealístico e relativo ao outro mundo, que vê a vida na Terra como um sonho ou mantém o foco sobre os domínios mais elevados, pode levar a pessoa a viver com complacência, amoralidade e indiferença. Práticas físicas como a hatha ioga podem levar à perfeição do corpo físico em vez do despertar do coração. A ioga kundalini pode levar os discípulos a se tornarem "viciados em experiência", na busca de excitantes sensações do corpo e da mente, em vez da liberação. Mestres como Krishnamurti e outros, que rejeitam qualquer disciplina ou método de prática, podem levar as pessoas a manter uma atitude intelectual em relação à vida espiritual, sem oferecer nenhuma experiência interior profunda. As práticas que exigem muito estudo podem fazer o mesmo. As práticas moralistas, com severas regras sobre o que é puro e o que não é puro, podem fortalecer a baixa auto-estima ou levar à rigidez e à hipocrisia. As práticas tântricas podem tornar-se uma desculpa para a manifestação dos desejos como uma pseudoforma de prática espiritual. As práticas devocionais podem deixar subdesenvolvidas a clareza e a sabedoria discriminadora. Gurus influentes podem nos levar a pensar que não conseguimos fazer as práticas por nós mesmos. Práticas de alegria e celebração, como a dança sufi, podem deixar os discípulos desprovidos da compreensão da perda e dos sofrimentos inevitáveis da vida. Práticas que enfatizam o sofrimento podem deixar de lado a alegria da vida.

Ao refletir sobre essas sombras, considere o seu próprio caminho e tradição espiritual. Procure sentir seus pontos fortes e fracos, seus dons e as maneiras como podem ser mal usados. Observe os pontos nos quais você pode ser enganado e as coisas de que talvez você mais necessite. Lembre-se de que não existe nada errado com nenhuma dessas práticas em si. Elas são apenas ferramentas para a abertura e o despertar. Cada uma delas pode ser usada de modo hábil ou ser inconscientemente mal usada. À medida que amadurecer na vida espiritual, você poderá assumir a responsabilidade pela sua própria prática e refletir com sabedoria sobre os pontos nos quais está enredado e sobre aquilo que, em cada domínio, irá despertá-lo para a liberdade.

19

KARMA:*
O CORAÇÃO É O NOSSO JARDIM

O coração é o nosso jardim e, junto com cada ação, existe uma intenção que é plantada como uma semente. Podemos usar uma faca afiada para cortar alguém; se a nossa intenção é ferir, seremos um assassino. Podemos executar uma ação quase idêntica, mas, se somos um cirurgião, nossa intenção é curar e salvar vidas. A ação é a mesma; no entanto, dependendo de seu propósito ou intenção, tanto poderá ser um ato terrível quanto um ato de compaixão.

Somos chamados a agir noite e dia, sozinhos ou em grupo, em circunstâncias maravilhosas ou enfrentando dificuldades. Como podemos pôr em prática a nossa compreensão interior? Como podemos saber quando nossas ações são sábias? A chave para a ação sábia é a compreensão do karma.

"Karma" tornou-se uma palavra comum na nossa língua. Temos muitos exemplos. Dizemos, "Ah, esse é o karma dele" ou "Ele vai conseguir o seu karma". Cheguei até mesmo a ouvir na rádio o anúncio de uma revendedora de automóveis de Berkeley que estava oferecendo bons descontos porque, conforme anunciava, esse era o seu karma, e "O *seu* karma, caro ouvinte, é vir aqui fazer um bom negócio". Um jornal publicou o anúncio de um serviço de US$15,95 que garantia um melhor karma e mais dinheiro na próxima vida, "A Garantia da Reencarnação na Próxima Vida" (Salvação Garantida ou Seu Dinheiro de Volta). Esse é o nível a que se deteriorou o conceito e o uso da palavra "karma" na nossa cultura!

---

* Ver Glossário, no final do livro.

O Sutra Avatamsaka é o texto budista que descreve as leis que governam os milhares de possíveis domínios do universo — domínios de prazer e de dor, domínios criados pelo fogo, pela água, pelos metais, pelas nuvens ou até mesmo pelas flores. Cada universo, diz-nos o sutra, segue a mesma lei básica: em cada um desses domínios, se você plantar uma semente de manga, terá uma mangueira, e se plantar uma semente de maçã, terá uma macieira. Assim é em todos os domínios que existem no mundo dos fenômenos da criação.

A lei do karma descreve o modo como causa e efeito regem os padrões que se repetem através de toda a vida. Karma significa que nada surge por si mesmo. Cada experiência é condicionada por aquilo que a precede. Desse modo, nossa vida é uma série de padrões inter-relacionados. Os budistas dizem que a compreensão dessa lei é suficiente para se viver sabiamente no mundo.

O karma existe em muitos níveis diferentes. Seus padrões governam as imensas formas do universo, tais como as forças gravitacionais das galáxias, e os mais sutis e diminutos modos pelos quais, a cada momento, nossas escolhas humanas afetam o nosso estado mental. No nível da vida física, por exemplo, se uma pessoa olha para um carvalho, ela pode ver o "carvalho" manifestando-se em algum dos diferentes estágios de seus padrões vitais. Num determinado estágio do carvalho padrão, o carvalho existe sob a forma de bolota; num estágio subseqüente, ele vai existir sob a forma de árvore nova; noutro estágio, sob a forma de árvore adulta; e, ainda noutro, sob a forma de bolota verde crescendo nessa árvore adulta. Em rigor, não existe o "carvalho" definitivo. Existe apenas o carvalho padrão através do qual certos elementos seguem as leis cíclicas do karma: um arranjo específico de água, minerais e a energia solar que o transforma, infinitas vezes, de bolota em árvore nova e depois em árvore adulta.

De modo semelhante, as tendências e hábitos da nossa mente são padrões kármicos que repetimos infinitas vezes, como a bolota e o carvalho. Ao abordar esse tema, Buda perguntou: "O que vocês acham que é maior: a mais alta montanha da Terra ou a pilha de ossos que representa as vidas que vocês viveram infinitas vezes em cada domínio governado pelos padrões dos seus karmas? Maior, meus amigos, é a pilha de ossos; maior do que a mais alta montanha da Terra".

Vivemos num oceano de padrões condicionadores que repetimos infinitas vezes e, ainda assim, raramente notamos esse processo. Podemos compreender com mais clareza o funcionamento do karma na nossa vida se olharmos esse processo de causa e efeito nas nossas atividades comuns e observarmos como os padrões repetitivos da nossa mente afetam o nosso comportamento. Por exemplo, nascidos numa certa cultura em determinada época, assimilamos determinados padrões de hábitos. Se nascemos numa taciturna cultura pesqueira, aprendemos a ser calados. Se crescemos numa cultura mediterrânea mais expressiva, talvez expressemos nossos sentimentos com gestos amplos e tenhamos uma maneira de falar espalhafatosa. Nosso karma social — parental, escolar e condicionamento lingüístico — cria padrões completos de consciência que determinam o modo como vivenciamos a realidade e o modo como nos expressamos.

Esses padrões e tendências são, muitas vezes, bem mais fortes do que as nossas intenções conscientes. Quaisquer que sejam as circunstâncias, são os velhos hábitos que irão criar o modo como vivemos. Lembro de ter ido visitar minha avó num prédio de apartamentos exclusivo para idosos. A vida ali era tranqüila e sedentária para a maioria dos moradores. O único lugar onde algo acontecia era no saguão, e os moradores interessados iam até lá para observar quem entrava e saía. No saguão, havia dois grupos de pessoas. Um grupo sentava-se ali regularmente e se divertia, jogando cartas e cumprimentando todos os que passavam. Tinham um relacionamento agradável e amistoso entre si e com as circunstâncias à sua volta. Do outro lado do saguão, ficavam as pessoas que gostavam de reclamar. Para elas, havia algo errado com todo mundo que passava pela porta. Entre uma pessoa que passava e outra, reclamavam, "Você viu que comida horrível nos serviram hoje?", "Viu o que fizeram com o quadro de avisos?", "Você sabe para quanto vai subir o nosso condomínio?", "Sabe o que disse o meu filho a última vez que esteve aqui?" Esse era um grupo de pessoas cuja principal relação com a vida era reclamar dela. Cada grupo levou para o edifício um padrão com o qual tinha vivido durante muitos anos.

Circunstâncias e atitudes mentais que se repetem por muito tempo tornam-se a condição daquilo que chamamos de "personalidade". Quando perguntaram ao Lama Trungpa Rinpoche o que iria renascer nas nossas próximas vidas, ele respondeu brincando: "Seus maus hábitos". Nossa personalidade é condicionada pelas causas passadas. Às vezes isso é evidente, mas com muita freqüência os hábitos que se originam do passado distante e esquecido passam despercebidos.

Na psicologia budista, o condicionamento kármico da nossa personalidade é classificado de acordo com três forças inconscientes básicas e tendências automáticas da nossa mente. Existem os *tipos marcados pelo desejo*, cujos estados mentais mais freqüentes estão associados à avidez, à carência, ao sentimento de não ter o suficiente. Existem os *tipos marcados pela aversão*, cujo estado mental mais comum é rechaçar o mundo através do julgamento, do desagrado, da aversão e do ódio. E existem os *tipos marcados pela confusão*, cujos estados mais fundamentais são a letargia, a ilusão e a desconexão, não sabendo o que fazer a respeito das coisas.

Você pode testar qual o tipo que predomina em você observando sua maneira peculiar de entrar num ambiente. Se seu condicionamento for mais fortemente aquele do desejo e da carência, você tenderá a olhar em volta e ver aquilo de que gosta, aquilo que você pode obter; você verá as coisas que o atraem; observará o que é belo; apreciará um bonito arranjo de flores; gostará do modo como algumas pessoas estão vestidas; encontrará alguém sexualmente atraente ou vai imaginar que há pessoas simpáticas que valerá a pena conhecer. Se você é do tipo aversão, ao entrar na sala, em vez de ver primeiro aquilo que você deseja, você tenderá a ver o que está errado. "Ambiente muito barulhento. Não gosto do papel da parede. As pessoas não estão vestidas adequadamente. Não gosto do jeito como tudo foi organizado." E se você é uma personalidade confusa, talvez entre na sala, olhe em volta e não saiba como se relacionar, perguntando a si mesmo: "O que está acontecendo aqui? Onde eu me encaixo neste ambiente? O que devo fazer?"

Esse condicionamento primário é, na verdade, um processo de grande influência. Ele cresce e se transforma naquelas forças que levam sociedades inteiras para a guerra, criam o racismo e dirigem a vida de muitas pessoas à nossa volta. Quando, pela primeira vez, encontramos em nós mesmos as forças do desejo e da aversão, da avidez e do ódio, podemos pensar que elas são inofensivas, contendo um pouquinho só de carência, de desagrado, um pouquinho de confusão. No entanto, à medida que observamos o nosso condicionamento, vemos que o medo, a cobiça e a fuga são, na verdade, tão compulsivos que governam muitos aspectos da nossa personalidade. Pela observação dessas forças, podemos ver como operam os padrões do karma.

Quando, na meditação, começamos a olhar atentamente nossa personalidade, em geral nosso primeiro impulso é procurar livrar-nos dos nossos velhos hábitos e defesas. De início, a maioria das pessoas acha a sua própria personalidade difícil, desagradável e até mesmo insípida. A mesma coisa pode acontecer quando olhamos para o corpo humano. Ele é belo quando visto a distância certa, na idade certa e à luz certa, mas, quanto mais de perto o olhamos, mais cheio de defeitos ele se torna. Quando notamos essa imperfeição, procuramos fazer regime, *jogging*, tratamento de pele, exercícios e tirar férias para melhorar o físico. Mas, embora tudo isso possa ser benéfico, continuamos a estar basicamente presos ao corpo com que nascemos. A personalidade é ainda mais difícil de ser modificada do que o corpo; contudo, o propósito da vida espiritual não é fazer com que nos livremos da nossa personalidade. Parte dela já existia quando nascemos, parte tem sido condicionada pela nossa vida e cultura e, diga-se o que se quiser, não podemos viver sem ela. Todos nós, na face desta Terra, temos um corpo e uma personalidade.

Nossa tarefa é aprender muitas coisas sobre esse corpo e sobre essa mente, e despertar dentro deles. Compreender o jogo do karma é um aspecto do despertar. Se não estivermos conscientes, nossa vida simplesmente irá seguir, infinitas vezes, o padrão dos nossos hábitos passados. Mas, se formos capazes de despertar, estaremos aptos a fazer escolhas conscientes quanto ao modo de responder às circunstâncias da nossa vida. Nossa resposta consciente irá então criar o nosso karma futuro. Podemos ser ou deixar de ser capazes de mudar as circunstâncias externas, mas, com percepção consciente, podemos sempre mudar nossa atitude interior, e isso é suficiente para transformar a nossa vida. Mesmo nas piores circunstâncias externas, podemos escolher se vamos ao encontro da vida com medo e ódio ou com compaixão e compreensão.

A transformação dos padrões da nossa vida sempre se processa no nosso coração. Para compreender como trabalhar com os padrões kármicos precisamos observar que o karma tem dois aspectos distintos: o karma que é o resultado do nosso passado e o karma que as nossas respostas atuais estão criando para o nosso futuro. Recebemos os resultados da ação passada; e isso é algo que não podemos mudar. Mas, ao responder no presente, também criamos um novo karma. Semeamos as sementes kármicas para colher novos resultados. Em sânscrito, a palavra "karma" geralmente vem junto com outra palavra, "vipaka" — *karma vipaka*. *Karma* significa "ação" e *vipaka*, "resultado".

Ao lidar com cada momento da nossa experiência, usamos meios hábeis (conscientes) ou meios inábeis (inconscientes). Todas as respostas inábeis, como avidez, aversão e confusão, inevitavelmente criam mais sofrimento e karma doloroso. As respostas hábeis, baseadas na percepção consciente, no amor e na receptividade, levam inevitavelmente ao bem-estar e à felicidade. Através de meios hábeis, podemos criar novos padrões que transformam a nossa vida. Até mesmo os padrões poderosos baseados na avidez, na aversão e na ilusão contêm dentro de si as sementes de respostas hábeis. O desejo por prazer pode ser transformado numa ação natural e compassiva que traz beleza à sociedade e ao mundo que nos cerca. O temperamento que julga, do tipo aversão, através da percepção consciente pode transformar-se naquilo que é chamado *sabedoria discriminativa*: uma clareza associada à compaixão, uma sabedoría que vê claramente através de todas as ilusões do mundo e usa a clareza da verdade para ajudar e curar. Até mesmo a confusão e a tendência a desligar-se da vida podem ser transformadas numa equanimidade sábia e ampla, num equilíbrio sábio e compassivo que envolve todas as coisas com paz e compreensão.

Tradicionalmente, o karma é discutido nos ensinamentos budistas em termos de morte e renascimento. Buda falou de uma visão na noite de sua iluminação, na qual viu milhares de suas vidas passadas, bem como as de muitos outros seres, todos morrendo e renascendo de acordo com os resultados da lei kármica de suas ações passadas. Mas não é necessário ter a visão de Buda para compreender o karma. As mesmas leis kármicas que ele descreveu agem na nossa vida momento após momento. Podemos ver como a morte e o renascimento ocorrem a cada dia. A cada dia, nascemos em meio a novas circunstâncias e experiências, como se fosse uma nova vida. Com efeito, isso acontece a cada momento. Morremos a todo momento e renascemos no momento seguinte.

Ensina-se que existem quatro tipos de karma no instante da morte ou em qualquer momento de transição: *karma denso, karma imediato, karma habitual* e *karma fortuito*. Nessa ordem, cada um representa uma tendência kármica mais forte do que a seguinte. A imagem tradicional para explicar esse ensinamento é a do gado num curral, com a porteira aberta. O karma denso é como um touro. É a força das mais poderosas ações boas ou más que praticamos. Se um touro está no curral, quando a porteira é aberta, ele é sempre o primeiro a sair. O karma imediato é a vaca que está mais próxima à porteira. Ele se refere ao estado mental que está presente no momento da transição. Se a porteira é aberta e não há nenhum touro no curral, quem sai é a vaca mais próxima à porteira. Se nenhuma vaca estiver perto da porteira, surge o karma habitual. É a força do nosso hábito costumeiro. Se não estiver presente nenhum forte estado mental, a vaca que costuma sair primeiro é a que irá sair primeiro. E, finalmente, se nenhum forte hábito estiver operando, surge o karma fortuito. Isto é, se não surgir nenhuma força mais impetuosa, nosso karma será o resultado fortuito de um número qualquer de condições passadas.

À medida que cada ação (ou nascimento) surge, existem forças que a sustêm e forças que finalmente a levam a termo. Essas forças kármicas são descritas fazendo-se uso da imagem de um jardim. A semente que é plantada é o *karma causal*. Fertilizar e regar a semente, cuidar das plantas, é chamado de *karma sustentador*. Quando surgem dificuldades, trata-se do *karma opositor*, representado pela seca; mesmo se plantarmos uma semente viável e a fertilizarmos, se não houver água, ela irá secar. E então, finalmente, o *karma destrutivo* é como o fogo ou os roedores no jardim, que o queimam ou o devoram por completo.

Essa é a natureza da vida em todos os domínios, em todas as circunstâncias criadoras. Uma condição segue-se à outra e, no entanto, tudo isso está sujeito a mudança. O karma das nossas circunstâncias exteriores pode mudar com o agitar da

253

cauda de um cavalo. A qualquer dia, uma imensa fortuna ou a morte podem chegar para qualquer um de nós.

O resultado kármico dos padrões das nossas ações não decorre unicamente da nossa ação. À medida que *temos uma intenção* e agimos, criamos karma; assim, uma outra chave para compreender a criação do karma é a de tornar-nos conscientes da *intenção*. O coração é o nosso jardim e, junto com cada ação, existe uma intenção plantada como uma semente. O resultado dos padrões do nosso karma é o fruto dessas sementes.

Por exemplo, podemos usar uma faca afiada para cortar alguém; se a nossa intenção é ferir, seremos um assassino. Isso leva a certos resultados kármicos. Podemos executar uma ação quase idêntica, usando uma faca afiada para cortar alguém, mas, se somos um cirurgião, nossa intenção é curar e salvar uma vida. A ação é a mesma, mas, no entanto, dependendo de seu propósito ou intenção, tanto poderá ser um ato terrível quanto um gesto de compaixão.

Na nossa vida cotidiana podemos estudar o poder da intenção para criar o karma. Podemos começar prestando atenção às nossas muitas ações que surgem ao longo do dia em resposta aos problemas. De um modo automático, talvez ignoremos circunstâncias difíceis ou respondamos de maneira crítica ou áspera. Talvez procuremos proteger ou defender o nosso próprio interesse. Em todos esses casos, a intenção no nosso coração estará associada à avidez, à aversão ou à ilusão, criando no futuro um karma de sofrimento que irá nos trazer uma resposta equivalente.

Se, em vez disso, quando essas circunstâncias difíceis surgem na nossa vida, levarmos a elas o desejo de compreender, de aprender, de libertar ou de trazer harmonia e criar paz, iremos falar e agir com uma intenção diferente. Nossas ações talvez sejam bastante semelhantes, nossas palavras talvez sejam semelhantes, mas, se a nossa intenção é criar paz e trazer harmonia, essa intenção irá criar um tipo muito diferente de resultado kármico. Isso é fácil de se verificar nos relacionamentos íntimos, pessoais ou profissionais. Podemos dizer uma mesma frase ao nosso parceiro ou amigo e, se o espírito tácito ao proferi-la for: "Eu amo você e espero que nós dois entendamos o que está acontecendo", iremos obter um tipo de resposta. Se pronunciarmos a mesma frase com uma atitude subjacente de censura, defesa e crítica, em um tom sutil de: "O que há de errado com você?", ela dará outro rumo ao nosso diálogo e poderá, facilmente, converter-se em uma briga.

Para ilustrar essa idéia, reproduzo dois curtos diálogos de *Do I have to give up me to be loved by you?* ("Preciso desistir de mim para ser amado por você?"), dos psicólogos Jordan e Margaret Paul.

DIÁLOGO 1:

JIM: (distante, com certa dureza na voz) Qual é o problema?
MARY: Nenhum.
Jim se afunda no sofá em frente à TV e nada mais é dito. A distância entre eles continua a existir e até mesmo aumenta.

DIÁLOGO 2:

JIM: (genuinamente sereno e interessado) Você parece aborrecida. Qual é o problema?
MARY: (ainda fechada e dura) Nenhum.
JIM: Olha, meu bem, eu odeio esse distanciamento entre nós dois. Faz-me sentir péssimo. Eu fiz alguma coisa que a magoou?
MARY: (furiosa e acusadora) Fez sim. Como é que você foi dizer a Sam e a Annie que a gente ia sair com eles no sábado sem nem me consultar ou avisar?
JIM: Mary, eu gostaria de conversar sobre esse assunto, mas é difícil compreender qual é o problema se você fica aí gritando comigo. Você acha que a gente podia conversar com calma sobre isso?
MARY: Tudo bem. Acho que a gente precisa mesmo conversar sobre isso.

A intenção ou atitude que levamos a cada situação da vida determina o tipo de karma que criamos. Dia a dia, momento a momento, podemos começar a ver a criação dos padrões de karma baseados nas intenções do nosso coração. Quando prestamos atenção, torna-se possível conscientizar-nos mais das nossas intenções e do estado do nosso coração à medida que elas emergem junto com as ações e palavras que são as nossas respostas. Em geral, não temos consciência das nossas intenções.

Por exemplo, uma pessoa decide parar de fumar. Lá pelo meio do dia surge o desejo de fumar. Ela coloca a mão no bolso, pega o maço, tira um cigarro do maço, leva-o à boca, acende-o e começa a dar uma bela tragada. Nesse instante, ela acorda e lembra: "Ah, eu ia parar de fumar!" Enquanto estava no piloto automático e sem percepção consciente, essa pessoa realizou todos os movimentos habituais de pegar um cigarro e acendê-lo. Não é possível mudar os padrões do nosso comportamento ou criar novas condições kármicas até que tenhamos nos tornado presentes e despertos no *início* da ação. Caso contrário, a ação já aconteceu. Como diz o velho ditado: "É como fechar a porteira depois que o cavalo fugiu do estábulo".

O desenvolvimento da percepção consciente na meditação permite que nos tornemos atentos ou conscientes o suficiente para reconhecer nosso coração e nossas intenções à medida que atravessamos o dia. Podemos estar conscientes dos diferentes estados de medo, carência, confusão, ciúme e raiva. Podemos saber quando o perdão, o amor ou a generosidade estão ligados às nossas ações. Quando sabemos qual é o estado do nosso coração, podemos começar a escolher os padrões ou condições que iremos seguir, o tipo de karma que criamos.

Tente trabalhar com esse tipo de percepção consciente na sua vida. Pratique-a com suas palavras. Preste a mais cuidadosa atenção e observe o estado do seu coração; observe a intenção, quando você falar, mesmo sobre o assunto mais insignificante. Sua intenção é ser protegido, obter coisas, defender-se? Sua intenção é abrir-se com interesse, compaixão e amor? Uma vez observada a intenção, conscientize-se da resposta que vem à tona. Mesmo que seja uma resposta difícil, continue com a intenção hábil por algum tempo e observe os tipos de respostas que ela traz.

Se a sua intenção era inábil ou maldosa, tente mudá-la e ver o que acontece depois de algum tempo. De início, é possível que você experimente apenas os resultados de sua atitude defensiva anterior. Mas persista na sua boa intenção e observe os tipos de respostas que ela finalmente irá evocar. Para compreender como o karma age, basta olhar para os seus relacionamentos mais pessoais ou as suas interações mais simples. Escolha um relacionamento ou local específicos e experimente. Tente responder somente quando seu coração estiver receptivo e generoso. Quando não se sentir assim, espere e deixe passar os sentimentos negativos. Como instruiu Buda, deixe que suas palavras e ações aflorem suavemente, com um intento generoso, no tempo devido, e para benefício delas próprias. À medida que você cultiva uma intenção generosa e hábil, você poderá praticá-la no posto de gasolina ou no supermercado, no lugar onde trabalha ou no trânsito. A intenção que trazemos conosco cria o padrão que dela resulta.

Ao tornar-nos mais conscientes da nossa intenção e ação, o karma mostra-se a nós com mais clareza. O fruto kármico parece amadurecer mais rápido, talvez apenas porque nós o percebemos. Ao prestar atenção, o fruto de tudo aquilo que fazemos, hábil ou inabilmente, parece manifestar-se mais depressa. À medida que estudarmos essa lei de causa e efeito, iremos ver que toda vez que nós, ou o outro, agimos de um modo baseado na avidez, no ódio, no preconceito, no julgamento ou na ilusão, os resultados irão inevitavelmente causar algum sofrimento. Começamos a ver como aqueles que nos ferem também criam um inevitável sofrimento para si mesmos. A lei de causa e efeito nos faz querer prestar mais atenção e, ao observá-la, podemos ver diretamente os estados hábeis e inábeis no nosso próprio coração.

A atenção dada ao karma mostra-nos como as vidas são moldadas pela intenção do coração. Quando lhe pediram para explicar a lei do karma de um modo bem simples, Ruth Denison, conhecida instrutora da vipassana, assim se expressou: "Karma quer dizer que você nunca escapa impune". A cada dia, estamos semeando as sementes do karma. Existe apenas um único local no qual podemos exercer alguma influência sobre o karma: na intenção das nossas ações. Na verdade, existe apenas um karma pessoal que podemos mudar no mundo todo — o nosso próprio. Porém, aquilo que fazemos com o nosso coração afeta o mundo todo. Se podemos desfazer os nós kármicos do nosso coração, o fato de sermos todos interligados irá, inevitavelmente, trazer a cura para o karma de outra pessoa. Como disse um ex-prisioneiro de guerra ao visitar um colega sobrevivente: "Você já perdoou aqueles que o prenderam?" O sobrevivente respondeu: "Não, não os perdoei. Nunca os perdoarei". E o primeiro veterano disse: "Então, de algum modo, eles ainda conservam você prisioneiro".

Quando minha mulher e eu viajávamos pela Índia há alguns anos, ela teve a visão muito dolorosa de um de seus irmãos morrendo. De início, pensei que aquilo fosse parte de um processo de morte-renascimento na sua meditação. No dia seguinte, ela teve uma segunda visão do irmão, agora como guia espiritual, acompanhado de dois índios americanos e oferecendo a ela apoio e orientação. Cerca de uma semana mais tarde, chegou um telegrama para o *ashram* onde estávamos, em Monte Abu, no Rejisthan. Pesarosamente, minha mulher era informada de que seu irmão morrera, exatamente do modo como ela o vira morrer. O telegrama fora enviado no dia em que ela teve a visão. Estando do outro lado do mundo, como teria ela sido capaz de ver a morte do irmão? Isso foi possível porque todos nós estamos interligados. E, porque é assim, mudar um coração afeta todos os corações e o karma de todo o planeta.

Num retiro que dirigi há alguns anos, uma mulher lutava contra as conseqüências dolorosas de abuso sofrido no início da sua vida. Ela sentira raiva, depressão e dor durante muitos anos. Fizera terapia e meditação, atravessando um longo processo para curar essas feridas. Finalmente, nesse retiro, ela chegou a um estado de perdão para com o homem que havia abusado dela. Chorou com profundo perdão — não pelo ato em si, que jamais pode ser justificado, mas porque ela não queria mais carregar a amargura e o ódio no seu coração.

Acabado o retiro, ela voltou para casa e encontrou uma carta à sua espera na caixa de correspondência. A carta havia sido escrita pelo homem que abusara dela e com o qual não tivera contato por quinze anos. Embora, na maioria dos casos, as pessoas que cometem abuso neguem veementemente suas ações apesar do perdão, algo tinha mudado a mente daquele homem. Ele escreveu: "Por muitas razões, sinto-me compelido a lhe escrever. Pensei muito em você esta semana. Sei que lhe causei grande dano e sofrimento, e que também trouxe grande sofrimento para mim. Mas quero apenas pedir o seu perdão. Não sei o que mais posso dizer". E então ela olhou a data no alto da carta. Fora escrita no mesmo dia em que ela completou seu trabalho interior de perdão.

Existe uma famosa história hindu sobre dois reinos que eram, ambos, governados em nome de Krishna. Olhando lá do alto, dos céus, o Deus Krishna decidiu visitá-los e ver o que estava sendo feito em seu nome. Desceu dos céus e surgiu diante da corte de um dos reis. Esse rei era conhecido por ser depravado, cruel, avarento e invejoso. O Deus Krishna surgiu em sua corte envolto no esplendor da luz celestial. O rei prostrou-se diante dele e disse: "Deus Krishna, vieste me visitar". Krishna respondeu: "Sim. Quero confiar-te uma tarefa. Eu gostaria que viajasses por todas as províncias do teu reino e tentasses encontrar para mim uma pessoa realmente boa". O rei viajou por todas as províncias de seu reino, falando com as castas superiores e com as inferiores, com religiosos e agricultores, com artesãos e curadores. Finalmente, retornou à sala do trono e esperou pelo reaparecimento do Deus Krishna. Quando o Deus Krishna surgiu, o rei prostrou-se e disse: "Meu Senhor, cumpri tuas ordens. Viajei de alto a baixo por todo o meu reino, mas não encontrei uma só pessoa boa. Embora algumas delas tenham realizado algumas boas ações, quando as conhecia melhor eu via que mesmo suas melhores ações acabavam sendo egoístas, interesseiras, coniventes ou desonestas. Não consegui encontrar uma única pessoa boa".

E então o Deus Krishna foi à outra corte, governada por uma famosa rainha chamada Dhammaraja. Essa rainha era conhecida por ser gentil, graciosa, dedicada e generosa. E, do mesmo modo, o Deus Krishna deu-lhe uma tarefa. "Eu gostaria que viajasses por todo o teu reino e encontrasses para mim uma pessoa realmente má." E assim a rainha Dhammaraja percorreu todas as províncias do seu reino, falando com as castas superiores e com as inferiores, com agricultores, carpinteiros, enfermeiras e religiosos. Depois de longa busca, a rainha retornou à sua corte e o Deus Krishna reapareceu. Ela prostrou-se e disse: "Meu Senhor, fiz o que me pediste, mas falhei na minha tarefa. Percorri todas as terras e vi muitas pessoas que se comportam desastradamente, que são mal-orientadas e agem de uma maneira que gera sofrimento. No entanto, quando as ouvi de fato, não consegui encontrar nenhuma pessoa verdadeiramente má, apenas pessoas mal-orientadas. Suas ações sempre vêm do medo, da ilusão e do equívoco".

Em ambos os reinos, as circunstâncias da vida eram governadas pelo espírito dos governantes, e o que eles encontraram era um reflexo do seu próprio coração. À medida que prestamos atenção e compreendemos o nosso coração e desenvolvemos as respostas hábeis da sabedoria e da compaixão, estamos realizando nossa parte para pacificar toda a Terra. Através do nosso trabalho e criatividade, podemos fazer surgir na nossa vida circunstâncias exteriores benéficas. No entanto, a maioria das grandes coisas que nos acontecem, o local onde nascemos, quando morremos, as grandes mudanças que arrastam nossa vida e o mundo à nossa volta são o resultado de padrões kármicos antigos e influentes. Esses, não podemos mudar. Eles vêm a nós como o vento e o mau tempo. A única previsão meteorológica que podemos garantir é que essas condições continuarão a mudar.

No processo de compreender o karma, precisamos responder a uma pergunta simples: Como nos relacionamos com essas condições mutáveis? O tipo de universo que criamos, o que decidimos plantar, o que fazemos nascer no jardim do nosso coração — isso irá criar o nosso futuro. Buda começa os seus ensinamentos na grande Dhammapada dizendo:

Somos aquilo que pensamos.
Tudo o que somos nasce dos nossos pensamentos.
Com o nosso pensamento, construímos o mundo.
Fale ou aja com uma mente impura
e os problemas o seguirão
como a carroça segue a parelha de bois.
Somos aquilo que pensamos.
Tudo o que somos nasce dos nossos pensamentos.
Com o nosso pensamento, construímos o mundo.
Fale ou aja com uma mente pura
e a felicidade o seguirá
como sua sombra, inabalável.

A longo prazo, nada possuímos nesta Terra, nem mesmo o nosso corpo. Mas, através das nossas intenções, podemos moldar ou direcionar os padrões do nosso coração e mente. Podemos plantar no nosso coração sementes que irão criar o tipo de reino que será o mundo, seja ele depravado e mau ou bom e compassivo. Através da simples percepção consciente da nossa intenção a cada momento, podemos plantar um esplêndido jardim, criar padrões de bem-estar e felicidade que perdurarão muito mais do que a nossa personalidade e a nossa vida limitada.

Sylvia Boorstein, instrutora de vipassana, exemplifica esse poder com uma história sobre um bom amigo seu, médico famoso que durante muitos anos foi presidente da Associação Psiquiátrica Americana. Ele era conhecido como um cavalheiro, um homem íntegro e gentil, que levava uma grande alegria a tudo na sua vida. Ele sempre dedicava um respeito profundo aos pacientes e colegas. Depois que se aposentou e envelheceu, começou a ficar senil. Perdeu a memória e a capacidade de reconhecer as pessoas. Ainda vivia em casa e a esposa ajudava a cuidar dele. Sendo amigos de longa data, Sylvia e Saymour, seu marido e também psiquiatra, certa vez foram convidados a jantar em sua casa. Já fazia algum tempo que não o viam e imaginavam se a sua senilidade não teria aumentado. Chegaram à porta com uma garrafa de vinho e tocaram a campainha. Ele abriu a porta e olhou-os com uma expressão vazia que não mostrava nenhum reconhecimento de quem eles seriam, embora tivessem sido amigos por muitos anos. E então sorriu e disse: "Não sei quem são vocês, mas pouco importa, façam o favor de entrar e fiquem à vontade na minha casa", oferecendo-lhes a mesma amabilidade com que tinha vivido durante toda a sua vida.

Os padrões kármicos que criamos com o nosso coração transcendem as limitações do tempo e do espaço. Despertar um coração compassivo e sábio em resposta a todas as circunstâncias é tornar-se Buda. Quando despertamos o Buda dentro de nós, despertamos para a força universal do espírito que pode trazer compaixão e compreensão ao mundo como um todo. Gandhi chamava esse poder de "força da alma". Ela traz força quando uma ação firme é necessária. Traz imenso amor e perdão, embora também defenda e fale a verdade. É esse poder do nosso coração que traz sabedoria e liberdade em qualquer circunstância, que faz viver o reino do espírito aqui na Terra.

Para Gandhi, esse espírito estava sempre ligado ao seu coração, sempre aberto para ouvir e pronto para responder ao mundo, compartilhando as bênçãos da compaixão com todos os seres:

Além da minha não-cooperação, existe sempre o mais entusiástico desejo de cooperar, ao menor pretexto, mesmo com o pior dos meus opositores. Para mim, um mortal muito imperfeito está sempre necessitado da graça de Deus, sempre necessitado do Dharma. Ninguém está além da redenção.

MEDITAÇÃO SOBRE O PERDÃO

Se pudéssemos ler a história secreta dos nossos inimigos, encontraríamos na vida de qualquer pessoa dor e sofrimento suficientes para desarmar qualquer tipo de hostilidade.

Longfellow

O perdão é um dos maiores dons da vida espiritual. Ele nos possibilita a libertação dos sofrimentos do passado. Embora possa surgir espontaneamente, ele também pode ser cultivado. Como a meditação sobre a bondade e a prática da compaixão apresentadas em capítulos anteriores, existe uma maneira de cultivar o perdão através de uma prática antiga e sistemática. O perdão é usado como uma preparação para outras meditações centradas no coração, como um modo de suavizar o coração e liderar as barreiras à nossa bondade e compaixão. Através da repetição da prática, inúmeras vezes, podemos trazer o espírito do perdão para nossa vida como um todo.

Antes de poder fazer a prática do perdão, você precisa estar seguro sobre o significado do perdão. O perdão, de modo algum, justifica ou fecha os olhos às ações danosas. Embora perdoe, você também pode dizer: "Nunca mais vou permitir, conscientemente, que isso aconteça". Você pode até resolver sacrificar a sua vida para impedir maiores danos. O perdão não significa que você precisa procurar ou falar com aqueles que lhe causaram dano. Você pode se decidir a nunca mais vê-los de novo.

O perdão é simplesmente um ato do coração, um impulso para liberar a dor, o ressentimento, o ultraje que você carregou como um fardo por tanto tempo. Ele desoprime o seu coração e o ajuda a reconhecer que — não importa a intensidade com que a condene ou o quanto tenha sofrido com as más ações de uma outra pessoa — você não irá expulsá-la do seu coração. Todos sofremos danos, assim como todos, num momento ou noutro, ferimos a nós mesmos e aos outros.

Para a maioria das pessoas, o perdão é um processo. Quando você foi profundamente ferido, o trabalho de perdoar pode levar anos. Ele passará por muitos estágios — o pesar, a raiva, o sofrimento, o medo e a confusão — e, no fim, se você se resolver a sentir a dor que carrega, o perdão virá como um alívio, como uma libertação para o seu coração. Você verá que o perdão existe, fundamentalmente, para o seu próprio bem; trata-se de um modo de deixar de carregar a dor do passado. O destino da pessoa que o feriu, esteja ela viva ou morta, não importa tanto quanto aquilo que você carrega no seu coração. E se o perdão é para você mesmo, pela sua própria culpa, pelo mal que fez a si mesmo ou a outra pessoa, o processo é o mesmo. Você chegará a perceber que não pode mais carregar essa culpa.

Para praticar a meditação do perdão, sente-se confortavelmente, permitindo que seus olhos se fechem e seu corpo e respiração estejam naturais e à vontade. Deixe o corpo e a mente relaxarem. Respirando suavemente na região do coração, sinta todas as barreiras e apegos que carregou por não ter perdoado — por não ter perdoado a si mesmo, por não ter perdoado aos outros. Sinta a dor de manter fechado o seu coração. E então, depois de respirar suavemente na região do coração por algum tempo, comece a pedir e a estender o perdão, recitando as seguintes palavras e permitindo que elas abram o coração que perdoa. Deixe que as palavras, imagens e sentimentos se aprofundem à medida que os repete.

O pedido de perdão aos outros: *Existem muitos modos pelos quais feri e causei dano aos outros, pelos quais os traí e os abandonei, causei-lhes sofrimento, consciente ou inconscientemente, por causa da minha dor, do meu medo, da minha raiva e da minha confusão.* Lembre e visualize esses muitos modos pelos quais você feriu os outros. Veja e sinta a dor que você causou devido ao seu próprio medo e confusão. Sinta as suas próprias mágoas, o seu arrependimento, e perceba que, afinal, você pode se libertar desse fardo e pedir perdão. Forme uma imagem de cada lembrança que ainda oprime o seu coração. E então, a cada lembrança, repita: *Peço o seu perdão, peço o seu perdão.*

O pedido de perdão a si mesmo: Sinta a preciosidade do seu corpo e da sua vida. *Existem muitos modos pelos quais traí, causei dano ou abandonei a mim mesmo, através do pensamento, da palavra e da ação, consciente ou inconscientemente.* Veja todas as maneiras pelas quais feriu ou causou dano a si mesmo. Forme imagens, recorde, visualize. Sinta a mágoa que carregou de todas essas ações, e perceba que você pode se libertar desses fardos, concedendo-lhes o perdão. E então diga a si mesmo: *Por cada uma das maneiras pelas quais feri a mim mesmo através da ação ou da não-ação, por causa do meu medo, dor e confusão, agora concedo um perdão pleno e sincero. Eu perdôo a mim mesmo. Eu perdôo a mim mesmo.*

Pedido de perdão aos que o feriram ou lhe causaram dano: *Existem muitas maneiras pelas quais fui machucado e ferido, abusado e abandonado pelos outros, em seus pensamentos, palavras ou ações, consciente ou inconscientemente.* Disponha-se a imaginar, a recordar, a visualizar essas muitas maneiras. Sinta a mágoa que carregou desse passado e perceba que você pode se libertar desse fardo concedendo o perdão — se o seu coração estiver pronto. Agora diga para si mesmo: *Vejo agora como os outros me feriram ou me causaram dano, devido ao seu medo, dor, confusão e raiva. Na medida em que estou pronto, ofereço-lhes perdão. Carreguei essa dor no meu coração por um tempo demasiado longo. Por isso, aos que me causaram dano, ofereço o meu perdão. Eu perdôo você.*

Repita suavemente essas três orientações para o perdão até que possa sentir livre o seu coração. Talvez, para algumas grandes dores, você não sinta uma libertação, mas apenas o fardo, a angústia e a raiva que carregou. Suavemente, toque essas áreas. Perdoe isso também a si mesmo. O perdão não pode ser forçado; não pode ser artificial. Simplesmente continue a prática e deixe que as palavras e imagens trabalhem gradualmente a seu próprio modo. Com o tempo, você pode tornar a meditação do perdão uma parte regular da sua prática, liberando o passado e, com uma sábia bondade, abrindo seu coração para cada novo momento.

20

A EXPANSÃO DO NOSSO CÍRCULO: UM CORAÇÃO INDIVISO

Suponha que você considera que sua vizinhança é o seu templo — como você trataria o seu templo? Qual seria a sua tarefa espiritual nele?

O todo da prática espiritual é uma questão de relacionamento: com nós mesmos, com os outros, com as situações da vida. Podemos relacionar-nos dentro de um espírito de sabedoria, compaixão e flexibilidade, ou enfrentar a vida com medo, agressividade e ilusão. Gostemos ou não, estamos sempre nos relacionando, estamos sempre interligados.

Grande parte dos dezenove capítulos anteriores focalizou o relacionamento sábio com o nosso eu interior, através da cura, do treinamento e da compreensão dos ciclos e possibilidades da vida espiritual. Já que é tão importante expressar a prática espiritual em todos os aspectos da nossa vida, bem poderia existir algum livro associado a este que explicasse detalhadamente práticas tradicionais, tais como o modo de vida correto e a consciência sexual, assim como práticas relativas ao casamento, à vida familiar, à arte, à política, à economia e à vida em comunidade. No entanto, neste livro já abordamos os grandes princípios necessários para podermos compreender cada uma dessas áreas e vivê-las com percepção consciente.

As leis que governam os relacionamentos sábios na política, no casamento e nos negócios são as mesmas que governam a vida interior. Cada uma dessas áreas requer uma capacidade para o comprometimento e a constância, para "tomar o único assento". Em cada um desses relacionamentos iremos encontrar os demônios e tentações já nossos conhecidos, e seremos, mais uma vez, solicitados a identificá-los e a lidar com as nossas dificuldades. Cada área terá seus ciclos e, em cada ciclo, precisamos aprender a ser verdadeiros com nós mesmos.

Para expandir a nossa prática, precisamos aprender a dedicar conscientemente a cada ato um espírito de vigília e bondade. Albert Einstein, um dos grandes sábios dos tempos modernos, descreveu a vida espiritual da seguinte maneira:

> Um ser humano é uma parte do todo a que chamamos "universo", uma parte limitada no tempo e no espaço. O ser humano sente a si mesmo, a seus pensamentos e sentimentos, como algo separado do resto — uma espécie de ilusão de óptica da sua consciência. Essa ilusão é uma espécie de prisão para nós, uma prisão que nos limita ao desejo e afeição pessoais por algumas poucas pessoas próximas a nós. Nossa tarefa é livrar-nos dessa prisão, ampliando o nosso círculo de compreensão e compaixão a fim de envolver todas as criaturas vivas e toda a natureza na sua beleza.

Expandir a nossa prática espiritual é, na verdade, um meio de expandir o nosso coração, de ampliar o nosso círculo de discernimento e compaixão para aos poucos incluir a totalidade da nossa vida. Estar aqui na Terra habitando um corpo humano, neste ano, neste dia, é a nossa prática espiritual.

Era costume que a maioria das práticas espirituais do Oriente fossem preservadas por monges e monjas em mosteiros e templos. Durante séculos, na Europa, grande parte das práticas contemplativas ocidentais também se limitava aos claustros. Nos tempos que hoje vivemos, o mosteiro e o templo se expandiram e incluíram todo o mundo. A maioria de nós não irá viver como monges e monjas; no entanto, como leigos, buscamos uma vida espiritual genuína e profunda. Isso se torna possível quando reconhecemos que o nosso templo está exatamente onde *nós* estamos, quando reconhecemos que é aqui, nesta existência, que podemos dar vida à nossa prática.

Meu velho guru em Bombaim nos ensinava do seguinte modo: deixava que os discípulos permanecessem com ele apenas durante o tempo necessário para alcançarem uma compreensão genuína da vida e do amor, bem como do modo de serem livres em meio a isso tudo, e depois mandava-os de volta para casa, dizendo: "Case com alguém da vizinhança, arrume um emprego na sua comunidade e viva a sua vida como a sua prática". No outro lado da Índia, Madre Teresa, ao mandar de volta para casa as centenas de voluntários que vão para ajudá-la em Calcutá, costuma dizer: "Agora que você aprendeu a ver Cristo nos pobres da Índia, volte para casa e sirva-o na sua própria família, na rua onde mora, na sua vizinhança".

Uma tradicional visão budista ensina que, desde o início dos tempos, todos nós renascemos infinitas vezes e vivemos um número incontável de vidas sob todas as formas. Somos orientados a refletir a partir dessa perspectiva e constatar que, vida após vida, forma após forma, nascemos ora como a mãe, ora como o pai, o irmão ou a irmã uns dos outros. E, desse modo, somos instruídos a tratar cada pessoa que encontramos como se ela fosse o nosso filho muito amado, ou o nosso pai ou o nosso avô. Nos países budistas, é comum referir-se às pessoas com o título honorífico de algum parentesco: Tio Presidente, Titia Prefeita, Tio General, Avô Professor, e assim por diante. Somos todos uma única família.

Isso pode ser sentido mais diretamente no silêncio de um coração indiviso. Quando a mente está quieta e o coração aberto, o mundo é indiviso para nós. Como o

Chefe Seattle relembrou aos antepassados do povo norte-americano, quando lhes entregou suas terras:

A terra é nossa mãe. Tudo o que acontecer à terra acontecerá aos filhos da terra. Sabemos que a terra não pertence ao homem; o homem pertence à terra. Todas as coisas estão ligadas, como o sangue que une uma família. Todas as coisas estão ligadas. Tudo o que acontecer à terra acontecerá aos filhos da terra. O homem não teceu a teia da vida; ele é apenas um de seus fios. O que ele fizer à teia da vida, estará fazendo a si mesmo.

Quando o coração está indiviso, tudo o que encontramos é a nossa prática. Não há diferença alguma entre sentar para meditar em dedicado silêncio ou agir em todos os domínios da vida. É como inspirar e expirar: dois aspectos inseparáveis da nossa vida. A tradição zen é bastante explícita a esse respeito quando declara:

Na prática espiritual, existem apenas duas coisas: você senta para meditar e você varre o jardim. E não importa o tamanho do jardim.

Reservamos um tempo para nos aquietar, para abrir-nos e despertar; depois, manifestamos esse despertar no jardim do mundo.

Às vezes, precisamos primeiro curar nossas próprias feridas para podermos alcançar algum bem-estar interior, mas por fim experimentamos um movimento natural para servir, um desejo de retribuir ao mundo. Esse espírito de serviço não precisa basear-se em ideais, em tentar consertar tudo o que está errado no mundo. Quando tocamos o nosso jardim interior, levamos a graça a tudo o que tocamos. Essa idéia está bem expressa no poema de Lynn Park:

Reserva um tempo para a oração...
ela é o doce óleo que lubrifica as dobradiças
e faz o portão do jardim abrir-se facilmente.
Sempre poderás ir ao jardim.

Considera-te abençoado.
As pedras que te quebram os ossos
construirão o altar do teu amor.

Teu lar é o jardim.
Leva o perfume deste, oculto dentro de ti, para a cidade.
E de súbito teus inimigos irão comprar envelopes de sementes
e ajoelhar-se para plantar flores
junto ao pó da estrada.
Eles te chamarão de Amigo
e te honrarão quando passares entre eles.
E se alguém perguntar, "Quem é esse?", responderão,
"Ah, esse tem sido amado por nós
desde antes do início dos tempos."
Vê, isso será dito por pessoas que pisaram em ti
para garantir a sua superioridade!

Larga tudo, menos o teu jardim.
Larga as tuas inquietações, os teus medos, a tua mentalidade estreita.
Teu jardim nunca poderá ser tirado de ti.

Quando expandimos o nosso jardim, nossas ações tornam-se a expressão natural de um coração pleno de gratidão, amor e compaixão. Esses sentimentos brotam quando reconhecemos o sangue da nossa própria família em todas as coisas vivas. Recebemos sustento físico e espiritual do mundo à nossa volta — é como o ato de inspirar o ar. E, já que cada um de nós nasce com certos dons, parte da nossa felicidade será usar esses dons para retribuir à terra, à nossa comunidade, à família e aos amigos — é como o ato de expirar o ar. À medida que cresce a nossa interligação com todas as coisas, também irá crescer naturalmente em nós a integridade e a responsabilidade de um cidadão do mundo.

A VIDA COTIDIANA COMO MEDITAÇÃO

Ao expandir o nosso círculo de prática, talvez venhamos a sentir que não dispomos de tempo suficiente. A vida moderna já tem um ritmo demasiado rápido e a cada minuto fica ainda mais agitada. A idéia de poupar tempo já está até começando a substituir o sexo como argumento de venda nos anúncios da TV. Dispomos de tempo suficiente para expandir a nossa prática? Lembro que um discípulo queixou-se a Achaan Chah de que, no mosteiro, não havia tempo suficiente para a prática porque muitas outras tarefas tinham de ser realizadas — varrer, limpar, receber os visitantes, construir, entoar cânticos e assim por diante. Achaan Chah respondeu: "Há tempo suficiente para estar desperto?" Todas as coisas que fazemos na vida são uma oportunidade para o despertar.

Podemos aprender a ver, aqui e agora, as áreas nas quais estamos temerosos, apegados, perdidos ou iludidos, e no mesmo e exato momento, ver a possibilidade do despertar, da liberdade, da plenitude do ser. Podemos aplicar essa prática em qualquer lugar — no trabalho, na nossa comunidade, em casa. Às vezes, as pessoas se queixam da dificuldade de praticar na vida em família; quando solteiras, tinham condições de fazer longos retiros silenciosos, de passar algum tempo nas montanhas ou de viajar para templos exóticos, e então esses lugares e as posturas se confundiam em suas mentes com o próprio espírito do sagrado. Mas o sagrado está sempre aqui diante de nós. A vida familiar e os filhos são um templo maravilhoso. Nossos filhos podem se transformar em fantásticos mestres para nós. Eles nos ensinam a entrega e o altruísmo. Trazem-nos de volta, sempre e sempre, ao momento presente. Se estamos num mosteiro ou *ashram* e o guru nos manda levantar cedo para meditar, nem sempre estamos dispostos a obedecer-lhe. Há manhãs em que nos viramos na cama e continuamos a dormir, deixando a tarefa para o dia seguinte. Porém, quando nossos filhos acordam no meio da noite porque estão doentes e precisam de nós, não temos nenhuma escolha e nem o que discutir — atendemos imediatamente com toda a nossa atenção amorosa.

Repetidas vezes, somos solicitados a dedicar todo o nosso coração e cuidado à vida familiar. Essas são as mesmas instruções que recebemos de um guru ou mestre de meditação quando defrontamos com o inevitável cansaço, inquietação ou tédio em nossa cela ou templo de meditação. Enfrentar esses estados em nossa própria casa não é diferente de enfrentá-los num retiro de meditação. A vida espiritual torna-se mais genuína quando as circunstâncias ficam mais difíceis. Nossos filhos sofrem acidentes e doenças inevitáveis. Tragédias ocorrem a qualquer momento. Essas situações pedem a constância do nosso amor e sabedoria e, através deles, tocamos o âmago da prática e encontramos a nossa verdadeira força espiritual.

Em muitas outras culturas, criar filhos sábios e saudáveis é visto como um ato espiritual, e a paternidade e maternidade são consideradas sagradas. As crianças são constantemente alimentadas, tanto no físico quanto no coração da comunidade; e cada criança saudável é vista como um Leonardo da Vinci, um Rudolf Nureyev ou uma Clara Barton em potencial, uma contribuição única para a humanidade. Nossos filhos são a nossa meditação. Se nossos filhos são criados por empregados e pela televisão, numa sociedade que dá mais valor ao dinheiro do que às crianças, estamos criando gerações de indivíduos descontentes, magoados e carentes. A chave para expandir a nossa prática às áreas da educação infantil e dos relacionamentos íntimos — duas áreas que exigem muita atenção e esforço — é aquele mesmo desenvolvimento da paciência e da constância que usamos para acompanhar a nossa respiração, trazendo nosso coração de volta milhares de vezes. As coisas de valor não crescem da noite para o dia, nem nossos filhos nem a capacidade do nosso coração para amar os nossos semelhantes. Numa simples viagem a passeio que fiz com minha família à Tailândia e Bali, tive ocasião de ver o poder que se desenvolve a partir do respeito amoroso. Minha filha Caroline estudou dança balinesa durante dois meses com um professor extraordinário e, no final desse período, ele propôs que ela fizesse uma apresentação de despedida na própria escola de dança, que era também a sua residência. Quando chegamos, eles armaram o palco, reuniram os músicos e então começaram a vestir Caroline. Levaram um tempo imenso para vestir uma menina de seis anos, cuja atenção, em média, não se fixa em coisa alguma por mais de cinco minutos. Primeiro, puseram nela um sarongue de seda, preso em volta da cintura com uma bela corrente e depois envolveram-lhe o peito, dando quinze voltas com uma faixa de seda bordada e adornaram seus braços e punhos com braceletes de ouro. Pentearam-na à moda balinesa e enfeitaram-lhe os cabelos com uma flor dourada. Colocaram mais maquiagem do que uma menina de seis anos poderia sonhar.

Enquanto isso, eu, pai orgulhoso, fiquei ali sentado e cada vez mais impaciente, ansioso para tirar fotos da filha. "Mas quando vão acabar de vestir essa menina e começar a apresentação?" Trinta minutos, quarenta e cinco minutos! Finalmente, a mulher do professor adiantou-se, tirou o colar de ouro que usava e colocou-o no pescoço da minha filha. Caroline vibrava.

Quando deixei minha impaciência ir embora, percebi que algo maravilhoso estava acontecendo. Em Bali, as crianças são respeitadas como membros da sociedade. Quer tenha seis ou vinte e seis anos, uma dançarina recebe a mesma honra e respeito enquanto artista; ela não está atuando para a platéia e, sim, para os deuses. O grau de respeito que Caroline recebeu como artista inspirou-a a dançar maravilhosamente. Imagine como você se sentiria se tivesse sido assim tão respeitado quando criança! Do mesmo modo que Buda cultivou a paciência, o respeito e a compaixão para amadurecer seu coração durante um milhar de vidas, nós também podemos trazer um pouco dessas qualidades à nossa família e aos nossos relacionamentos afetivos.

A prática espiritual não deve tornar-se uma desculpa para fugirmos da vida quando surgem as dificuldades. Nenhuma prática de meditação irá muito longe se pararmos de meditar toda vez que topamos com um obstáculo. O que sustenta a nossa prática é a capacidade para o compromisso. Num relacionamento afetivo como o casamento, o compromisso é o pagamento inicial necessário para obtermos sucesso. Compromisso não significa um certificado de garantia, no qual o amor é o objeto de uma transação comercial: "Eu apoiarei você se você não mudar demais, se não me deixar". O compromisso, numa relação consciente, é permanecer juntos, comprometidos na ajuda mútua para o crescimento do amor, honrando e estimulando a abertura espiritual do parceiro.

Tanto na educação infantil quanto nos relacionamentos afetivos, é inevitável que defrontemos com os mesmos obstáculos que encontramos ao sentar para meditar. Desejaremos ser outra pessoa ou estar com alguma outra pessoa. Sentiremos aversão, vontade de criticar e medo. Teremos períodos de preguiça e de tédio. Ficaremos inquietos em relação ao nosso parceiro e teremos dúvidas. Podemos identificar esses demônios nossos conhecidos e ir ao encontro deles com o espírito da prática. Podemos reconhecer a porção de medo que está por trás deles e, junto com o nosso parceiro, falar dessas dificuldades a fim de aprofundar o nosso amor.

AGIR NO MUNDO

À medida que mudam as circunstâncias da nossa vida e aprendemos a encontrar equilíbrio numa sucessão de dificuldades, descobrimos o verdadeiro significado da vigília e da liberdade. Poderíamos pedir um templo melhor que este? Podemos aplicar esses mesmos princípios da vida em família para o trabalho na nossa comunidade, para a política, para a economia, para a atividade global pela paz ou para servir aos pobres. Todas essas esferas pedem-nos que levemos até elas as qualidades de Buda. Somos capazes de levar Buda para a cabine de votação do lugar onde vivemos? Somos capazes de agir como Buda e escrever aos nossos congressistas? Somos capazes de compartilhar o que temos para alimentar os famintos? Somos capazes de marchar como Buda numa manifestação em favor da paz, da justiça ou da proteção ao meio ambiente? O maior dom que podemos oferecer aos desafios dessas áreas é a nossa sabedoria e grandeza de coração. Sem elas, perpetuamos os problemas; com elas, podemos começar a transformar o mundo.

Lembro que, na minha primeira passeata contra a Guerra do Vietnã, os manifestantes dedicaram aos generais e políticos o mesmo ódio e agressividade que os generais dedicavam às suas batalhas. Estávamos simplesmente recriando a guerra. Contudo, acredito que podemos levantar barricadas, fazer dramáticas declarações políticas e colocar o nosso coração e o nosso corpo a serviço da justiça sem basear nossas ações no ódio, sem criar um "nós" e "eles". Martin Luther King lembrava-nos para nunca sucumbir às tentações de transformar as pessoas no nosso inimigo. "Ao lutar pela justiça", dizia ele, "esteja certo de agir com dignidade e disciplina, usando apenas as armas do amor."

Uma amiga, conhecida escritora, estava profundamente perturbada com a destruição em massa na Guerra do Golfo. Ela queria responder do modo mais pessoal e direto possível. E assim levou sua prática de meditação para a praça central da sua cidade. Todos os dias ao meio-dia, sob a chuva, a neve ou o sol, ela se sentava tranqüilamente e meditava junto de um cartaz que pedia a paz no Golfo Pérsico. Havia dias em que as pessoas a insultavam, dias em que se solidarizavam com ela, dias em que ela ficava sozinha. Nada disso lhe importava; continuou na praça, dia após dia, fazendo sua demonstração em favor da paz que desejava.

Certo mestre zen está atualmente treinando milhares de manifestantes ecológicos e políticos nos princípios do sentar-se em meditação e da não-violência. Eles aprendem a trabalhar com os inevitáveis conflitos e demônios que surgem; aprendem a trazer a paz e integridade que desejam ao processo de mudança. Um outro ativista espiritual pela paz, numa importante reunião com o general que comanda o poderio nuclear na Europa, abriu o diálogo dizendo: "Deve ser muito difícil arcar com a responsabilidade pela defesa de todos os povos da Europa". Partindo desse sentimento inicial de respeito mútuo, o diálogo prosseguiu muito bem.

Podemos entrar no domínio da política com a integridade de cidadãos do mundo e a sabedoria de um *bodhisattva*, um ser comprometido com o despertar de todos os seres. Quando vemos cada domínio como um templo, como um local onde descobrimos aquilo que é sagrado, podemos levar nossa prática espiritual para as ruas, para nossas comunidades. Suponha que você considera que a sua vizinhança é o seu templo — como você trataria o seu templo? Qual seria a sua tarefa espiritual nele? Talvez você apenas recolha o lixo quando o vê espalhado pelo chão ou tire as pedras da rua antes que alguém tropece nelas. Talvez você dirija seu carro de uma maneira atenta e dedicada; talvez use menos o carro e economize combustível. Talvez você cumprimente seus vizinhos com a mesma hospitalidade com que saúda seus irmãos e irmãs no templo. Talvez você organize a ajuda aos doentes e aos famintos.

Ninguém disse que isso vai ser fácil. Sentar-se em meditação é difícil; agir em meditação é igualmente difícil. Talvez leve anos de prática até aprendermos a entrar na arena familiar ou na arena política e permanecer ligados com a nossa mais profunda compaixão. Permanecer ligado exige um esforço específico e consciente. Contudo, o que é sagrado e o que é verdadeiro são encontrados aqui, tanto quanto em qualquer outra parte.

Pode ser que, de início, fiquemos confusos porque nosso mundo é complexo. Quando sentamos sozinhos, enfrentamos apenas o nosso sofrimento. Quando agimos na nossa família e na comunidade mundial, precisamos também enfrentar o sofrimento que nos interliga com toda a vida. Centenas de milhares dos nossos irmãos e irmãs vivem em situações de grande injustiça ou de extrema pobreza. Há momentos em que a injustiça e a dor relacionadas a isso parecem esmagadoras, além da nossa capacidade de enfrentá-las. No entanto, algo dentro de nós sabe que isso também faz parte da nossa vida espiritual e que podemos responder a esse sofrimento como se ele fosse uma parte do nosso próprio sofrimento... o que de fato ele é! Nenhum de nós pode evitar a tirania, a perda, a dor ou a morte. Estamos todos interligados na destruição ou na salvação do nosso ambiente planetário.

Precisamos lembrar que os problemas atuais do mundo são, em essência, uma crise espiritual criada pela visão limitada dos seres humanos — uma perda do senso de interconexão, do senso de comunidade e, mais profundamente, uma perda de contato com os nossos valores espirituais.

As mudanças na política e na economia, em si, nunca foram suficientes para aliviar o sofrimento quando as causas subjacentes deixaram de ser tratadas. Os piores problemas do nosso mundo — a guerra, a pobreza, a destruição ecológica e assim por diante — são criados pela ganância, pelo ódio, pelo preconceito, pela ilusão e pelo medo que existem na mente humana. Para expandir o círculo da nossa prática e enfrentar a dor que existe no mundo à nossa volta, precisamos fazer face a essas forças dentro de nós mesmos. Einstein disse que somos "gigantes nucleares e eticamente crianças". Só quando tivermos descoberto a compaixão, a bondade e a compreensão que transcendem a nossa ganância, o nosso ódio e a nossa ilusão, seremos capazes de trazer a liberdade ao mundo que nos rodeia.

Um coração grande e aberto nos dá forças para enfrentar o mundo diretamente, para compreender as raízes da nossa dor e a nossa responsabilidade por ela. Dwight Eisenhower, ex-presidente dos Estados Unidos, lembrava-nos dessa responsabilidade ao declarar:

> Cada arma fabricada, cada navio de guerra lançado ao mar, cada foguete disparado significam, em última análise, um roubo cometido contra os que têm frio e estão nus. Este mundo em armas não está apenas gastando dinheiro. Está gastando o suor de seus operários, o gênio de seus cientistas, a esperança de suas crianças. Isso não é, de modo algum, um modo de vida... é a humanidade suspensa numa cruz de ferro.

É a *nossa* sociedade que faz isso. Cada um de nós numa sociedade moderna precisa reconhecer a sua responsabilidade no dilema mundial. Existem muitos níveis importantes a partir dos quais podemos tratar o sofrimento do globo. Devemos fazer o possível em cada área, levando compaixão e habilidade à economia, à educação, ao governo, ao serviço e ao conflito mundial. Por trás de todo esse trabalho, precisamos encontrar a força do coração para enfrentar a injustiça com verdade e compaixão.

Existem duas fontes de força no nosso mundo. Uma é a força do ódio, daqueles que não têm medo de matar. A outra força, maior, vem daqueles que não têm medo de morrer. Esta era a força que estava por trás das marchas de Gandhi contra todo o Império Britânico, a força do trabalho incansável de Dorothy Day pelos pobres das ruas de Nova York. Foi essa força do coração e do ser que regenerou e redimiu a vida humana em todas as circunstâncias.

Despertar a compaixão e a liberdade nesta Terra não será fácil. Precisamos ser honestos em tempos desonestos, quando é mais fácil lutar pelos nossos princípios do que viver de acordo com eles. Precisamos despertar numa época em que o Tao, o dharma, as leis universais freqüentemente são esquecidos, numa época em que o materialismo, a possessividade, a indulgência e a segurança militar são amplamente apregoados como sendo a base correta para a ação humana. Esses caminhos não são o dharma; eles não obedecem às leis atemporais da harmonia e da felicidade humanas. Isso é algo que podemos ver por nós mesmos. Precisamos encontrar ou descobrir em nós mesmos a antiga e eterna lei da vida, baseada na verdade e na compaixão, para ela guiar as nossas ações.

CONDUTA CONSCIENTE: OS CINCO PRECEITOS

Para ampliar a nossa compreensão e compaixão, é preciso que a nossa ação esteja em harmonia com as antigas leis de conduta consciente. Essas leis, por si sós, são a base da vida espiritual consciente; segui-las e aprimorá-las em todas as circunstâncias é, em si, uma prática que leva à libertação de todos os seres. Tive ocasião de ver demonstrado um dos mais claros exemplos dessas leis nos campos de refugiados do Camboja. Eu estava com meu amigo e mestre Mahaghosananda, um extraordinário monge cambojano, um dos poucos que sobreviveram, quando ele abriu um templo budista num árido campo de refugiados comunistas do Khmer Vermelho. Havia ali cinqüenta mil aldeãos que se tornaram comunistas sob a mira de um fuzil e depois escaparam da morte fugindo para os campos na fronteira tailandesa. Nesse campo, os líderes do clandestino Khmer Vermelho ameaçaram matar quem pusesse os pés no templo. Mesmo assim, no dia da inauguração do templo, mais de vinte mil pessoas se aglomeraram na praça empoeirada para assistir à cerimônia. Eram os tristes sobreviventes das famílias, um tio e duas sobrinhas, uma mãe com apenas um de seus três filhos. As escolas haviam sido queimadas e as aldeias destruídas; quase todas as famílias tinham mortos ou feridos. Eu me perguntava o que ele iria dizer a pessoas que haviam sofrido tanto.

Mahaghosananda começou o serviço religioso com os cânticos tradicionais que haviam feito parte da vida da aldeia por milhares de anos. Embora essas palavras tivessem sido silenciadas por oito anos e os templos destruídos, elas ainda permaneciam no coração daquelas pessoas cujas vidas haviam conhecido tanta dor e injustiça como nenhuma outra na Terra. E então Mahaghosananda começou a cantar um dos versos principais de Buda, primeiro em páli e depois em cambojano, recitando as palavras repetidas vezes:

O ódio nunca cessa pelo ódio
mas só pelo amor é curado.
Essa é uma lei antiga e eterna.

Enquanto repetia esses versos, milhares de pessoas cantavam com ele. Cantavam e choravam. Foi um momento extraordinário, pois estava claro que a verdade que ele cantava era ainda maior do que a dor daquelas pessoas.

Todas as grandes tradições espirituais reconhecem e ensinam as leis básicas da conduta humana sábia e consciente. Quer as chamemos de virtudes, de ética, de conduta moral ou de preceitos, são regras para vivermos sem causar dano aos outros; elas trazem bom senso e luz ao mundo. Em todos os seres humanos existe a capacidade de encontrar alegria na virtude, na integridade e na honradez de coração. Quando ajudamos nossos semelhantes e vivemos sem causar dano a outros seres, criamos liberdade e felicidade.

270

A prática budista requer o cumprimento de cinco preceitos básicos como compromisso mínimo de não causar dano aos outros através de nossas palavras e ações. Esses preceitos são recitados regularmente para lembrar os discípulos de seu compromisso. Os preceitos são:

- Eu me comprometo a me abster de matar e causar dano aos seres vivos.
- Eu me comprometo a me abster de roubar e tomar o que não me pertence.
- Eu me comprometo a me abster de causar dano através de má conduta sexual.
- Eu me comprometo a me abster de mentiras, de palavras prejudiciais, de boatos e difamações.
- Eu me comprometo a me abster do mau uso de agentes tóxicos ou de substâncias tais como álcool ou drogas que provocam desatenção ou perda da percepção consciente.

A energia positiva da virtude é imensa. Quando não vivemos por esses preceitos, diz-se que vivemos como animais selvagens; sem esses preceitos, qualquer prática espiritual é uma impostura. Imagine alguém tentando sentar-se em meditação depois de passar o dia mentindo e roubando! E agora imagine como o nosso mundo seria diferente se todos obedecessem ao menos a um único preceito — não matar, não mentir ou não roubar. Criaríamos realmente uma nova ordem mundial.

Esses simples ensinamentos são um modo perfeito para viver a nossa prática, para expandir nosso círculo de compreensão e compaixão ao mundo que nos rodeia. Seguir preceitos é treinar nossa atenção e respeito. É preciso atenção e cuidado para não causar danos aos outros. Os preceitos nos indicam claramente quando estamos em vias de perder nosso caminho, quando nossos medos e ilusões nos enredam a ponto de tornar-nos capazes de causar dano a outro ser. Os monges budistas não seguem apenas cinco preceitos de treinamento, mas algumas centenas deles; dessa prática, surge uma apurada atenção e respeito nas palavras, no decoro, em todas as ações.

Os preceitos básicos não são passivos. Na nossa vida, eles podem expressar ativamente um coração compassivo. "Não matar" pode crescer e se tornar uma reverência pela vida, um cuidado protetor para com todos os seres vivos que compartilham a vida conosco. "Não roubar" pode tornar-se a base para uma ecologia sábia, respeitando os recursos limitados da Terra e buscando ativamente modos de viver e trabalhar que compartilhem nossas bênçãos universais. A partir desse espírito, pode surgir uma vida de simplicidade natural e curadora. Do "não mentir" podemos desenvolver a nossa voz para falar a favor da compaixão, compreensão e justiça. Da sexualidade não-prejudicial, nossos mais íntimos relacionamentos também podem tornar-se expressões de amor, alegria e ternura. Não abusando de agentes tóxicos, não ficando desatentos, podemos desenvolver um espírito que busca viver do modo mais desperto e consciente em todas as circunstâncias.

No começo, os preceitos são uma prática. Depois, tornam-se uma necessidade e finalmente passam a ser uma alegria. Quando o nosso coração está desperto, eles iluminam espontaneamente o nosso caminho no mundo. Essa é chamada de "a virtude brilhante". A luz em volta da pessoa que fala a verdade, que age com compaixão para com todos de modo consistente, mesmo nas maiores dificuldades, é visível a todos os que a cercam. Mais que o perfume, sua fragrância se eleva aos deuses. Viktor Frankl, o conhecido psicólogo, assim se referiu a esse poder:

Aqueles de nós que viveram nos campos de concentração podem lembrar com muita clareza os homens e mulheres que circulavam entre os barracões confortando os necessitados e oferecendo-lhes seu último pedaço de pão. Mesmo que seu número seja pequeno, essas pessoas são um testemunho das possibilidades do espírito humano.

Cada um de nós tem em si esse espírito — às vezes oculto, às vezes mais acessível. Essa luz, essa generosidade e essa paz são a nossa maior dádiva para a Terra. Ao ampliar a nossa prática, tornamo-nos o centro de um círculo, como uma pedra atirada num lago; ela desce suavemente até o fundo das águas, enquanto as ondas se propagam até tocar as margens. Como o centro de um círculo, alcançamos a paz interior e transmitimos essa mesma paz aos outros, não importa que mudanças da vida estejam diante de nós. Suzuki Roshi disse: "Encontrar a perfeita serenidade em meio à mudança é encontrar a nós mesmos no nirvana".

REVERÊNCIA PELA VIDA

Ao expandir nosso círculo de prática, aprendemos a arte de honrar a vida em todos os encontros, momento a momento, pessoa a pessoa. Essa não é uma prática idealista; é uma prática imediata.

William Blake assim o expressou:

Se alguém quer fazer o bem, deve fazê-lo nos pequenos detalhes. O bem genérico é o argumento do hipócrita, do canalha e do adulador.

Viver uma vida espiritual não exige altos ideais ou nobres pensamentos. Exige o cuidado e a atenção generosa à nossa respiração, aos nossos filhos, às árvores ao nosso redor e à Terra com a qual estamos tão ligados.

Os monges que seguiam Buda estavam proibidos de cortar plantas e árvores. Sua reverência e sua ação não-prejudicial se expandiam para envolver toda a vida que os rodeava. Nos dias de hoje, as florestas da Ásia estão sendo destruídas com tanta rapidez quanto as florestas tropicais da Amazônia. Ao reconhecerem que logo não haverá mais florestas para os mosteiros e monges, alguns mestres de meditação levaram os aldeãos para dentro das florestas a fim de revestirem as árvores maiores e mais antigas com túnicas dos monges de seus templos. Uma cerimônia de ordenação era então realizada, como se a própria árvore estivesse se tornando formalmente um seguidor de Buda. O povo tailandês e birmanês tem tamanha reverência por essa cerimônia de ordenação que poupam essas árvores, e toda essa área da floresta fica a salvo da destruição.

Esse tipo de cuidado e atenção reiterados torna-se a nossa prática espiritual. Quando lembramos que todos os seres que encontramos foram o nosso tio ou tia, filho ou filha, nosso coração torna-se compreensivo e maleável.

Mais do que qualquer idéia que possamos ter sobre o modo como as coisas deveriam ser, a chave para a flexibilidade e o respeito é um coração que sabe escutar. Como disse Gandhi: "Precisamos cuidar mais da verdade diante de nós do que da coerência". Um moderno projeto em favor da paz que segue esse princípio é o *The Compassionate Listening Project* ("Projeto da Escuta Compassiva"). Esse grupo de norte-americanos e europeus foi treinado para escutar com cuidado, atenção e profunda compaixão a ambos os lados das situações difíceis. Recentemente, o grupo enviou equipes para ouvir alguns dos povos mais deserdados do mundo. Uma equipe foi para a Líbia e ouviu de modo compassivo os pontos de vista e as histórias dos oficiais do exército líbio e dos seguidores de Muammar Kadafi. Essa escuta foi uma tentativa de compreender a situação a partir do ponto de vista deles. Outra equipe foi para a Nicarágua ouvir tanto os camponeses quanto os comandos armados dos Contras, para conhecer os pontos de vista de ambos os lados, seu sofrimento, suas dificuldades e perspectivas. Uma outra equipe foi enviada ao Oriente Médio para ouvir as facções do Líbano.

Quando ouvimos como se estivéssemos num templo e damos atenção uns aos outros como se cada pessoa fosse o nosso mestre, honrando suas palavras como valiosas e sagradas, todos os tipos de grandes possibilidades despertam. Até mesmo milagres podem ocorrer. Para agir no mundo da maneira mais efetiva, nossas ações não podem vir do nosso pequeno sentimento do eu, da nossa identidade limitada, das nossas esperanças e medos. Pelo contrário, precisamos sentir uma possibilidade maior e cultivar ações ligadas às nossas intenções mais elevadas que partem do Buda paciente e compassivo dentro de nós. Precisamos aprender a estar em contato com algo maior que nós mesmos, quer o chamemos de Tao, de Deus, de dharma ou de lei da natureza. Existe uma profunda corrente de verdade que podemos ouvir. Quando ouvimos e agimos de acordo com essa verdade, não importa o que possa acontecer, nossas ações serão corretas.

Um dos melhores exemplos desse coração que sabe escutar surgiu depois da morte de Gandhi, quando todo o movimento de seus seguidores estava desorganizado. Um ano ou dois depois da independência da Índia (em 1948), muitos dos seguidores de Gandhi decidiram promover uma reunião em âmbito nacional para decidir o melhor meio de continuar o trabalho dele. Tinham esperanças de convencer um ancião, Vinoba Bhave, discípulo mais próximo de Gandhi e seu herdeiro natural, a presidir essa conferência, mas ele se recusou. "Não podemos reviver o passado", declarou. Depois de muitas argumentações, finalmente convenceram Vinoba a presidir a reunião, mas ele impôs a condição de que ela fosse adiada por seis meses, dando-lhe tempo suficiente para percorrer a pé, desde o local onde vivia até o lugar da reunião, quase metade da Índia.

Ele começou a caminhar de aldeia em aldeia. Ao parar em cada aldeia, convocava uma reunião, como Gandhi havia feito. Ouvia seus problemas e às vezes dava conselhos aos aldeãos. É claro que ele passou por uma série de aldeias muito pobres, coisa muito comum na Índia. Numa delas, muitas pessoas falaram da miséria que enfrentavam e da fome e da pouca quantidade de alimentos de que dispunham. Ele lhes perguntou: "Por que vocês não cultivam o seu próprio alimento?" Mas muitos deles eram intocáveis.* "Plantaríamos nosso alimento, senhor, mas não temos terras." Vinoba refletiu e então lhes prometeu que quando voltasse a Nova Delhi falaria com o primeiro-ministro Nehru e tentaria fazer aprovar uma lei dando terras aos aldeãos mais pobres da Índia.

A população da aldeia foi dormir, mas Vinoba, às voltas com o problema, não conseguiu repousar naquela noite. De manhã, reuniu os aldeãos e se desculpou. "Conheço bem demais o governo", disse-lhes. "Mesmo que depois de muitos anos eu seja capaz de convencê-lo a aprovar uma lei concedendo terras, vocês talvez nunca vejam essas terras. A lei passará pelos Estados e províncias, pelos chefes de distrito e pelos chefes de aldeia e, quando a concessão de terras chegar a vocês, depois que cada homem do governo tiver tirado o seu quinhão, provavelmente não sobrará nada para vocês." Essa foi sua avaliação, honesta mas triste, da realidade.

Então um aldeão rico levantou-se e disse: "Eu tenho terras. De quanto precisam essas pessoas?" Havia dezesseis famílias, cada uma precisando de cinco acres de terra, de modo que Vinoba respondeu: "Oitenta acres". E o homem, profundamente inspirado pelo espírito de Gandhi e de Vinoba, ofereceu os oitenta acres. Vinoba replicou: "Não, não podemos aceitar. Primeiro você deve ir até sua casa e falar com sua mulher e seus filhos, que são os herdeiros de suas terras". O homem foi até sua casa, obteve permissão e voltou dizendo: "Sim, nós doaremos oitenta acres das nossas terras". Nessa manhã, oitenta acres foram doados às famílias mais pobres.

No dia seguinte, Vinoba caminhou até outra aldeia pobre e ouviu a difícil situação da fome e falta de terras dos membros da casta mais baixa. Na reunião, ele contou o que acontecera na aldeia anterior e a história inspirou outro rico dono de terras que ofereceu cento e dez acres para as vinte e duas famílias em situação desesperadora e, mais uma vez, foi aconselhado a pedir permissão à sua família. No prazo de um dia, as terras foram doadas aos pobres.

Aldeia após aldeia, Vinoba fez reuniões e continuou esse processo até que, meses mais tarde, chegou à reunião do conselho. No decorrer de sua caminhada, havia conseguido mais de 2.200 acres de terras para as famílias mais pobres ao longo do caminho. Contou essa história ao conselho e, a partir dela, muitos se juntaram a ele para iniciar o grande Movimento Indiano pela Reforma Agrária. Durante os catorze anos que se seguiram, Vinoba Bhave e milhares de pessoas inspiradas por ele percorreram todos os Estados, províncias e distritos da Índia e, sem nenhuma complicação ou formalidade por parte do governo, conseguiram obter mais de dez milhões de acres de terra para os aldeãos mais famintos e miseráveis.

Tudo isso começou quando trouxe para uma situação antiga e difícil o espírito da escuta, o cuidado pela verdade e uma mente compassiva, dando assim início às mudanças. Viver desse modo exige coragem e simplicidade; a coragem de ouvir honestamente e de enfrentar o mundo como ele se apresenta; e a simplicidade de ver, com olhos e coração límpidos, o que a vida pede de nós.

---

* Os "intocáveis" são os párias, membros da classe mais baixa no sistema de castas hindu, desprovidos de quaisquer direitos sociais ou religiosos e excluídos da sociedade. Segundo a crença tradicional hindu, o simples contato com um pária macularia as pessoas pertencentes às classes mais elevadas. (N. T.)

Essa coragem reconhece que ninguém viveu a nossa vida antes. Não existe nenhum plano exato ou modelo que possamos seguir, nem mesmo a partir da maior inspiração. Todos nós seguimos um caminho desconhecido e um rio não-cartografado, e é preciso muita coragem para seguir em frente com os olhos e o coração abertos. Quando olhamos com profunda compaixão, talvez sintamos a necessidade de transformar nossa vida repetidas vezes, de deixar ir embora as partes insensatas de nós mesmos ou de expandir a nossa compaixão, de uma maneira nova, ao mundo que nos rodeia.

Viver desse modo um caminho com o coração é chamado de "Viver a Vida de um Bodhisattva". *Bodhisattva* é uma palavra sânscrita composta de duas partes: *bodhi* significa "desperto" e *sattva*, "um ser". Juntas, referem-se a uma pessoa que está comprometida com o despertar, um ser comprometido com a liberdade e o bem-estar de todas as criaturas, um ser que, como Buda, usa todas as circunstâncias para expressar a capacidade humana de compreensão e compaixão. Diz-se que, mesmo que o Sol se levantasse no Oeste e o mundo virasse de pernas para o ar, ainda assim o *bodhisattva* teria um único caminho. Mesmo diante das maiores dificuldades, o caminho do *bodhisattva* é fazer viver, também nessas dificuldades, o espírito da compreensão e da compaixão.

Ao ampliar o nosso círculo de prática, descobrimos a capacidade do nosso coração para testemunhar o sofrimento do mundo e experimentar a expansão do nosso coração, conectando-se compassivamente com a totalidade da vida.

O *bodhisattva* dentro de nós sabe que o verdadeiro amor é irresistível e invencível, e que ele transforma tudo aquilo em que toca. O surpreendente é que viver a vida como um *bodhisattva* não é nada grandioso ou idealista. É simplesmente dedicar a todas as circunstâncias um espírito de amor, de abertura e liberdade. E então o nosso próprio ser transforma o mundo à nossa volta.

Quando um repórter pediu ao Mahatma Gandhi que enviasse uma mensagem ao povo indiano, no momento em que seu trem saía da estação, ele rabiscou num pedaço de papel: "Minha vida é a minha mensagem".

Ampliar o nosso círculo de prática é deixar que a nossa vida seja a nossa mensagem.

MEDITAÇÃO SOBRE O SERVIÇO

Escolha um momento tranqüilo. Sente-se confortavelmente, à vontade mas, ainda assim, desperto. Sinta o seu corpo e o suave movimento da respiração. Deixe que a sua mente esteja clara e seu coração terno. Reflita sobre as abundantes dádivas e bênçãos que apóiam toda a vida humana: a chuva, as plantas da terra, a cálida luz do Sol. Traga à mente os muitos benfeitores humanos: os agricultores, os pais, os operários, os curadores, os carteiros, os professores, toda a sociedade à sua volta. Ao sentir o mundo que o cerca, conscientize-se também dos problemas desse mundo: as necessidades de seus povos, de seus animais, de seu meio ambiente. Sinta no seu coração aquele movimento para contribuir, aquela alegria que surge quando você oferece ao mundo o seu dom singular.

E então, quando estiver pronto, faça a si mesmo as seguintes perguntas. Faça uma pausa depois de cada uma delas e dê tempo ao seu coração para respondê-las, permitindo uma resposta vinda do mais profundo nível da sua compaixão e sabedoria.

Imagine a si mesmo daqui a cinco anos, como você provavelmente vai ser, tendo feito todas as coisas que quer fazer, tendo contribuído com todas as coisas para as quais deseja sinceramente contribuir. Qual é a sua maior fonte de felicidade? Das coisas que você fez, qual delas trouxe mais benefícios para o mundo? Das contribuições que você poderia dar ao mundo, qual delas lhe traria maior satisfação? Para dar essa contribuição ao mundo, a quais aspectos inconvenientes você precisaria renunciar? Para dar essa contribuição ao mundo, quais forças e capacidades você teria de reconhecer em si mesmo e nos outros? O que você teria de fazer na sua vida, hoje, para começar esse serviço, essa contribuição? Por que não começar?

O COMPROMISSO COM OS CINCO PRECEITOS: NÃO CAUSAR DANO É A NOSSA DÁDIVA AO MUNDO

Todos os grandes sistemas espirituais oferecem orientações para a conduta ética, tal como a afirmação de que a vida espiritual não pode ser separada das nossas palavras e ações. Um compromisso consciente com a virtude e o compromisso de não causar danos são os alicerces para vivermos uma vida harmoniosa e compassiva. De início, seguir um código moral pode ser visto como uma proteção para você mesmo e para os outros. Com mais prática e reflexão, você poderá ver que cada área básica de veracidade e integridade pode ser desenvolvida e tornar-se a própria meditação, trazendo-lhe o despertar e semeando as sementes da liberdade interior. À medida que você desenvolve cada área da sua virtude, ela pode tornar-se uma dádiva espontânea, uma oferenda solícita de seu coração a todos os outros seres.

Na prática budista, um modo de confirmar a virtude e a integridade é a repetição formal e o compromisso com os Cinco Preceitos. Isso pode ser feito de maneira regular, como um lembrete e um novo compromisso de suas intenções.

Para comprometer-se com os cinco preceitos, sente-se de maneira tranquila e alerta no seu local habitual de meditação. Se você tem um altar, talvez queira acender uma vela ou oferecer incenso ou flores. E então repouse, com o corpo relaxado e o coração aberto. Quando estiver pronto, recite os seguintes preceitos:

- Eu me comprometo a praticar o preceito de abster-me de matar e causar dano aos seres vivos.
- Eu me comprometo a praticar o preceito de abster-me de roubar e de tomar o que não me pertence.
- Eu me comprometo a praticar o preceito de abster-me de causar dano através de má conduta sexual.

- Eu me comprometo a praticar o preceito de abster-me de mentiras, de palavras prejudiciais, de boatos e difamações.
- Eu me comprometo a praticar o preceito de abster-me do mau uso de agentes tóxicos ou de substâncias tais como álcool ou drogas que provocam desatenção ou perda da percepção consciente.

Ao recitar cada preceito, sinta a intenção no seu coração. Perceba a energia e o bem-estar que ele pode lhe oferecer e a compaixão que ele dedica a todos os seres do mundo.

E se em algum momento da sua prática você quiser explorar novos modos de trabalhar com esses preceitos, pratique o seguinte exercício:

Escolha e aperfeiçoe um dos cinco preceitos como meio de cultivar e fortalecer a virtude e a atenção plena. Trabalhe com esse preceito meticulosamente durante uma semana. E então examine os resultados e escolha outro preceito para a semana seguinte. Aqui estão alguns modos possíveis de trabalhar com cada preceito.

1. *Abster-se de matar; reverência pela vida.* Comprometa-se deliberadamente durante uma semana a não causar nenhum dano, seja em pensamentos, palavras ou atos, a qualquer criatura viva. Conscientize-se, em especial, de quaisquer seres vivos no seu mundo a quem você ignora (pessoas, animais, até mesmo plantas) e cultive o cuidado e a reverência por eles.

2. *Abster-se de roubar; cuidado com as coisas materiais.* Comprometa-se durante uma semana a reduzir ao mínimo o consumo — dirigindo menos, gastando menos, deixando cada ato físico ser um ato de cuidadosa administração e respeito. E então comprometa-se, durante uma semana, a agir com base em cada pensamento de generosidade que surgir espontaneamente no seu coração.

3. *Abster-se de mentir: falar a partir do coração.* Durante uma semana, comprometa-se a não tagarelar (positiva ou negativamente) ou falar sobre as pessoas conhecidas que não estão presentes.

4. *Abster-se de má conduta sexual: sexualidade consciente.* Durante uma semana, comprometa-se a observar meticulosamente com que freqüência os sentimentos e pensamentos sexuais afloram à sua consciência. De cada vez, observe quais os estados mentais específicos associados a eles, tais como amor, tensão, compulsão, desvelo, solidão, desejo de comunicação, avidez, prazer, agressividade e assim por diante.

5. *Abster-se de agentes tóxicos.* Durante uma semana ou um mês, comprometa-se a abster-se de todos os agentes tóxicos e substâncias que viciam (tais como bebidas alcoólicas, maconha, cigarro e café). Observe os impulsos para usar esses agentes tóxicos e conscientize-se do que acontece na sua mente e no seu coração no momento desses impulsos.

PARTE IV

A MATURIDADE ESPIRITUAL

21

A MATURIDADE ESPIRITUAL

À medida que amadurecemos na vida espiritual, sentimo-nos mais à vontade com o paradoxo e aprendemos a apreciar as ambigüidades da vida, seus diversos níveis e os conflitos que lhe são inerentes. Desenvolvemos a percepção da ironia, da metáfora e do humor da vida, bem como a capacidade de envolver a totalidade, com sua beleza e seus horrores, na graça do nosso coração.

Quando madura, a fruta cai naturalmente da árvore. Depois do devido tempo de vida espiritual, o coração, como a fruta, começa a amadurecer e a ficar mais doce. Nossa prática deixa de se ater ao crescimento imaturo e difícil da busca, do desenvolvimento e do aperfeiçoamento de nós mesmos para se ater ao repouso no mistério. Passa da confiança na forma para o repouso no coração. Uma moça que nos primeiros anos de sua prática muito lutou com as dificuldades familiares e a igreja fundamentalista à qual seus pais pertenciam escreveu, "Meus pais me odeiam quando sou uma budista, mas me amam quando sou um Buda".

Amadurecer espiritualmente é abandonar os modos rígidos e idealísticos de ser e descobrir a flexibilidade e alegria na nossa vida. À medida que a maturidade espiritual se desenvolve, ela enche de suavidade o coração. O bem-estar e a compaixão tornam-se o nosso caminho natural. O taoísta Lao Tsé celebrou esse espírito ao escrever:

A pessoa que está centrada no Tao pode ir sem perigo aonde quiser. Ela percebe a harmonia universal, mesmo em meio a grande dor, pois encontrou paz em seu coração.

Quando, nos anos 60 e 70, a espiritualidade oriental começou a se popularizar nos Estados Unidos, sua prática foi inicialmente idealística e romântica. As pessoas tentavam usar a espiritualidade para "se elevar" e vivenciar estados de consciência fora do comum. Havia uma crença em gurus perfeitos e em ensinamentos completos e maravilhosos que, se seguidos, nos levariam à plena iluminação e mudariam o mundo. Essas eram as qualidades de imitação e de auto-absorção que Chögyam Trungpa chamava de "materialismo espiritual". Ao seguir os rituais, os costumes e a filosofia das tradições místicas, as pessoas tentavam escapar de suas vidas comuns e tornar-se seres mais espiritualizados.

Depois de poucos anos, ficou claro para a maioria das pessoas que o "estar elevado" não duraria para sempre e que a espiritualidade não queria dizer deixar a nossa vida para encontrar existência em um plano sublime e cheio de luz. Descobrimos que a transformação da consciência exigia muito mais prática e disciplina do que havíamos imaginado de início. Começamos a ver que o caminho espiritual *pedia* mais de nós do que parecia nos oferecer. Abandonando as visões românticas da prática, as pessoas começaram a acordar e a perceber que a espiritualidade exigia um olhar honesto e corajoso sobre situações da nossa vida real, da nossa família de origem, de nosso lugar na sociedade à nossa volta. Individualmente e em comunidades, através da sabedoria crescente e da experiência com a desilusão, começamos a abandonar a noção idealística da vida e da comunidade espirituais como um modo de escapar do mundo ou de nos salvar.

Para muitos de nós, essa transição tornou-se o alicerce de um trabalho espiritual mais profundamente integrado e mais sábio, um trabalho que inclui os relacionamentos corretos, o modo de vida correto, as palavras corretas e as dimensões éticas da vida espiritual. Esse trabalho exigiu o fim da compartimentação; exigiu a compreensão de que tudo o que tentamos evitar ou lançar para a sombra precisa, finalmente, ser incluído na nossa vida espiritual; a compreensão de que nada pode ser deixado para trás. A espiritualidade passou a referir-se mais a quem somos do que ao ideal que perseguimos. A espiritualidade deixou de se interessar pela viagem à Índia, ao Tibete ou a Machu Picchu para cuidar da volta ao lar.

Esse tipo de espiritualidade está cheio de alegria e de integridade; é, ao mesmo tempo, comum e desperto. Essa espiritualidade permite-nos repousar no milagre da vida. Essa espiritualidade amadurecida permite que a luz do divino brilhe através de nós.

Consideremos as qualidades da maturidade espiritual:

1. *Não-idealismo.* O coração amadurecido não é perfeccionista; repousa na compaixão do nosso ser e não nos ideais da mente. A espiritualidade não-idealista não busca um mundo perfeito; não busca aperfeiçoar a nós mesmos, o nosso corpo, a nossa personalidade. Ela não é romântica com relação aos mestres ou com relação a uma iluminação baseada nas imagens da imensa pureza de algum ser especial "lá no alto". Portanto, ela não busca ganhar ou conquistar alguma coisa na vida espiritual; busca apenas amar e ser livre.

A frustração da busca da perfeição é ilustrada por uma história do mulá Nasrudin. Um dia, no mercado, ele encontrou um velho amigo que estava em vésperas de se casar. O amigo perguntou a Nasrudin se já havia pensado em casamento. Nasrudin respondeu que muitos anos antes pensara nisso e saíra em busca da mulher perfeita. Primeiro viajou a Damasco, onde encontrou uma mulher graciosa e bela, mas descobriu que lhe faltava o necessário lado espiritual. Então suas andanças o levaram até Isfahan, onde encontrou uma mulher profundamente religiosa e, ainda assim, bem à vontade no mundo e, além de tudo, bela; mas, infelizmente, eles não conseguiram se comunicar direito. "Finalmente, no Cairo, eu a encontrei", disse Nasrudin ao amigo, "era a mulher ideal, religiosa, graciosa e bela, à vontade no mundo, perfeita em todos os aspectos." O amigo perguntou, "E então, você casou com ela?" "Não", respondeu o mulá, "infelizmente, ela procurava pelo homem perfeito."

A espiritualidade amadurecida não se baseia na busca da perfeição, na conquista de algum imaginário sentimento de pureza. Ela se baseia simplesmente na capacidade de se desapegar e de amar, de abrir o coração a tudo o que existe. Sem ideais, o coração pode conduzir o sofrimento e as imperfeições que encontramos para o caminho da compaixão. Nessa prática não-idealista, o divino pode brilhar até mesmo através de atos de ignorância e medo, convidando-nos a nos maravilhar diante do mistério de tudo o que existe. Nisso, não existe julgamento nem censuras, pois não buscamos aperfeiçoar o mundo e, sim, aperfeiçoar o nosso amor por aquilo que existe sobre a Terra. Thomas Merton assim o percebia:

> E então foi como se eu visse de súbito a beleza secreta de seus corações, as profundezas inalcançáveis pelo pecado ou pelo desejo, a pessoa que cada um de nós é aos olhos de Deus. Se ao menos eles pudessem ver a si mesmos como realmente são. Se ao menos pudéssemos ver uns aos outros desse modo, não haveria razão alguma para guerras, para ódio, para crueldade... Suponho que o grande problema seria cair de joelhos e venerar uns aos outros.

2. Uma segunda qualidade da espiritualidade amadurecida é a *benevolência*. Ela é baseada sobre uma noção fundamental de auto-aceitação, e não de culpa, de censura ou de vergonha pelos atos inadvertidos que cometemos ou pelos medos que ainda permanecem dentro de nós. Ela compreende que a abertura exige o sol quente da bondade. É fácil demais transformar a espiritualidade e a religião naquilo que Alan Watts chamou de "dever implacável". A poetisa Mary Oliver escreveu:

> *Não precisas ser bom.*
> *Não precisas percorrer de joelhos*
> *cem milhas de deserto, em penitência.*
> *Tens apenas que deixar o doce animal do teu corpo*
> *amar aquilo que ele ama...*

Da auto-aceitação profunda cresce uma compreensão compassiva. Como disse um mestre zen quando lhe perguntaram se às vezes se enfurecia: "Claro que me enfureço, mas depois de alguns minutos eu digo para mim mesmo, 'Para que isso?', e deixo a raiva ir embora". Essa auto-aceitação é pelo menos metade da nossa prática espiritual. Somos solicitados a tocar com misericórdia as muitas partes de nós mesmos que negamos, suprimimos ou isolamos. A espiritualidade amadurecida é um reflexo da nossa profunda gratidão e capacidade de perdoar. Como escreveu o poeta zen Edward Espe Brown em *The Tassajara Recipe Book*:

> *A qualquer momento, preparando esta refeição,*
> *poderíamos ser um gás, a dez mil*

*metros de altura, e depois
cair venenosos sobre as folhas,
as árvores e os animais. Tudo
à vista deixaria de existir.*

*Ainda assim, cozinhamos,
colocando um milhar de queridos
sonhos sobre a mesa, para alimentar
e reconfortar os que nos são próximos e caros.*

*Neste ato de cozer eu digo adeus.
Sempre insisti que a culpa era toda sua.
Neste último instante, meus olhos se abrem
e eu o olho com toda
a ternura e perdão,
que por tanto tempo neguei.*

*Sem futuro,
não temos
por que brigar.*

3. A terceira qualidade da maturidade espiritual é a *paciência*. A paciência permite-nos viver em harmonia com o dharma, com o Tao. Como afirmou Chuan Tsé:

*Os verdadeiros homens de outrora
Não pensavam em lutar contra o Tao,
Nem tentavam, com intrigas,
Ajudar o Tao a seguir seu caminho.*

Zorba, o Grego, conta a sua lição de paciência:

Lembro que uma manhã descobri um casulo na casca de uma árvore, bem na hora em que a borboleta furava seu invólucro e se preparava para sair. Esperei um pouco, mas, como estava demorando, fiquei impaciente. Inclinei-me e bafejei sobre o casulo para aquecê-lo. Eu o aqueci o mais depressa que pude e o milagre começou a acontecer diante dos meus olhos, mais rápido que a vida. O casulo se abriu e a borboleta começou a arrastar-se lentamente para fora. Nunca esquecerei o horror que senti quando vi que suas asas estavam dobradas para trás e enrugadas; a infeliz borboleta tentava, com todo o seu corpinho trêmulo, desdobrá-las. Inclinei-me sobre ela e tentei ajudá-la com a minha respiração. Inútil. Ela precisava ter saído pacientemente do casulo e o desdobrar de suas asas deveria ter sido um processo gradual à luz do sol. Agora era tarde demais. Minha respiração tinha forçado a borboleta a sair do casulo, toda enrugada, antes da hora. Ela lutou desesperadamente e, menos de um segundo depois, morreu na palma da minha mão.

A maturidade espiritual compreende que o processo de despertar atravessa muitas estações e ciclos. Pede o nosso mais profundo compromisso; pede que "tomemos o único assento" em nosso coração e nos abramos a todas as facetas da vida.

284

A verdadeira paciência não é vencer ou se apoderar de alguma coisa; ela não busca nenhuma conquista. A paciência permite que nos abramos àquilo que está além do tempo. Ilustrando a natureza do tempo, Einstein explicou: "Quando você se senta ao lado de uma bela moça por duas horas, parece que foi um minuto; quando você se senta num fogão quente por um minuto, parece que foram duas horas. Isso é a relatividade". Quando falou de praticar por cem mil *mahakalpas* de vidas, Buda não queria dizer que levamos a eternidade para despertar, mas sim que o despertar é atemporal. Despertar não é uma questão de semanas, de anos ou vidas, mas sim um desabrochar amoroso e paciente no mistério neste exato momento.

"O problema com a palavra *paciência*", disse o mestre zen Suzuki Roshi, "é que ela implica que estamos esperando que algo melhore, estamos esperando pela vinda de alguma coisa boa. Uma palavra mais acurada para essa qualidade é *constância* — a capacidade de estar com o que é verdadeiro, momento a momento, para descobrir a iluminação momento após momento." Do modo mais profundo, quer dizer que o que buscamos é o que somos, e isso está sempre presente. O grande mestre indiano Ramana Maharshi disse aos discípulos que choravam enquanto seu corpo morria: "Mas, para onde vocês pensam que eu poderia ir?" A maturidade da vida espiritual permite-nos repousar exatamente aqui na verdade que sempre existiu e sempre existirá.

4. Uma quarta qualidade da maturidade espiritual é a *imediação*. O despertar espiritual é encontrado na nossa própria vida aqui e agora. Na tradição zen, dizem: "Depois do êxtase, a lavanderia". A maturidade espiritual se manifesta tanto no imanente quanto no transcendente. Ela busca permitir que o divino brilhe através de todas as nossas ações. Estados alterados, experiências extraordinárias da mente e grandes aberturas são valorizados, não por eles mesmos, mas apenas na medida em que nos trazem de volta à nossa encarnação humana para instruir a nossa sabedoria e aprofundar a nossa capacidade de compaixão. Como dizia Achaan Chah, "Mesmo as mais extraordinárias experiências não têm utilidade alguma, são apenas algo para se deixar ir, a menos que estejam ligadas a este momento aqui e agora". Os estados espirituais são dignificados quando aclaram a visão e abrem o corpo e a mente, mas apenas como uma passagem para retornar ao presente atemporal. Como diz Kabir a respeito de tudo o que buscamos: "O que é encontrado, é encontrado agora".

No presente imediato, a espiritualidade amadurecida nos ajuda a "fazer o que dizemos": a agir, falar e tocar uns aos outros como reflexo da nossa mais profunda compreensão. Tornamo-nos mais vivos e mais presentes. Descobrimos que a nossa respiração, o nosso corpo e limitações humanas são uma parte do divino. Essa maturidade ouve o nosso corpo e o ama por inteiro, o corpo de alegria e o de pesar; ouve o coração e ama a capacidade de sentir que o coração possui. Essa imediação é a verdadeira fonte da compaixão e da compreensão. "Só dentro do nosso corpo, com seu coração e mente", disse Buda, "podem ser encontrados o cativeiro e o sofrimento, e só aqui podemos encontrar a verdadeira libertação."

5. Uma quinta qualidade da maturidade espiritual é o sentimento *integrado e pessoal* do sagrado. "Integrado", na medida em que não cria compartimentos separados na nossa vida, destacando aquilo que é sagrado daquilo que não o é; "pessoal", ao honrar a espiritualidade através de nossas palavras e ações. Caso contrário, nossa

espiritualidade não tem nenhum valor verdadeiro. A prática espiritual integrada e pessoal inclui o nosso trabalho, o nosso amor, a nossa família e a nossa criatividade, Subentende que o pessoal e o universal estão indissoluvelmente interligados, que as verdades universais da vida espiritual só podem emergir em cada circunstância particular e pessoal. O modo como vivemos, essa é a nossa vida espiritual. Como observou um sábio discípulo: "Se quiser realmente conhecer um mestre zen, converse com a mulher dele".

Um senso integrado de espiritualidade subentende que, se quisermos trazer luz e compaixão a este mundo, precisamos começar com a nossa própria vida. Nossa vida pessoal torna-se a nossa prática espiritual de modo mais genuíno do que qualquer conjunto de experiências que tivemos ou qualquer filosofia que adotemos. Essa abordagem pessoal à prática honra tanto o individual quanto o universal na nossa vida, respeitando a vida como uma dança impermanente entre o nascimento e a morte e, ainda assim, honrando também o nosso corpo, a nossa família e comunidade particulares e a história pessoal e as alegrias e tristezas que nos foram concedidas. Desse modo, nosso despertar pessoal é uma questão que afeta todas as outras criaturas.

Na selva amazônica, existem novecentas espécies diferentes de vespas, cada uma das quais poliniza uma espécie diferente de figueira. Essas figueiras são a principal fonte de alimento para todos os mamíferos de pequeno porte da floresta tropical; e esses pequenos mamíferos, por sua vez, proporcionam a base da vida para a onça-pintada, o macaco, o porco-do-mato e outros animais. Cada espécie de vespa mantém viva uma cadeia de outros animais. Do mesmo modo, cada indivíduo no mundo faz uma contribuição singular. A realização na vida espiritual nunca poderá vir através da imaginação; ela deve brilhar através dos nossos dons e capacidades particulares enquanto homens e mulheres sobre esta Terra. Essa é a pérola de grande valor. Ao honrar o nosso destino singular, permitimos que nossa vida mais pessoal torne-se uma expressão de Buda em uma nova forma.

6. Uma sexta qualidade da maturidade espiritual é o *questionamento*. Em vez de adotar uma filosofia ou seguir cegamente um grande mestre ou um caminho inevitável, reconhecemos que precisamos ver por nós mesmos. Essa qualidade de questionar é chamada por Buda de *Dhamma-vicaya*, a nossa investigação particular da verdade. Ela é a disposição para descobrir o que é verdadeiro, sem imitar ou seguir a sabedoria dos outros. Certa vez, um homem disse a Picasso que ele deveria retratar as coisas como elas são — imagens objetivas. Quando Picasso comentou que não estava entendendo, o homem pegou a carteira e tirou uma fotografia de sua mulher, dizendo: "Olhe, aí está um retrato de como ela é realmente". Picasso olhou a foto e respondeu: "Ela é bem miudinha, não é? E sem relevo!" Como Picasso, precisamos ver as coisas por nós mesmos. Na maturidade espiritual, encontramos um grande senso de autonomia, não como uma reação à autoridade, mas com base no sincero reconhecimento de que também nós, como Buda, podemos despertar. A espiritualidade amadurecida tem uma qualidade profundamente democrática na qual todos os indivíduos têm o poder de descobrir o que é sagrado e libertador para si mesmos.

Esse questionamento combina a imparcialidade — a mente do tipo "eu não sei" do zen — com a "sabedoria discriminativa", que podem separar o útil do mau e que mantêm os olhos abertos para o aprendizado. Com uma mente aberta, estamos sempre aprendendo.

Nosso questionamento nos possibilita usar a grande sabedoria das tradições a fim de aprender com os mestres e fazer parte das comunidades e, mesmo assim, permanecer em contato com nós mesmos, ver a verdade e falar a verdade com um grande respeito pela nossa integridade e pelo nosso despertar. Essa investigação talvez não nos faça ficar mais seguros de nós mesmos, mas ela pode contribuir para sermos mais honestos com nós mesmos e, assim, tornar a nossa prática espiritual cheia de interesse e vivacidade. Quando lhe perguntaram sobre sua vida no exílio, o Dalai Lama referiu-se a isso ao responder: "Às vezes penso que este Dalai Lama é a vida mais difícil de todas... contudo, é claro, é a mais interessante".

7. Uma sétima qualidade da maturidade espiritual é a *flexibilidade*. A maturidade espiritual permite que, como o bambu, nos movamos com o vento, respondendo ao mundo com a nossa compreensão e o nosso coração, respeitando as circunstâncias mutáveis à nossa volta. A pessoa espiritualmente amadurecida aprendeu as grandes artes de permanecer presente e de se desapegar. Sua flexibilidade percebe que não existe apenas um único modo de prática ou uma única tradição espiritual elevada, mas sim que existem muitos caminhos. Ela percebe que a vida espiritual não significa a adoção de alguma filosofia, algum conjunto de crença ou de tradições; percebe que a vida espiritual não é uma "bandeira" a ser definida em oposição a alguém ou a alguma coisa. Trata-se de uma tranqüilidade de coração que compreende que todos os veículos espirituais são barcos para cruzarmos o rio em direção à liberdade.

Em seu primeiro diálogo, Buda advertiu sobre o fato de se confundir o barco com a margem do rio e sobre a adoção de qualquer opinião ou ponto de vista rígido. E prosseguiu dizendo: "Como poderia qualquer coisa neste mundo trazer conflito a uma pessoa sábia que não adotou nenhum ponto de vista?" Em lugar da arrogância, Buda recomenda a liberdade, e lembra a seus seguidores que aqueles que se apegam a filosofias e pontos de vista simplesmente vagueiam pelo mundo aborrecendo os outros. A flexibilidade de coração traz humor à prática espiritual. Ela permite que vejamos que existem centenas de milhares de modos hábeis de despertar, que existem momentos para os modos formais e sistemáticos e momentos para os modos impulsivos, incomuns e confrontadores.

Ron Jones, técnico de basquete colegial, aprendeu essa lição quando assumiu o San Francisco Center for the Specially Handicapped (Centro para Deficientes Físicos Especiais de San Francisco). Ele pretendia treinar seu time para alcançar grandes vitórias, mas logo no primeiro dia verificou que apenas quatro jogadores compareciam aos treinos, um dos quais numa cadeira de rodas. Esse impasse inicial desfez-se quando uma mulher negra com 1,83m de altura saiu em largas passadas do vestiário masculino e exigiu que a incluíssem no time. O técnico conta que desistiu de seus planos para a primeira aula quando descobriu que demorava 45 minutos para fazer os cinco jogadores se alinharem em um só lado da quadra olhando na mesma direção. Mas, à medida que o técnico abria mão de seus planos, o time de basquete foi crescendo. O time tinha regras, torcida organizada e cachorros-quentes, embora freqüentemente houvesse sete ou até doze pessoas em vez de cinco. Às vezes, os integrantes do time interrompiam o jogo para tocar música e convidavam as pessoas para dançar na quadra. E acabaram se tornando o único time de basquete da história a vencer um jogo por mais de um milhão de pontos: um deles, encarregado de marcar o placar, descobriu a alegria de ficar apertando o botão do marcador!

O que vem facilmente, vai também facilmente. Existe uma grande liberdade que vem com essa flexibilidade. Meu mestre Achaan Chah descrevia a si mesmo em repouso como uma árvore dando frutos, oferecendo espaço para os pássaros fazerem seus ninhos, movendo-se ao sabor do vento. O dharma da flexibilidade é alegre e repousante.

8. Uma oitava qualidade da maturidade espiritual é a de *abraçar os opostos*, a capacidade de aceitar no coração as contradições da vida. Quando somos crianças, vemos nossos pais como totalmente bons, quando nos proporcionam aquilo que queremos; ou como totalmente maus, se frustram nossos desejos e não agem como gostaríamos que agissem. Um grande desenvolvimento da consciência das crianças irá, por fim, ajudá-las a ver seus pais com clareza e a compreender que dentro de uma mesma pessoa existe tanto o bem quanto o mal, tanto o amor como a raiva, tanto a generosidade como o medo. Um desenvolvimento parecido ocorre à medida que amadurecemos na prática espiritual. Deixamos de buscar pais perfeitos, mestres ou gurus perfeitamente sábios; deixamos de tentar encontrar aquilo que é totalmente bom em oposição ao que é totalmente mau; deixamos de separar a vítima do ofensor. Começamos a compreender que cada aspecto contém o seu oposto.

Uma moça que havia sido vítima de abuso em sua própria família consumia grande parte da sua prática espiritual tentando curar essa dor. Como parte de sua cura, tornou-se conselheira de outras vítimas de abuso e, finalmente, começou a trabalhar com aqueles que haviam cometido o abuso. No primeiro ano de trabalho com esse grupo, quase todo de homens, ela estava segura do que era certo e do que era errado, do que era inaceitável e de quem havia cometido os crimes. No entanto, à medida que seu trabalho prosseguia e ela investigava mais profundamente as histórias dos ofensores, descobriu que quase todos tinham sofrido abusos em sua infância. Naquela sala, rodeavam-na homens de quarenta, cinqüenta e sessenta anos de idade; contudo, num sentido mais profundo, era uma sala cheia de crianças que haviam sofrido abuso. Chocada, descobriu que muitos deles haviam sofrido abusos por parte de suas mães e, ao investigar mais a fundo suas histórias, descobriu que essas mães também tinham sofrido abusos por parte dos avós ou tios-avós; padrões dolorosos de abuso se revelavam, estendendo-se no passado de geração em geração. O que deveria ela fazer? A quem poderia culpar agora? Tudo o que lhe restava fazer era dizer "Não" com todas as suas forças: "Não, essas ações não podem continuar", e então aceitar todos eles em seu coração compassivo, aceitar ofensor e vítima, como se fossem uma só pessoa.

À medida que amadurecemos na vida espiritual, sentimo-nos mais à vontade com o paradoxo e aprendemos a apreciar as ambigüidades da vida, seus diversos níveis e os conflitos que lhe são inerentes. Desenvolvemos a percepção da ironia, da metáfora e do humor da vida, bem como a capacidade de envolver a totalidade, com sua beleza e seus horrores, na graça do nosso coração.

Esse paradoxo da vida está sempre aqui à nossa frente. Numa conhecida história de um mestre zen, o discípulo lhe pediu: "Mestre, por favor, fale-me sobre a iluminação". Caminhando através de um pinheiral, o mestre zen respondeu apontando para uma árvore: "Você vê como é alta aquela árvore?" "Vejo", respondeu o discípulo. E então o mestre apontou para outra: "Você vê como é baixa aquela outra árvore?" "Vejo", respondeu o discípulo. "Eis a iluminação", disse o mestre.

Quando abraçamos os opostos da vida, aceitamos como inseparáveis o nosso nascimento e morte, a nossa alegria e sofrimento. Reverenciamos o sagrado tanto no vazio quanto na forma, compreendendo o dito sufi: "Louve Alá, mas amarre seu camelo no poste". À medida que a nossa prática espiritual amadurece, aprendemos a permitir que os pólos opostos dessa prática sejam parte da dança do nosso espírito — a necessidade de um mestre e a necessidade de assumir a responsabilidade pela nossa prática espiritual; os estados transcendentes de consciência e a necessidade de consumá-los de uma maneira pessoal; o poder do nosso condicionamento kármico e a capacidade para a plena liberdade humana. Aprendemos a aceitar tudo com naturalidade e humor, a estar em paz com tudo.

9. A compreensão seguinte da vida espiritual amadurecida é encontrada no *relacionamento*. Estamos sempre nos relacionando com alguma coisa. É na descoberta de um relacionamento sábio e compassivo com todas as coisas que encontramos a capacidade para honrá-las a todas. Embora tenhamos pouco controle sobre grande parte daquilo que acontece na nossa vida, *podemos escolher* o modo pelo qual nos relacionamos com as nossas experiências. A espiritualidade amadurecida é uma aceitação da vida no relacionamento. Com disposição para nos relacionarmos com todas as coisas na vida, entramos num espírito de prática cheio de graça que vê todas as coisas como sagradas. Nossa vida familiar, nossa sexualidade, nossa comunidade, a ecologia da Terra, a política, o dinheiro — nosso relacionamento com cada ser e com cada ação torna-se uma expressão do Tao, o dharma. O mestre zen Thich Nhat Hanh gosta de nos fazer lembrar a maneira como lavamos a louça. "Somos capazes de lavar cada xícara, cada tigela", pergunta ele, "como se estivéssemos dando banho em um Buda recém-nascido?" Cada ato tem significado e todos os nossos encontros estão relacionados com a totalidade da nossa vida espiritual. Do mesmo modo, o zelo e a compaixão com que nos relacionamos com as dificuldades e com os problemas que encontramos são a medida da nossa prática. A maturidade espiritual honra a comunidade humana e sua total interconexão. Nada pode ser excluído da nossa vida espiritual.

10. A última qualidade da maturidade espiritual é a da *simplicidade*, a qualidade daquilo que é comum. Em algumas tradições, a simplicidade que surge depois que os estados místicos especiais e os efeitos colaterais se desvaneceram é chamada de *a prática da pós-iluminação*. Perguntaram a Nisargadatta, o grande mestre do não-dualismo, como sua consciência diferia da consciência dos buscadores à sua volta. Ele sorriu e observou que deixara de se identificar com o buscador. Sim, ele se sentava e esperava pelo café da manhã, esperava pelo almoço com tanta fome e talvez com tanta impaciência como os outros, mas por baixo de tudo isso e à volta dele havia um oceano de paz e compreensão. Ele não estava preso por nenhuma das condições mutáveis da sua vida, nem se identificava com elas; desse modo, ao contrário daqueles que o cercavam, para Nisargadatta não importava o que pudesse acontecer; ele estava em repouso.

A simplicidade é tão-somente uma presença neste momento que permite ao mistério da vida revelar-se. Quando Thoreau nos alerta para tomar "cuidado com qualquer atividade que exija a compra de roupas novas", ele nos lembra que a simplicidade é o caminho que abrimos para o milagre de todos os dias. Embora possamos honrar a capacidade da consciência para criar uma variedade infinita de formas, para a simplicidade importa aquilo que está aqui e agora. Esse é o mistério simples de respirar e de andar, o mistério das árvores da nossa rua ou de amar alguém próximo a nós. A simplicidade não está baseada na conquista de estados místicos ou de poderes extraordinários. Não busca tornar-se algo especial; apenas se esvazia e ouve.

Walt Whitman louva na sua poesia essa simplicidade:

Acredito que uma folha de grama não é menos que
a órbita das estrelas...
Que a amoreira poderia adornar
os salões do céu...
Que um camundongo é milagre bastante para atordoar
milhões de ateus.

A simplicidade da vida espiritual surge de um coração que aprendeu a confiar, surge da gratidão pelo dom da vida humana. Quando somos apenas nós mesmos, sem pretensão ou artifícios, estamos em repouso no universo. Nessa simplicidade não existe superior ou inferior, nada para consertar, nada para desejar; existe somente uma abertura para amar e compreender as alegrias e os sofrimentos do mundo. Esse simples amor e compreensão trazem bem-estar e paz de coração em todas as situações. Trata-se da descoberta de que a salvação está no que é simples. Assim como a água do Tao, que acha seu caminho por entre as pedras ou as desgasta aos poucos e, gradualmente, desce para retornar ao oceano, assim essa simplicidade nos conduz ao repouso.

Existe um grande poder na simplicidade, uma grande força na maturidade espiritual. Dela nasce o poder de nos curarmos naturalmente e, com a mesma naturalidade, o nosso bom senso e compaixão se estendem ao mundo à nossa volta. O amado poeta zen japonês Ryokan preencheu sua vida com esse espírito de simplicidade e transformou todos aqueles a quem tocava. Conta-se que Ryokan nunca fez pregações ou reprimendas a ninguém. Certa vez, seu irmão pediu-lhe que visitasse sua casa e falasse com seu filho delinqüente. Ryokan foi, mas não disse uma única palavra de repreensão ao rapaz. Passou a noite na casa do irmão e preparou-se para partir na manhã seguinte. Quando amarrava as tiras das sandálias de palha de Ryokan, o sobrinho obstinado sentiu uma gota de água morna. Levantou os olhos e viu que Ryokan o olhava, com os olhos cheios de lágrimas. Ryokan voltou para casa e o sobrinho voltou ao bom caminho.

Com a maturidade espiritual, aprofunda-se a nossa capacidade de nos abrir, de perdoar, de nos desapegar. Com isso, vem um deslindar dos nossos conflitos, um desfazer natural das nossas lutas, um atenuar natural das nossas dificuldades, e a capacidade de retornar a um estado de repouso alegre e tranqüilo.

A antiga sabedoria do *Tao Te King* instrui:

Tenho apenas três coisas a ensinar:
simplicidade, paciência e compaixão.

Esses são os teus maiores tesouros.
Simples nas ações e pensamentos,
retornas à fonte do ser.
Paciente com amigos e inimigos,
aceitas o modo como as coisas são.
Compassivo para contigo mesmo,
reconcilias todos os seres do mundo.

Assim o sábio que permanece no Tao
Lança um exemplo para todos os seres.
Como ele não se mostra,
as pessoas podem ver a sua luz.
Como ele nada tem a provar,
as pessoas podem confiar na sua palavra.
Como ele não sabe quem é,
as pessoas se reconhecem nele.
Como não tem objetivo em mente,
tudo o que faz é bem-sucedido.

22

A GRANDE CANÇÃO

A prática espiritual é revolucionária. Ela nos permite sair da nossa identidade pessoal, da nossa cultura e religião, para experimentar mais diretamente o grande mistério, a grande música da vida.

O amadurecimento no caminho espiritual cria para nós milhares de possibilidades. Toda a magia e encantamento das dez mil coisas que surgem diante de nós ganha vida de uma maneira nova. Nossos pensamentos e sentimentos se abrem como uma paleta em expansão. Experimentamos mais profundamente tanto a beleza quanto o sofrimento da vida; podemos ver com novos olhos e ouvir toda a grande canção da vida.

Quando ouvimos profundamente, a grande canção circula através da vida de cada um de nós. No romance de Hermann Hesse, Sidarta finalmente senta-se à margem do rio e ouve.

Ele agora ouvia com atenção, completamente absorto, totalmente vazio, abrangendo tudo. Ele sentia que agora aprendera por completo a arte da escuta. Muitas vezes antes ouvira tudo isso, todas as inúmeras vozes do rio, mas hoje elas soavam diferentes. Ele não conseguia mais distinguir as diferentes vozes — a voz jovial da voz chorosa, a voz infantil da voz adulta. Todas elas pertenciam umas às outras: o lamento dos que anseiam, o riso do sábio, o grito de indignação, o gemido do agonizante. Todas elas estavam entretecidas e mescladas, enlaçadas de mil maneiras. E todas as vozes, todos os objetivos, todos os anseios, todos os sofrimentos, todos os prazeres, todo o bem e todo o mal, tudo junto era o mundo, tudo junto eram as correntezas dos eventos e a música da vida. Quando Sidarta ouviu atentamente esse rio, essa canção de um milhar de vozes; quando Sidarta não ouviu apenas o sofrimento ou o riso, nem vinculou sua alma a qualquer voz específica ou a absorveu em si mesmo, porém, escutou todas elas, o todo, a unidade, então a grande canção de um milhar de vozes compôs-se de uma única palavra: perfeição.

Quando não ouvimos essa grande canção, tendemos a viver apenas dentro de possibilidades limitadas, vendo o mundo somente através dos mitos populares que nos foram legados. Os empobrecidos mitos e canções da nossa cultura são vendidos em toda parte: o mito do materialismo e da possessividade, afirmando que os bens mundanos levam à felicidade; o mito da competitividade e do individualismo, causa de tanto isolamento; o mito da conquista e do sucesso, que leva àquilo que Joseph Campbell chamou de "subir a escada só para descobrir que ela estava encostada à parede errada"; e o mito da juventude, que produz uma cultura de eterna adolescência e imagens de anúncios de propaganda como o nosso modelo de realidade. Esses são mitos de avidez e de separação. As histórias da nossa cultura querem nos fazer prender a respiração, permanecer adolescentes, segurar nossas posses, buscar a experiência perfeita e captá-la numa fita de vídeo — repetindo, sempre e sempre, uma única pequena nota da canção.

Sempre que tentarmos nos fixar num determinado estado, manter uma imagem ou agarrar-nos a uma experiência, nossa vida pessoal, nossa vida profissional e nossa vida espiritual irão sofrer. Suzuki Roshi resumiu todos os ensinamentos do budismo em três palavras simples: "Nem sempre é assim". Quando tentamos repetir o que ocorreu no passado, perdemos o verdadeiro sentido da vida como uma abertura, um florescimento, um desabrochar, uma aventura. Todas as moléculas do nosso corpo são substituídas a cada sete anos. A nossa Via Láctea gira como uma roda-gigante a cada dez milhões de anos. As estações mudam e nosso corpo muda com elas. Tudo respira e, nessa respiração e movimento, estamos todos conectados. Essa interconexão oferece-nos imensas possibilidades. A vida espiritual pode abrir-nos à música magnificente ao nosso redor, não apenas àquela música limitada pelas nossas idéias ou projetos ou pelas histórias que nos retêm dentro da nossa cultura. E é então que podemos tocar o mistério.

Um colega, que praticou profundamente o budismo durante anos, obteve seus graus de mestrado e doutorado em psiquiatria e psicologia, estudando a natureza da mente. Ele também passou anos estudando as cerimônias visionárias com xamãs e as práticas avançadas da tradição cristã e de outras tradições místicas. Determinado a compreender as grandes religiões do mundo, começou a ler de ponta a ponta os diversos volumes da *Encyclopedia of World Religions*. Essa enciclopédia detalhava os ensinamentos das principais religiões do mundo, cada uma delas um sistema de crenças para milhares e milhões de pessoas durante séculos. Incluía as antigas religiões dos astecas, dos aborígines australianos, dos zulus, dos xamãs da Sibéria, do hassidismo, da Babilônia, o xintoísmo, dez escolas de budismo, uma dúzia de formas de cristianismo e centenas de outras religiões. Cada um desses sistemas tinha importantes ensinamentos sobre o bem e o mal e sobre a natureza humana. Cada um, infalivelmente, tinha uma história sobre a criação do mundo; cada um falava de deuses e espíritos, do divino e da maneira de chegar a ele.

Quando perguntei a esse colega o que havia aprendido com essa leitura, ele disse, admirado, que não foram as religiões em si que o impressionaram tão fortemente e, sim, a luz que brilha através delas. Ele percebeu que todas as grandes religiões são apenas conjuntos de palavras e conceitos, cortinas puxadas sobre o grande mistério da vida. Elas são os caminhos que grupos de seres humanos iguais a nós encontraram para interpretar, compreender e se sentir seguros diante da indescritível, impenetrável e sempre mutável canção da vida.

Como honramos esse mistério? A partir de uma perspectiva desperta, a vida é um jogo de padrões, os padrões das árvores, o movimento das estrelas, o padrão das estações e os padrões da vida humana em todas as suas formas. Cada um desses padrões poderia ser chamado de uma canção ou de uma história. A poetisa Muriel Rukeyser disse: "O universo é feito de histórias, não de átomos". Esses padrões básicos, essas histórias, os arquétipos universais através dos quais toda a vida surge, podem ser vistos e ouvidos quando estamos serenos, atentos e despertos.

NOSSA CANÇÃO INDIVIDUAL DENTRO DA GRANDE CANÇÃO

À medida que a nossa visão se abre, podemos fazer indagações extraordinárias. Quais os padrões e as histórias que nos foram reservados nesta vida? Qual a forma "individual" que assumimos desta vez? Quais os mitos e histórias que herdamos e quais histórias continuamos acompanhando em face do mistério?

Nossa religião é materialista ou marxista, esperançosa ou fatalista, segregadora ou comunitária? É uma religião de bondade ou de justiça severa? Seguimos uma religião de pecado e luta, uma religião de sofrimento e salvação, uma religião de graça? Qual é a fonte da redenção na história que estamos acompanhando?

Participamos na criação da nossa história. Podemos representar os mitos pessoais do guerreiro, da deusa, do eterno adolescente, da grande mãe, do rei ou da rainha, do mestre, do escravo, do servo do divino. Nossa vida é uma história de riqueza ou de pobreza interior e exterior? Somos a vítima, a alma perdida, o sofredor, o filho pródigo, o burro de carga, o conquistador, o mediador, o provedor ou o sábio?

Em todas essas histórias, escolhemos e somos escolhidos. As circunstâncias da nossa vida nos levam a certos temas, a certas tarefas a cumprir, a dificuldades que precisamos enfrentar e a lições que temos de aprender. Convertemos isso tudo na nossa história, na nossa canção. À medida que ouvimos profundamente, podemos escutar qual parte escolhemos, como criamos a nossa identidade diante do mistério. Contudo, precisamos perguntar: "É isso que eu sou?"

A prática espiritual é revolucionária. Ela permite que saiamos da nossa identidade pessoal, da nossa cultura e religião, para experimentar mais diretamente o grande mistério, a grande música da vida.

O propósito da meditação é abrir-nos para este aqui e agora. Alan Watts assim o expressou:

> Podemos dizer que a meditação não tem uma razão ou não tem um propósito. A esse respeito, ela é diferente de quase todas as outras coisas que fazemos, exceto talvez tocar música e dançar. Quando tocamos música, não o fazemos para alcançar um certo ponto, como chegar ao final da composição. Se esse fosse o propósito da música, então é evidente que os músicos mais rápidos seriam os melhores. Do mesmo modo, quando dançamos não temos por finalidade chegar a algum ponto específico do chão, como quando empreendemos uma jornada. Quando dançamos, a jornada em si é o

objetivo; do mesmo modo que, quando tocamos música, tocar música é em si o objetivo. E exatamente o mesmo é verdadeiro em relação à meditação. Meditação é a descoberta de que o objetivo da vida sempre é atingido no momento imediato.

Aqui à nossa volta está sempre o mistério. Essa grande canção tem a alegria e a tristeza como sua urdidura e textura. Entre as montanhas e os vales do nascimento e da morte, encontramos todas as vozes e todas as possibilidades. A prática espiritual não nos pede para colocarmos mais crenças em cima da nossa vida. No seu cerne, ela nos pede para despertar, para enfrentar a vida diretamente. Desse modo, nossos olhos e ouvidos são abertos. O mestre zen Seung Sahn, visitando o local da iluminação de Buda na Índia, escreveu:

Certa vez, um grande homem sentou-se sob a árvore bodhi.
Viu a estrela do Oriente, iluminou-se.
Acreditou plenamente em seus olhos,
E acreditou em seus ouvidos, em seu nariz, na sua língua, no seu corpo e na sua mente.
O céu é azul, a terra é marrom,
assim ele despertou para a verdade
e alcançou a liberdade além do nascimento e da morte.

A prática budista oferece-nos uma das maiores dentre as possibilidades humanas: a possibilidade de despertar. Mas precisamos escutar toda a canção, como fez Sidarta. Veremos como isso pode ser difícil. Encontraremos todas as histórias às quais nos apegamos para nos proteger do sofrimento da vida. Enfrentaremos as histórias de dor e medo, o sentimento contraído do eu que se retrai diante das inevitáveis adversidades e sofrimentos da vida. Sentiremos o vazio e a perda na impermanência de nós mesmos e de todas as coisas. Durante um certo tempo da prática, toda a criação talvez pareça ser uma história limitada e dolorosa, na qual a vida é impermanente, cheia de sofrimentos e difícil de suportar. Talvez ansiemos por afastar-nos de suas dores e reveses. Mas essas perspectivas são apenas a primeira parte do nosso despertar.

A segunda parte da grande história do despertar não se refere à perda ou à dor, mas ao encontro da harmonia da nossa própria canção dentro da grande canção. Podemos encontrar paz e liberdade diante do mistério da vida. Ao despertar para essa harmonia, descobrimos um tesouro oculto em cada dificuldade. Oculto na inevitável impermanência e perda da vida, na sua transitoriedade, está o imenso poder da criatividade. No processo de transformação, surge uma abundância de novas formas, de novos nascimentos, de novas possibilidades, de novas expressões de arte, de música e milhões de formas de vida. É somente porque tudo está mudando que essa generosa e ilimitada criatividade existe.

O tesouro oculto nos sofrimentos, nas tristezas e dores do mundo é a própria compaixão. A compaixão é a resposta do coração ao sofrimento. Compartilhamos a beleza da vida e o oceano das lágrimas. O sofrimento da vida é parte do coração de cada um de nós, e parte daquilo que nos liga uns aos outros. Ele traz consigo a sua ternura, a misericórdia e uma bondade universal que pode tocar todos os seres.

Para os tibetanos, existe uma antiga prática para tornar-se o Bodhisattva da Infinita Compaixão, para transformar a nós mesmos em um ser com mil braços e um coração misericordioso que se expande para curar os sofrimentos e levar conforto a todos os que estão vivos. Finalmente, não é só o sofrimento do mundo que importa, mas a resposta do nosso coração a ele.

No vazio de todas as coisas — o modo mágico e insubstancial pelo qual todas as coisas surgem e se desvanecem, isentas de qualquer eu permanente ou fixo — está oculto o dom da não-separação. Um cientista calculou que, se dermos uma profunda inspiração hoje, em 99% dos casos ela conterá uma molécula do último suspiro de Júlio César. O que é verdadeiro em termos físicos também é verdadeiro quanto ao nosso coração e às nossas ações. Nossa vida não pode ser separada do nosso meio ambiente, da nossa espécie, das nossas relações com o fluxo de tudo o que existe.

A prática espiritual oferece a possibilidade de descobrirmos a maior de todas as histórias: de que somos tudo e nada. É possível perceber que todas as coisas estão interligadas na criatividade e na compaixão, e repousar em meio a elas como um Buda. Todas as coisas são uma parte de nós mesmos e, ainda assim, de algum modo não somos nenhuma delas e estamos além delas.

Quando escreveu esta simples prece, "Ensinai-nos a querer e a não querer", T. S. Eliot captou a possibilidade de valorizar a preciosidade de cada momento sabendo, ao mesmo tempo, que cada momento logo se dissolveria na grande canção. Podemos conservar cada florescer da vida com um coração aberto e sem apego; podemos honrar cada uma das notas da grande canção destinada a surgir e a passar com todas as coisas.

A diferença entre a pessoa que está desperta e a que não está é simplesmente uma questão de apego ou não a uma história limitada. Assim disse Buda: "O homem que não está desperto se apega a seus pensamentos e sentimentos, ao seu corpo, às suas percepções, à sua consciência, e os considera como coisas sólidas e separadas do resto. O homem desperto tem os mesmos pensamentos e sentimentos, as mesmas percepções, o mesmo corpo e consciência, mas não se apega a eles nem os conserva, não os considera como sendo ele próprio".

CEM MIL FORMAS DE DESPERTAR

Quando não nos apegamos às histórias da nossa vida, abre-se para nós a possibilidade extraordinária de conduzir todas as nossas histórias, sejam herdadas ou escolhidas por nós, para o caminho de um *bodhisattva*. Já descrevemos o *bodhisattva* como um ser que assume forma em todos os domínios, em todas as possibilidades e usa cada um deles para desenvolver a compaixão ilimitada e para despertar o coração interconectado e liberto. A partir do mistério de todas as histórias, em cem mil formas e circunstâncias, o *bodhisattva* faz o voto de participar de todas elas e de levar o despertar a todos os seres.

Um dos maiores mestres budistas disse:

> Enquanto o espaço persistir e enquanto os seres vivos permanecerem, que até então também eu possa residir em todas as formas, dedicando meu coração ao dissipar a miséria do mundo.

Isso não quer dizer que criamos uma visão grandiosa ou inflada de nós mesmos. Não somos "nós", o nosso "pequeno eu" enquanto indivíduos, que iremos salvar o mundo. Pelo contrário, o que irá salvar o mundo é a nossa renúncia a estar em qualquer outro lugar. Somos capazes de estar exatamente onde estamos, entrar em todos os aspectos da vida e descobrir que existe justiça, compaixão, paciência e virtude a serem encontradas em todos os domínios.

Não existe nenhuma história predeterminada a ser seguida por um *bodhisattva*. Viver como um *bodhisattva* é tocar o espírito de Buda dentro de nós e permitir que ele brilhe através da nossa vida individual. A história budista está repleta de mil diferentes relatos de como o espírito *bodhisattva* pode manifestar-se no mundo. Existem *bodhisattvas* por toda parte. Um dos meus mestres viveu numa caverna durante muitos anos, silenciosamente irradiando compaixão para o mundo. Outro, um rico homem de negócios que também conduzia retiros de meditação para dezenas de milhares de discípulos no mundo todo. Seu mestre havia sido um ministro de Estado da Birmânia, que fazia os oficiais de seu gabinete meditarem no início de cada dia. Um dos maiores iogues e mestres do budismo moderno foi uma mulher que vivia, com a filha e os netos, a vida simples de uma dona de casa em Calcutá. Ela ensinava em seu pequeno apartamento de quarto e sala e distribuía maravilhosas bênçãos a todos os que a visitavam. Outra, uma enfermeira que trabalhava com doentes terminais. Outra ainda, uma professora de jardim-de-infância. Alguns eram inflexíveis; outros, bem-humorados. Alguns viviam nas florestas; outros, em mosteiros e *ashrams*; outros ainda, em grandes cidades, com empregos comuns e famílias comuns.

Em todos eles, um espírito de sabedoria e compaixão estava presente em suas ações. Agiam a partir de sua natureza búdica, que os interligava a todos os seres. Eles não se apegavam às suas histórias pessoais, mas viviam conectados com a totalidade. Há pouco tempo, alguns lamas tibetanos de túnica vermelha visitaram o Estado do Novo México, nos Estados Unidos. Um discípulo ofereceu-lhes uma viagem de balão, mas, quando chegou o dia, os lamas perceberam que só havia lugar para um deles no balão. Um repórter, cobrindo o acontecimento, perguntou aos outros se estavam desapontados. "Não", responderam com um sorriso, "ele vai voar por todos nós." Para um *bodhisattva*, existe alegria na felicidade de todos os seres.

Através do espírito do *bodhisattva*, nossa identidade se afasta do sentimento limitado do eu, das histórias que dizem, "Sou deficiente", "Preciso daquilo", "Tenho fome" e "Espero conseguir isto". À medida que essas idéias pequenas se retiram uma a uma, surge uma base de confiança que não busca controlar ou possuir a vida. Em vez disso, ao nos tornarmos presentes para o mistério disso tudo, vem uma grande felicidade e contentamento. Nosso coração fica mais transparente e as histórias à nossa volta tornam-se claras.

Podemos reconhecer as histórias a partir de nossos pais, da sociedade ao nosso redor, das escolas que freqüentamos, dos nossos mentores, da mídia. Podemos ver o sofrimento que surge quando nos perdemos nessas histórias, apegando-nos, inábeis, representando um drama sem compreender-lhe a lição. Então aprendemos a ouvir, como fez Sidarta — sem vincular-nos a uma história específica, sem ser apenas a vítima ou o conquistador, sem ser só espiritualizado ou só materialista —, podemos escutar e descobrir como uma única respiração afeta toda a dança e como toda a dança à nossa volta afeta cada uma das nossas respirações. Podemos descobrir a possibilidade de sair de uma história ou de transformar o mito do sofrimento em redenção e o mito da dificuldade em triunfo da compaixão e do perdão.

O coração desperto pode responder à pergunta-chave feita por Buddhagosa, o grande sábio budista: "Quem pode desemaranhar o emaranhado deste mundo?" Descobrimos um milagre: todas as criações da mente e do coração podem ser transformadas.

O trabalho do *bodhisattva* é desenredar a confusão e o sofrimento do mundo. A descoberta do nosso coração compassivo pode desenredar o nosso sofrimento; o despertar dos olhos da sabedoria pode desenredar a nossa ilusão. Se você tem dúvidas do que essa transformação pode significar para o mundo, lembre-se da afirmação de Margaret Mead: "Não pense que um pequeno grupo de indivíduos despertos não consegue mudar o mundo — na verdade, é a única coisa que o conseguirá".

Quando descobrirmos o modo como criamos as dolorosas histórias da nossa vida, poderemos aprender a desenredá-las. Em seu romance *Slaughterhouse-Five*, Kurt Vonnegut descreve o que acontece quando, certa noite, um filme sobre a Segunda Guerra Mundial é acidentalmente projetado do fim para o começo:

> Os aviões americanos, cheios de buracos de bala e de homens mortos e feridos, decolam rumo ao ponto de partida de um campo de pouso na Inglaterra. Nos céus da França, alguns caças alemães voam de costas ao encontro deles, engolindo de volta as balas e estilhaços de metralha que esburacaram os caças americanos e suas tripulações. Também engolem de volta as balas que derrubaram os bombardeiros americanos que estavam caídos em destroços no chão; e estes voltam a subir às nuvens e, voando, unem-se em formação de batalha.
>
> A esquadrilha americana agora está voando sobre uma cidade alemã em chamas. Os caças-bombardeiros abrem o compartimento de bombas e mostram uma atração magnética miraculosa: as chamas que destroem a cidade alemã ficam cada vez menores até se comprimirem dentro de pequenas cápsulas cilíndricas de aço que são levantadas no ar e entram no bojo dos caças. Lá dentro, as cápsulas cilíndricas correm a se alinhar cuidadosamente nos nichos... Poucos são os americanos feridos e poucos os caças em mau estado. E, novinhos em folha, os caças alemães reaparecem sobre os céus da França.
>
> E aí vemos os caças-bombardeiros na base aérea da Inglaterra; os cilindros de aço são retirados dos nichos e enviados de volta aos Estados Unidos, onde as fábricas trabalham dia e noite, desmontando os cilindros, separando seus perigosos componentes em simples minerais. Há um detalhe comovente: são mulheres que fazem esse trabalho. Depois, os minerais são enviados a especialistas em áreas remotas. O trabalho desses homens é enterrar os minerais de volta no subsolo, escondendo-os lá no fundo da terra para que nunca mais venham a ferir ninguém.

Os sofrimentos criados pela mente podem ser desenredados. Podemos libertá-los e nos abrir àquela grande canção que está além de todas as histórias, ao dharma, que é atemporal. Podemos mover-nos através da vida realizando a nossa parte e, ainda assim, ser livres em meio à vida. Quando as histórias da nossa vida não nos prendem mais, descobrimos algo maior dentro delas. Descobrimos que dentro das próprias limitações da forma, da nossa masculinidade ou feminilidade, da nossa situação de pais ou de filhos, da força gravitacional da Terra e da mudança das estações está a liberdade e a harmonia que buscamos por tanto tempo. Nossa vida individual é uma expressão do mistério como um todo, e nela podemos repousar no centro do movimento, o centro de todos os mundos.

MEDITAÇÃO SOBRE A EQUANIMIDADE

A equanimidade é uma qualidade maravilhosa, uma amplidão e equilíbrio do coração. Embora cresça naturalmente com nossa prática de meditação, a equanimidade também pode ser cultivada do mesmo modo sistemático que usamos para cultivar a bondade e a compaixão. Podemos sentir, em meio a toda a vida, essa possibilidade de equilíbrio no nosso coração, quando reconhecemos que a vida não está sob o nosso controle. Somos uma pequena parte de uma grande dança. Mesmo que possamos cultivar pelos outros uma compaixão ilimitada e lutar para atenuar o sofrimento no mundo, ainda haverá muitas situações que seremos incapazes de afetar. A conhecida prece da serenidade diz: "Senhor, dai-me serenidade para aceitar o que não posso mudar, coragem para mudar as coisas que posso mudar e a sabedoria de poder distinguir uma coisa da outra". A sabedoria reconhece que todos os seres são herdeiros de seus próprios karmas, que cada um age e recebe o fruto de suas ações. Podemos amar profundamente os outros e oferecer-lhes ajuda, mas um dia eles terão de aprender por si mesmos, precisarão ser a fonte de sua própria libertação. A equanimidade associa uma mente compreensiva a um coração compassivo.

Para cultivar a equanimidade sente-se numa posição confortável, com os olhos fechados. Dedique uma atenção especial à respiração até que seu corpo e mente estejam calmos. Então comece a refletir sobre os benefícios de uma mente equilibrada e equânime. Sinta a dádiva de levar um coração pacífico ao mundo à sua volta. Tenha um sentimento interior de equilíbrio e bem-estar. Então comece a repetir frases como: "Que eu possa estar equilibrado e em paz". Reconheça que tudo o que é criado surge e passa: alegrias, sofrimentos, acontecimentos agradáveis, pessoas, edifícios, animais, nações, até mesmo civilizações inteiras. Deixe-se repousar em meio a essas coisas. "Que eu possa aprender a ver o surgimento e a passagem de toda a natureza com equanimidade e equilíbrio. Que eu possa me abrir e estar equilibrado e em paz." Reconheça que todos os seres são herdeiros de seus próprios karmas, que suas vidas surgem e passam de acordo com condições e atos criados por eles mesmos. "Que eu possa trazer compaixão e equanimidade aos acontecimentos do mundo. Que eu possa encontrar equilíbrio, equanimidade e paz."

23

ILUMINAÇÃO É A INTIMIDADE COM TODAS AS COISAS

Que modo esplêndido de se mover através do mundo, de levar nossas bênçãos a tudo o que tocamos. Honrar, abençoar e acolher com o coração nunca é feito de maneira grandiosa ou monumental, mas sim neste *momento, do modo mais imediato e íntimo possível.*

O mestre zen Dogen, fundador da escola zen Soto no Japão, declarou: "Ser iluminado é estar em intimidade com todas as coisas". O ar que respiramos, o vento que sopra ao nosso redor, a terra sobre a qual caminhamos, a vida das pessoas à nossa volta, as coisas mais íntimas da nossa vida, são o lugar do nosso sono e do nosso despertar. Um dos meus mestres cambojanos assim sintetizou este tema: "A prática espiritual trata do ato de comer: o lugar onde comemos, aquilo que comemos e o modo como comemos. Muitas vezes procuramos fazer dos outros o nosso alimento, mas não nos dispomos a servir de alimento para eles e Buda chora quando vê esse sofrimento". Finalmente, podemos ver este nosso mundo como um mundo onde todos nos alimentamos e servimos de alimento para os outros ou como um mundo onde todos temos a oportunidade de alimentar uns aos outros.

No início da nossa jornada espiritual, tomamos consciência de que grande parte daquilo que fazemos é uma maneira de ir em busca do ideal de amar e ser amado. Começamos este livro analisando a pergunta: "Eu amei plenamente?" Talvez a iluminação da intimidade seja como o amor. Contudo o amor é misterioso. Será ele algo que podemos fazer? Uma senhora idosa, paciente de um asilo dirigido pelo Centro Zen de San Francisco, vivera sem lar e nas ruas os últimos anos de sua vida adulta. Quando foi acolhida no asilo e bem-tratada, ficou curiosa a respeito da vida espiritual da comunidade zen à sua volta e, mesmo já próxima da morte, decidiu praticar os ensinamentos do despertar e da compaixão. Certa manhã o diretor do asilo foi visitá-la. Perplexa, ela comentou: "Estive pensando sobre toda essa história de desapegar-se e de amar. Parece tão importante, mas não consigo perceber qual dos dois eu devo fazer primeiro. Devo desapegar-me ou devo amar?" Talvez ambos sejam a mesma coisa.

O amor é misterioso. Não sabemos o que ele é, mas sabemos quando está presente. Se buscamos o amor, precisamos perguntar onde ele pode ser encontrado. É aqui apenas, neste momento. Amar no passado é simplesmente uma lembrança. Amar no futuro é uma fantasia. Existe apenas um único lugar onde o amor pode ser encontrado, onde a intimidade e o despertar podem ser vivenciados, e esse lugar é no presente. Quando vivemos em nossos pensamentos do passado e do futuro, tudo parece distante, precipitado ou irrealizado. O único lugar onde podemos genuinamente amar uma árvore, o céu, uma criança ou o nosso parceiro é aqui e agora. Emily Dickinson escreveu: "Até o primeiro amigo morrer, pensamos que o êxtase é impessoal, mas então descobrimos que esse amigo era a taça, até então desconhecida, da qual bebíamos o êxtase". Somente na intimidade do presente atemporal podemos despertar. Essa intimidade nos liga uns aos outros; oferece-nos a possibilidade de pertencer e, nesse ato de pertencer, vivemos o amor. Nisso, movemo-nos para além da nossa separação, da nossa contração, do nosso senso limitado de nós mesmos.

Se examinarmos o que nos afasta da intimidade, o que nos afasta do amor, descobriremos que é sempre uma expectativa, uma esperança, um pensamento ou uma fantasia. É a mesma expectativa que nos afasta do despertar. O despertar não é algo distante; está "mais perto que o perto". Como dizem os textos budistas: "O despertar não é algo recém-descoberto; ele sempre existiu. Não há necessidade de buscar ou de seguir o conselho dos outros. Aprenda a escutar essa voz dentro de você exatamente aqui e agora. Seu corpo e sua mente se tornarão claros e você perceberá a unidade de todas as coisas. Não duvide das possibilidades por causa da simplicidade desses ensinamentos. Se você não consegue encontrar a verdade exatamente aí onde você está, onde mais pensa que irá encontrá-la?"

Muitas palavras para o despertar e muitas expressões de amor nos são oferecidas pelos grandes ensinamentos espirituais. Neles, encontramos expressões de amor que se manifestam sob a forma de atividade iluminada; expressões da iluminação sob a forma de silêncio; do amor, sob a forma de sincera compreensão. Encontramos expressões do despertar que se manifestam sob a forma de liberdade nos domínios da forma e nos domínios além de toda forma. No budismo, a iluminação é chamada o "incondicionado", aquilo que brilha naturalmente quando o coração não está enredado nas forças da avidez, do ódio e da ignorância. Quando o coração está livre dessas forças, a verdadeira intimidade, o verdadeiro amor existem. Existe um despertar em meio a todas as coisas, um amor que pode tocar e incluir todas as coisas, uma liberdade e destemor que podem penetrar todos os domínios. Nesse estado, não nos retiramos da vida, mas repousamos em seu próprio centro. Nesse estado, somos capazes de ter intimidade com todas as coisas.

No leste da África, há uma tribo na qual a arte da verdadeira intimidade é encorajada mesmo antes do nascimento. Nessa tribo, a data de nascimento de uma criança não é contada a partir do dia de seu nascimento físico, nem mesmo do dia da concepção, como acontece na cultura de outras aldeias. Para essa tribo, a data de nascimento corresponde à primeira vez que um pensamento sobre a criança vem à mente da mãe. Consciente de sua intenção de conceber uma criança com um determinado pai, a mãe vai sentar-se sozinha sob uma árvore. Ali fica sentada e escuta, até conseguir perceber o canto da criança que espera conceber. Uma vez ouvido esse canto, ela retorna à aldeia e o ensina ao pai, para que eles possam cantá-lo juntos enquanto fazem amor, convidando a criança a juntar-se a eles. Depois que a criança é concebida, a mãe canta para o bebê no seu útero. E então ensina a canção às velhas e às parteiras da aldeia, de modo que durante todo o trabalho de parto e no momento milagroso do nascimento a criança seja saudada com sua canção. Depois do nascimento, todos os aldeãos aprendem o canto de seu novo membro e o cantam para a criança quando ela cai ou se machuca. Cantam-no nas ocasiões de triunfo ou nos rituais e cerimônias de iniciação. Essa canção torna-se uma parte da cerimônia de casamento quando a criança cresce e, no final da sua vida, as pessoas que a amam reúnem-se ao redor do seu leito de morte e cantam essa canção pela última vez.

Ouvir uma história como essa nos faz aspirar por uma intimidade desse tipo, a ser conservada e ouvida tão profundamente. Essa presença na escuta está no âmago da meditação e da verdadeira vida espiritual. Estar presente com plena atenção consciente é, em si, um ato de profunda intimidade. Cada ato da nossa vida tem essa possibilidade — o mistério da nossa respiração, o toque do nosso corpo, o movimento e as vozes das pessoas que nos cercam. Essa simples presença é tanto o começo quanto o ponto culminante da prática espiritual.

Nossa capacidade para a intimidade é construída sobre o respeito profundo, uma presença que permite que aquilo que é verdadeiro se expresse e seja encontrado. A intimidade pode surgir a qualquer momento; ela é um ato de entrega, uma dádiva que nada exclui. Nas cerimônias budistas de casamento, costumo falar sobre essa qualidade da intimidade e como ela cresce à medida que aprendemos a permanecer conectados a nós mesmos e respeitosos em relação aos que nos cercam. Ensino aos novos casais o mantra da intimidade. Independentemente do que esperam obter um do outro, de como imaginam que o casamento deva ser ou daquilo que não esperavam encontrar, o mantra tem um único ensinamento, "Isso também, isso também".

Aprender intimidade não é algo fácil. Já que crescemos numa cultura dividida, marcados pelas nossas feridas e ansiedades, é difícil estar presentes, é difícil ser respeitosos. Assim como acompanhar a respiração ou caminhar passo a passo enquanto meditamos, a intimidade é aprendida repetidas vezes à medida que abandonamos os medos e condições que nos afastam uns dos outros. Essas barreiras e medos, lembranças dos nossos sofrimentos passados, afloram quando nos aproximamos uns dos outros, quando nos aproximamos do mistério do momento presente. Muitas vezes sentiremos hesitação e incerteza, um recuo. Contudo, também esses aspectos podem ser tocados com a nossa atenção mais íntima. E então, num momento, podemos desapegar-nos de nós mesmos, abrir-nos e permanecer aqui, despertos e totalmente presentes. Vezes sem conta, quando o mundo se nos oferece para o nosso despertar, tudo o que temos a fazer é ir ao seu encontro.

Como disse Rumi:

Hoje é como todos os outros dias: acordamos vazios
e assustados. Não abramos a porta da biblioteca
para começar a ler. Larguemos a cítara.

Deixemos que a beleza que amamos seja aquilo que fazemos.
Há centenas de maneiras de nos ajoelharmos e beijar o chão.

Sempre que paramos para beijar a terra, reconhecemos como é singular cada homem, cada mulher, cada dia diante de nós. Nunca mais o veremos do mesmo modo. Na intimidade, descobrimos uma beleza e graça que fazem todas as coisas valer a pena. Por ser tão incerta, a vida torna-se preciosa. Mais uma vez Rumi lembra-nos para não deixarmos que o sofrimento seja a nossa única companhia:

Quando vais a um jardim,
olhas os espinhos ou as flores?
Passa mais tempo com as rosas e os jasmins.

Ao crescer em nós a capacidade para estar presente, descobrimos uma tranqüilidade de coração para com todas as coisas.

Um grande mestre da Índia costumava recordar esse ensinamento aos seus discípulos, quando eles lhe relatavam cada uma das suas dificuldades — dificuldades na meditação, no trabalho ou nos relacionamentos. Ele ouvia com toda a gentileza, sorria para o discípulo e dizia: "Espero que você as esteja desfrutando". Nesse mesmo espírito, E. B. White escreveu: "Existem dois modos de navegar por este mundo: um é aperfeiçoar a vida; o outro, desfrutar a vida". Trata-se de um paradoxo, pois tanto desfrutar quanto aperfeiçoar são necessários. Muitas vezes o desfrute é esquecido na nossa busca pelo despertar espiritual. Para encontrar a verdadeira alegria, é preciso que tenhamos passado através do nosso sofrimento para aceitar a totalidade da vida no nosso coração. Então surge uma alegria profunda e genuína.

A esse respeito, escreveu André Gide:

Saiba que a alegria é mais rara, mais difícil e mais bela que a tristeza. Feita essa importantíssima descoberta, você precisa acolher a alegria como uma obrigação moral.

Quando nos tornamos íntimos com todas as coisas, descobrimos o repouso, o bem-estar e a totalidade neste nosso corpo. Reconhecemos que nós, e toda a vida à nossa volta, temos a obrigação de estar aqui, que pertencemos ao "aqui" tanto quanto as árvores, o Sol e a Terra que segue a sua órbita. Surgem a cura, a receptividade e a graça. A harmonia de todas as coisas surge para nós como a sabedoria que *Dame Julian de Norwich* expressou com tanta beleza: "Tudo estará bem e todas as coisas serão boas". Na intimidade, descobrimos um profundo senso de totalidade e de pertencer a algo, que permite que toquemos tudo o que encontramos.

A primeira vez que pratiquei como monge nas florestas da Tailândia, há 25 anos aproximadamente, éramos treinados a fazer três reverências ao entrar e ao sair do templo. Fazer reverências era uma experiência nova para mim. Depois fui instruído a fazer reverências quando entrava e saía do refeitório, dos aposentos do mestre, da minha própria cabana. E finalmente foi-me ensinado que é apropriado a um monge ajoelhar-se e reverenciar três vezes quando encontra um monge mais antigo que ele. Sendo recém-ordenado, isso significava fazer reverência a todos os monges que eu encontrava. De início, foi difícil. Havia monges que eu respeitava e honrava, e era fácil fazer reverências para eles, mas em outras ocasiões eu me encontrava ajoelhando e reverenciando monges que julgava ignorantes, orgulhosos ou indignos. Fazer reverências a alguns daqueles monges simplesmente porque foram ordenados um mês ou dois antes de mim era algo que exasperava o meu orgulho. No entanto, continuei a fazer reverências no templo, na minha cabana e para todos os monges que apareciam diante de mim. Depois de algum tempo, senti a dor do meu próprio julgamento e o modo como ele me mantinha separado dos outros. Comecei a buscar alguma coisa que fosse bela, nobre ou digna em cada pessoa que encontrava. E então comecei a desfrutar o ato de fazer reverências. Eu me inclinava para todos os monges, para os templos, para todos os meus irmãos e irmãs, para as árvores e para as pedras. Fazer reverências tornou-se um belo modo de ser.

Quando nos tornamos íntimos com nós mesmos, somos capazes de reverenciar e abençoar tudo que nos rodeia. O poeta Yeats lutou durante anos com sua arte, com um amor não correspondido. E então, aos cinqüenta anos de idade, sentado num salão de chá em Londres, surgiu uma grande iluminação na qual descobriu que tudo o que importa é aquilo que podemos abençoar e aquilo que pode nos abençoar.

Meus cinqüenta anos chegaram e se foram,
e aqui estou, um homem solitário,
num superlotado salão londrino
um livro aberto, uma xícara vazia
sobre a mesa com tampo de mármore.

Enquanto contemplava o salão e a rua,
meu corpo súbito incendiou-se!
E por vinte minutos, mais ou menos,
tão grande parecia a minha felicidade
que fui abençoado — e capaz de abençoar.

Descobrir a capacidade de abençoar tudo que esteja diante de nós: é esta a iluminação que é íntima de todas as coisas. Trata-se de uma liberdade e felicidade sem nenhuma causa, uma dádiva que levamos a cada momento e a cada encontro.

Certa vez em que visitava Boston, Kalu Rinpoche, mestre tibetano de oitenta anos de idade, foi levado ao New England Aquarium, um aquário repleto de coloridas criaturas marinhas. Kalu Rinpoche apreciou ver todas aquelas maravilhosas formas de vida e, antes de sair da frente de cada tanque, dava uma pancadinha muito suave no vidro (pois era incapaz de ler o aviso, em inglês, que dizia "não toque") e recitava um mantra sagrado — "*Om, Mani Padme Hum*" —, espiando para dentro do tanque pela última vez antes de passar à frente do tanque seguinte. Depois de algum tempo, um discípulo lhe perguntou: "O que está fazendo, Rinpoche, batendo assim nos tanques?" Ele sorriu e disse: "Estou tentando chamar a atenção dos seres lá dentro e abençoá-los para que eles também se libertem".

Que modo esplêndido de caminhar pelo mundo, de levar nossas bênçãos para tudo aquilo que tocamos. Aprender a abençoar, a reverenciar, a ouvir com respeito, a acolher com o coração é sem dúvida uma grande arte. Isso nunca é feito de maneira grandiosa ou monumental, mas *neste* momento, do modo mais imediato e íntimo possível.

No último ano da sua vida, outro grande mestre tibetano, Karmapa, encontrou-se com alguns hóspedes americanos no salão real de recepções de seu palaciano templo em Sikkim, nas encostas do Himalaia. Karmapa era o guia espiritual de uma comunidade de centenas de milhares de pessoas. Ele estava doente mas, mesmo assim, graciosamente, encontrou tempo para receber tantos visitantes quantos lhe fosse possível. Karmapa conversou com eles, encorajou-os e os abençoou. Eles se sentiram maravilhosos. Ao sair, um deles comentou: "Eu me sinto exatamente como se tivesse acabado de conversar com o meu melhor amigo". Para Karmapa, cada visitante era o seu melhor amigo e, a cada momento, não havia nada mais a fazer a não ser apreciar e abençoar o que estava diante dele.

É na intimidade de cada momento que a vida espiritual se realiza. Não procure Buda em nenhum outro lugar. Um rabi hassídico disse: "Eu não procurava o meu mestre para aprender suas palavras de sabedoria, mas para ver como ele amarrava e desamarrava os sapatos".

Há alguns anos, minha mulher, dois amigos jornalistas e eu entrevistamos o Dalai Lama para a National Public Radio. Assim como Karmapa, ele estava imensamente ocupado enquanto líder espiritual e chefe do governo tibetano no exílio, mas saudou-nos graciosamente e nos serviu chá com suas próprias mãos. Respondeu com grande paciência a todas as nossas perguntas, dando ênfase especial aos ensinamentos sobre espiritualidade e responsabilidade social. E então perguntou se havia algo mais que pudesse fazer por nós. "Não", respondemos. "Não querem bater uma fotografia?", perguntou. "Sim!", lembramos todos. Havíamos trazido várias câmeras mas, no entusiasmo de gravar a entrevista, esquecemo-nos delas. O Dalai Lama sugeriu que passássemos as câmeras para seu assistente para que todos pudéssemos sair juntos na foto. Ele ficou de pé e passou os braços à nossa volta, dois de cada lado. Todos sorríamos de orelha a orelha quando as fotos foram batidas. E então, quando acabou a sessão de fotos, ele segurou minha mão e virou-se para mim. Já que ele sabe que sou um instrutor budista e havia visitado e feito uma palestra num dos nossos centros em Massachusetts, eu esperava que ele me perguntasse como estava indo o curso — você sabe, um "Como vão os 'negócios'?", pois, afinal de contas, trabalhamos para a mesma "companhia". Mas não foi isso o que ele fez. Ele apertou a minha mão, olhou-me atentamente e disse: "Como você está magro. Precisa comer mais!" Essa foi a bênção do Dalai Lama.

Para viver um caminho com o coração, uma vida comprometida com o despertar, também precisamos apreciar tudo o que encontramos, não importa que seja belo ou difícil, e dedicar-lhe a nossa presença, o nosso coração, em grande intimidade. Encontraremos muitas coisas maravilhosas ao buscar o nosso verdadeiro caminho. E então, como o grande *bodhisattva* do zen que se aventurou na floresta para encontrar o boi perdido e acabou encontrando a sua verdadeira natureza, podemos retornar, como foi dito, para entrar no mundo com mãos que distribuem bem-aventuranças. "Entro no mercado com minha garrafa de vinho e o meu cajado. Entro nas lojas e no meio da multidão, e tudo o que olho fica iluminado."

Espero que este livro e a prática da atenção plena, da compaixão e da intimidade nele contida tragam bênçãos à sua vida. Espero que você venha a ter o silêncio como uma bênção, a compreensão como uma bênção, o perdão como uma bênção. Espero que você possa, com seu coração e suas mãos, abençoar o mundo que o rodeia.

Basho, poeta zen, nos recorda:

O sino do templo se calou,
mas seu som continua a vir das flores.

APÊNDICE

O CÓDIGO DE ÉTICA DOS INSTRUTORES DA INSIGHT MEDITATION

Os instrutores da Insight Meditation dos Estados Unidos e da Europa vêm realizando encontros regulares desde 1975. Ao longo dos anos, tornamo-nos mais conscientes das responsabilidades que recaem sobre nós enquanto instrutores, e do cuidado que esse papel requer. No budismo asiático, a conduta dos monges instrutores é governada por 227 votos e pelos rígidos costumes asiáticos. Hoje em dia, no Ocidente, existe uma grande comunidade budista liderada por instrutores leigos.

Todos nós reconhecemos que os alicerces da vida espiritual repousam sobre o nosso relacionamento atento e cuidadoso com a vida à nossa volta. Reconhecemos que, por não dispormos dos votos monásticos e dos costumes asiáticos, temos necessidade de normas claras, leigas e ocidentais. Em conformidade com esse entendimento e para benefício a longo prazo — tanto de nós mesmos quanto da comunidade como um todo —, concordamos, na nossa qualidade de instrutores, em preservar os cinco preceitos básicos do treinamento budista que aprendemos durante tanto tempo. Além disso, nas discussões que levaram a esse acordo, aprimoramos esses preceitos para torná-los apropriados ao nosso papel de instrutores do dharma neste momento particular da História e neste ambiente cultural específico. Como instrutores da Insight Meditation no Ocidente, estabelecemos para nós mesmos as seguintes normas:

1. Comprometemo-nos com o preceito de nos abster de matar.
Ao nos comprometer com este preceito, reconhecemos a interconexão de todos os seres e o nosso respeito pela vida como um todo. Concordamos em aprimorar a nossa compreensão do ato de não matar e não causar dano, em todas as nossas ações. Procuraremos compreender as implicações deste preceito em áreas difíceis como o aborto, a eutanásia e a morte de animais nocivos. Embora alguns de nós recomendem

307

o vegetarianismo e outros não, todos nos comprometemos a cumprir este preceito dentro do espírito de reverência pela vida.

2. Comprometemo-nos com o preceito de nos abster de roubar.

Concordamos em não tomar aquilo que não nos pertence e a respeitar a propriedade dos outros. Concordamos em ser conscientes, de um modo respeitoso e ecológico, no uso de todos os recursos da Terra. Concordamos em ser honestos nas nossas transações com dinheiro e a não fazer apropriação indevida do dinheiro comprometido com os projetos do dharma. Concordamos em oferecer ensinamentos sem favoritismo quanto à condição financeira dos discípulos.

3. Comprometemo-nos com o preceito de nos abster de mentir.

Concordamos em falar aquilo que é verdadeiro e útil e evitar boatos na nossa comunidade. Concordamos em cultivar uma comunicação consciente e clara, e a cultivar as qualidades da bondade e honestidade como alicerce das nossas palavras.

4. Comprometemo-nos com o preceito de nos abster da má conduta sexual.

Concordamos em evitar causar danos através da sexualidade e em evitar a exploração sexual e o adultério. Instrutores com votos de celibato viverão de acordo com seus votos. Instrutores casados honrarão seus votos e evitarão o adultério. Todos os instrutores concordam em nunca usar sua função de professor para aproveitar-se de sua autoridade e posição com a finalidade de manter relações sexuais com um(a) discípulo(a).

Já que muitos instrutores solteiros da nossa comunidade vieram a constituir parcerias e casamentos com ex-discípulos, reconhecemos que um relacionamento saudável desse tipo pode ser possível, mas é necessário grande cuidado e sensibilidade. Concordamos que, nesse caso, as seguintes normas são fundamentais:

a) a relação sexual entre instrutores e discípulos nunca é conveniente;

b) durante retiros ou o ensinamento formal, é imprópria qualquer insinuação a um futuro relacionamento romântico ou sexual entre discípulo e instrutor;

c) se um interesse genuíno e comprometido por um relacionamento se desenvolver ao longo do tempo entre um instrutor solteiro e um ex-discípulo, o discípulo deverá claramente estar sob a orientação de outro instrutor. Esse tipo de relacionamento deverá ser abordado com prudência e sensibilidade — e, em caso algum, deverá ocorrer imediatamente após um retiro. Um período mínimo de três ou mais meses a partir do último ensinamento formal entre eles e um claro entendimento de ambas as partes de que está terminada a relação discípulo-instrutor devem combinar-se ao compromisso consciente de entrar em um relacionamento que não prejudique nenhuma das partes.

5. Comprometemo-nos com o preceito de nos abster de agentes tóxicos que provocam desatenção e perda da percepção consciente.

Está claro que o abuso de substâncias tóxicas é a causa de imenso sofrimento. Concordamos que não deve haver nenhum uso de agentes tóxicos durante os retiros ou enquanto no local do retiro. Concordamos em não abusar ou fazer mau uso de agentes tóxicos em qualquer momento. Concordamos que, se algum instrutor tiver um problema de dependência de drogas ou álcool, esse problema deverá ser imediatamente tratado pela comunidade.

O COMITÊ DE ÉTICA

Há mais de dois mil anos, no *Patimokkha* (Código de Disciplina), Buda estabeleceu um claro conjunto de normas a serem seguidas quando monges e monjas quebravam seus preceitos. Em casos de menor importância, essas normas incluíam pedidos formais de desculpas, o reconhecimento da má conduta e a retomada dos preceitos. Em casos mais graves, reunia-se uma assembléia de vinte anciãos que discutiam a má conduta e fixavam períodos de suspensão e práticas para a reintegração. Uma segunda reunião era exigida para viabilizar o retorno dos membros suspensos à comunidade. Em casos extremamente graves, monges e monjas eram definitivamente suspensos da ordem.

Assim como na vida monástica, onde grupos de anciãos eram formados para lidar com os problemas e com a má conduta, reconhecemos a necessidade de estabelecer esse tipo de Conselho na nossa própria comunidade para lidar com esses problemas. Concordamos em criar dois Comitês de Ética permanentes (um na Costa Leste e outro na Costa Oeste dos Estados Unidos), compostos de quatro membros amplamente respeitados pela sua integridade:

1. um instrutor (escolhido pelo corpo de instrutores)
2. um membro da Diretoria (escolhido pela própria Diretoria)
3. um membro do corpo de assistentes (escolhido pelos assistentes)
4. um membro da comunidade em geral (escolhido pela Diretoria).

Se a conduta ética de um instrutor é questionada, então:
(a) pede-se que os membros da comunidade envolvidos no caso se dirijam diretamente a esse instrutor para discutir a dificuldade e tentar resolvê-la;
(b) se essa medida se mostrar insatisfatória ou se o assunto for de suma importância, pede-se que os membros da comunidade levem o assunto ao Comitê de Ética, o qual pode ser contactado através dos escritórios do Insight Meditation Center;
(c) o Comitê se reunirá com o instrutor em questão e/ou com a(s) parte(s) envolvida(s), em conjunto ou separadamente, para discutir o problema e tentar resolvê-lo ou, se necessário, para decidir quaisquer medidas visando uma solução;
(d) em relação aos assuntos de suma importância que podem exigir a suspensão desse instrutor, o Comitê de Ética consultará o corpo docente da Insight Meditation e, em conjunto, estabelecerão o melhor caminho a ser tomado;
(e) o Comitê de Ética, com a colaboração do corpo docente, desenvolverá um conjunto de normas — baseado nas regras monásticas da ordem — para responder aos problemas éticos. Essas normas serão divulgadas junto à comunidade.

Além disso, o Comitê de Ética, em conjunto com o corpo docente, também recomendará normas éticas para os assistentes e membros do Conselho em relação ao cumprimento de suas responsabilidades para com essas organizações.

Ao criar e desenvolver essas normas, esperamos apoiar e incluir toda a nossa comunidade num contínuo aperfeiçoamento e investigação do viver ético. Não pretendemos que o Comitê de Ética seja algum tipo de órgão moralizador que "caça" maus instrutores ou discípulos para puni-los. Todos nós, em conjunto, somos responsáveis pela criação de um ambiente íntegro. Convidamos todos os discípulos e assistentes para que nos ajudem a criar esse ambiente e esperamos que quaisquer sentimentos e preocupações possam ser compartilhados por todos nós.

Esperamos que os problemas que precisam chegar até o Comitê de Ética sejam pouco freqüentes e facilmente resolvidos. Ao articular e esclarecer os preceitos básicos budistas, bem como o nosso compromisso enquanto instrutores para segui-los e aperfeiçoá-los, estamos dando o devido valor a uma vida de virtude e à libertação de todos os seres. Depois de recitar os preceitos, nossa tradição é cantar:

Os cinco preceitos de não causar dano
são um veículo para a nossa felicidade,
um veículo para a nossa boa fortuna,
um veículo para a libertação de todos os seres.
Possa a nossa virtude deles se irradiar.

LEITURAS RECOMENDADAS

Listamos a seguir alguns livros extraordinários que poderão oferecer uma luz adicional aos tópicos tratados em cada capítulo:

Capítulo 1 — Eu amei plenamente?
Life after Life, Raymond Moody
Man's Search for Meaning, Viktor E. Frankl
Stories of the Spirit, Stories of the Heart, Christina Feldman e Jack Kornfield

Capítulo 2 — Como parar a guerra
In the Footsteps of Gandhi, Catherine Ingram
Peace is Every Step, Thich Nhat Hanh

Capítulo 3 — Tome um único assento
The Myth of Freedom, Chögyam Trungpa [*O Mito da Liberdade e o Caminho da Meditação*, Editora Cultrix, São Paulo, 1988]
A Still Forest Pool, Jack Kornfield e Paul Breiter [*Uma Tranqüila Lagoa na Floresta*. Editora Pensamento, São Paulo, 1994]
Zen Mind, Beginner's Mind, Shunryu Suzuki Roshi

Capítulo 4 — A cura necessária
Full Catastrophe Living, John Kabat-Zin
Healing into Life and Death, Stephen Levine
Legacy of the Heart: The Spiritual Advantages of a Painful Childhood, Wayne Muller

Capítulo 5 — Adestrando o cãozinho: Atenção plena à respiração
The Experience of Insight, Joseph Goldstein
Living Buddhist Masters, Jack Kornfield

Capítulo 6 — Como transformar a palha em ouro
Cutting through Spiritual Materialism, Chögyam Trungpa [*Além do Materialismo Espiritual*, Editora Cultrix, São Paulo, 1987]; *A Little Book on the Human Shadow*, Robert Bly

Capítulo 7 — Dar nome aos demônios
Seeking the Heart of Wisdom, Joseph Goldstein e Jack Kornfield
Transformation and Healing, Thich Nhat Hanh

Capítulo 8 — Problemas difíceis e visitantes insistentes
Grace Unfolding, Greg Johanson e Ron Kurtz
The Pearl Beyond Price, A. H. Almaas
The Void, A. H. Almaas

Capítulo 9 — A montanha-russa espiritual: A kundalini e outros efeitos colaterais
Spiritual Emergency, Stan e Christina Grof [*Emergência Espiritual*, Editora Cultrix, São Paulo, 1992]; *The Stormy Search for the Self*, Stan e Christina Grof [*A Tempestuosa Busca do Ser*, Editora Cultrix, 1994]; *The Tiger's Cave*, Trevor Leggett

Capítulo 10 — Expansão e dissolução do eu: a "noite escura" e o renascimento
Beyond the Brain, Stan Grof
The Path of Purification, Buddhagosa (distribuído por Wisdom Publications)
The Progress of Insight, Mahasi Sayadaw

Capítulo 11 — Em busca de Buda: Um luzeiro para nós mesmos
Freedom of the Known, J. Krishnamurti
The Zen Teachings of Rinzai, traduzido para o inglês por Irmgard Schloegl

Capítulo 12 — Como aceitar os ciclos da vida espiritual
Childhood and Society, Eric Erickson
Seasons of a Man's Life, William Levinson

Capítulo 13 — Sem fronteiras para o sagrado
Meeting the Shadow, Connie Zweig e Jeremiah Abrams [*Ao Encontro da Sombra*, Editora Cultrix, São Paulo, 1994]
The Miracle of Mindfulness, Thich Nhat Hanh

Capítulo 14 — Não-eu ou eu verdadeiro?
Chuang Tzu, Thomas Merton
I Am That, Nisargadatta Maharaj
The Teachings of Huang Po, traduzido para o inglês por John Blofeld

Capítulo 15 — Generosidade, co-dependência e corajosa compaixão
Codependent No More, Melody Beattie
Compassion in Action, Ram Dass e Mirabai Bush
The Sacred Path of the Warrior, Chögyam Trungpa

Capítulo 16 — Você não consegue fazer sozinho: Procure um mestre e trabalhe com ele
Buddhist America, Don Morreale
Journey of Awakening: A Meditator's Guidebook, Ram Dass

Capítulo 17 — Psicoterapia e meditação
Body Centered Therapy, Ron Kurtz
The Only Dance There Is, Ram Dass
Transformation of Consciousness, Jack Engler, Dan Brown e Ken Wilbur

Capítulo 18 — A roupa nova do imperador: Problemas com os mestres
The Addictive Organization, Anne Wilson Schaef
Power in the Helping Professions, Adolf Guggenbühl-Craig
The Wrong Way Home, Arthur Deikman

Capítulo 19 — Karma: O coração é o nosso jardim
Rebirth as Doctrine and Experience, Francis Story (Buddhist Publication Society)

Capítulo 20 — A expansão do nosso círculo: Um coração indiviso
How Can I Help?, Ram Dass e Paul Gorman
The Path of Compassion, Fred P. Eppsteiner
Staying Alive: The Psychology of Human Survival, Roger Walsh
World as Lover, World as Self, Joanna Macy

Capítulo 21 — A maturidade espiritual
Care of the Soul, Thomas Moore
Toward the Fullness of Life, Arnaud Desjardin

Capítulo 22 — A grande canção
The Perennial Philosophy, Aldous Huxley [*A Filosofia Perene*, Editora Cultrix, São Paulo, 1991]
The Power of Myth, Joseph Campbell

Capítulo 23 — Iluminação é a intimidade com todas as coisas
Gratefulness, the Heart of Prayer, Irmão David Stendl-Rast
Small is Beautiful, E. F. Schumacher
Practice of the Wild, Gary Snyder

A poesia do Coração Desperto:
The Enlightened Heart, Stephen Mitchell
The Kabir Book, traduzido para o inglês por Robert Bly
One Robe, One Bowl, Ryo Kan, traduzido para o inglês por John Stevens
Open Secret, Rumi, traduzido para o inglês por Coleman Barks
Selected Poems of Rilke, traduzido para o inglês por Robert Bly

Glossário

bodhisattva: 1) um ser comprometido com o caminho do despertar; 2) um futuro Buda; 3) uma figura de Buda iluminado que serve a todos os seres.
budismo theravada: a tradição budista dos "Anciãos"; a escola de budismo ainda praticada em nossos dias na Índia e no Sudeste Asiático.
chakras: os centros psicoespirituais de energia localizados no corpo humano.
deva: anjo ou ser celestial.
dharma: 1) a verdade e a realidade últimas, a lei universal; 2) os ensinamentos de Buda que revelam essas verdades; 3) todos os elementos físicos e mentais; 4) nosso destino ou caminho espiritual.
ioga: sistema hindu de meditação; uma prática espiritual que pode adotar muitas formas, tais como a *hatha ioga* (ioga do corpo), a *raja ioga* (ioga da mente), a *karma ioga* (ioga do serviço altruísta), etc.
iogue: a pessoa que se dedica a uma disciplina ou prática espiritual.
jhana: estados de absorção na meditação; os sutis estados de consciência produzidos pela concentração na meditação.
karma: a lei universal de causa e efeito; a vontade por trás de cada ação, que produz resultados favoráveis ou desfavoráveis no futuro.
kensho: *satori*, um poderoso momento de despertar ou de iluminação.
koan: no zen, uma pergunta ou enigma contemplativo que não pode ser resolvido pela mente racional.
kriyas: momentos e sons espontâneos que podem aflorar quando a energia da meditação é liberada no corpo.
lama: um mestre espiritual ou sábio tibetano.
maha mudra: 1) a consciência universal desperta; 2) práticas que levam ao despertar dessa consciência universal.
makyo: a ilusão, as visões e imagens irreais que afloram durante a meditação.
não-dualismo: o ensinamento e a percepção da unidade ou unicidade fundamental de todas as coisas.
natureza búdica: a luminosa e pura qualidade de Buda inerente a todos os seres, a nossa verdadeira natureza.
nirvana: a cessação do sofrimento, a paz mais elevada, o incondicionado.
pseudonirvana: um estágio inicial extático de meditação que pode ser confundido com o *nirvana*.

Rinzai, escola: escola zen fundada por Lin Chi, que usa *koans* e forte determinação para alcançar a percepção profunda e a iluminação.

samadhi: 1) concentração; 2) estados de alta concentração; 3) (no hinduísmo) iluminação.

samsara: os ciclos contínuos de nascimento e morte; o ciclo de todas as coisas do universo.

sangha: 1) comunidade espiritual; 2) a comunidade ordenada de monges e monjas; 3) uma comunidade de todos aqueles que alcançaram algum grau de despertar.

sankaras: 1) as tendências condicionadas da mente e do corpo; 2) todos os fenômenos criados.

satori: *kensho*, um importante momento de despertar e de iluminação.

satsang: uma comunidade espiritual.

shikan-taza: a prática zen de "apenas sentar"; uma presença meditativa sem nenhum objetivo.

Soto, escola: escola zen japonesa que enfatiza o "apenas sentar-se", sem nenhum objetivo; o despertar para a nossa verdadeira natureza neste exato momento.

sufi: a tradição mística islâmica.

tantra: tradição budista e hinduísta de prática, que transforma diretamente a energia da paixão e da agressão em despertar espiritual.

Tao: a lei universal, a energia de toda vida, o caminho da natureza.

transpessoal: as dimensões espirituais da experiência humana; além do pessoal.

vipassana: Insight Meditation; a prática meditativa da atenção plena.

PERMISSÕES

Somos gratos aos seguintes editores e autores por nos permitiram reproduzir trechos e citações de seus extraordinários livros:

Zorba the Greek. Nikos Kazantzakis. Copyright © 1952 e 1981 Simon & Schuster. Reproduzido com permissão de Simon & Schuster, Inc.

The Poems of W. B. Yeats, A New Edition, organizada por Robert J. Finneran. Copyright © 1933 Macmillan Publishing Company, renovado em 1961 por Berth Georgie Yeats.

Do I Have to Give Up Me to Be Loved by You, de Dr. Jordan e Dra. Margaret Paul. CompCare Publishers. Copyright © 1983.

Slaughterhouse-Five, de Kurt Vonnegut Jr. Copyright © 1968, 1969 Kurt Vonnegut Jr. Citado com permissão da Delacorte Press/Seymour Lawrence, divisão da Bantam Doubleday Dell Publishing Group, Inc.

Trechos de *The Essential Alan Watts*, por Alan Watts. Copyright © 1977. Reproduzido com permissão de Celestial Arts, Berkeley, Califórnia.

Trechos do *Tao te Ching* na tradução inglesa de Stephen Mitchell. Copyright © 1988 Stephen Mitchell. Reproduzido com permissão de HarperCollins, Publishers.

The Kabir Book na tradução inglesa de Robert Bly. Copyright © 1971, 1977 Robert Bly. Reproduzido com permissão de Beacon Press.

Open Secret, Poems of Rumi, na tradução inglesa de Coleman Barks. Com permissão de Threshold Books, Putney, Vermont.

Dream Work, de Mary Oliver. Copyright © 1986 Mary Oliver. Utilizado com permissão da Atlantic Monthly Press.

Os trechos de "Now I Become Myself" são reproduzidos dos *Selected Poems of May Sarton*, organizados por Serena Sue Hilsinger e Lois Brynes. Com permissão de W. W. Norton & Company, Inc. Copyright © 1978 May Sarton.

A carta do Lama Yeshe foi reproduzida com permissão da Federação para a Preservação da Tradição Mahayana e extraída do Boletim do Instituto Vajrapani.

The Tassajara Recipe Book, de Edward Espe Brown. Copyright © 1985 Edward Espe Brown. Reproduzido por acordo com Shambhala Publications, Inc., Boston, Massachusetts.

The Sacred Path of a Warrior, de Chögyam Trungpa. Copyright © 1984 Chögyam Trungpa. Reproduzido por acordo com Shambhala Publications, Inc., Boston, Massachusetts.

"We Are Three" e "Delicious Laughter", extraídos de *Rumi Poetry*. Com permissão de Coleman Barks, Maypop Books, Athens, Geórgia.

One Robe, One Bowl: The Zen Poetry of Ryokan, na tradução inglesa de John Stevens, reproduzido com permissão da Weatherhill Inc., Nova York.

Trechos de "The Law that Marries All Things", dos *Collected Poems 1957-1982*. Copyright © 1982, 1984 Wendell Berry. Publicado pela North Point Press e reproduzido com permissão de Farrar, Straus & Giroux, Inc.

Trechos de "I go among trees and sit still", de *Sabbaths*. Copyright © 1987 Wendell Berry. Publicado pela North Point Press e reproduzido com permissão de Farrar, Straus & Giroux, Inc.

Being Peace, de Thich Nhat Hanh, com permissão de Parallax Press, Berkeley, Califórnia.

Tradução de Ghalib para o inglês por Jane Hirshfield, reproduzida com permissão da tradutora.

Siddhartha, de Hermann Hesse. Copyright © 1951. Publicado pela New Directions Publishing Corp., Nova York.

O poema "After Rumi", de Lynn Park, foi reproduzido com permissão da autora.

Impressão e acabamento:

tel.: 25226368